W0337219

Dominikanische Quellen und Zeugnisse

herausgegeben von

THOMAS EGGENSPERGER OP
ULRICH ENGEL OP

Institut M.-Dominique Chenu – Espaces Berlin

in Verbindung mit
Barbara Hallensleben, Freiburg i.Ue.
Wolfram Hoyer OP, Augsburg
Franz Müller OP, Zürich
Guido Vergauwen OP, Freiburg i.Ue.

Band 15
Jean-Joseph Lataste

Jean-Marie Gueullette

# JEAN-JOSEPH LATASTE

## Apostel der Gefängnisse

Aus dem Französischen
von Michael Lauble

Mit einem Nachwort von Jordana Schmidt OP

benno

Band 15
der Dominikanischen Quellen und Zeugnisse
wurde gefördert durch die Dominikanerinnen
von Bethanien von Venlo

Bibliografische Information der Deutschen Nationalbibliothek
Die Deutsche Nationalbibliothek verzeichnet diese Publikation in der Deutschen Nationalbibliografie;
detaillierte bibliografische Daten sind im Internet über http://dnb.d-nb.de abrufbar.

Originaltitel:
Jean-Marie Gueullette, «Ces femmes qui étaient mes sœurs ...»
Vie du père Lataste, apôtre des prisons (1832–1869),
Les Éditions du Cerf Paris 2008

**Besuchen Sie uns im Internet:**
**www.st-benno.de**

ISBN: 978-3-7462-3007-8

© St. Benno-Verlag GmbH
Stammerstr. 11, 04159 Leipzig
Umschlaggestaltung: Ulrike Vetter, Leipzig
Umschlagabbildung: Anne van der Putte OP
Gesamtherstellung: Kontext, Lemsel (A)

*Und mein Herz weinte, als es an das harte, bittere Leben, an das zermalmende Gewicht der Schande und Erniedrigung dachte, die weiter und immer weiter auf jenen Seelen lastete, die mir so lieb geworden und nach und trotz allem meine Schwestern waren, meine Schwestern in Adam, meine Schwestern in Jesus Christus.*[I]

*Mir kam der Gedanke: «Ich wäre glücklich, eines Tages die Rolle und den Dienst des Apostels der Gefängnisse zu übernehmen.».*[II]

---

I Predigt 407, in der Pater Lataste über seine Verkündigungstätigkeit im Gefängnis von Cadillac berichtet, in: *Prêcheur de la miséricorde*, S. 60.
Die durch römische Ziffern gekennzeichneten Fußnoten auf der jeweiligen Seite dienen dem Verständnis des Textes; die durch arabische Ziffern gekennzeichneten Anmerkungen am Ende jedes Kapitels enthalten die Nachweise der zitierten Dokumente.

II Brief 115 an Mutter Henri Dominique vom 13. Oktober 1866.

# INHALT

# Abkürzungen

Sofern nicht anders angegeben, werden die Originale der zitierten Texte im Archiv der Dominikanerinnen von Bethanien aufbewahrt.

| | |
|---|---|
| AGOP | Archives générales de l'ordre des Prêcheurs/Generalarchiv des Predigerordens (Rom) |
| A. o.p. | Archives provinciales de l'ordre des Prêcheurs/Provinzialarchiv des Predigerordens (Paris bzw. Toulouse) |
| Arch. dép. | Archives départementales/Departmentsarchiv |
| Arch. dioc. | Archives diocésaines/Diözesanarchiv |
| Evers | R. und C. Evers, *Le père Lataste apôtre des prisons*, Porrentruy/Schweiz: La Maison de la Bonne Presse, 1944 |
| Mercier | Abbé Mercier, *Vie du R. P. Lataste, fondateur de l'œuvre des Réhabilités*, Paris: Année dominicaine, 1890 |
| Orig. | Original |
| Summ. Num. | Summarium des Seligsprechungsprozesses, gefolgt von der Nummer des betreffenden Teils |
| Test. | Testis/Zeuge im Seligsprechungsprozess |

# Einführung

Es war beim Generalkapitel des Predigerordens in Providence, USA, im Jahr 2001. Da teilte Father Timothy Radcliffe, der gerade seine Amtszeit als Ordensmeister beendet hatte, eines Tages jedem Kapitelteilnehmer eine Rose aus Papier aus. Für ihn bedeutete dies nicht einfach eine ungewohnte Geste des Abschieds. Er war vielmehr der Bote einer im Vollsinn zum Orden gehörenden Gemeinschaft: der Laiengemeinschaft von Notre Dame de Miséricorde, die im Wesentlichen aus Insassen des Gefängnisses von Norfolk, Massachusetts, bestand, die er tags zuvor besucht und die ihm dieses Geschenk für die Brüder mitgegeben hatte. Mit Nagelscheren hatten diese inhaftierten Dominikaner geduldig diese Rosen ausgeschnitten, um ihre Zugehörigkeit zum Orden zu bekunden und ihren Dank dafür auszudrücken, dass sie in den Kreis der Laiengemeinschaften aufgenommen worden waren. Es war einer der bewegendsten Augenblicke all der neun Jahre, in denen Frater Timothy an der Spitze des Dominikanerordens gestanden war. Die Gemeinschaft von Norfolk hatte es ziemlich schwer gehabt, in den Orden aufgenommen zu werden, denn viele Brüder und Laien in der amerikanischen dominikanischen Familie hatten ihre Zweifel, ob die Inhaftierten eine dominikanische Berufung wirklich würden leben können. Der Ordensmeister hatte mehrmals zu ihren Gunsten interveniert, um ihre Kandidatur seiner offiziellen Unterstützung zu versichern, sowohl innerhalb des Ordens als auch gegenüber Kardinal Law, dem Erzbischof von Boston. Von seinem denkwürdigen Besuch erzählt er Folgendes:

Dieses Kreuz aus Papier hatte die dominikanische Laiengemeinschaft aus dem Gefängnis von Norfolk angefertigt. Die meisten unserer Brüder mussten dort lange Strafen absitzen, und manche von ihnen können überhaupt nicht damit rechnen, jemals bedingungsweise entlassen zu werden. Während des Generalkapitels von Rhode Island habe ich am 29. Juli 2001 kurze Zeit bei ihnen verbracht. Ich dachte, ich müsste sie ermuntern, aber es waren sie, die mir eine riesige Freude bereiteten. Unter den Geschenken, die sie mir überreichten, waren eine aus Seife gefertigte Statue des heiligen Dominikus und ein aus Papier ausgeschnittenes Kreuz. Stärkere Materialien waren ihnen aus Sicherheitsgründen untersagt.
Auf das Kreuz hatten sie ihre Namen geschrieben. Wir wissen nicht, wie der Mann hieß, dem Jesus am Kreuz das Paradies verheißen hat. Aber jeden Tag kann ich den Namen meiner Brüder lesen, die ihre eigene Kreuzigung ertragen. Sie haben mich gefragt, welches ihre Berufung als Mitglieder des Predigerordens in diesem Gefängnis sein könnte. Ich habe ihnen vorgeschlagen, sie sollten Prediger der Hoffnung sein. Das sind sie denn auch – für die Insassen wie für die Menschen draußen. Als ich sie verließ, haben sie mir zweihundert Rosen aus Papier mitgegeben, eine für jeden Teilnehmer am Generalkapitel. Auch das war eine Verkündigung des Evangeliums und ein Teilen der Hoffnung auf das Glück.
Oben auf das Kreuz haben sie die Devise des Ordens – «Wahrheit» – geschrieben. Und auch noch: «Singt ein neues Lied»; es ist der Titel meines ersten Buches. Ihre Gegenwart in diesem Gefängnis ist ein Same der Wahrheit des Evangeliums an diesem Ort der Finsternis, wo sie ein neues Lied singen, besser, als ich es jemals tun konnte.

Die Geschichte dieses neuen Zweigs, der aus dem alten dominikanischen Stamm wächst, ist zutiefst neu und zugleich ganz mit der Tradition des Ordens verknüpft. Frater Timothy hat das 1999 in seinem Brief an Kardinal Law selbst hervorgehoben: «Ich betrachte die Gründung dieser Gemeinschaft nicht als eine Ausnahme, sondern als die Frucht einer langen Tradition, auf die der Orden stolz sein kann.» Seit den Anfängen bildet in der Tat die Barmherzigkeit das Zentrum der Predigt der Söhne des heili-

gen Dominikus; sein Gebet bestand zuweilen aus nichts anderem als dem Ruf: «Mein Gott, Barmherzigkeit, was wird nur aus den Sündern werden?» Doch es ist in ganz besonderem Maß die Predigt eines französischen Dominikaners, die das «Wunder von Norfolk» in Gang gesetzt hat. Wenn diese Inhaftierten vom Ordensmeister aufgerufen wurden, «ein Wort der Hoffnung für die Gefangenen, für die im Gefängnis Arbeitenden und für die Menschen draußen» zu sein, dann deshalb, weil der Fortschritt ihres dominikanischen Engagements sich auf ein anderes Hoffnungswort stützt, jenes nämlich, das Pater Lataste im Jahr 1865 an die inhaftierten Frauen von Cadillac in der Gironde gerichtet hat. Das Abenteuer der Hoffnung, das heute in einem amerikanischen Gefängnis im Gang ist, hat seine Quelle in einer Geschichte, einer Geschichte, die den Inhaftierten erzählt wurde, einer Geschichte, die sie auf den Weg Christi und des Dominikus geschickt hat.
Es ist die Geschichte eines Steuerinspektors, der zum «Apostel der Gefängnisse» wurde, wie er selbst sagte; es ist die Geschichte eines sehr frommen jungen Mannes, der erlebte, wie sich sein geistliches Leben immer mehr vereinfachte, bis es nur noch schlichte Anbetung Gottes jenseits aller Worte war; es ist die Geschichte eines Exerzitienpredigers, der es wagte, bis zum Ende dessen zu gehen, was er predigte, in der Überzeugung, dass die Vergebung Gottes alles neu macht. Nachdem er entdeckt hatte, was Leben im Gefängnis heißt, aber auch und vor allem, dass einige der inhaftierten Frauen ein tiefes geistliches Leben führten, gründete er die Dominikanerinnen von Bethanien, eine neue, originelle Ordenskongregation; ihr Ziel war es, Frauen, die aus dem Gefängnis kamen, aber auch denen, die eine weniger schwierige Vergangenheit hatten, die Türen zum kontemplativen Leben zu öff-

nen. Jean-Joseph Lataste war kein großer Theologe; er war ein Prediger, dessen Begabung sicher nicht an die eines Lacordaire heranreichte. Aber man könnte sein Leben – wenn sich denn überhaupt ein menschliches Leben zusammenfassen lässt – in folgenden Worten resümieren: Er war gut. Er war allen, die seinen Weg kreuzten, ein Zeichen für Gottes Güte und Langmut.

Jung, mit 36 Jahren, gestorben, hat der gute Pater Lataste nicht die Zeit gehabt, ein persönliches Werk zu schaffen oder seine Intuitionen zu vertiefen. Es liegt etwas tief Anrührendes in dem, was er schreibt: dass inmitten der Gedanken und Formeln, die alle Welt um ihn herum gebraucht, ein paar Goldklümpchen sich finden, Trouvaillen von hoher Originalität, Lektürefrüchte aus den geistlichen Autoren, die er auf seine eigene Situation anzuwenden weiß. Es ist nicht die strukturierte, reife Doktrin eines Johannes vom Kreuz oder Franz von Sales, sondern das Zeugnis einer sich entwickelnden spirituellen Erfahrung, die über das in Predigt und Unterricht Aufgenommene hinaus neue Ideen von großer Strahlkraft weckt.

Wie bei jedem Prediger, bei jedem Redner fehlt uns auch hier das Wesentliche, das heißt die physische Gegenwart, ein Blick, eine Stimme. Mehr als vierhundert Predigtautographen von Pater Lataste sind erhalten geblieben; es fällt uns schwer zu erkennen, wie diese Texte, die ja nicht immer literarische Meisterwerke sind, ihre Zuhörer anzurühren vermochten. Wie sah wohl die Reaktion der Inhaftierten aus, als der junge Priester an einem Septembermorgen sie mit «Meine lieben Schwestern ...» ansprach? Unsere einzige Information über die Wirkung dieser Predigttätigkeit haben wir von dem Prediger selbst, und sie ist allerdings beachtlich: Er hat festgehalten, dass die Inhaftierten, wenn er von der Liebe Gottes zu ihnen sprach, «sich aufrichteten wie Blumen nach dem Regen». Wie viele Prediger, wie viele Redner oder Schauspieler haben wohl diese großartige Fähigkeit gehabt, ihrem Publikum seine Würde aufzuzeigen und seine Hoffnung zu wecken in einem Maß, dass eine physische Verwandlung der Zuhörer eintrat?

Die Inhaftierten im Zuchthaus von Cadillac haben sich beim Klang von Pater Latastes Stimme aufgerichtet. Einige von ihnen haben seine Einladung vernommen und sind seine Schwestern im heiligen Dominikus geworden. Seit nahezu einhundertfünfzig Jahren stellen sie ein diskretes, aber kraftvolles Zeichen dessen dar, was das Vertrauen in einem am schwersten beschädigten Leben zu bewirken vermag. Vor einigen Jahren haben Männer, die in einem amerikanischen Gefängnis saßen, von Pater Lataste gehört. Auch sie haben sich aufgerichtet; sie sind zwar niemals einer Dominikanerin von Bethanien begegnet, aber sie kennen ihre Geschichte und stehen in Briefkontakt mit ihnen. Sie sind heute rund fünfzig an der Zahl, und einige von ihnen sind ein endgültiges Engagement in der Nachfolge des Dominikus eingegangen. Die Botschaft des guten Pater Lataste hat sie zusammengeführt und dazu bewegt, nun selbst für die anderen Gefangenen Zeichen von Gottes Güte zu werden. Die Geschichte, die hier erzählt werden soll, beginnt im Jahr 1832. Und sie ist noch nicht zu Ende.

# 1

# KINDHEIT UND ERZIEHUNG ALCIDE LATASTES (1832–1852)

Cadillac, 1832. Die kleine Winzerstadt am Ufer der Garonne liegt eingezwängt zwischen zwei Burgen. Auf der einen Seite das ehemalige Schloss der Herzöge von Épernon, das zehn Jahre zuvor in ein Arbeitshaus für Frauen umgewandelt worden ist.[1] Hinter den hohen Mauern, die es umschließen, leben nahezu 400 Frauen in dauerndem, absolutem Schweigen. Am anderen Ende der Stadt ein anderes umfriedetes Gemäuer: das psychiatrische Krankenhaus, in dem Hunderte von Kranken unter Geheul und Leiden leben. Eine Zitadelle des Schweigens und eine Zitadelle der Schreie und der Schmerzen – die Stadt ist gezeichnet von der Geißel des Leidens und der Schande, und ihr schreckliches Kennzeichen ist die Einschließung.

---

[1] Das Schloss wurde 1817 vom Staat gekauft und hat ab 1822 als Zuchthaus für Frauen gedient (E. Guillon, *Les Châteaux historiques et viticoles de la Gironde*, Bordeaux: Coderc, Degréteau et Poujol, 1867, Bd. II, S. 372-386). Zum Leben im Zuchthaus von Cadillac siehe unten S. 127.

## Das familiäre Milieu

In diesem Klima wird am 5. September 1832[II] Alcide Vital Lataste geboren. Er ist das jüngste von sieben Kindern.[III] Alcide kommt zur Welt in einer vielköpfigen und relativ gut gestellten Familie, die darauf achtet, ihm eine solide Allgemeinbildung zu vermitteln. Wir werden sehen, wie er in Kontakt mit dem Milieu von Beamten und Grundbesitzern der Region kommt.[IV] Seine Eltern stammen beide aus der Gegend. Sein Vater, Vital Lataste, war am 17. November 1787 in Cadillac zur Welt gekommen. Seine Mutter, Jeanne Grassiet, stammte aus dem Nachbardorf Beguey, wo sie am 25. November 1793 geboren wurde. Am 18. Oktober 1812 hatten sie geheiratet. Der kleine Alcide Vital wird am Tag nach seiner Geburt in der Pfarrkirche Saint-Martin zu Cadillac getauft.[1] Diese Kirche steht auf dem Schlossplatz. Wenn man aus der Messe kommt, hat man das düstere Tor des Arbeitshauses vor Augen; es wird überragt von einer großen Inschrift in schwarzen Lettern: «Zucht- und Besserungshaus». In der Kirche stellt ein Gemälde über dem Hochaltar die Kreuzigung dar; dort sieht man am Fuß des Kreuzes Maria

---

II Standesamtliche Eintragung von Cadillac-Garonne (Orig. Arch. dép. de la Gironde). Dieser Akt enthält wahrscheinlich ein falsches Datum. Er gibt den 4. September als Geburtstag an, der Eintrag über die Taufe am 6. September lautete, dass «der Knabe gestern geboren» ist. Andererseits spricht Pater Lataste in Brief 424 an Pater Nespoulous vom 2. Oktober 1863 selbst vom 5. September als dem Jahrestag seiner Geburt.

III Théophyle (geb. 1813), Myrta (1816), Maria Rosa (1817, genannt Rosy, die mit dem Namen Saint-Crescentien in die Kongregation der Töchter der Weisheit eintreten wird), Émile (1822), Honoré (1827), Achille (1829 geboren und gestorben) (Evers, S. 17).

IV Siehe dazu Kapitel 2 über Alcide Latastes Aktivität im Rahmen der Vinzenz-Konferenzen.

Magdalena, die ein letztes Mal die Füße ihres Geliebten umfasst. Die Heilige, die dann zur wichtigsten Bezugsgröße, zur täglichen Begleiterin des Apostels der Gefängnisse wird, ist damit schon bei seiner Taufe zugegen und ein Motiv seiner Kindheitsfrömmigkeit. Sein Taufpate ist sein Bruder Émile, Taufpatin seine Schwester Rosy.
Alcides Vater ist, wie viele Einwohner von Cadillac, Besitzer von einigen Weinbergen, führt aber auch ein Tuchgeschäft, weil der Winzerberuf nicht genug für den Lebensunterhalt einer Familie abwirft. Er gilt als etwas nonkonformistisch und eigenwillig. Eines Tages errichtet er, zum Erstaunen seiner Nachbarn, ein Zelt auf dem Dach seines Hauses. Für die Kleinsten konstruiert er ein Laufställchen mit Rädern, das abends in einer Art Wandschrank verstaut wird. Dieses seltsame Möbel existiert noch immer.[2] Er überrascht seine Landsleute, als er einige Jahre später, angelehnt an die Stadtmauer, ein Säulenhaus errichten lässt; auch dieses besteht heute noch. Vor allem aber sind es seine Ideen, die es hier hervorzuheben gilt. Vital Lataste ist Freidenker. Man weiß, dass er den Landsmann seiner Frau, Pierre Laffitte aus Beguey, empfangen hat, der nach dem Tode von Auguste Comte an die Spitze der positivistischen Bewegung getreten war. Auf religiöser Ebene ist Vital Lataste allerdings keineswegs ideologisch eingestellt: Er praktiziert nicht, hat aber auch keine Einwände gegen die Frömmigkeit seiner Frau und überlässt es ihr, für eine christliche Erziehung ihrer Kinder Sorge zu tragen. Seine distanzierte Haltung gegenüber dem Glauben wird eine große Sorge für seinen Sohn sein, der den Tod seines Vaters voll Angst um dessen Seelenheil miterlebt.[3] Wie sein Dominikaner gewordener Sohn über ihn und über das familiäre Milieu spricht, geht aus einem 1856 geschriebenen Brief[4] hervor:

Meinem Vater, der in einem Jahrhundert des Skeptizismus geboren ist, fehlt es, glaube ich, an einer klaren und soliden religiösen Erziehung. In seiner frühen Jugend war er das, was ich einen Frömmler im negativen Sinn des Wortes nennen würde, das heißt ein Mensch mit einer manierierten, übersteigerten, lächerlichen Frömmigkeit. Bald kam er in Verbindung mit Leuten, die älter, gebildeter, erfahrener als er, aber ungläubig waren, kurz: mit jenen seltenen Menschen, denen nichts fehlt als der Glaube. Im Umgang mit diesen Leuten schämte er sich bald für seine Frömmigkeit, und Zweifel und Menschenfurcht, zwei schädliche Gäste, ergriffen Besitz von seiner Seele; soweit ich weiß, haben sie ihn seither nicht mehr verlassen.
Freilich gesteht mein Vater lediglich den Zweifel ein, die Menschenfurcht streitet er ab und wähnt sich frei davon. Er ist sehr gutmütig, sehr empfindsam und leicht zu bewegen, aber nur sehr zögerlich ergreift er Partei, er ist unsicher, unentschlossen in seinen Wünschen und wenig fest in seinen Entschlüssen. Er ist nicht gottlos, er hat niemals gegen die Religion gesprochen; er liebt unsere Zeremonien und versäumt keine Sonntagsmesse; wenn er zuhause ist, hält er das Abstinenzgebot ein; den Predigten, sofern welche gehalten werden, hört er aufmerksam zu, aber er kann sich nicht entschließen, weiter zu gehen. Leider sind alle meine Brüder keine praktizierenden Katholiken. Mein ältester Bruder, in den mein Vater das größte Vertrauen setzt, ist in Sachen Religion auf demselben Stand wie er; sie behindern einander auf dem Weg zurück zur Ausübung der Religion, wenn aber einer von beiden den ersten Schritt täte, würde ihm der andere sehr schnell folgen. Sie sind also zwei würdige und gute Seelen, die man für Gott zurückgewinnen muss. Wir, die sie gläubig und praktizierend sehen möchten, haben nur geringen Einfluss auf sie, weil wir die beiden Jüngsten sind, aber der Tod einer Schwester, die Nonne war und vor einem Jahr unter schwerem Leiden verstorben ist, nachdem sie Gott gebeten hatte, sie leiden zu lassen, wenn es ihm so gefalle, damit es ihr vergönnt sei, eines Tages ihre ganze Familie im Himmel wiederzusehen, dieser Tod, sage ich, hat ihn geistig stark bewegt.

## Frühe Trennungen, erste Gefühlsverletzungen

Während seiner ersten Lebensmonate wird Alcide ernstlich krank. Das erste Haus seiner Eltern, zu dem auch das Tuchgeschäft gehört, ist kein sehr gesunder Ort für ein gefährdetes Kind. Er wird der «frischen Luft» wegen in das einige Kilometer von Cadillac entfernte kleine Dorf Loupiac geschickt und in die Obhut von Madame Neveu[V] gegeben. Sie ist bereits die Pflegemutter seines Bruders Honoré gewesen, und Alcide wird anlässlich ihres Todes von ihr als einer «guten, wackeren und würdigen Frau» sprechen, «die ich aufrichtig liebte, die meine Pflegemutter gewesen war, mich zwei oder drei Jahre bei sich behalten und mir das Leben gerettet hatte, als ich von den Ärzten schon aufgegeben worden war».[5]

Seine Heilung geschieht tatsächlich zu einem Zeitpunkt, als der Arzt schon keine Hoffnung mehr hat. Zahlreich sind die Gebete, die an Unsere Liebe Frau von Verdelais gerichtet wurden, und daher wird Pater Lataste sein Leben lang eine aufrichtige Dankbarkeit gegenüber der Jungfrau Maria bewahren und gern immer wieder in diese Kirche zurückkommen, um sich der Gottesmutter anzuvertrauen. «Es war nur recht, dass ich die heilige Jungfrau mehr als jeden anderen liebte, ich, der schon am Rande des Grabes gestanden war, den die Ärzte aufgaben, ja den jedermann verloren glaubte außer Gott und seiner heiligen Mutter, die über mich wachten.»[6] Seine Frömmigkeit war so intensiv, dass der Junge eines Tages im Lauf einer

---

V Anne Dejean, geboren in Loupiac am 19. Oktober 1785, verheiratet mit Jean Neveu am 10. Juni 1816, verstorben am 12. Oktober 1855.

Familienwallfahrt sogar ein Stückchen von einem Kleid abschnitt, mit dem man die Statue der Jungfrau Maria geschmückt hatte.[VI]
Drei Jahre lang bleibt er in Loupiac. Er wird dieses Haus stets so sehr als das seine betrachten, dass er nach seiner Rückkehr ins Elternhaus von dort aus mehrmals seine Pflegemutter besuchen wird:

Hier hat sich meine frühe Kindheit abgespielt, hier haben meine Lippen zum ersten Mal den Namen meiner Mutter, den Namen Jesu und meiner himmlischen Mutter zu stammeln gelernt! Hier haben mein Herz und mein junger Geist dank der frommen Fürsorge begonnen, sich den Gedanken des Glaubens und der Hoffnung auf den Himmel zu öffnen! Auch später, als ich diese Stätte verlassen hatte, habe ich sie noch immer geliebt; ich habe sie selbst meinem Elternhaus vorgezogen, dorthin zurückzukehren, war für mich wie ein neues Fest, und der verehrungswürdige Priester, der damals die Pfarrei leitete, könnte notfalls die Wahrheit meiner Worte bezeugen. Guter, heiliger Greis, der Sie so oft Ihre priesterlichen Hände auf mein junges Haupt gelegt haben, um es zu segnen, seien auch Sie Ihrerseits gesegnet![7]

Abbé Bonnet, Nachbar und Freund von Madame Neveu und Pfarrer von Loupiac, stand im Ruf großer Heiligkeit. Er ist der erste Priester, den Alcide im Gedächtnis behalten wird. Es ist denn auch ein neuer Schock, ein neuer Bruch, als seine Eltern ihn 1836 nach Cadillac zurückholen und ihn damit aus dem Zusammenhang reißen, den er als seine neue Familie betrachtet hat. Hinzu kommt, dass seine Schwester und Taufpatin Rosy im März bei den Töchtern der Weisheit eintritt. Einige Monate später empfängt sie den Habit und den Namen Schwester Saint-Crescentien.[8] Bruder und Schwester haben also nur zwei

---

[VI] Dieses Stück Stoff hat die Familie Lataste lange aufbewahrt; heute befindet es sich in Bethanien (Evers, S. 20).

kurze Jahre unter demselben Dach gelebt. Das verhindert nicht das Wachsen einer ungeachtet des Altersunterschieds sehr innigen Beziehung zwischen ihnen.[VII]
Man darf die Bedeutung dieser mehrfachen Trennungsvorgänge für ein sehr kleines Kind nicht unterschätzen. Im Alter von wenigen Monaten wurde es aus dem familiären Zusammenhang gerissen, um einer anderen Familie anvertraut zu werden, der es sich dann eng anschloss. Von dieser Adoptionsfamilie wird es mit vier Jahren wieder getrennt und kehrt in seine Familie zurück, aus der dann einige Monate später seine Schwester und Taufpatin fortgeht. All das war natürlich dazu angetan, eine tiefe Verletzung, eine affektive Sehnsucht hervorzurufen, die sich während der Jugend und in den frühen Erwachsenenjahren in ihrer ganzen Stärke zeigen sollte.

## Bewährungsprobe für eine frühe Berufung

Es scheint, dass der Wunsch, eines Tages Priester zu werden, sehr früh in Alcide erwachte. Tatsächlich melden ihn seine Eltern nach dem Besuch der Kinderschule bei den Töchtern der Weisheit[9] und der Schule der Brüder vom Heiligen Geist[VIII] am 3. September 1841 im Kleinen Semi-

[VII] In diesen Jahren finden sich auch die Spuren einer Augenerkrankung. Alcide ist, wie damals üblich, behandelt worden: mit einem Zugpflaster, das er vier oder fünf Jahre lang am Arm tragen musste (Brief 209 an Mutter Henri-Dominique vom 31. Januar 1868).

[VIII] So lautete seinerzeit die Bezeichnung für die Brüder von Saint-Gabriel, die Grignion de Montfort gegründet hatte (Brief des Generalsuperiors der Brüder von Sankt Gabriel vom 23. Mai 1937). Die marianische Spiritualität Pater Latastes wurde also schon sehr früh von Montfortaner-Erziehern

nar von Bordeaux an. Außer einem Neujahrsgruß, den der junge, mit den Regeln der Orthographie noch nicht besonders vertraute Schüler seinem Pfarrer schickte,[10] haben wir wenig Informationen über sein schulisches Leben während dieser Zeit. Die Jahre im Kleinen Seminar von Bordeaux scheinen recht glücklich gewesen zu sein; zwanzig Jahre später wird er es noch einmal besuchen und «voller Freude den Erinnerungen an meine Jugendjahre»[11] begegnen.

Im Kleinen Seminar hat er Gelegenheit, zum ersten Mal einen Dominikaner kennenzulernen, und zwar einen nicht gerade unbedeutenden, nämlich Pater Lacordaire, den Erneuerer des Predigerordens in Frankreich, der 1839 in Rom ins Noviziat eingetreten war. Nach seiner Ankunft in Bordeaux, wo er in der Kathedrale predigen will, besucht der berühmte Prediger am 10. April 1842 die Schüler des Kleinen Seminars.[12] Es unterliegt kaum einem Zweifel, dass diese kraftvolle und berühmte Persönlichkeit die Phantasie des jungen Alcide Lataste beeindruckt hat. An Lacordaire wird er sich rund 15 Jahre später wenden, als er seinen Wunsch, Ordensmann zu werden, zu konkretisieren sucht.

Die Berufung zum Priester festigt sich im Herzen des Heranwachsenden, sie ist aber auch schon von einer großen Demut gekennzeichnet. Er wagt es nicht, über das Thema zu sprechen: «Ich wagte es nicht, mich zu erklären, so groß schien mir die Sendung des Priesters und so unwürdig fühlte ich mich ihrer.»[13] Sein Vater scheint sich der Neigung seines Sohnes zum geweihten Leben nicht

---

genährt, und es überrascht nicht, dass sich, lange bevor er den *Traité de la vraie dévotion* gelesen hatte, in seiner religiösen Praxis montfortanische Aspekte zeigten.

ausdrücklich widersetzt zu haben, aber er wünschte, dass diese Berufung einer Prüfung unterzogen würde. Deshalb bringen Alcides Eltern, als er zur Fortsetzung seiner Studien aufs Kolleg von Pons[IX] in Charente-Maritime geschickt wurde, ihn nicht bei den *Geistlichen*, sondern bei den *Laien* unter. Die letzteren erhielten eine solide religiöse Erziehung durch die Lehrer, die fast alle Priester waren, wurden aber, im Gegensatz zur ersteren Gruppe mit ihrer öffentlich bekannten Berufung, nicht als *Abbés* angesprochen. Alcide betritt das Kolleg «mit der festen inneren Überzeugung, dass er eines Tages Priester sein wird»[14], wie er selbst sagt. Daher ist es recht enttäuschend für ihn zu erleben, dass man seine Berufung nicht erkennt und ihn zu den *Laien* steckt. Er vertraut sich dem Leiter des Kollegs, Abbé Boudinet, dem späteren Bischof von Amiens (1857–1873), an, und dieser versteht seine Enttäuschung. Vergebens versucht er, Monsieur Lataste zur Revision seiner Entscheidung zu bewegen.

Diese Wahl der Laienabteilung des Kollegs hat das Gefühl des Heranwachsenden, er sei des Priestertums nicht würdig, nur verstärken können: Er war so sehr von der Sendung des Priesters beeindruckt, und nun hat man ihm allem Anschein nach den Zugang dazu verwehrt. Es fehlte nicht mehr viel, bis das Vorhaben in seinem Bewusstsein mehr und mehr verschwamm, umso mehr als die Mitschüler, mit denen er täglich umging, ihm spirituell wohl nicht besonders hilfreich waren. Den Eintritt in die Pubertät, der sicher mit den üblichen Irrungen und Wir-

---

IX Das Kolleg befindet sich im ehemaligen Franziskanerkloster in der Hauptstadt des Kantons Charente-Maritime. Bis 1833 nimmt es nur Priesteramtskandidaten (die Abbés) auf. In jenem Jahr erlaubt der neue Superior, Abbé Boudinet, die Zulassung unterschiedslos für alle Schüler, jedoch mit einem Unterschied in der Stellung und in den Pflichten.

rungen dieses Alters einherging,[X] hat Alcide als schreckliche, düstere Jahre erlebt, an die er lange schmerzlich-bittere Erinnerungen bewahren wird. Am Schuljahresende der Tertia hegt er, als er nach Hause zurückkehrt, immer noch die Hoffnung, Priester zu werden. Doch der Superior des Kollegs lässt den Eltern eine Notiz zukommen, in der er erklärt, er glaube «nicht, dass das Kind zum kirchlichen Amt berufen»[XI] sei, ohne freilich eine Begründung für dieses Urteil zu geben. Dieser Donnerschlag wird Alcide lange in der Auffassung bestätigen, das Priestertum sei nichts für ihn. Die – heute verlorene – Korrespondenz mit seiner Schwester Rosy hat gezeigt, dass diese niemals an der Berufung ihres Bruders gezweifelt hat und dass sie sich während seiner ganzen Zeit am Kolleg bemühte, die kleine Flamme wach zu halten, die sie nicht für erloschen halten mochte.

## Schwierige Jahre

Zu Beginn des neuen Schuljahrs folgt Alcide rückhaltlos den am wenigsten ernsthaften Kameraden seiner Abtei-

---

X Die von Mercier, S. 18, zitierten Schulberichte bezeugen diese Wirrnisse an der Oberfläche bei einem Kinde, das ansonsten eine ausgezeichnete Beurteilung erfährt: «Sehr ungestümer, aber recht guter Charakter»; «Es gibt gute Ansätze bei diesem lieben Leichtfußsinn, der in seinem Herzen tadellos, aber in seinem Kopf recht locker ist»; «Man würde nicht glauben, wie zerstreut dieses Kind ist, das ansonsten so vorzüglich und zu einem guten Studium so befähigt ist».

XI Verloren gegangener Brief, zit. bei Mercier, S. 10. Derselbe Superior, der nachmalige Bischof Boudinet, wird Alcide Latatse bei seinem Eintritt in den Orden einen überaus freundlichen Empfehlungsbrief schicken.

lung. Zwei Fragmente von Briefen an seine Schwester geben Zeugnis von dieser Nachlässigkeit.

> Darüber hinaus ließ ich mich zu Allerweltsgedanken verführen; ich vergaß ganz allmählich den guten Gott, und meine Liebe zur heiligen Jungfrau schwand.
> Damals änderte ich mich in meinem Verhalten und vor allem in meinen Gefühlen. Es war ein schlimmes Jahr für mich, ein Jahr, das ich immer werde bedauern müssen. Unter diesen für die Frömmigkeit so ungünstigen Umständen dachte ich ein paar Male an meine Berufung; ich dachte auch daran, was der Superior im Jahr zuvor gesagt hatte. Ich neigte leichter dazu anzunehmen, ich besäße die Berufung nicht mehr, weil ich sie weniger zu haben wünschte.[15]

Da es keine Dokumente aus erster Hand mehr gibt, fällt es schwer, sich eine objektive Vorstellung von den pubertären Problemen zu machen, die das Leben des jungen Alcide in den Jahren der Tertia und Sekunda aufwühlten. Wir verfügen aus dieser Zeit über keine anderen Informationen als die kurzen Auszüge aus Briefen an seine Brüder und Schwestern, die Abbé Mercier publiziert und in einen sehr umfangreichen Kommentar eingebaut hat, der diesen Fragen eine Bedeutung verleiht, die sie auf dem Lebensweg des jungen Mannes nicht unbedingt gehabt haben müssen.
Wir wollen lediglich festhalten, was gesichert scheint, und nicht den Versuch machen, jenes Schweigen auszufüllen, mit dem Alcide sein inneres Leben geschützt hat. Die Schwierigkeiten betreffen wahrscheinlich die Versuchungen auf sexuellem Gebiet: Einige Anspielungen auf die Reinheit aus den Briefen dieser Zeit bestätigen diese Hypothese ebenso wie die sehr strengen Beurteilungen seiner selbst, die der junge Mann beim Eintritt ins Ordensleben abgab. Angesichts solcher, in diesem Alter ganz nor-

malen Schwierigkeiten stützt sich das spirituelle Ringen des jungen Mannes einerseits auf die Intervention seiner Schwester, die sich als beharrliche Zeugin seiner Berufung bewährt und ihn auffordert, zu reagieren und sich nicht der Gleichgültigkeit zu überlassen.[16] Andererseits ist hervorzuheben, dass sich Alcide infolge dieser drängenden Aufforderungen seiner Schwester und Taufpatin mit aller Kraft bemühte, die Versuchungen zu überwinden, und sein Vertrauen in das eigene Gebet wie in das der ihm Nahestehenden setzte. Diese Episode wäre nicht von großem historischen Interesse, hätte sie in ihm nicht das tiefe Gefühl der Unwürdigkeit grundgelegt, das ihn für jeden Gedanken an eine priesterliche Berufung unzugänglich machte – bis ihn die Umstände zu einer Änderung veranlassten.[XII] Es ist eindeutig, dass seine Korrespondenz ab 1852 keine Spur von diesem Kampf auf dem Gebiet der Keuschheit mehr aufweist.

Alcide Lataste beendet die Oberschule im Jahre 1850 mit einem erfolgreich bestandenen Abitur in Literatur.[17] Nach dem Examen verbringt er fast ein ganzes Jahr bei seinen Eltern in Cadillac, wo er einige Gedichte verfasst. Für eines von ihnen bekommt er sogar einen Preis; es ist der Aufnahme Mariens in den Himmel gewidmet.[18] Immer wieder erhält er von seiner Schwester Aufforderungen, seine Berufung nicht «unter den Scheffel zu stellen», sondern es «so zu machen wie sie»[19]. Alcide aber ist bestrebt, sich von jeder Beeinflussung frei zu machen, und bittet sie daher, «künftig von solchen Aufforderungen abzusehen».[20] Der junge Mann widmet seine Freizeit der Lektüre von erbaulichen Romanen und der Abfassung von Lektürenotizen, denen man bereits ein gewisses Interesse für die

---

XII Siehe dazu Kapitel 3 über Cécile und die Berufung zum Dominikaner.

Gefangenen[21] und die gefallenen Seelen entnehmen kann. Durch das Prisma der Literatur nimmt er empört die Leichtlebigkeit der Libertins wahr, die sich wenig um die Ehrbarkeit und die Tugend der Frauen kümmern, die sie am Straßenrand zurücklassen.[XIII] In diesen Lektürenotizen kann man ferner die früheste Äußerung dessen finden, was dann 15 Jahre später das Projekt der Gründung der Maison de Béthanie werden wird.[XIV] Die Lektüre, deren Spuren sich in Notizen oder in seinen eigenen Schriften finden, ist die Lektüre seiner Generation. Wir befinden uns im Herzen der Romantik: Musset, Alfred de Vigny oder Verdi sind damals in voller Aktion; wenn wir Alcides Begegnung mit seiner Verlobten betrachten, werden wir

---

XIII Ein Entwurf zu einem nicht datierten Gedicht mit dem Titel *L'Étoile qui file* hat als Motto drei Zitate – «Warum dermaßen die Frau verachten, die in Schande gefallen ist»? (Silvio Pellico); «Beleidigt nie eine Frau, die fällt» (Victor Hugo); «Die große Menge ist oft nur ein eiliger flüchtiger Stern, aber sie ist doch zumindest ein Stern am Himmelsgewölbe. Ach, ich habe darunter junge Mädchen sterben sehen! Traurig! Traurig!» (Victor Hugo). Es folgt der Entwurf einiger Verse: «On pleure sur l'enfant qui descend à la tombe, / mais une faible femme est trompée, elle tombe, / on l'insulte et l'on rit. / Un vulgaire assassin est frappé comme infâme, / un lâche séducteur déshonore une femme / et porte haut le front. / Bien plus, à ses amis il va conter ses crimes, / il dit à qui l'on veut, le nom de ses victimes / et chacun lui sourit. / Voyez il est charmant, plein de galanterie, / adroit en compliments, riche en plaisanteries, / il pétille d'esprit. / Pitié, pitié, pitié. / Qu'un autre te méprise … / Moi je veux te pleurer pauvre étoile tombée. – Man weint um das Kind, das ins Grab sinkt, aber eine schwache Frau wird getäuscht und fällt, man beleidigt und verlacht sie. Ein gemeiner Mörder wird als ehrlos gebrandmarkt, ein feiger Verführer entehrt eine Frau und trägt den Kopf hoch. Und seinen Freunden erzählt er seine Verbrechen, jedermann den Namen seiner Opfer, und jeder lächelt ihm zu. Schaut nur, er ist doch charmant und galant, geübt in Komplimenten, einfallsreich an Schmeicheleien, er sprüht vor Witz. Erbarmen, Erbarmen, Erbarmen. Mag ein anderer dich verachten. Ich aber beweine dich, armer gefallener Stern.»

XIV «Maria, die Mutter Jesu, und Maria Magdalena vereint zu Füßen des Kreuzes Jesu, um uns zu lehren, dass die Arme seiner Liebe sich gleichermaßen der Unschuld und der Reue öffnen» (Notizen zu *L'Amour de la femme*, Donoso Cortès).

feststellen können, wie sehr er davon geprägt ist. Kennzeichnend für die Mitte des 19. Jahrhunderts sind übrigens auch literarische Werke, die das Christentum in der Kultur zu rehabilitieren suchen. Silvio Pellicos Werk *Mes prisons* ist ein Beispiel dafür. Alcide Lataste liest es genauso wie viele seiner Zeitgenossen und findet darin den Bericht von einer christlichen spirituellen Erfahrung, die auch Menschen offensteht, die nie daran gedacht hätten, unmittelbar geistliche Werke zu lesen.

## Erste Engagements im Staatsdienst und in der Freundschaft

Von seinem Vater ermutigt, denkt Alcide daran, in den Staatsdienst zu treten und deshalb eine Anstellung als Steuerinspektor anzustreben. Eine solche Stellung konnte man nur bekommen, wenn man eine Zeitlang als Hilfsinspektor – Referendar würden wir heute sagen – gearbeitet und eine Prüfung abgelegt hatte. Er wird diese verschiedenen Etappen absolvieren und von 1851 bis 1857 für die Finanzverwaltung arbeiten.

Im November 1851 bereitet Alcide Lataste seine Zulassungsbewerbung für die Verwaltung vor. Der Direktor für direkte Steuern von Bordeaux nennt ihm einen jungen Beamten, der ihm dabei helfen könnte, Léon Leyer.[xv] Diese Begegnung wird der Beginn einer tiefen Freundschaft zwischen den beiden jungen Leuten. Alcide Latas-

---

xv Léon Leyer ist etwas älter als sein Freund; er ist geboren am 19. April 1827 in Brest (Finistère). Den Bericht von beider Begegnung siehe in Mercier, S. 28.

te ist nämlich in Bordeaux ganz allein, und er weiß um die Gefahren, die der Verkehr in gewissen Zirkeln junger Leute für seinen gebrechlichen Glauben darstellt. Sein Freund, ein begeisterter Katholik bretonischer Herkunft, wird ihn in den Kreis von Fénelon einführen, der einige Jahre zuvor in einer Niederlassung der Jesuiten gegründet worden ist und jungen Menschen auf der Suche nach einer ernsthaft christlichen Lebensführung helfen soll. In diesem Zirkel verbringen die beiden Freunde einen Großteil ihrer Freizeit. Dort erleben sie auch zum ersten Mal den Segen der nächtlichen Anbetungsstunden vor dem Altarssakrament, die damals ungemein beliebt sind. Und noch eine weitere Entdeckung erwartet Alcide in Bordeaux: Léon Leyer schlägt ihm vor, gemeinsam mit ihm der Vinzenz-Gesellschaft beizutreten. Mit seinem Eintritt in die Konferenz Saint-André in Bordeaux beginnt er den Armen zu dienen und sie zu lieben wie einen Freund.

### Anmerkungen

1 6. September 1832, Pfarrregister Saint-Martin (Orig. Arch. dép. de Gironde).
2 Evers, S. 17.
3 Brief 279 vom 8. Januar 1866 an Madame Piron.
4 Brief an Pater Chavallier, Subprior im Dominikanerkonvent von Bordeaux, den Alcide dazu bewegen wollte, in seiner Familie zu intervenieren, um sie zum Glauben zurückzuführen. Herbst 1856.
5 Brief 459, vom 3. April 1856, an seinen Freund Blacas.
6 Mercier, S. 4–5.
7 Predigt 193, 1865, in Loupiac, über die Gottvergessenheit.
8 Brief der Generaloberin der Töchter der Weisheit, 28. Juli 1936.
9 Brief der Generaloberin der Töchter der Weisheit an die Generalpriorin von Bethanien, 21. Mai 1937.
10 Brief 342, 31. Dezember 1842.
11 Brief 42, 6. Juli 1842, an seinen Bruder Émile.
12 Annalen des Kleinen Seminars von Bordeaux (Diözesanarchiv Bordeaux).
13 Fragment eines Briefes, dessen Text verloren gegangen ist; zit. bei Mercier, S. 6.
14 Brief an seine Schwester, zit. bei Mercier, S. 7.

15 Zit. bei Mercier, S. 10–11.

16 Brief 34, 30. Mai 1861, an seinen Bruder Émile.

17 Diplom vom 6. August 1850.

18 Gedicht 10, *L'Assomption de Marie*, vom 14. Januar 1853, vorgelegt bei den «Jeux floraux» [dem Dichterwettbewerb der «Blumenspiele»] von Toulouse in den Jahren 1853 und 1854. Den Preis hat der Verfasser 1854 erhalten (*Recueil de l'Académie des jeux floraux de Toulouse*, 1854, S. 102).

19 Predigt 253 vor den *enfants de Marie*, Ursulinen von Grenoble, in der Fastenzeit 1867.

20 Ebd.

21 Siehe z. B. die Lektürenotiz zu dem Buch von S. Pellico, *Mes prisons*, in: Studienaufzeichnungen, S. 416 f.

# 2
# DIE VINZENZ-KONFERENZ (1852–1857)

Diese Jahre sind für Alcide Lataste eine Zeit der Reifung. Er entdeckt das Berufsleben eines Beamten, der mehr und mehr Verantwortung übernimmt. Ziemlich rasch sieht er sich genötigt, entfernt von seiner Familie zu leben, sein Leben in den Städten, in die er geschickt wird, ganz allein zu organisieren. Nur wenige Dokumente lassen uns einen Blick in seine Lebensweise tun, denn er spricht nicht viel über sich. In Privas, Pau und Nérac hat er allein gelebt, in den Augen seiner Kollegen und Nachbarn ein vorbildliches Leben geführt und seine gesamte Freizeit den Aktivitäten der Vinzenz-Konferenz gewidmet. Und im Kreis dieser Konferenzen hat er auch Freunde in den verschiedenen Städten gefunden.

## Die Aktivität eines Vinzenz-Bruders

Nachdem ihn Léon Leyer eingeführt hat, wird Alcide Lataste am 4. August 1852 der Vinzenz-Konferenz der Pfarrei Saint-André in Bordeaux offiziell vorgestellt. Er wird einstimmig aufgenommen. In den sechs Jahren seiner Arbeit in der Finanzverwaltung bleibt er in den verschiedenen Städten Südfrankreichs, in denen er bestallt wird, ununterbrochen aktives Mitglied der Konferenz: in Privas, Pau und Nérac.

Die Haupttätigkeit der von Frédéric Ozanam im April 1833 gegründeten Vinzenz-Konferenz besteht zu dieser Zeit in Hausbesuchen bei armen Familien. Doch die Mitglieder der Konferenz werden auch auf anderen Gebieten initiativ. Neben den apologetischen Tätigkeiten (Verkauf von Jahrbüchern und von Lesestoff sowie der Verteilung von Katechismen unter den Soldaten) hat Alcide Lataste Gelegenheit, aktiv an religiösen Veranstaltungen teilzunehmen, die die Vinzenz-Konferenz organisiert (Einkehrtage, nächtliche Anbetungsstunden).

## Bordeaux

Nach seiner Aufnahme in die Konferenz von Saint-André zu Bordeaux[I] wird Alcide deren aktives Mitglied. Er nimmt an den wöchentlichen Versammlungen[II] teil und bringt auch seinen Bruder Honoré, seinen engsten Freund, mit herein, der dann im Oktober Aufnahme begehrt[III]. Alcide Lataste bekommt wie jedes Mitglied der Konferenz die Verantwortung übertragen, eine bedürftige Person zu besuchen.[IV] Und mit seinen Mitbrüdern freut er sich über die Möglichkeit der gemeinsamen Anbetung des Altarssakraments.

---

I Einstimmige Aufnahme in geheimer Wahl, Abstimmungsverzeichnis der Vinzenz-Konferenz der Pfarrei Saint-André zu Bordeaux (Diözesanarchiv Bordeaux).

II Erstmals nimmt er am 1. September 1852 teil. Bis zu seinem Weggang am 27. Februar 1853 verzeichnet das Protokoll der Konferenz seine regelmäßige Beteiligung an den Diskussionen (Registre de la conférence de Saint-André de Bordeaux, Diözesanarchiv Bordeaux).

III Einstimmige Aufnahme von Herrn Honoré Lataste am 20. Oktober 1852 (Registre de la conférence de Saint-André de Bordeaux, Diözesanarchiv Bordeaux).

IV Am 8. Dezember 1852 (Registre de la conférence de Saint-André de Bordeaux, Diözesanarchiv Bordeaux).

## Privas

Anfang März 1853 langt Alcide Lataste in Privas an. Hoch erfreut findet er dort die Atmosphäre der Vinzenz-Konferenz wieder. Bald wird er auch von dieser sehr lebendigen Gruppe aufgenommen. Sie besteht seit 18 Monaten und zählt zu diesem Zeitpunkt 63 Mitglieder aus allen gesellschaftlichen Schichten.[1] Nachdem er eine Wohnung in der Nähe der Kaserne gefunden hat, richtet Alcide seine Aufmerksamkeit besonders auf eine spezifische Aktivität der Konferenz: das Apostolat unter den Soldaten. Er beteiligt sich an Lehrveranstaltungen in der Kaserne, die die Soldaten auf Ostern vorbereiten sollen, und stellt erfreut fest, dass viele Soldaten zur Kommunion gehen, was damals häufig zu beobachten war. Daneben wird er mit Hausbesuchen beauftragt. Wir haben keine direkten Belege für die Art, wie er auf die Armen zuging. Kanonikus Mercier hat allerdings Zeugnisse zu diesem Thema gesammelt, die uns eine ziemlich genaue Vorstellung von dieser Aktivität vermitteln:

Da er ein gutes Herz hatte und mitfühlend war, blieb er nicht lange ein Neuling in der karitativen Tätigkeit. Hingabe war ihm ein Bedürfnis; er suchte es zuerst in Bordeaux und dann in Privas zu verwirklichen. Nach der Aussage eines ehrwürdigen Kirchenmannes, der damals das Pfarramt in dieser Stadt versah, gab sich Alcide Lataste nicht damit zufrieden, die ihm zugewiesenen Armen aufzusuchen und ihnen als bloßer Lieferant etwas Brot oder Fleisch zu bringen: Er schloss sich ihnen an und gewann ihre Zuneigung. Seine Besuche waren ausgedehnt und atmeten offene Herzlichkeit; daher wurden sie mit Ungeduld erwartet und mit Freude aufgenommen. Stellvertretend für die Armen, die auf ihn entfielen, können wir einen Greis nennen, der sich aus Liebe und Respekt für seinen Wohltäter große Mühe gab, den Zugang zu seiner Behausung zu säubern und ihr Inneres mit Grün und Blumen zu schmücken. Und noch etwas: Wenn er den Mitbrüdern von

seinen Unterredungen mit seinen Armen und von dem Trost, den er bei diesen fand, Bericht erstattete, weckte er ihr größtes Interesse und forderte sie auf, es ihm gleichzutun. Man kann mit Sicherheit sagen, dass er auch außerhalb der Zeit, die die Erfüllung seiner beruflichen Pflichten beanspruchte, nur für seine Armen lebte und sich nicht nur um die Elenden kümmerte, die ihm augenblicklich anvertraut waren, sondern auch um diejenigen, die er an seinen früheren Wohnorten kennengelernt hatte.
Was die Gesellschaft angeht, die sich mit solchem Eifer der Entlastung der Not leidenden Klasse widmete, war er ihr über die Maßen zugetan und betete speziell für ihre Ausbreitung und für die persönliche Heiligung jedes ihrer Mitglieder. Erfuhr er von der Gründung einer neuen Vinzenz-Konferenz, dann freute er sich darüber wie über ein besonders freudiges Ereignis, und bei Gelegenheit suchte er weitere solche Gruppen aufzubauen, wo sie noch nicht bestanden.[2]

Die wenigen persönlichen Reflexionen, die der junge Beamte in seinen Briefen an seine Brüder über seine Gefühle bei diesen Besuchen anstellen konnte, bestätigen dieses Zeugnis.

## Pau

Im Oktober 1853 zieht Alcide nach Pau um. Auch hier schließt er sich schon gleich bei seiner Ankunft der Vinzenz-Konferenz an.[V] Am 4. Oktober überträgt man ihm das Patronat für eine arme Familie,[3] die Hinterbliebenen eines Beamten, dessen Witwe und Kinder in Not leben. Und er entdeckt eine spezifische Aktivität der Gruppe von Pau: das Patronat für die Auszubildenden. Die Brüder nehmen sich junger Lehrlinge an und begleiten sie bei

V Sein Beitritt erscheint nicht im Register der Vinzenz-Konferenz von Pau, aber sein Name findet sich in den Protokollen von siebzig Sitzungen vom 4. November 1853 bis zum 7. März 1856 (Orig. Diözesanarchiv Bayonne).

ihrer Arbeit und in ihrem Familienleben; das wiederum ermöglicht es, ihnen und ihren Angehörigen materielle Hilfen und einen «sittlichen Einfluss» zukommen zu lassen. Die Art, wie Alcide von diesen Aktivitäten erzählt, lässt die moralische und missionarische Zielsetzung der Vinzenz-Konferenz erkennen; es geht nämlich nicht so sehr darum, materielle Unterstützung zu leisten, sondern mehr darum, Bande zu Personen zu knüpfen, deren soziale Lage oder Menschenfurcht sie von der Kirche fernhalten. So beschließt zum Beispiel die Gruppe von Pau, die jeder Familie gewährten Unterstützungen zu verringern, um «den sittlichen Einfluss der Konferenz zu verstärken». Die Hausbesuche sind das wichtigste Element dieses Einflusses. Es geht nicht darum, jeweils einfach ein Stück Brot oder ein warmes Kleidungsstück abzugeben, sondern darum, die sich von Woche zu Woche weiter entwickelnde Vertrautheit zu nutzen, um den Armen, die man besucht, ein christliches Wort zu übermitteln. Alcide bedauert, dass er unter den Aktivitäten der Gruppe von Pau nicht das findet, was er in Privas so sehr geschätzt hat: die Sorge um die Soldaten und ihr christliches Leben. Den Empfehlungen des Karmeliters Hermann Cohen[VI] fol-

---

[VI] Pater Hermann Cohen ist ein in jener Zeit sehr beliebter Prediger. Seine Konversion vom Judentum zum Christentum – er war damals in Paris als Pianist tätig – hatte für Aufsehen gesorgt. Sein Vorhaben, ins Kloster zu gehen, musste er zunächst aufgrund von Spielschulden verschieben; zwei Jahre verbrachte er noch in der Welt, bevor er bei den Karmeliten eintrat. Danach entfaltete er eine rege Aktivität in den Vinzenz-Konferenzen und rief einen Männerverein ins Leben, dessen Aufgabe es war, nächtliche Anbetungen des Altarssakraments zu organisieren. Die erste fand am 6. Dezember 1848 in Notre-Dame-des-Victoires statt. Nach seinem Eintritt ins Kloster mit dem Ordensnamen Augustin Marie du Saint-Sacrement wirkte er als Prediger; in dieser Tätigkeit blieb er zwei Grundpfeilern seines jungen Christentums treu: den Vinzenz-Konferenzen und der nächtlichen Anbetung (*Vie du père Hermann Cohen, en religion père Augustin Marie du Saint-Sacre-ment, o.c.d.*, par l'abbé Charles Sylvain, Paris: H. Houdin, 1883).

gend, die dieser in einer Caritaspredigt zugunsten der Vinzenz-Konferenz gegeben hat, wird Alcide aktives Mitglied einer Kommission, die mit der Organisation dieses Apostolats beauftragt ist. Er verpflichtet sich, zweimal pro Woche am späten Nachmittag die Soldaten in der Bernadotte-Kaserne zu unterrichten.

Soeben haben wir in Pau das Mauritius-Werk errichtet. Das sind Abendschulen für die Militärangehörigen. Zuerst waren sie nur zu fünft oder sechst, aber jetzt werden sie allmählich sehr zahlreich. Sie sind froh, hier weit weg von ihrer Familie Freunde zu finden, und erzeigen sich sehr dankbar und gutwillig. Unser Unterricht findet jede Woche montags, donnerstags und samstags von fünf bis viertel vor acht oder acht Uhr statt. Es läuft sehr gut. Ich hoffe, Gott wird unsere Arbeit segnen und tragen, denn ohne Gott vermögen wir nichts. Der Unterricht ist in mehrere Abschnitte gegliedert. Zuerst ein kurzes Gebet, dann eine religiöse Unterweisung oder eine lustige Erzählung oder die Geschichte von einem berühmten Krieger und schließlich eine Stunde Lesen und Schreiben, Orthographie, Rechnen und zum Schluss das Abendgebet.[VII]

Sein Engagement in der Vinzenz-Konferenz ist in seinen Augen so wichtig, dass er während eines Ferienaufenthalts bei seiner Familie im April 1854 an den Treffen der erst unlängst gegründeten Gruppe von Cadillac teilnimmt.[4]

## Nérac

Während dieser Jahre ist Alcide trotz der durch ihre unterschiedlichen beruflichen Bestimmungen erzwungenen Trennung mit León Leyer in Verbindung geblieben. 1855

---

[VII] Brief 20, vom 5. Januar 1854, an seinen Bruder Émile. Ein Jahr später zeugt der Brief 26 vom 5. Januar 1855 an Émile von Erfolg dieses Unternehmens: Rund hundert Soldaten nahmen an den Abendkursen teil.

hat Léon eine Stellung in Nérac, wo es keine Vinzenz-Konferenz gibt. Deshalb ermuntert ihn Alcide, eine solche zu gründen. In einem Brief, dessen Original verloren gegangen ist, von dem aber ein Teil durch Kanonikus Mercier publiziert wurde, kann man den Nachdruck spüren, mit dem Alcide seine Freunde für das zu gewinnen suchte, was ihm so wichtig schien:

Du bist wirklich verantwortlich, schrieb er, wenn die Konferenz in Nérac nicht zustande kommt. Man bräuchte Prediger, sagst du? Irrtum: Es braucht Eifer, Mut, guten Willen und sonst gar nichts. Prediger würden zwar eure Zahl vergrößern, aber vielleicht noch keine bessere Konferenz machen.
Ihr seid vier fest Entschlossene. Mehr braucht ihr nicht. Erinnere dich an das Wort des Meisters: «Wer viel empfangen hat, von dem wird auch viel verlangt.» Du hast doch religiöse Überzeugungen; deine Stellung erlaubt dir, über ein paar Stunden der Muße zu verfügen; du hast sozusagen Menschen guten Willens in Händen; du kennst die Konferenz, du liebst sie; du kennst all das Gute, das sie tun können, um nicht nur die Armen, sondern oft eine ganze Bevölkerung in der Religion zu bewahren. Andererseits drängt man dich, du sollst dich der Sache widmen. Fürchte also, dass Gott eines Tages Rechenschaft von dieser Apathie, dieser Gleichgültigkeit in seinem Dienst verlangt, die dazu führt, dass viele Seelen, die hätten gerettet werden können, nicht gerettet werden. Am Tage des Gerichts, das weißt du, werden wir nicht nur verantwortlich gemacht für all das Böse, das wir getan haben werden, sondern auch für das Gute, das wir hätten tun können und nicht getan haben.[5]

Am 20. März 1856 bringt das Zufallsspiel der Versetzungen Alcide Lataste die Gelegenheit, seine Ermahnungen selbst in die Tat umzusetzen: Er kommt nach Nérac,[VIII] um dort

[VIII] Die Zerstörung des Fundus für direkte Steuern im Finanzarchiv von Agen durch eine Überschwemmung im Jahre 1930 hat die Suche nach dem exakten Datum seiner Ernennung unmöglich gemacht. Brief 459 vom 3. April 1856 an Blacas deutet an, dass er vierzehn Tage zuvor angelangt ist.

den bis dahin von seinem Freund besetzten Posten zu übernehmen. Schon am 7. April gründet er eine Gruppe mit acht Laien unter dem Ehrenpräsidium des Gemeindepfarrers. Léon Leyer erzählt er davon mit folgenden Worten:

Ich liebe die Vinzenz-Konferenz so, dass ich ohne sie einfach nicht sein kann; daher danke ich Gott dafür, das er mir endlich gewährt hat, wonach ich so sehnlich verlange. Ja, mein Lieber, die Konferenz von Nérac hat das Licht der Welt erblickt; sie ist geboren im Salon des Herrn Pfarrers im neuen Pfarrhaus. Die Taufpaten waren die Herren ... Ich habe Herrn Baudon geschrieben und ihm gesagt, du hättest den Samen gelegt und ich brächte nun die Ernte ein ... Was das Geschäftliche angeht – sprich mir nicht davon ... Herr D... ist Schatzmeister, Herr D... Sekretär, und der Vorsitzende ein Grünschnabel von Inspektor, der nicht mehr wert ist als zweieinhalb Centimes, aber breite Schultern hat und das Gebäude, wenn es denn einmal zusammenbrechen sollte (was aber gar nicht möglich ist), bequem auf den Buckel nehmen kann.[IX]

Das Ziel, das sich die kleine Gruppe setzt, ist ein doppeltes: Hausbesuche bei den armen Familien und Verbreitung guter Bücher. Das offizielle Aufnahmeschreiben der Vinzenz-Konferenzen war am 7. Juli 1856 von deren Präsident an die Konferenz von Nérac gerichtet. Ein Jahr später wird die Gruppe bereits 19 Mitglieder zählen, darunter mehrere Arbeiter.[X]

---

[IX] Brief an Leyer, zit. bei Mercier, S. 36. Das Original ist verloren gegangen (Mercier, S. 36). Ein anderes, mehr administratives Echo dieser Gründung findet sich in dem Aufnahmeersuchen an den Hauptsitz der Vinzenz-Konferenzen in Paris vom 9. April 1854 durch den Vorstand Alcide Lataste (Archiv der Vinzenz-Konferenzen, Paris). Ein Brief von Alcide Lataste an den Präsidenten der Konferenzen berichtet von den Umständen der Gründung (Brief 447 vom, 20. April 1856). – Einem anderen Freund hatte Alcide wenige Tage zuvor geschrieben: «Fern von Cadillac und ohne die Konferenz zu sein, heißt für mich, zweifach ohne Familie zu sein» (Brief 459, 3. April 1856, an Blacas).

[X] Brief 446 a, 12. März 1857, an den Präsidenten der Vinzenz-von-Paul-Gesellschaft. Zu diesem Zeitpunkt sind achtzig Familien hilfsbedürftig. Trotz der insgesamt bescheidenen Mittel der Konferenz erlaubt es der

Als Vorsitzender der Konferenz von Nérac richtet Alcide einen «Sparherd» ein, der auf dem Verkauf von Anteilscheinen an die Wohltäter basiert.[XI] Diese Volkssuppenküche öffnet am 8. Dezember unter der Schirmherrschaft des Bischofs von Agen[6] ihre Pforten – zur großen Freude der Armen, die sie «Hôtel à six sous» nennen. Am Weihnachtstag ist eine Festmahlzeit vorgesehen, die das traditionelle regionale Weihnachtsessen, geschmortes Rindfleisch, umfasst.[7] Knapp ein Jahr später hat der «Sparherd» mehr als 46.000 warme Mahlzeiten ausgegeben.[8]

Die junge Gruppe von Nérac erlebt administrative Schwierigkeiten, als sie im Herbst 1857 eine Lotterie organisieren will, die die für ihre karitativen Aktivitäten benötigten Mittel bringen soll. Der Präfekt von Agen verweigert die erforderliche Erlaubnis, weil die Prärogative des örtlichen Wohlfahrtsbüros nicht zugunsten einer karitativen Einrichtung ohne gesetzliche Grundlage angetastet werden dürfe. Der unermüdliche Vorsitzende schickt eine Supplik an Kaiser Napoleon III.: «Als Diener der Armen wenden wir uns, Sire, in ihrem Namen an Ihr Herz, aus dem einzigen Grunde, dass wir die Hoffnung hegen, eine Gunst zu erlangen, auf die wir, wie wir gestehen, keinen Rechtsanspruch haben.»[XII]

Alcide Lataste wird die Vinzenz-Konferenz erst am Tag seines Eintritts ins Noviziat der Dominikaner von Flavigny am 4. November 1857 verlassen. Er hätte, wie er selbst

---

relativ geringe Umfang der jeweiligen Hilfsgaben, die Zahl der betreuten Familien zu erhöhen und damit den sittlichen Einfluss der Konferenz zu steigern.

XI Brief 449, 8. September 1856, an den Präsidenten der Vinzenz-Konferenzen. Er informiert diesen über das Projekt des «Sparherdes».

XII Brief 454, 19. August 1857, an den Präsidenten der Vinzenz-Konferenzen. Da eine Antwort auf diese Supplik nicht vorliegt und die Archive in der Sache schweigen, wissen wir nicht, wie das Problem gelöst wurde.

schreibt, im Orden am liebsten den Namen Marie-Vincent getragen.[9] Während seines gesamten Lebens als Ordensmann wird er sich eine tiefe Verehrung für Vinzenz von Paul und eine aufrichtige Anhänglichkeit gegenüber seinen alten Mitstreitern bewahren.
In diesen karitativen Gruppen hat er drei Dimensionen des christlichen Lebens entdeckt und vertieft: das gemeinsame Leben, die Sorge für die Armen und die Verehrung der Eucharistie.

## Die Vinzenz-Konferenz als Familie

«Ich habe eine Familie von Brüdern wiedergefunden.» Bei seiner Ankunft in Privas infolge seiner ersten Versetzung als Beamter kann Alcide Lataste den Reichtum spüren, den die Zugehörigkeit zur Vinzenz-Konferenz bedeutet: In dieser kalten und verschneiten Stadt, in der er ein starkes Gefühl der Einsamkeit zu empfinden scheint, haben ihn die Mitbrüder sogleich als einen der ihren aufgenommen. «Was zweifelsohne am meisten dazu beitragen wird, mich in Privas einzugewöhnen, ist die Vinzenz-Konferenz, zu der ich in Bordeaux gehörte und die ich auch hier angetroffen habe.»[10]
«Man muss sie als Freunde aufsuchen und sich bemühen, ebenfalls als ein solcher aufgenommen zu werden.»[11] Wenn Alcide Lataste bei den Besuchen bei den Armen die sozialen Probleme auf den zweiten Rang verweist, dann deshalb, weil es in den Konferenzen ebenso gehalten wurde.

Unsere Mitglieder hier sind sehr eifrig, wir haben welche aus allen Schichten. Der Zahlmeister des Departements, unser Präsident, Advokaten, Notare, ein Anwalt, ein Richter, mehrere Architekten und Ingenieure, ein Arzt, mehrere Angestellte und Grundbesitzer – allesamt praktizierende Katholiken.[12]

Diese Familie von Brüdern nimmt einen zentralen Platz in seinem Leben ein; er hat das Glück, unter ihnen Menschen aus allen Lebensverhältnissen zu begegnen, geeint durch ein und denselben ohne Scheu praktizierten Glauben und durch die Sorge um die Armen. Als ihn verschiedene persönliche Prüfungen dazu veranlassen, tiefer über seine Berufung als Christ nachzudenken, verfasst er Gebete für jeden Tag der Woche. Der Mittwoch ist dem Gebet für die Konferenzen gewidmet:

Mein Gott, ich rufe deinen Segen herab über die große Familie von Sankt Vinzenz von Paul, die Lazaristenmissionare, die Töchter der Barmherzigkeit und unsere Konferenzen. Du Hilfe der Christen, sei mit uns. Lass uns siegen in unseren täglichen Kämpfen gegen uns selbst, gegen das Böse, gegen die Vorurteile.
Unsere Liebe Frau vom Siege, wenn du mit uns streitest, sind wir des Erfolges sicher … Mutter der Armen, schenk unseren Herzen ein heiliges Mitleid mit dem Elend des Bedürftigen, schenk uns Verständnis für seine Bedürfnisse; führe uns dazu, dass wir in ihnen nur mehr die leidenden Glieder deines geliebten Sohnes sehen.
Gib, mein Gott, dass unsere Gesellschaft erstarkt, sich ausbreitet und fortpflanzt mit ihrem ursprünglichen Geist der Frömmigkeit, Einfachheit und brüderlichen Einigkeit, damit ihr Handeln, frei von irdischen Interessen, immer mehr Frucht trage für den Himmel […].
Segne insbesondere jeden unserer Brüder. Mögen Stärke, Licht, Friede und Hoffnung keinem von ihnen jemals fehlen; mögen ihre und unsere Leiden, in Geduld und Ergebung ertragen, dir wohlgefallen und heilsame Früchte bringen. Segne auch alle unsere armen Familien, Soldaten, Arbeiter, Lehrlinge, Schüler und überhaupt alle, die von nah oder von fern auf irgendeine Weise zu unserer Familie gehören. Gib, dass wir uns eines Tages alle zusammen und für immer zu deinen Füßen im Himmel wieder begegnen.[13]

Diese kommunitäre Dimension der Vinzenz-Konferenz wird in der Korrespondenz häufig als eine wichtige Stütze für das christliche Leben hervorgehoben. Es ist in der Tat offenkundig, dass es in den Kreisen, in denen sich Alcide Lataste bewegt, für einen Mann nicht leicht ist, sich als praktizierender Christ zu bekennen, «die Menschenfurcht zu überwinden und sich als religiöser Mensch zu erklären».[14] Genau das aber verstärkt die Bindungen zwischen den Gruppenmitgliedern, die sich in den Konferenzen nicht nur derselben karitativen Sache widmen, sondern sich auch darüber freuen dürfen, dass sie ohne Scheu dieselben religiösen Praktiken mit anderen Menschen teilen können. Ein Einkehrtag, der in Viviers fast 200 Brüder vereinte, hat ihn besonders bewegt:

Es war wunderbar und schön, alle diese Männer zu sehen, diese Männer jeden Alters, mit allen möglichen Schicksalen, aus jeder Lebenslage, die aus den beiden Departements Drôme und Ardèche gekommen waren, ohne einander zu kennen, ohne sich jemals gesehen zu haben, wie sie miteinander sprachen, einander zulächelten, einander die Hand schüttelten und so frei und ungezwungen miteinander plauderten, als ob sie einander schon lange kennten. Das war die wahre Brüderlichkeit. Es war gut, sage ich noch einmal, diese freie Intimität, diese freimütige Herzlichkeit zu sehen, die da unter allen herrschte. Es war ein Leichtes zu sehen, dass jeder, auch wenn er den Anderen nicht kannte, ihn doch achtete und liebte. Wir hatten Magistratsbeamte unter uns (der Bürgermeister von Valence ist Mitglied der Konferenz), Männer von hohem Stand und auch Männer in bedrängter Lage, Arbeiter, Bauern. Die ersteren fühlten sich nicht entehrt, wenn sie sich unter die letzteren mischten, im Gegenteil, sie wetteiferten untereinander an Zuvorkommenheit ihnen gegenüber in der Kirche, im Speisesaal, auf dem Hof, und die letzteren wiederum fühlten sich an der Seite der ersteren keineswegs fehl am Platze. Sie fühlten, dass sie Mitglieder ein und derselben Familie waren.[15]

Die Originalität dieser christlichen Bewegung ist bemerkenswert: Sie wagt es nicht nur, Menschen in einer Zeit, in der diese sich zumeist von jeder religiösen Praxis fernhielten, spirituelle Aktivitäten vorzuschlagen, sie tut das auch in einer sozialen Vermischung, die in der Gesellschaft des 19. Jahrhunderts keineswegs selbstverständlich war. Dass Magistratsbeamte und Arbeiter sich als Mitglieder ein und derselben Familie betrachten, ist ja niemals einfach, aber in diesem Kontext ist es eine Heldentat. Es verwundert nicht, dass eine solche Erfahrung für einen jungen Christen tief prägend war; dieselbe Kühnheit wird er ins Ordensleben mit hinübernehmen, als er selbst Gründer einer Gemeinschaft wird.

## Die Armen als Freunde

Der Hausbesuch bei den Armen ist die Haupttätigkeit der Vinzenz-Konferenzen; es scheint auch, als würde genau er unserem jungen Steuerinspektor die größte Freude machen. Seinem Bruder Émile, der ebenfalls Mitglied der Konferenz in ihrer Geburtsstadt Cadillac geworden ist, schreibt er:

> Ich bin froh zu lesen, was Du sagst, dass nämlich unsere Besuche bei den Armen für Dich so wichtig sind, dass Du sie gern gut organisiert sehen möchtest. Sie sind ja auch wirklich die Hauptarbeit der Vinzenz-Konferenz und die einzige, die überall geleistet wird. Und sie ist, glaube ich, am ehesten geeignet, jene Seelenfreude zu schenken, die man in den glänzendsten weltlichen Festivitäten nicht findet, der man aber oft in den elenden Hütten begegnet, in denen der Arme darniederliegt – krank, frierend, hungrig und mit all den elenden Folgen. Gott lehrt uns, dass er selbst es ist, den wir aufsuchen, wenn wir die Armen aufsuchen, während er unseren weltlichen Festen meist sehr fern ist.[16]

Es gibt keine sozialen Schranken in den Konferenzen, es darf auch keine in ihrer karitativen Tätigkeit geben. So verlangt er zum Beispiel, dass die besuchten Armen am Fest des heiligen Vinzenz von Paul in den Genuss desselben Ablasses kommen wie die Mitglieder der Konferenz.[17]

## Eucharistie und nächtliche Anbetung

Im Rahmen des Fénelon-Kreises[XIII] von Bordeaux und dann der Vinzenz-Konferenz hat Alcide Lataste die nächtliche Anbetung des Altarssakraments für sich entdeckt und regelmäßig daran teilgenommen. Auf Bitte der Vinzenz-Konferenz hatte Pater Hermann Cohen zur Vorbereitung der nächtlichen Anbetungsstunden in Bordeaux gepredigt. Er war nach einer ersten Predigt von zwei Karmeliten eingeladen worden, die das Interesse für diese neuartige Gebetsform geweckt hatten. Am 30. August 1852 schreibt Pater Cohen an einen seiner Freunde, einen Marineoffizier, mit dem zusammen er die nächtliche Anbetung in Paris eingeführt hatte:

Ich habe soeben die Bitte der Vinzenz-Konferenz von Bordeaux erhalten, eine nächtliche Anbetung einzurichten [...]. Schicken Sie mir doch

XIII «Ach, wer wird mir meinen kleinen Zirkel wiedergeben und unsere intimen Gespräche und unsere gemeinsamen Nächte vor dem Altar, den wir aufsuchten, um zusammen den Gott anzubeten und zu ihm zu beten, der uns alle diese Dinge schenkte? Ich bat ihn, mir Gnaden zu erweisen, und dachte gar nicht daran, ihm für all die Freude zu danken, die er mir schenkte! Wie undankbar man doch ist, wenn man glücklich ist, und wie sehr schätzt man etwas erst dann, wenn man es nicht mehr besitzt!» (Nicht datierter Brief von Alcide Lataste an seinen Freund Leyer; das Original ist verloren, der Text ist wiedergegeben bei Mercier, S. 31.)

bitte so bald wie möglich eine knappe liturgische Ordnung und ein paar andere Texte, die diese eifrigen Brüder mit der Sache bekannt machen können. Noch besser wäre es, wenn Sie selbst nach Bordeaux gehen könnten, um alles selbst zu machen. Sie würden dort bei den jungen Leuten starken Rückhalt finden. Zwei von unseren Patres haben dort gepredigt, und man muss die Gunst des Augenblicks nutzen; es herrscht Enthusiasmus, man hat ihnen von der Anbetung erzählt, und der Generalsekretär hat einen begeisterten Brief geschrieben.[18]

Alcide Lataste ist, zusammen mit seinem Freund Leyer, regelmäßig Teilnehmer dieser Nächte, die, wie es scheint, sehr erfolgreich waren, denn am 30. November desselben Jahres schreibt Pater Hermann Cohen: «In Bordeaux sind sie schon mehr als hundert, sie machen die Dinge in großem Stil: In der ersten Nacht waren sie nämlich nur 24.»[19] Diese ersten Erfahrungen mit der eucharistischen Anbetung sind so stark, dass sie Alcide anspornen, auch seine Mitbrüder in Pau daran teilhaben zu lassen. Im November 1853 schlägt er ihnen vor, den berühmten Prediger, der damals gerade mit der Gründung eines Karmeliterklosters in Bagnères[XIV] beschäftigt war, zu bitten, er möge in Pau eine Caritaspredigt zugunsten der Konferenz halten und bei dieser Gelegenheit auch die nächtliche Anbetung in der Stadt einführen. Seine Wünsche werden erfüllt, denn in seiner Antwort auf die Einladung empfiehlt Pater Cohen am 2. Dezember den Mitgliedern der

---

[XIV] Ebd., S. 152 f. Der Biograph scheint keine Kenntnis von der Predigt Pater Hermann Cohens in Pau gehabt zu haben. Diese ist jedoch durch das Register der Vinzenz-Konferenz der Pfarrei Saint-Martin belegt, das sogar angibt, der aus diesem Anlass erfolgte Spendenaufruf zugunsten der Konferenz habe 1.903,95 Francs erbracht. Ebenfalls kann man dort lesen: «Mehrere Mitglieder der Konferenz haben sich in eine Liste eintragen lassen, die dem Herrn Pfarrer von Saint-Martin überbracht werden soll und in der die Gläubigen verzeichnet sind, die am Werk der nächtlichen Anbetung des Allerheiligsten Sakraments teilzunehmen wünschen.»

Konferenz zwei Werke, die Alcide so lieb sind: die nächtliche Anbetung und die Arbeit mit den Soldaten.
Diese ersten eucharistischen Erfahrungen des künftigen Apostels der Gefängnisse zeigen bereits die enge Bindung, die für ihn und seine Mitbrüder zwischen der Anbetung und dem Dienst an den Armen besteht: Die Anbetung ist eine der Aktivitäten der Vinzenz-Konferenzen, deren Daseinsgrund die Übung der Nächstenliebe ist. Nicht der öffentliche Kult der Eucharistie bewegt ihn, nicht die feierlichen Prozessionen oder die militärischen Ehrungen für das Altarssakrament, sondern das nächtliche Gebet in der Stille.
Doch die eucharistische Frömmigkeit Alcide Latastes beschränkt sich nicht auf die Anbetung. Es ist in der Tat erstaunlich festzustellen, dass er schon in dieser frühen Etappe seines geistlichen Lebens ein glühender Befürworter der häufigen Kommunion ist, in einer Zeit, in der die jansenistischen Vorstellungen in diesem Zusammenhang die gängige Bezugsgröße waren. Lesen wir, was er seinem Bruder Émile darüber sagt:

Ich verstehe vollkommen, was Du mir über die häufige Kommunion sagst, und ich glaube genau wie Du, es wäre schlecht für eine tiefere Hingabe an die religiösen Praktiken, wenn man darüber seine weltlichen Angelegenheiten vernachlässigen würde. Ich bewundere, mit welcher Sorgfalt, mit welch guter Bereitschaft Du am Ostertag zum heiligen Tisch trittst, da Du Dich so lange und so eifrig vorbereitest. Ich verstehe, dass eine Kommunion, die man so vollzieht, gute Früchte bringen muss, aber ich glaube nicht, wie Du zu denken scheinst, dass es unmöglich ist, dies häufiger zu tun, ohne seine Geschäfte zu vernachlässigen.
Du gehörst zu den Menschen, so sehe ich es, von denen ich in der Nachfolge Christi oder in irgendeinem anderen religiösen Buch gelesen habe, dass sie sich dem heiligen Tisch nur sehr selten nähern, weil sie denken, sie seien niemals gut genug vorbereitet.

Gewiss ist dieses Geheimnis, das wir nicht nur besuchen, sondern in uns aufnehmen sollen, so groß, dass wir niemals gut genug vorbereitet sein können; aber man kann zum heiligen Tisch treten ohne diese langen und ins Einzelne gehenden Vorbereitungen, die uns einen Monat lang daran hindern, ernsthaft unseren Obliegenheiten nachzugehen. Bedenke doch, dass dieses erhabene Sakrament der Liebe nicht als Belohnung für die frommen, wohlgestimmten Seelen eingesetzt worden ist, sondern als Mittel, das Gift des Bösen zu beseitigen, als ein Bad, in dem man die Wunden der Seele auswäscht, als ein Balsam zu ihrer Heilung, als ein stärkender Trank, der uns die Kraft und den Mut finden lässt, die wir brauchen.
Manche Priester dringen sehr in ihre Beichtkinder, um sie zu einer häufigen Kommunion zu bewegen. Sie behaupten, um zum heiligen Tisch treten zu können, brauche man nur zu glauben, seine vergangenen Sünden zu bereuen und die feste Absicht zu haben, künftig nicht mehr in sie zu verfallen. Wenn man keine besseren Neigungen habe, werde man sie gerade in der Kommunion finden. Eine Kommunion dient dann als Vorbereitung auf die nächste. Ich meinerseits habe durch die Erfahrung begriffen, dass ich häufig zur Kommunion gehen musste, um auf dem guten Weg zu bleiben. Wenn ich es lange Zeit nicht tue, fühle ich, dass mein Glaube schwächelt, dass meine Kräfte schwinden; ich habe keinen Mut mehr gegen die Menschenfurcht, ich verzweifle fast daran, meine üblen Neigungen zu besiegen; und schließlich geht es immer weiter bergab. Eine häufige Kommunion dagegen stärkt meinen Glauben wieder und verleiht mir neue Kräfte.[20]

Anmerkungen

1 Brief 15, 29. März 1853, an seinen Bruder Émile.
2 Mercier, S. 33–34.
3 Brief 19, 4. Oktober 1853, an seinen Bruder Émile.
4 Brief 458, 10. April 1854, an seinen Freund Blacas.
5 Mercier, S. 34–35.
6 Brief 450, 23. Dezember 1856, an den Präsidenten der Vinzenz-Konferenzen.
7 Ebd.
8 Brief 453, 2. September 1857, an den Präsidenten der Vinzenz-Konferenzen.
9 «Persönliche Aufzeichnungen», in: Geistliche Aufzeichnungen, 9. November 1857.
10 Brief 15, 29. März 1853, an seinen Bruder Émile.

11 Brief 16, 9. Mai 1853, an seinen Bruder Émile.

12 Ebd.

13 «Gebete für alle Tage der Woche», in: Geistliche Aufzeichnungen.

14 Brief 15, 29. März 1853, an seinen Bruder Émile.

15 Ebd.

16 Brief 17, 28. Juli 1853, an seinen Bruder Émile.

17 Brief 450, 14. Juli 1856, an den Präsidenten der Vinzenz-von-Paul-Gesellschaft.

18 Mercier, S. 132.

19 Ebd., S. 133.

20 Brief 17, 28. Juli 1853, an seinen Bruder Émile.

# 3
# EHE ODER KLOSTERLEBEN? (1853–1857)

## Die Begegnung mit einem «reinen jungen Mädchen»

Als Alcide Lataste am 14. Februar 1853 zum Hilfsinspektor in Privas, Departement Ardèche, ernannt wird,[1] beginnt er zum ersten Mal ein Leben fern von seiner Familie, fern von der Gironde. Als der Referendar in Privas anlangt, geht ihm ein schmeichelhafter Ruf voraus.[I] Vor allem seine karitative Tätigkeit zieht die Aufmerksamkeit auf sich: Manche finden sie lächerlich, andere sind von ihr erbaut.[2] Tatsächlich widmet er einen Großteil seiner Freizeit dem Besuch bei Armen und Soldaten.[3] Seine Eltern haben ihn einem Ehepaar anvertraut, das ihn häufig empfängt, es sind die Poncets. Bei ihnen hat er im Lauf des April 1853 eine substantielle Begegnung.[II] Ein junges Mädchen aus Privas hatte von ihm reden gehört und hegte eine Bewunderung für ihn, die sich bald zu einer wirklichen Liebe entwickelte. Léonide Cécile de

---

I Ein Brief des Generalsekretärs der Vinzenz-Konferenzen von Bordeaux an den Vorsitzenden der Konferenz von Privas hat diesem Alcide die Zulassung ohne Abstimmung ermöglicht (Brief 15, 29. März 1853, an seinen Bruder Émile).

II Brief 457, 22. November 1853, an seinen Freund Blacas. Diesem Brief sind die im Folgenden gebotenen Details über die Begegnung der beiden jungen Leute entnommen.

Saint-Germain[III] ist etwas jünger als Alcide, sie zählt damals 16 Jahre. Sie stammt aus einer aristokratischen Familie, aber ihre Eltern haben kein Vermögen. Ihr Vater ist seit einem Jahr Steuereinnehmer in Privas. Es scheint, dass die jungen Leute sehr schnell Zuneigung zueinander fassten.
Die Grundlagen für eine dauerhafte Beziehung scheinen gegeben: Beide sind fromm und wollen ein christliches Leben führen. Sie bewundert seine karitative Tätigkeit, er schätzt ihre sanfte, engelgleiche Frömmigkeit und ihre charakterliche Höhe. Zeuge dieses wachsenden Idylls ist das Gedicht in Form eines Akrostichons, das Alcide am 26. April verfasst hat:

La violette aussi comme vous est timide
Elle va sous la mousse épandre ses senteurs
Oh! d'un trop vif éclat ne soyez pas avide,
N'enviez pas au public ses murmures flatteurs,
Ils ne donnent qu'ennui! Mais que votre cœur brille
De modestes vertus, d'innocentes amours
Et vous serez heureuse, ô pure jeune fille,
Toujours![IV]

Das Veilchen ist so bang wie du,
unter dem Moos breitet es seinen Duft aus.
Oh, sei nicht begierig nach allzu raschem Glanz,
neide nicht dem Publikum seine Schmeicheleien,

---

III Léonide Cécile de Saint-Germain, geboren 1837, Tochter von Ferdinand de Saint-Germain und Adèle Verriot. Der junge Lataste und die Umgebung der jungen Frau gebrauchen bald den einen, bald den anderen der beiden Vornamen.

IV Auch ein weiteres Gedicht mit dem Titel *Une épine pour une rose* (Gedicht 11, nicht datiert) ist offensichtlich Cécile gewidmet. Es ist eine Meditation über die Vereinigung, die Gott zum Wohle der beiden, der Dorne und der Rose, bewerkstelligt. Man findet darin ein Gefühl ausgedrückt, das Alcide häufig empfand: das Gefühl seiner Unwürdigkeit.

sie schaffen nur Ärger! Dein Herz aber strahle
bescheidene Tugenden, unschuldige Liebe,
und du wirst glücklich sein, du reines junges Mädchen,
für immer.

In der Ungewissheit über seine Zukunft, in der Alcide Lataste lebt, interpretiert er die Begegnung mit dem jungen Mädchen als ein providentielles Zeichen des göttlichen Willens. Noch immer steht er unter dem Eindruck, dass da gleichzeitig sein altes Projekt eines geweihten Lebens und andererseits die Überzeugung ist, sein Bedürfnis nach Zuneigung könne eine Erfüllung nur in der Liebe eines geschaffenen Wesens finden. Später wird er, allerdings aus anderen Gründen, überzeugt bleiben, dass diese Begegnung providentiell war und dass sie ihm ermöglicht hat, seine Berufung klarer zu sehen und reifen zu lassen. Auf den Rat seines Beichtvaters, Abbé Eldins,[V] unterrichtet er seine Eltern von dieser Begegnung, bittet sie jedoch nicht um die Erlaubnis zu heiraten, denn er glaubt sich noch nicht bereit zu einer solchen Verpflichtung[4]: Er ist noch minderjährig, da er das 21. Lebensjahr noch nicht vollendet hat. Die Reaktion seines Vaters verrät Zögerlichkeit und Sorge. Einerseits scheint das Gefühl, das die jungen Leute eint, noch recht frisch – ist es nicht doch eine flüchtige Grille? Er hält es für notwendig, dass diese aufkeimende Neigung der Prüfung durch Abwesenheit unterzogen wird. Andererseits hat die Familie Saint-Germain zwar kein Vermögen, aber doch einen gesellschaft-

V Abbé Joseph Eldin wird am 29. September 1821 in Ruoms geboren, am 16. Juni 1846 zum Priester geweiht und am 11. Februar 1847 zum Vikar in Privas bestellt. Er ist ein hoch geachteter Priester, Seelenführer und Beichtvater von Cécile de Saint-Germain und von Alcide, solange dieser in der Stadt lebt. Er stirbt im Alter von achtzig Jahren (siehe Brief 457 vom 22. November 1853 an Blacas).

lichen Rang, der nicht der der Latastes ist, und Alcide ist bei Weitem noch nicht in gesicherten Verhältnissen, er ist nur Hilfsinspektor. Der Widerstand Monsieur Latastes äußert sich in einer Eingabe an die Finanzverwaltung: Da sein Sohn minderjährig sei, bitte er darum, denselben wieder näher an Bordeaux heranzuholen. So erhält der junge Beamte am 6. August 1853 seine Versetzung nach Pau. Der Direktor des Steueramtes von Privas bedauert, dass er sich von einem Mitarbeiter trennen muss, den zu schätzen er begonnen hat, er ersucht ihn, seinen Dienst bis zum Eintreffen eines Nachfolgers weiter zu versehen. Alcide Lataste verlässt Privas am 11. September; er wird Cécile nicht wiedersehen.

## Eine spirituelle Entwicklung

Wie hat Alcide es erlebt, dass seine Eltern genau in dem Augenblick nein sagten, als er dachte, endlich in Cécile die Zuneigung gefunden zu haben, die er seit seiner Jugend vergeblich suchte? Dieser schamhaft verschwiegene Mensch hat nur wenige Spuren von dem hinterlassen, was ihn in diesem Frühjahr 1853 bewegte. Er achtet sehr darauf, in Bezug auf Cécile große Diskretion zu wahren. Doch die wenigen Briefe an seine Brüder oder an einen Freund, die erhalten geblieben sind, zeigen, dass er die Reaktionen und Entscheidungen seiner Eltern in unbedingtem Gehorsam annimmt. Dieser kindliche Gehorsam verbindet sich mehr und mehr mit einem Vertrauen auf Gott, das bis zur Selbstaufopferung geht.
Der erste Abschnitt dieses spirituellen Weges, den er dank

Cécile durchlaufen hat, ist die Etappe des Gehorsams. Der ist ihm nicht leichtgefallen, aber Alcide hat die Unterwerfung unter den Willen seines Vaters im Glauben erlebt, überzeugt, wenn er seine Pflicht tue, erfülle er damit den Willen Gottes. «Wenn die Pflicht ruft, betrachte ich ihre Stimme als die Stimme Gottes und gehorche, in der Überzeugung, dass ich richtig handle, wenn ich gehorche. Ebendeshalb habe ich mich ohne Murren allem gebeugt, was mein Vater gewollt hat.»[5] Die Liebe ist in seinem Herzen immer noch lebendig, aber er kann sich nicht vorstellen, gegen den Willen seiner Eltern anzugehen und etwas anderes zu tun als das, was er für seine Pflicht hält. Das mag ihm schwierige Augenblicke bereiten, aber egal, er tut, was er tun muss. Diese Gewissheit, die ihn beseelt, wenn er nach seinem Gewissen handelt, auch wenn es ihn menschlich und gefühlsmäßig hart ankommt, ist ein Charakterzug, den er noch oft im Lauf seines Lebens zeigen wird. Trotz der Bedeutsamkeit, die die Entdeckung der menschlichen Liebe in diesem Frühjahr 1853 für ihn besaß, verliert Alcide nicht den Kopf: Die Erfordernisse des sittlichen Lebens bleiben stets die Bezugsgröße seines Gewissens.

Der zweite Aspekt, den man im Zusammenhang mit dieser Episode untersuchen kann, ist die im eigentlichen Sinn spirituelle Entwicklung des künftigen Predigers. Die Reaktion seines Vaters hat eine Vergeistigung von Alcides Liebe zu Cécile zur Folge. Er durchlebt diese Prüfung im Glauben und im Gebet. Der Wille Gottes ist jedoch schwer zu erkennen. Die Begegnung mit Cecile scheint ein Zeichen dafür zu sein, aber die Unterwerfung unter die väterliche Autorität nötigt ihn dazu, den Willen Gottes in der geographischen Entfernung zu sehen. Bei seinem Weggang aus Privas verfasst Alcide ein «Geistliches

Testament»,[VI] einen Akt gänzlicher Entäußerung und voller, unwiderruflicher Hingabe an Jesus durch Maria, auf der Linie der Spiritualität von Grignion de Montfort und des heroischen Gelübdes von G. Oliden. In seinem Bestreben, diese Selbsthingabe an Maria bekannt zu machen, lässt er den Text drucken und verteilt ihn in seinem Umkreis. Cécile schenkt er bei seiner Abreise eine Statue der heiligen Jungfrau; sie wird noch immer in Bethanien aufbewahrt. Einem Freund gibt er folgenden Bericht von dieser schmerzlichen Episode seines Lebens:

Ich habe Mademoiselle … bei Monsieur Poncet nur wenige Male gesehen, aber oft genug, um bei ihr einen Teil der großartigen Eigenschaften zu bewundern, mit denen ich sie begabt weiß. Ich habe eine tiefe Zuneigung zu ihr gefasst. Ich brauche Ihnen nicht zu sagen, welche Züge mich am stärksten beeindruckt haben, es ist eine sanfte, engelgleiche Frömmigkeit, eine helle, klare Religiosität, eine Sanftheit und zugleich eine charakterliche Höhe, wie man sie, glaube ich, nur selten antrifft. Wenn ich selbst bemerkt wurde, dann nur, weil ich aktives Mitglied der Konferenz bin und weil man mir schließlich den sicherlich übertriebenen Ruf eines gescheiten und religiösen jungen Mannes angehängt hat. Ich habe meine Eindrücke meinen Eltern mitgeteilt und bat sie um ihre Billigung. Ich habe sie noch nicht um ihre Zustimmung zu einer Heirat gebeten, an die ich noch nicht denken kann, mein Alter und meine Stellung erlauben es mir im Augenblick nicht. Zweierlei hat sie bestürzt: Ich war noch sehr jung, ich hatte noch viele Jahre zu warten, bevor ich an eine endgültige Bindung denken konnte. Wenn ich jetzt ernsthafte Verpflichtungen einginge und dann diese Zuneigung verlöre, würde ich später unglücklich sein, dachten sie.

---

VI «Geistliches Testament»: ein Exemplar des gedruckten Textes wird im Archiv von Bethanien aufbewahrt. Diese Selbstübergabe wird an den großen Wegmarken seines Lebens wiederholt: in Privas am 1. September 1853; in Flavigny am 13. Oktober 1858, in Toulouse am 10. Mai 1859; in Saint-Maximin am 22. September 1860, 10. Mai 1860, 10. Mai 1862, 20. September 1862, 20. Dezember 1862; in Marseille und Saint-Maximin am 8. bzw. 10 Februar 1863; in der Großen Kartause am 16. April 1867; in Dijon am 2. Juli 1868.

Andererseits sind wir eine vielköpfige Familie und haben wenig Vermögen; zudem besaßen Monsieur de S.-G. oder zumindest seine Eltern einiges Vermögen, aber sie haben viel verloren, und meine Eltern fürchteten, diese Verbindung würde uns beide in eine missliche Lage bringen, aus der wir nur schwer wieder herauskämen, bei dem bescheidenen Platz, den ich in der Verwaltung einnehmen werde.
Mein Vater sagte mir, er könne meine Bitte nicht zustimmend beantworten, wenn er nicht eine gewisse Sicherheit erhielte, dass unsere Zuneigung keine Laune des Augenblicks sei. Er hielt es zu diesem Zweck für angeraten, uns zu trennen, damit diese Liebe durch die Abwesenheit des jeweils anderen geprüft werden könne. Er bat die Verwaltung, mich nach Bordeaux oder jedenfalls in seine Nähe zurückzurufen. Man hat mich nach Pau versetzt. Das sind die Tatsachen.[6]

Alcide Lataste kommt also nach Pau in einer Stimmung, in der er sich ganz in die Hände Gottes gibt. Der Glaube wird jedoch die Regungen der Natur nicht ganz auslöschen. Am 12. September 1853, dem Tag nach seiner Ankunft, verfasst er ein Gedicht auf die Jungfrau Maria, die Trösterin der Betrübten, in dem der Dichter den Tod derjenigen beweint, die er liebte, und seinen Kummer Maria anvertraut. Die Prüfung durch die Trennung ist also so hart, dass er sie mit Worten des Todes und der Trauer beschreiben kann.

À Marie

*Consolatrix afflictorum*

I.
Oh ! qui me rendra l'Espérance !
Qui rendra le calme à mon cœur !
Qui lui donnera la puissance
De résister à sa douleur !
J'aimais une sœur, une amie,
Ange égaré des saints parvis,
La mort cruelle l'a ravie

Nos deux c?urs n'avaient qu'une vie,
Mais elle n'est plus… et je vis !

II.
Autour de moi se fait le vide ;
La douce voix de l'amitié,
Ne peut rien sur mon cœur aride,
Je suis triste à faire pitié
Je ne vois que malheurs sans nombre,
Que cris, que larmes, que cercueils,
Je n'ai plus d'elle que son ombre
Et l'avenir m'apparaît sombre
Sombre comme un manteau de deuil !

III.
Et désormais tout m'importune ;
Elle n'est plus ! tout n'est plus rien ;
Nul ne peut me rendre mon bien !
Comme une morte en son suaire
Ensevelie en sa douleur
Mon âme triste et solitaire
Ne veut plus rien voir sur la terre
Et se tourne vers cette fleur…[7]

Ach, wer gibt mir die Hoffnung zurück?
Wer senkt die Ruh in mein Herz?
Wer schenkt ihm die Kraft,
zu widersteh'n seinem Schmerz?
Eine Schwester, eine Freundin hab ich geliebt,
Verirrten Engel aus heiligen Vorhöfen,
Geraubt hat sie mir der grausame Tod,
Unsre beiden Herzen hatten nur ein Leben
Doch sie ist nicht mehr – und ich lebe!

Um mich herum herrscht die Leere.
Die süße Stimme der Freundschaft
Vermag nichts über mein verdorrtes Herz,
Ich bin zum Erbarmen traurig,

Unzähliges Unglück nur seh' ich,
Schreie, Tränen und Särge,
Nichts hab ich von ihr als den Schatten,
Und die Zukunft erscheint mir düster,
Düster wie ein Trauergewand.

Alles ist künftig mir lästig;
Sie ist nicht mehr, nichts ist mir mehr;
Nichts bringt mir mein Glück zurück.
Wie eine Tote in ihr Hemd
Eingehüllt in ihren Schmerz,
Kann meine traurige, einsame Seele
Nichts mehr sehn auf der Erde
Und wendet sich zu dieser Blume.

Die Briefe, die er in dieser Zeit schreibt, zeigen, dass er nicht der Meinung ist, seine Beziehung zu Cécile de Saint-Germain sei zu Ende, wohl aber, er müsse sie anders leben. Ein heute verlorenes, aber noch von Mercier herangezogenes Dokument beschreibt die Art und Weise, wie Alcide im November 1853 unter Schmerzen das Verständnis für den göttlichen Willen sucht:

Er hat später erzählt, eines Abends sei er an einer Kirche vorübergegangen und habe sich plötzlich gedrängt gefühlt, einzutreten. Angezogen vom Schein einer kleinen Lampe, fand sich Alcide alsbald vor dem Altar der Allerseligsten Jungfrau. Er betet lange; dabei flehte er weniger um die Erfüllung seiner Träume als vielmehr um die Einsicht, die ihn den Willen Gottes lehren sollte. «Ich bitte dich nicht um dieses so sehnlich erwünschte Glück», sagte er unter Tränen, «wenn es sich nicht in deine Pläne für uns fügt; aber was ich inständig erbitte, ist, dass dein Wille uns bekannt wird. Wenn du unsere Vereinigung nicht gutheißt, so mach, dass sie sich von mir löst, oder gib mir ein anderes Zeichen, das mich verstehen lässt, was du von deinem Diener verlangst.» Nachdem er so sein Herz ausgeschüttet hatte, erhob er sich gestärkt. Danach kehrte er nach Hause zurück und schrieb Mademoiselle *** einen Brief, in dem er sich selbst in den schwärzesten Farben malte. Er ging sogar so weit, die Laster und Fehler aufzuzählen, die er zu haben glaubte, und gab ihr zu verstehen, er sei ihrer nicht würdig. Vielleicht wollte er damit versuchen, ihr Herz freizugeben; aber diese Taktik ging nicht auf: die Hochachtung, die sie für ihn empfand, ruhte auf zu soliden Fundamenten, um sich so leicht erschüttern zu lassen.[8]

In den beiden folgenden Jahren ereignet sich nichts Bemerkenswertes. Alcide Lataste lebt in Pau, geht ohne nennenswerte Schwierigkeiten seiner Arbeit als Beamter nach und wird 1855 zur letzten Eingangsprüfung für den Staatsdienst zugelassen.[VII] Die Zeit wird ihm lang. Neben seinen Mitbrüdern aus der Vinzenz-Konferenz scheint er nicht viele Beziehungen in Pau zu haben. Seine Freizeit ist belegt durch die karitativen Aktivitäten[9], insbesondere durch die Patenschaft für die jungen Auszubildenden, die Arbeit unter den Soldaten und die Dichtung.
Er schreibt damals eine Reihe von Gedichten, in denen man immer noch dem Gefühl der Einsamkeit und der Sinnlosigkeit des Daseins begegnet.[10] Mehrere von ihnen spielen auf den Tod[11] oder auf ein totes junges Mädchen[12] an. Eine Arbeit vom 4. Juli 1854 spricht sogar vom möglichen Verschwinden der Geliebten:

Mais, il me vient au cœur une affreuse pensée,
Eva, ma blonde Eva, ma sœur, ma fiancée,
mon cœur me ment, n'est-ce-pas ? Il me dit, le cruel,

---

VII Über diese Prüfung war kein offizielles Dokument zu finden. Brief 22 vom 8. Juli 1854 an den Bruder Émile enthält jedoch folgende Passage: «Was meine Prüfung für die direkten Steuern angeht, habe ich vor knapp acht Tagen eine offizielle Benachrichtigung erhalten. Diese Bemerkungen der Verwaltung sind recht lakonisch: Man sagt lediglich, meine Prüfung sei als befriedigend angesehen worden und ich sei zugelassen, das heißt, ich kann 1855 meine letzte Prüfung ablegen, das ist nicht zu früh.» Seine Ernennung zum Inspektor in Nérac im Jahr 1856 setzte voraus, dass er die Abschlussprüfung bestand.

qu'il n'est pas de bonheur durable sur terre,
que ton cœur est trop pur pour être un cœur mortel,
que tu vas t'envoler, me laissant solitaire.
Il est vrai, notre terre avec toutes ses fanges,
est un triste séjour pour une sœur des Anges…[13]

Doch ein schrecklicher Gedanke kam mir in den Sinn,
Eva, meine blonde Eva, meine Schwester, meine Braut,
mein Herz belügt mich, nicht wahr? Das grausame sagt mir,
es gebe kein bleibendes Glück auf Erden,
dein Herz sei zu rein, um sterblich zu sein,
du werdest verschwinden, mich einsam hier lassen.
Es ist wahr, unsere Erde mit all ihrem Schmutz
Ist ein trauriger Ort für eine Schwester der Engel …

Indem er Eva seine Braut nennt und mittels der poetischen Fiktion auf seine Gefühle anspielt, die ihn erfüllen würden, wenn die Geliebte verschwände, reiht sich Alcide ausdrücklich in den romantischen Kontext ein, der zu seiner Zeit wirksam ist. Ein Jahr später hat Verdi *La Traviata* komponiert, die Oper, die die Geschichte einer Liebe gegen den Willen eines Vaters erzählt, einer Liebe, die der Tod unmöglich macht. Eva ist das Pseudonym, das Alfred de Vigny der idealen Frau, der erträumten Gefährtin, gegeben hat. Wenn der junge Lataste auch auf Abstand zur romantischen Gefühlswelt bleibt, so ist sie ihm doch nicht gänzlich fremd. Da die Geschichte von einer unmöglichen Liebe ihn persönlich betrifft, drückt er sein Leiden in den gerade gängigen literarischen Begriffen aus. Doch wenn er leidet, gefällt er sich nicht in der Nostalgie nach einer angefeindeten oder unmöglichen Liebe. Die Lösung ist nicht das Todesverlangen eines Werther oder der Stoizismus eines Vigny, sondern der spirituelle Schritt des Gehorsams im Glauben und das Voranschreiten auf einem geistlichen Wege.

Trotz allem Respekt für den Willen seines Vaters unterhält er eine Korrespondenz mit Monsieur und Madame de Saint-Germain. Über sie erhält er Nachricht von Cécile, aber er wird nie die Gelegenheit haben, sie wiederzusehen.[VIII]

Ende 1855 kommt ein entscheidender Augenblick im Leben von Alcide Lataste. Im September bekräftigte er noch gegenüber seinem Bruder Émile seine tiefe Empfindung für Cécile und drückt den Schmerz aus, den er darüber empfindet, dass er seine Verbindung mit ihr aufschieben muss, weil ihm die materiellen Mittel fehlen, und dass er vielleicht sogar eines Tages ganz auf sie verzichten muss.[14] In dieser leidvollen Lage, in der die Familienbande sein einziger Rückhalt sind, hat er mehrere Prüfungen durchzumachen. Er hat eine starke Zuneigung zu seinem Bruder Émile und zu seiner Schwester Rosy gehegt, im Ordensleben Schwester Saint-Crescentien. Sie hatten einander Beistand im Gebet gelobt: «Zwischen Alcide, seinem Bruder und seiner Schwester war ausgemacht, dass sie am ersten Sonntag jedes Monats füreinander beten würden; diese Praxis schien ihm bald nicht mehr auszureichen, und er schlug vor, sie auf jeden Tag auszudehnen.»[15]

Schwester Saint-Crescentien stirbt am 14. Oktober 1855 in Missiac-Morvan (in der Vendée). Gerade sie war für ihren Bruder Alcide immer die Zeugin seiner Berufung gewesen und hatte niemals aufgehört, an sie zu glauben. Nach mehreren Monaten einer besonders schmerzhaften Krankheit stirbt sie; im Sterben opfert sie ihr Leben für Alcides Berufung und die Bekehrung seiner ganzen Fami-

VIII Der Brief 338 vom 20. November 1855 (ungefähres Datum) an Madame de Saint-Germain erlaubt die Feststellung, dass er Cécile nicht wieder gesehen hat.

lie auf.[16] Dieser Tod, dem nur zwei Tage später das Ableben von Madame Neveu folgt, die Alcides Pflegemutter in Loupiac gewesen war,[17] bewirkt bei dem jungen Mann eine entscheidende Wende. Mehrmals wird er in den letzten Jahren seines Lebens sagen, genau zu diesem Zeitpunkt sei seine Entscheidung für den Eintritt in den Orden gefallen. Das Opfer seiner älteren Schwester und Taufpatin hat Frucht getragen: «Ich bin überzeugt, dass ich, nach Gott, meine Ordensberufung in hohem Maß ihren Gebeten, ihren Leiden und ihrer Fürbitte verdanke.»[18] «Vierzehn Tage nach dem Tod meiner Schwester, der Nonne, war ich entschlossen, ins Kloster zu gehen.»[19]
Die Umstände bestärken ihn, wenn man so sagen kann, in diesem Entschluss. Denn just als er sich mit diesen Gedanken trägt, erreicht ihn am 17. November die Nachricht vom Tod Cécile de Saint-Germains.[20] Der Glaube und die seit Kurzem neu erlangte Gewissheit seiner Berufung können den Schmerz nicht aufheben: Der Schock ist schlimm. Seinem Freund und Kollegen vertraut er sich, auf seine schamhafte Weise, an:

Am 14. Oktober hat diejenige meiner Schwestern, die ich am besten kannte und am innigsten liebte und die seit Monaten, trotz ihres noch jungen Alters, unter einer mit grausamen Schmerzen verbundenen Lähmung litt, in Missiac-Morvan bei La Rochelle im Mutterhaus des Ordens der Töchter der Weisheit (der Grauen Schwestern), wo sie lebte, ihre Seele Gott zurückgegeben. Am 16. Oktober hatte ich den Kummer, eine gute, tüchtige und würdige Frau zu verlieren, die ich noch immer aufrichtig liebte; sie war meine Pflegemutter gewesen, hatte mich zwei oder drei Jahre lang in ihrem Haus gehütet und mir das Leben gerettet, als mich die Ärzte schon aufgegeben hatten. Schließlich, und das ist der Gipfel, ist Mademoiselle L. de Saint-Germain in der Blüte ihrer Jahre und bei bester Gesundheit von einer heftigen Typhusinfektion befallen worden, und am 17. um halb zwölf Uhr abends war alles vorbei. Mehr will ich dazu nicht sagen. Aber Sie werden jetzt verstehen, warum mein Leben so traurig war und warum ich so wenig daran hänge. Sie werden mich auch, da bin ich sicher, in Ihrem Freundes- und Christenherzen verstehen, wenn ich Sie bitte, für sie zu beten und für mich zu beten! Ihre arme Familie und vor allem ihre arme Mutter ist untröstlich. Vergessen Sie sie nicht in Ihren Gebeten![21]

Später wird Pater Lataste zwar imstande sein, diesen Schmerz als eine geistlich fruchtbare Etappe zu betrachten, aber jetzt stürzt er in eine tiefe Bedrängnis.[22] Der Glaube an das ewige Leben und die Gewissheit, dass Cécile im Himmel ist, sind ihm ein Trost im Unglück:

Sie ist glücklich, glücklicher, als sie es hienieden gewesen wäre; und allein dieser Gedanke vermag mich mein Unglück mit Ergebenheit tragen zu lassen, denn für mich allein leide ich unter dieser grausamen Trennung, und ich habe die Gewissheit, dass ich sie eines Tages, vielleicht sogar bald, wiedersehe... Aber alle meine Zukunftsträume sind zerstoben, alle meine Hoffnungen enttäuscht, mein Herz liegt bloß wie eine verwüstete Kirche; leer wie ein Gefäß, dessen kostbaren Inhalt man im Sand verschüttet hat. Ich bin allein, allein für lange Zeit, allein vielleicht für immer.[23]

In diesem Zustand tiefen Leidens hat er Gelegenheit, an einer von drei Dominikanern gehaltenen Volksmission teilzunehmen.

Wir haben hier eine von drei Dominikanern gehaltene Volksmission. Vor allem der Prior, Pater Saudreau, ist ein begnadeter Prediger. Gestern hat er eine großartige Predigt über Leben und Tod, die auf Erden unentwegt im Streit liegen, und über den Sieg des Todes gehalten; ein anderer sprach über den Sieg des Lebens über den Tod durch die Auferstehung. Wie gut mir diese erhabenen Wahrheiten getan haben! Wie schön unsere Religion ist und wie trostreich ihre Lehre! Und wie ich den bedaure, der daran zweifelt, dass eines Tages diese wunderbaren Verheißungen Wirklichkeit werden! Doch selbst die Heiden zweifelten nicht daran, und Sokrates wollte lieber sterben, als dem Glauben an die Unsterblichkeit zu entsagen.[24]

Dies ist wahrscheinlich das erste Mal seit dem Besuch Lacordaires im Kleinen Seminar, dass Alcide Lataste Gelegenheit hat, Predigerbrüdern zu begegnen. Einer von ihnen ist also Pater Saudreau, der später sein Prior sein wird. Die Predigten, die dieser über das Ringen zwischen Leben und Tod und den endgültigen Sieg der Auferstehung hält, machen einen nachhaltigen Eindruck auf Alcide Lataste, denn sie treffen sich mit den Gedanken, die ihn unaufhörlich beschäftigen. Er macht damals keinerlei Andeutung über eine mögliche Berufung. Doch im folgenden Monat, dem Januar 1856, gesteht er einem seiner Freunde, dass sich ihm die Frage verschärft stellt.[25] Nur zwei Lösungen scheinen ihm möglich: entweder das Ordensleben oder aber der Zölibat des Geweihten in der Welt im Dienst der Armen. Von diesen Projekten ist er gebannt, wie seinerzeit in seiner Jugend von dem Gefühl seiner Schwäche und Unwürdigkeit:

> Ich bin ein Feigling. Ich wage es nicht, mich Gott zu weihen, weil meine Schwachheit und die Neigungen meines Herzens, die Schwere meiner nahezu unverbesserlichen Fehler, träte ich in diesen heiligen Stand, mich erschrecken, und so mache ich halt. Andererseits fühle ich nicht die Kraft in mir, bei meinem Charakter und meinem Herzen in der Welt zu leben und in einer ständigen Isolierung zu verharren.[26]

Während dieses Winters 1855/1856 kapselt sich Alcide jedoch nicht in seinem Kummer ab: Er nimmt weiter sehr aktiv an den karitativen Tätigkeiten der Vinzenz-Konferenz teil, wie die Protokolle der Versammlungen belegen. Regelmäßig erhält er Hilfsmittel für die Familien, die er besucht.[27] Die Konferenz ist für ihn der Ort seines sozialen und christlichen Lebens, in Pau und dann in Nérac. In dieser Stadt entfaltet er, wie oben schon gesehen, das Höchstmaß seiner Anstrengungen, um eine Vinzenz-Konferenz aufzubauen und zu vergrößern und ihre Aktivitäten im Dienst der Armen zu entwickeln. Die immer konkretere Frage nach seiner Berufung zum Ordensleben veranlasst ihn nicht dazu, vor der Welt oder der Verantwortung zu fliehen, im Gegenteil. Es ist ein in Beruf und Vereinsleben voll aktiver junger Beamter, der wenige Monate später an die Pforte des Noviziats klopfen wird.

Die Erinnerung an Cécile begleitet ihn. Später wird er sogar sagen, wie ausschlaggebend die Gegenwart seiner «himmlischen Schwester» an seiner Seite für seine Berufung war.[28] Am Jahrestag von Céciles Heimgang wird er einen für seine Zukunft entscheidenden Augenblick erleben. Er fühlte sich nämlich unfähig, eine Entscheidung zu treffen, ohne vorher «an ihrem teuren Grabe gebetet zu haben».[29] Er verbringt zehn Tage in Privas in der Familie Saint-Germain. Dort betet er lange in Céciles Zimmer, das zu einem Oratorium umgebaut worden ist, vor der kleinen Marienstatue, die er seiner Freundin vor seiner Abreise geschenkt hat. Außerdem hat er die Freude, mit seinem alten Lehrer, Abbé Eldin, über die Verstorbene zu sprechen; der Abbé sagt ihm «schöne Dinge über die Seele» von Mademoiselle de Saint-Germain.[30] Er trifft seinen Freund Blacas wieder und macht Bekanntschaft mit einer Freundin der Familie Saint-Germain, Madame Piron, mit der er lange Jahre in Verbindung bleiben wird.[31] Diese Pilgerfahrt bringt ihn dazu, die Frage des Ordenslebens ernsthafter in Betracht zu nehmen. Sie hatte sich ihm, wenn man so sagen kann, auf der Reise durch die Anwesenheit von zwei Ordensfrauen und dann von Pater Edmond, dem Erneuerer der Prämonstratenser in Frankreich, gestellt, sie alle hatten mit ihm im selben Zugabteil gesessen.

Ich weiß nicht, ob Sie wissen, dass ich drauf und dran war, Prämonstratenser zu werden. 1856 reiste ich nach Privas und traf dabei im Zug auf den Hochwürdigsten Pater Edmond, den Erneuerer der Prämonstratenser und heute Prior von Saint-Michel. Er war das Werkzeug, dessen sich Gott bediente, um unter der noch warmen Asche meines Herzens das verborgene Feuer meiner Berufung anzufachen. Seit diesem Tag glaubte ich mich gerufen, ihm zu folgen.[IX]

An ihn wird er sich als Ersten wenden, um Genaueres über das Ordensleben, über die Pflichten und Gewohnheiten einer Lebensform zu erfahren, die ihn anzieht und ihm zugleich Angst macht. Daneben schreibt er an mehrere andere Ordensobere, darunter Pater Lacordaire, damals Provinzial der Dominikanerprovinz von Frankreich. Dieser antwortet ihm unverzüglich am 4. Dezember 1856:

Ich kann Ihnen nicht die Konstitutionen des Ordens der Predigerbrüder schicken, die einen stattlichen Band füllen und in denen Sie sich außerdem nur sehr schwer zurechtfinden würden. Am einfachsten ist es wohl, wenn Sie sich das Leben des heiligen Dominikus besorgen, das ich 1840 veröffentlicht habe und das seither mehrere Auflagen erlebt hat. Dort, in einem ganz normalen Band, werden Sie mehr über die Geschichte und die Regeln unseres Ordens erfahren, als ich Ihnen auf fünfzig handgeschriebenen Seiten sagen könnte.
Ich will lediglich hinzufügen, dass sich dieser Orden in zwei Zweige für die Männer aufteilt: Der eine ist der Predigt gewidmet, der andere unter dem Namen Dritter Orden der Unterrichtung der Jugend. Der erstere hat eine sehr strenge Lebensweise, der letztere ist wegen des Dienstes, den er versieht, nur wenig mit schwierigen Observanzen belastet. Die erste Frage für Sie, mein Herr, lautet, zu wissen, zu welchem der beiden Zweige Sie berufen sind. Wenn Ihnen, nachdem Sie

IX Brief 266, 13. Oktober 1862, an Madame Piron: «Ich habe niemals aufgehört, mit Pater Edmond zu korrespondieren, und ich habe sogar auf meiner Rückkehr von Barèges an Mariä Geburt 1860 Saint-Michel besucht. Er ist ein heiliger und entschiedener Ordensmann, dessen Äußeres wenig inspirierend wirkt, der aber gewinnt, wenn man ihn näher kennenlernt.»

Kenntnis vom Leben des heiligen Dominikus erlangt und so Ihre Absichten geklärt haben, dann noch Zweifel zu beseitigen bleiben, bin ich gern bereit, Ihnen, soweit Gott es erlaubt, zur Verfügung zu stehen. Wenn ich Sie auf mein gedrucktes Buch verweise, dann deshalb, weil Sie mich ja selbst um eines bitten und weil das, das ich Ihnen nenne, alles enthält, was Sie möchten.[32]

Wir besitzen wenige Belege aus Alcides Leben in diesem letzten Jahr seines Laiendaseins, abgesehen von der bereits behandelten Korrespondenz, die mit der Vinzenz-Konferenz zu tun hat. Eine Anspielung lässt uns immerhin wissen, dass er im März 1857 bei den Karmeliten von Agen Einkehrtage absolviert hat und dass er entsetzt war über das Geräusch der Bußübungen, die die Ordensleute anzuwenden pflegten: «Niemals hatte ich den Mut gehabt, meinen Körper derart zu behandeln.»[33] In diesem Winter verfasst er eine Reihe von Gebeten für jeden Tag der Woche in verschiedenen Gebetsmeinungen. Das Gebet für den Dienstag lässt die Anhänglichkeit ahnen, die er noch immer für Cécile und ihre Familie verspürt:

Du hast uns gesagt: «Kommt zu mir, die ihr mühselig und beladen seid, und ich will euch erquicken.». Mein Gott, wirf also einen Blick des Mitleidens und der Güte auf Madame de Saint-Germain, meine zweite Mutter. Senke in ihre Seele eine Besänftigung ihres großen Kummers; befreie sie von dem Bedauern über die Vergangenheit durch die süße Hoffnung auf die Zukunft. Schenk ihr die Stärke und den Mut, den Bedürfnissen dieses Lebens, den Pflichten ihrer Stellung zu entsprechen. Flöße ihr eine wahrhaft christliche Ergebung ein. Wolle du, mein Gott, ihren Schmerz heiligen und ihn für den Himmel fruchtbar machen. Ich bitte dich um diese Gnade durch Maria, deine und unsere Mutter, die Trösterin der Betrübten, die Mutter der sieben Schmerzen …
Du hast mir erlaubt, Herr, eines deiner reinsten Geschöpfe zu kennen und zu lieben, und du hast sie zu dir genommen, sei immer gepriesen. Indem du sie so jung zu dir geholt hast, wolltest du mich lehren, mich

von allem zu lösen, dein heiliger Wille geschehe! Mit Freude hätte ich mein Leben aufgewendet, sie glücklich zu machen. Mein Leben! Sie ist dein, dir allein gehört sie von nun an. Du aber, mein Gott, schenk ihr hundertfach in deinem Paradies, was sie auf Erden zu kosten gehofft hat. Schließlich, Herr, gewähre mir die Gnaden, die sie während ihres Lebens für mich gewünscht und um die sie dich vor ihrem Tod gebeten hat.
Heilige Cäcilia, bitte für sie!
Bitte für ihre Familie, bitte für mich,
Unbefleckte Jungfrau Maria, bitte für uns![x]

Das Gebet am Freitag ist ein schönes Beispiel für die Gefühle, die ihn bewegten. An diesem Tag betet er für «die Bedürfnisse und Wünsche seiner Seele», dabei wünscht er, den Willen Gottes zu tun, und bittet ihn um die Gabe der Stärke, vollbringen zu können, was ihm außerhalb seiner Grenzen zu liegen scheint.

Ich komme heute zitternd, um deinen Blick auf mich zu lenken, allmächtiger und gerechter, aber auch unendlich gütiger und barmherziger Gott.
Mein Gott! Mein Gott! Gedenke nicht mehr meiner zahllosen Fehler! Wenn du unsere Sünde ansähst, wer könnte deinen Blick ertragen? Schau allein, mein Heiland, das aufrichtige Verlangen an, das ich immer bewahrt habe: lieber zu sterben, als mich von dir zu entfernen. Und wohin sollte ich denn gehen, Gott meiner Seele? Hast du nicht die Verheißungen des ewigen Lebens? Bist du nicht der Weg, die Wahrheit und das Leben? Bist du nicht die einzige Quelle, aus der unsere Herzen schöpfen und den Durst nach Liebe und Glück löschen können, der sie verzehrt? Mein Gott, lass mich nicht zugrunde gehen. Halte mich bei dir fest; stütze mich, wenn du nicht willst, dass ich falle; erleuchte mich, wenn du nicht willst, dass ich mich verirre; denn ohne dich, das habe ich oft genug erfahren, ohne dich kann ich nichts anderes, als immer wieder jämmerlich zu fallen. Ich glaube, ich liebe, ich hoffe, aber mehre

x Hier wie in anderen Texten findet sich die Bezeichnung «zweite Mutter» für Madame de Saint-Germain.

du, Herr, meinen Glauben, meine Hoffnung und meine Liebe zu dir und zu deinen Armen. Entflamme mich mit deiner heiligen Liebe, wenn du nicht willst, dass auch ich mich den törichten und enttäuschenden irdischen Liebschaften überlasse.

Mein Gott! Du bist bis auf den heutigen Tag nachsichtig und schrecklich mit mir gewesen! Du hast mir viele Fehler verziehen, aber du hast mir auch schwere Schläge versetzt, sei gepriesen in deiner Barmherzigkeit und sei gepriesen in deiner Gerechtigkeit! Was du auch tust, es ist wohlgetan, und du hast es zu meinem Heil getan. Doch wenn du mich so grausam schlugst, mein Gott, da schautest du in mein armes und armseliges Herz. Sprich, sprich! Dein Diener hört. Sprich zu mir trotz meiner Schwachheit und Unwürdigkeit, ich fühle in mir den Mut, alles zu unternehmen und alles zu wagen, um dir zu gehorchen. Was habe ich zu fürchten, wenn du mich stützt; und wo kann ich, trotz Schmerzen und Not, mehr Freude finden als in deinem Dienst?

Ich bitte dich durch deinen Heiligen Geist, durch die Unbefleckte Jungfrau Maria, durch deine Apostel, Jungfrauen, Lehrer und Martyrer; lass mich deinen heiligen Willen erkennen, und gib mir, um ihn zu erfüllen, die Stärke, alle Hindernisse zu beseitigen und alle Bande dieses Lebens zu zerbrechen. Segne, leite und stärke die Entschlüsse meines Herzens. Öffne mir die Türen, Herr, und ich trete ein; tu mir deine Arme auf, und ich stürze mich hinein. Ich wünsche und erbitte nur mehr eines: deinen Willen zu tun, deinen ganzen Willen, nichts als deinen Willen; in dir, von dir, einzig für dich, wie du zu leben, und mein ganzes Leben, wohin du mich auch rufst, einzig dir zu leben. Heiliger Franz Xaver, heiliger Vinzenz von Paul, heiliger Franz von Assisi, heilige Elisabeth von Ungarn, heiliger Norbert und heiliger Dominikus, bittet für mich. Schwester Marguerite vom Allerheiligsten Sakrament, bitte das Jesuskind für mich! Maria, unbefleckt Empfangene, bitte für mich!

Der Herbst dieses Jahres 1857 wird die Zeit der endgültigen Entscheidung für den Eintritt in den Dominikanerorden. Alcide Lataste hatte Pater Lacordaire treffen und bei ihm Einkehrtage verbringen wollen. Dieser hatte ihm zu verstehen gegeben, die Bedingungen in Sorrèze seien dafür nicht ideal, und ihm geraten, es lieber in einem

Dominikanerkloster zu tun und in der Zwischenzeit die Heilige Schrift zu lesen und zu den Sakramenten zu gehen:

Es ist ganz normal, dass Sie eine mehr oder weniger starke Ungewissheit verspüren bei Gedanken, die neu für Sie sind und die einem Bereich so weit über der Welt angehören; doch das beständige Gebet, die Lektüre der Heiligen Schrift, der Gang zu den Sakramenten werden ganz allmählich in Ihrer Seele den Keim, den Gott hineingelegt hat, kräftigen und wachsen lassen. Meinerseits stehe ich Ihnen zur Verfügung, und auch ohne dass ich Ihnen eine angemessene Einkehr anbieten kann, versichere ich Ihnen, dass Sie bei mir das Interesse finden werden, das Ihre großherzigen Absichten verlangen.[34]

Der «Akt der Lebensentsagung», datiert auf den 11. September 1857 in Nérac, ist wahrscheinlich die Nachwirkung des Tages, an dem er seine Entscheidung getroffen hat, sich Gott zu übergeben. Dieses Datum ist kein Zufall: An ihm jährt sich der Tag, an dem er vier Jahre zuvor Privas und Cécile verlassen hat. So wie er einst die verlassen hat, die ihn liebte, um den Willen seines Vaters zu tun,[35] bereitet er sich vor, die Welt zu verlassen, um das zu tun, was er immer mehr als den Willen Gottes betrachtet. Ein solcher Kontext zeigt, wie der Weg, den er ins Auge fasst, unter dem Zeichen des Verzichts, des Aufbruchs steht. Das Vertrauen auf Gott, das sich in ihm äußert, bewirkt nicht, dass es ihm nicht mehr schwerfällt, sich von seinen affektiven und sozialen Bindungen zu lösen.

Dieser lange Text bringt zum Ausdruck, wie er sich «frei, spontan, ruhigen Geistes und frohen Herzens» in die Hände Gottes gibt. Er gibt Gott alles hin, was er ist, alle seine Fähigkeiten, um sie in den Dienst seines Schöpfers zu stellen. Der «Akt der Lebensentsagung» ist nicht von besonderer Originalität, er erinnert vielmehr an zahlreiche Weiheakte, wie sie von Christen vollzogen wurden, die nach Opfer und absolutem Gottvertrauen lechzten. Wenn Alcide in diesem Text die Entsagung, die Annahme von Leiden und Krankheit als Bekundungen des Gotteswillens nachvollzieht, wie sie gängige Grundlage der Spiritualität seiner Zeit sind, dann tut er das in einer Identifikation mit Christus, die besondere Hervorhebung verdient.

Mit der Hilfe deiner heiligen Gnade bin ich entschlossen, dir, Jesus, immer nachzufolgen; was wird mich je von deiner Liebe trennen können? Und sollte ich auch meine Eltern, meine Freunde, ja die ganze Welt gegen mich aufstehen sehen! Was habe ich zu fürchten, ich bin ja bei dir. Und sollte ich in den Augen der Welt als verrückt gelten und so behandelt werden! Bist du denn nicht selbst genauso behandelt worden? Und sollte ich von tausend Schmerzen in meinem Körper, von tausend Kümmernissen, von tausend Versuchungen in meiner Seele, von jeder Art von Verlassenheit, Furcht und Schwäche in meinem Herzen befallen werden! Hast du nicht selbst die schrecklichsten Qualen im Garten des Ölbergs, vor Pilatus und auf Golgata ausgestanden? Sollte ich auch von Zweifeln wie von einem dichten Nebel umgeben sein, sollte ich des Nachts fallen, nicht Sinn noch Nutzen noch Ziel meines Lebens noch Lohn nach meinem Tode mehr sehen! Habe ich nicht zu meiner Erleuchtung dein Wort: «Wer mir folgt, wandelt nicht in der Finsternis»? Hast du nicht gesagt, dass derjenige, der aus Liebe zu dir sein Leben hasst, es retten wird?

Das Leiden wird also nicht als ein Wert anerkannt, auch nicht in erster Linie als eine Strafe für die Sünde; es ist vielmehr für den Glaubenden eine Weise, Christus bis in sein Leiden nachzufolgen. Die Entsagung ist vollständig wie bei den rheinischen Mystikern: Sie gilt nicht schlechten Dingen oder der Sünde, sondern dem Gesamt dessen, was die Existenz eines Menschen ausmacht und was auf den zweiten Rang verwiesen wird zugunsten dessen, was als das Wesentliche erkannt ist: die Nachfolge Christi. Halten wir also zwei Aspekte fest, die für den weiteren Gang von Latastes spiritueller Entwicklung wichtig sind.

Einerseits ist er tief geprägt von der Erinnerung an seine Sünden, seine «zahllosen Fehler, in die sein Körper, seine Sinne ihn hineingezogen haben». In der Zeit vor seinem Eintritt in den Orden wird ihn die Idee noch immer besetzt halten. Die Erinnerung an die schwierigen Jahre der Adoleszenz, die Schwierigkeit, die verschiedenen Formen der sexuellen Versuchung in einem religiösen Kontext zu bestehen, der in diesem Bereich den Einzelnen mit schwerer Schuld belastet – diese Formen der Verletzlichkeit und Schuldhaftigkeit haben ihm die Überzeugung eingeprägt, dass er unwürdig ist, sie haben zweifellos seine spezielle Art und Weise bestimmt, sich selbst in die Nähe der großen Sünder zu rücken. Er betrachtet sich, zumindest teilweise, als einen von ihnen.

Andererseits mag man überrascht sein, dass eine Seele, die schon deutlich auf das dominikanische Leben ausgerichtet ist, nicht mehr um das Heil der anderen besorgt ist. Der Text des «Aktes der Lebensentsagung» erweckt in der Tat den Eindruck eines ganz um die Selbsthingabe an Gott und die ausschließliche Christusliebe zentrierten Verständnisses vom Ordensleben. Aus diesem Text und anderen aus derselben Epoche geht zudem hervor, dass die strengen monastischen Observanzen, die damals auch im Predigerorden gebräuchlich waren, das Haupthindernis für den jungen Postulanten bildeten. Das Ordensleben wurde als eine Lebensweise wahrgenommen, in der man sich aus Liebe zu Gott sehr leicht in asketischen Praktiken verzehrte, die die Gesundheit untergruben. Daher kann Alcide Lataste nicht ohne Furcht und Zittern schreiben, er entsage seiner Gesundheit und wünsche davon nur «zu

behalten, was notwendig ist, um Gott nützlich zu dienen». Das Ziel dieser Selbstschenkung ist nicht, Gnaden für die anderen zu erlangen wie im «Geistlichen Testament», sondern sich total hinzugeben, all das, was die Persönlichkeit ausmacht, in die Hände Christi zu legen. Die Art, wie Alcide seinen Herrn benennt, ist das Zeichen eines bereits inbrünstigen spirituellen Lebens, man findet darin Elemente seiner Beziehung zu Christus, die sich bis zu seinem Tode durchhalten: «Mein Jesus, mein Heiland, mein Freund, mein Bruder, mein Gemahl, mein Vater, mein Richter, mein König, mein Gott in Zeit und Ewigkeit!»
Abbé Mercier hat in diesem Akt von 1857 einen zentralen Aspekt des geistlichen Lebens von Pater Lataste entdeckt: die enge Verbindung mit Christus durch einen gänzlichen Verzicht auf sich selbst.[36]
Der «Akt der Lebensentsagung» zeugt zudem von einer weiteren Sorge, die Alcide Lataste in dem Augenblick umtrieb, als er die Welt verließ: Wie würden seine Eltern reagieren? Er vertraut sich seinem Bruder Honoré an, der ihm am nächsten steht: «Wenn du es kannst, ohne Verdacht zu erwecken, sondiere das Gelände bei meinem Vater und meiner Mutter und schau, ob sie ihre Zustimmung dazu geben würden.»[37]
Noch immer ganz in seiner Art, seine Entschlüsse umzusetzen, plant Alcide Lataste unverzüglich aus dem Staatsdienst auszuscheiden. Auf den Rat des Paters Provinzial begnügt er sich damit, einen Urlaub zu erbitten,[38] und verlässt Nérac am 20. Oktober. Diese Abreise ist für ihn der endgültige Aufbruch. Die letzten Vorbereitungen für ein künftiges Noviziat hat er bereits getroffen, indem er zwei Priester, die ihn gut kennen, um Empfehlungsbriefe gebeten hat: den Vikar der Pfarrei von Nérac und Monseigneur Boudinet, den Bischof von Amiens, der im Kolleg von

Pons sein Direktor gewesen war. Die beiden Texte sind am 18. Oktober 1857 abgefasst.
Er nutzt den Urlaub, um letzte Einkehrtage im Dominikanerkloster von Bordeaux zu absolvieren, nachdem er seinen Eltern geschrieben hat, er werde bei ihnen vorbeikommen, bevor er einen Freund in Paris besuche. Die Reaktion seiner Eltern auf die von Honoré unternommene «Sondierung» muss wenig ermutigend gewesen sein, denn Alcide sagt nichts von seinen Absichten. Er verschweigt sein Projekt, ins Noviziat einzutreten, indem er eine Reise nach Paris vorschützt, und bittet seine Eltern, anlässlich seines Besuchs ein kleines Familientreffen zu organisieren: nichts Ungewöhnliches von Seiten eines Beamten, der weit entfernt von zu Haus lebt und wenig Gelegenheit hat, die Seinen zu sehen.

Da ich nur so kurz in Cadillac bleiben kann, wäre ich glücklich, die ganze Familie am Sonntagabend, den 28. Oktober, vereint zu sehen. Ich möchte ein schlichtes Treffen, bei dem Gefühl und Gespräch den größten Platz einnehmen, wie es übrigens Mama und Du so gut zu organisieren wisst.[XI]

Die während des Aufenthalts im Kloster von Bordeaux festgehaltenen Notizen sind erhalten geblieben.[39] Der junge Mann führt einen Dialog mit sich selbst, indem er in zwei Spalten die Gründe für und gegen den Eintritt ins Kloster einander gegenüberstellt. Es ist nach den Jahren, die er erlebt hat, nicht überraschend, dass die erste Frage dem Zölibat und der Enthaltsamkeit gilt: «Wie wirst du, mit

---

XI Brief 1, 20. Oktober 1857, an seinen Vater, abgeschickt aus Nérac. Wie es häufig der Fall ist, irrt sich Alcide im Datum: Im selben Brief spricht er von Montag, dem 26., und von Sonntag, dem 28. Es handelt sich wohl um Sonntag, den 25. Oktober, denn am Tag darauf, Montag, den 26., reist er nach Paris ab.

dem schwachen und liebebedürftigen Herzen, das du kennst, ohne Zuneigung leben können?» Alcide Lataste weiß, dass er Zuneigung braucht und dass er selbst lieben muss; er verneint diese Seite seiner Persönlichkeit nicht, er macht sie im Gegenteil zu einer wichtigen Triebkraft seiner Entscheidung. Die Ordensexistenz wird zuallererst darin bestehen, Gott diese Liebesfähigkeit anzubieten.[XII] «Du liebst Gott, und zwar Gott allein, denn er allein ist imstande, diesen Durst nach Zuneigung, von dem du dich gepeinigt fühlst, zu stillen...»[40] Auch hier findet sich wieder eine Spur der Leiden und Demütigungen, die er seit seiner Jugend auf dem Gebiet der Sexualität durchgemacht hat:

O nein, nein, tausendmal nein, es ist nicht die Schönheit, nicht der Geist, nicht das Vermögen, nicht die Geburt, nicht der Rang, was mich den Menschen lieben ließ. Noch weniger das Fleisch... Das Fleisch habe ich immer gefürchtet, auch und vor allem als ich seinen diabolischen Verlockungen nachgab. Nein, ich kann keine echte Zuneigung erkennen, in der das Fleisch irgendetwas zu suchen hätte, das Fleisch! Im Gegenteil, ich möchte es lieber demütigen, nachdem es mich so oft gedemütigt hat, möchte es zu meinem Sklaven machen, nachdem ich ihm allzu oft gehorcht habe, möchte es schließlich zähmen, nachdem ich so oft von ihm besiegt worden bin.[41]

Die zweite Frage – «Und deine Freiheit? Willst du auch darauf für immer verzichten?» – gibt ihm Gelegenheit, auf

---

XII Hierin kann man die Prämissen einer Haltung sehen, die Pater Lataste gegenüber den inhaftierten Frauen von Cadillac einnehmen wird: «Geht hin und versucht, euch von all diesen Dingen aus dem Grunde frei zu machen, weil ihr sie zur Sünde gebraucht habt, verflucht eure Jugend, eure Gesundheit, eure leidenschaftliche Seele, geht hin und versucht, euer Herz zu töten und euren Verstand zu panzern... Nein, nein und nochmals nein! Ganz abgesehen davon, dass ihr es vielleicht gar nicht schaffen würdet – es ist nicht das, was Gott von euch verlangt. All diese Dinge hat er euch geschenkt, und er will, dass ihr sie zum Guten gebraucht» (Predigt 95 über Maria Magdalena am 17. September 1864, in: *Prêcheur de la miséricorde*, S. 128–129).

jenen Durst nach Liebe und Glück zurückzukommen, der in ihm ist. «Was suchst du und was willst du? Mein Heil. Die Gewissheit, eines Tages glücklich zu sein, denn das Glück ist nicht von dieser Welt, die Gewissheit, eines Tages mit einer unendlichen Liebe zu lieben und geliebt zu werden, denn die wahre Liebe ist nicht von dieser Welt.» In dieser Zeit spricht Alcide Lataste im Bewusstsein seiner Schwäche gern auf voluntaristische Weise von der Liebe Gottes, er muss daran «arbeiten, mich Gott zu nähern, und trotz meiner Schwächen und Unreinheiten durch seine Verdienste das Verdienst erwerben, mich eines Tages seiner Gegenwart und seines Lebens zu erfreuen».

Der weitere Text dieser Notizen zeigt, wie der junge Mann freimütig seine Antwort im Sinn der Selbsthingabe auf Fragen gibt, die deutlich erkennen lassen, in welch unbequemer Lage zwischen der Welt und dem Kloster er steckt. Könnte er in der Welt nicht von Nutzen sein? Ist das Risiko, das er eingeht, wenn er den Staatsdienst quittiert, nicht zu groß für jemanden, der kein Vermögen hat? Begnügt er sich mit gewissen Elementen der Berufung? Wird er fähig sein, den strengen Anforderungen des Ordenslebens standzuhalten? Das gemeinsame Leben auszuhalten? Jede seiner Antworten führt, wie in einer Quaestio des heiligen Thomas, die Schwierigkeiten an, bringt aber dann das Licht des Glaubens und die Stärke hinein, die von Gott kommt.

Bevor er Bordeaux verlässt, erhält er eine weitere Bestätigung eines guten Lebenswandels, unterschrieben von Kardinal Donnet.[42] Am Sonntag, dem 25. Oktober, verbringt Alcide Lataste den Abend im Kreis seiner Familie in Cadillac. Nur sein Bruder Honoré und dessen Frau sind über die wahren Gründe für seine Anwesenheit unterrichtet. Am darauf folgenden Tag begibt er sich nach Verdelais, wo er der heiligen Jungfrau seiner Kindheit das neue Leben anvertraut, in das einzutreten er sich anschickt. Danach reist er ab nach Paris. Dieser erste Kontakt mit der Hauptstadt beeindruckt ihn durchaus. Er fühlt sich nicht wohl in der Menge, er, der auf dem Wege in die Einsamkeit des Noviziats ist.

Wie drückend mir die Atmosphäre von Paris schien (ich meine die moralische Atmosphäre) und wie schwer meine Seele atmete, mitten in diesem Lärm, diesem Hin und Her, diesem fortgesetzten Tumult! Mitten in dieser unglaublichen Aktivität, in der man sich mit allem beschäftigt, mit Industrie, Kunst, Fortschritt, Luxus, Festen, Vergnügungen, kurz mit allem außer Gott... Ich täusche mich: Gott wird auch in Paris geliebt. Es gibt treue, fromme Anbeter, aber ihre Zahl ist klein gegenüber denen, die Gott lästern und vernachlässigen. Und man muss scharfe Augen und guten Willen haben, um sie zu finden.[43]

Am Mittwoch, dem 4. November 1857 abends, stellt sich Alcide Lataste im Noviziat der Predigerbrüder in Flavigny vor.

Anmerkungen

1 Orig. Arch. dép., Privas (Personnnel Contributions directes Liasse, S. 19895).
2 Mercier, S. 48.
3 Brief 15, 29. März 1853, an seinen Bruder Émile.
4 Brief 19, 4. Oktober 1853, an seinen Bruder Émile.
5 Ebd.
6 Brief 457, 22. November 1853, an seinen Freund Blacas.
7 Gedicht 12.
8 Mercier, S. 51–52.
9 Brief 19, 4. Oktober 1853, an seinen Bruder Émile.
10 Acht Gedichte tragen den Titel «Vanitas» (Literarische Versuche, 1. Oktober 1854).
11 Die Gedichte 28, 23. Februar 1855; 31, 26. Februar 1855; 36, Juli 1856 (Literarische Versuche).
12 Gedicht 26, 10. Januar 1855 (ebd.).

13 Eva, Gedicht vom 4. Juli 1854 (Studienaufzeichnungen).
14 Brief 28, 22. September 1855, an seinen Bruder Émile.
15 Mercier, S. 23.
16 Brief 266, 13. Oktober 1862, an Madame Piron.
17 Standesamtsregister von Loupiac.
18 Brief 34, Fronleichnam 1861, an seinen Bruder Émile.
19 Vertrauliche Mitteilung gegenüber Frater Dominique Roland und (am 6. März 1869) erneut gegenüber Honoré Lataste, (Evers, S. 68, Anm. 1).
20 Kopie der Sterbeurkunde, erstellt durch die Bürgermeisterei von Privas, 14. Oktober 1936.
21 Brief 459, 3. April 1856, an Blacas.
22 Brief 338, 20. November 1855 (ungefähres Datum), an Madame de Saint-Germain.
23 Brief an Leyer, abgedruckt bei Mercier, S. 53.
24 Brief 29, 13. Dezember 1855, an seinen Bruder Émile.
25 Brief an Leyer vom Januar 1856, heute verloren, aber von Mercier, S. 54-56, abgedruckt.
26 Brief an einen Freund, zit. in: Mercier, S. 55.
27 Protokollbuch der Vinzenz-Konferenz der Pfarrei Saint-Martin in Pau. Unterstützung erhalten am 4. Januar, 25. Januar und 3. März 1856 (Orig. Diözesanarchiv Bayonne).
28 Brief 258, 28. April 1862, an Madame Piron.
29 Mercier, S. 58 fs. Bericht von der Reise nach Privas, aufgrund von (heute verlorenen) Briefen an Honoré Lataste.
30 Brief 258, 28. April 1862, an Madame Piron.
31 41 Briefe von Pater Lataste an Madame Piron sind erhalten; sie reichen von 1857 bis 1863: Briefe 243 bis 283.
32 Orig. Archiv Lacordaire, 1 A 549.
33 Heute verlorener Brief, zit. bei Mercier, S. 87
34 Brief Lacordaires an Alcide Lataste, 22. Mai 1857 (Orig. Archiv Lacordaire 1 A 549).
35 Siehe Brief 19 vom 4. Oktober 1853 an seinen Bruder Émile.
36 Mercier, S. 104.
37 Brief an Honoré (Orig. verloren). Alte Abschrift von der Hand einer Nonne von Bethanien, abgedruckt bei Evers, S. 85.
38 Eintragungsbuch der Finanzdirektion für direkte Steuern von Agen, 2205.
39 «Prüfung der Motive seiner Ordensberufung», 21. Oktober 1857, in: Geistliche Aufzeichnungen.
40 Ebd.
41 Ebd.
42 Brief vom 27. Oktober 1857.
43 Brief an einen unbekannten Adressaten (ohne Datum), zit. bei Mercier, S. 71–72.

# 4
# FRATER JEAN-JOSEPH LATASTE (1857–1863)

## Der Predigerorden im Jahr 1857

In Frankreich war der Dominikanerorden in der Revolution aufgehoben worden. Einige noch vor 1789 Eingetretene hatten überlebt, aber sie waren verstreut und hatten keinerlei Verbindung untereinander. Daher hatte die Erneuerung des Ordens in Frankreich praktisch den Charakter einer Neugründung mit neuen Akteuren, vor allem mit Pater Henri-Dominique Lacordaire.

### Lacordaire

Als Diözesan von Dijon hatte der junge Anwalt durch seinen Eintritt ins Priesterseminar die Aufmerksamkeit eines breiten Publikums erregt, und später war er, nach seiner Priesterweihe, durch seine journalistischen Aktivitäten an der Seite von Lamennais hervorgetreten. Lacordaire, der der Kirche treu geblieben war, als Lamennais mit dem Heiligen Stuhl in Konflikt geriet, hatte sich einen Ruf als Redner erworben; er hatte Vorträge für die jungen Leute am Kolleg Stanislas begründet, die ab 1835 zu den Fastenvorträgen von Notre-Dame in Paris wurden. Gerade als es so ausgesehen hatte, als stünde Lacordaire eine glanzvolle Karriere als Kanzelredner bevor, hatte er Paris verlassen und sich nach Rom begeben in der Absicht, sich

an der Renaissance des Dominikanerordens in Frankreich zu beteiligen. Am 9. April 1839 hatte er im Kloster Santa Maria sopra Minerva in Rom zusammen mit zwei anderen Franzosen den Habit empfangen. Nach einigen Jahren der Ausbildung in Italien waren die ersten französischen Dominikaner in ihr Heimatland zurückgekehrt.
Nach seiner Ernennung zum Generalvikar des Ordens für Frankreich gründet Lacordaire 1843 nach einer Fastenpredigtreihe in Nancy den dortigen Konvent. In der Reihenfolge der Anfragen und der Angebote an Liegenschaften, die er erhält, gründet er Chalais bei Grenoble (1844), Flavigny bei Dijon (1848) und Toulouse (1853). Die Provinz wird 1850 errichtet, und Lacordaire wird ihr erster Provinzial. Seine Hauptsorge während der ersten zwanzig Jahre der dominikanischen Renaissance gilt der Formung der Brüder und den finanziellen Fragen. Diese letzteren sind oft drückend, denn die wiederholten Gründungen sind teuer, und die Provinz zählt zahlreiche Novizen und Studenten, die noch keine apostolische Tätigkeit ausüben. Lange lebt die Provinz von den Predigten Pater Lacordaires und von seinen Autorenhonoraren; Wohltäter sind rar. Die finanziellen Fragen werden für die französischen Klöster noch lange ein Problem darstellen, sie werden auch Thema in den Beziehungen zwischen Pater Lataste und seinem Provinzial. Die Ausbildung der Brüder stößt auf die Schwierigkeiten, denen sich jede im Entstehen begriffene Gemeinschaft gegenübersieht; die Brüder gehören alle derselben Generation an und haben keine lange Erfahrung im klösterlichen Leben. Die Prüfung der Berufungen erfolgt auf empirische Weise. Pater Lataste zum Beispiel hält sich zum ersten Mal vor seinem Eintritt ins Noviziat in einem Konvent des Ordens auf, als seine Entscheidung schon getroffen ist. Die Prüfung vor der Ein-

kleidung, von der er einen detaillierten Bericht gibt,[1] besteht darin, eine lateinische Übersetzung und einen französischen Aufsatz zu verfassen. Ein Verfahren zur Prüfung der Berufungen, das nicht gerade durch Klugheit glänzt! Die Ausbilder haben nicht viel mehr Erfahrung als die Kandidaten und werden von einer Vielzahl von Aufgaben in Anspruch genommen. Ungeachtet des Ideals, das gekennzeichnet ist von einer romantischen Vorstellung von den monastischen Bräuchen, trotz aller nachdrücklichen Betonung der Observanzen und sehr lebhaften Diskussionen über diese Frage[1] leidet das klösterliche Leben der Dominikaner in dieser Epoche unter einem Mangel an Großzügigkeit in der praktischen Ausübung des Gehorsams. Kurz vor seinem Tod wird Pater Lacordaire einem seiner Vertrauten schreiben:

> Wie Sie erkenne auch ich den Segen Gottes auf unseren Provinzen an, und gleichzeitig erkenne ich das, was einigen unserer Ordensleute an Frömmigkeit und Gelehrsamkeit fehlt: eine ungenügende Allgemeinbildung aufgrund des Mangels an Bildungsmitteln zu Beginn; die Meinungsverschiedenheiten über die Observanz, die sich bei einer Restauration des monastischen Lebens praktisch nicht vermeiden lassen, und schließlich den Mangel an kanonischer Gesetzgebung, die den weltlichen Arm in der Unterdrückung des Selbstbehauptungswillens ersetzen kann.[2]

Die Leitung der Provinz liegt in den Händen einer charismatischen Persönlichkeit: in denen Lacordairess, Provinzial von 1850 bis 1854 und 1858 bis 1860. Die Zahl der Eintritte war während des Provinzialats von Pater Danzas

---

[1] Über die Diskussion zwischen Lacordaire und Jandel siehe B. Bonvin, *Lacordaire – Jandel*, Paris: Éd. du Cerf, 1989. Diese Debatten sind zur Zeit der Gründung der Provinz von Toulouse (1865) noch im Gang; sie bilden den Hintergrund zu Pater Latastes Denkschrift über die Observanzen für das Kapitel des Jahres 1865. Siehe unten S. 157.

(1854–1858) beträchtlich zurückgegangen, mit der Rückkehr des Gründers steigt sie wieder an: 1858 zählt man 29 Novizen. Pater Lacordaire leitet die Provinz mit seinem Temperament: Er hat blitzgescheite Einfälle, manchmal prophetische Ideen, aber er schafft es nicht, die demokratischen Institutionen des Ordens arbeiten zu lassen.[II] Niemand bleibt angesichts seiner Persönlichkeit gleichgültig; selbst die Mitbrüder, die gegen ihn opponieren, wie etwa Pater Jandel, legen ihm gegenüber rückhaltlose Bewunderung an den Tag. Pater Lataste gebraucht für Pater Lacordaire, vor allem nach dessen Tod, den Ausdruck «unser heiliger und geliebter Vater Lacordaire»[3].

Dieses Klima voller Gegensätze in der Dominikanerprovinz von Frankreich am Ende der 1850er Jahre ist die Atmosphäre, in der sich Pater Latastes Formung zum Ordensmann vollzieht und in der er seine ersten Schritte im apostolischen Leben tut. Die Brüder sind es gewohnt, in neuen und provisorischen Strukturen zu leben; manchmal ziehen sie jedes Jahr in einen anderen Konvent um.[III] Weil sie wenige sind, kennt jeder jeden, und sie fühlen sich ein bisschen wie Pioniere. Trotz ihrer institutionellen Fragilität haben sie ein ausgeprägtes, von Lacordaire stammendes Bewusstsein von der Größe des Lebens als Dominikaner.

---

II So scheint er beispielsweise die Wahl von Pater Danzas durch das Provinzkapitel von 1854 in Flavigny nur schwer verkraftet zu haben. Brüsk verließ er das Kloster, ohne auf Monsieur de Montalembert zu warten, der ihn abholen sollte. Pater Danzas klagt, er habe von ihm keinen einzigen Rat für seine Aufgabe bekommen (Brief von Pater Danzas an Cartier; AGOP XIII 30102, abgedruckt bei B. Bonvin, *Lacordaire – Jandel*, S. 158).

III In nicht einmal zwölf Jahren als Dominikaner hat Pater Lataste in sieben Klöstern gelebt: Flavigny, Toulouse, Chalais, Saint-Maximin, Bordeaux, Flavigny, Dijon, und er ist als formelles Mitglied von Abbeville gestorben.

## Das Noviziat in Flavigny

Das Noviziat war seit 1848 in Flavigny in der Diözese Dijon. Von den 32 Novizen,[IV] die mit Alcide Lataste zusammen im Noviziat waren, waren zehn bereits Priester. Das Durchschnittsalter beim Eintritt liegt bei 27 Jahren, was zeigt, dass Frater Lataste trotz seiner Berufserfahrung keineswegs zu den Ältesten gehört. Die Einkleidung erfolgt zu einer beliebigen Jahreszeit. Gleichwohl liegen sechs Monate zwischen der Einkleidung von Frater Lataste und der eine Woche später vollzogenen von Frater Lévy und den folgenden Einkleidungen, die erst im Mai 1858 stattfinden. Dieses Zusammentreffen musste die Sympathie zwischen den beiden Fratres,[4] die zur gleichen Zeit eingetreten waren und das Noviziat gemeinsam absolviert hatten, noch vertiefen. Man zählte schlicht und einfach auf das Noviziat, um die Berufung zu prüfen, was ja beim Eintritt nur sehr summarisch geschehen war. So werden denn auch von den 32 Mitnovizen Pater Latastes elf nicht bis zu den einfachen Gelübden gelangen, und sieben andere werden den Orden nach der Profess oder der Priesterweihe verlassen. Nur ein Drittel der Fratres, die in den Jahren 1857/1858 den Habit nahmen, wird im Orden sterben.

---

IV Die demographischen Informationen über das Noviziat sind entnommen den Verzeichnissen von Einkleidung und Profess der Provinz von Frankreich (Orig. A. o.p., Paris). Die in *L'Année dominicaine* zu Pater Latastes Mitnovizen erschienenen Nekrologe wurden ebenfalls herangezogen.

## Der Eintritt ins Ordensleben

Nach seiner Ankunft im Konvent von Flavigny beginnt Alcide Lataste sein neues Leben mit einigen Einkehrtagen im Gastflügel. Er ist lebhaft beeindruckt von allem, was er sieht, besonders von dem Besuch zweier Novizen, die gekommen sind, um ihm die Füße zu waschen.

Heute Abend haben zwei Novizen bei mir angeklopft und mich um die Erlaubnis gebeten, mir die Füße zu waschen. Ich wollte erst «nein» rufen, wie einst Petrus vor unserem Herrn, aber da ich mich an die Lektion erinnerte, die er erhalten hat, schwieg ich. Beide ließen sich auf die Knie nieder. Der eine von ihnen hat nacheinander meine Füße ergriffen, nachdem ich die Schuhe ausgezogen hatte, hat sie gewaschen und mit größter Sorgfalt abgetrocknet, während der andere aus dem Evangelium die Passage über die Fußwaschung vorlas. Ich selbst war ganz beschämt angesichts einer so großmütigen Selbstverleugnung und meiner eigenen Unwürdigkeit und überließ mich der sanften und heilsamen Regung, die dieser Akt christlicher Liebe in mir hervorrief. Als alles zu Ende war, haben sie beide mir sehr ehrerbietig die Füße geküsst, wie man es vielleicht einem Heiligen hätte tun können (dabei bin ich so erbärmlich!), darauf sind wir aufgestanden und haben uns eine Weile unterhalten. Der junge Novize, der mir die Füße gewaschen hat, trug den Habit erst seit drei Wochen, er schien mir 22 bis 25 Jahre alt zu sein. Sie haben mich gefragt, wann ich denn einer der Ihren sein würde, und ich habe ihnen geantwortet: «So bald wie möglich, und ich hoffe, Ihnen bald das Gleiche erweisen zu können.» Wir haben uns getrennt, indem wir uns als Brüder ansprachen und einen freien, herzhaften Händedruck wechselten.[5]

Seine Kandidatur wird am 8. November vom Konventsrat angenommen;[6] die Aufnahmeprüfung durchläuft er am nächsten Morgen. Diese Tage der letzten Vorbereitung auf das Ordensleben sind für ihn eine Zeit der Gnade. Er verspürt einen Frieden und eine Freude, auf die er nicht gefasst war, er, der gebeugt unter der Last seiner Unwürdigkeit und bereit zum Opfer angekommen war. Hellsichtig weiß er, dass ihm die Zeit der Prüfung nicht erspart bleiben wird, aber diesen Frieden empfängt er voller Dankbarkeit:

Ich kann nicht verstehen, wie es geschehen kann, dass ich so ruhig, so gelassen, so glücklich, ohne Ringen, ohne Kampf bin. Ich sehe es wohl: Der Gute Gott schont meine Kräfte; er spart die Prüfungen auf für eine Zeit, in der ich stärker sein werde. Eines ist sicher: Nie war ich so glücklich, so ruhig, so fröhlich; niemals habe ich so frohen Herzens gelacht und geschlafen.[7]

Dieser Friede, diese Freude schimmern durch das Verhalten des jungen Postulanten durch: Er macht von Anfang an den Eindruck eines liebenswürdigen, fröhlichen und großzügigen jungen Mannes.[8] Das Glück, das er empfindet, erlaubt es ihm, endlich Schluss zu machen mit dem Schmerz, den er seit dem Tod von Céline spürte. Er kann nun wirklich seinem Vater schreiben:

Wenn es mir gegeben wäre, jene, die nicht mehr ist und die ich vollkommen glücklich wähne, ins Leben zurückzurufen, nun, ich würde es nicht tun; und wenn, was noch mehr ist, es mir gegeben wäre, mit meinen Ideen von heute zu den alten Tagen zurückzukehren, würde ich ihr, die ich mehr als mein Leben liebte, sagen: Meine Schwester, Sie wollen mein Glück, ich will das Ihre, nicht wahr? Nun gut! Weihen wir beide unsere Jugend dem Herrn, und wir werden eins sein in der Ewigkeit.[9]

Pater Sicard,[V] der Novizenmeister, und seine künftigen

---

V Pater Camille René-François Sicard ist am 29. März 1827 in Puyraveux (Diözese La Rochelle) geboren. Er tritt in den Orden ein, als er bereits Priester dieser Diözese ist, was erklärt, dass er Informationen über den Lebenswandel von Alcide Lataste am Kolleg von Pons gehabt haben kann. Die

Gefährten im Noviziat sind überrascht von seinem glücklichen Charakter, aber auch von dem, was Frater Lataste von seiner Seelenstärke und seiner Frömmigkeit ahnen lässt. Erbauend wirkt er auf seine künftigen Mitbrüder vor allem durch die Zeit, die er vor dem Allerheiligsten Sakrament verbringt.[VI] Am Freitag, dem 13. November, kann er mit großer Freude den Habit der Predigerbrüder[VII] empfangen und erhält den Namen Jean-Joseph.[VIII] Am selben Tag erneuert er seinen Akt der Weihe an Maria, den er einige Monate zuvor vollzogen hatte.[IX] Der junge Novize versucht sofort, so gut wie möglich zu erledigen, was man ihm aufträgt. Nichts ist in seinen Augen klein und unwichtig, alle Aufgaben und Pflichten des Ordenslebens sind Mittel, die ihm helfen können, Gott näherzukommen. Dieses Nein zum Mittelmaß wird ihn in der Loslö-

---

Profess legt er am 14. September 1856 ab, und ein Jahr später wird er Novizenmeister; seine Unterschrift erscheint im Register des Konsils und in den Einkleidungsakten von September 1857 bis Juli 1858. Er stirbt 1907. Nekrolog in: *L'Année dominicaine*, 1907, S. 138–139.

VI Notiz von Pater Colchen. Diese Erinnerung unterstreicht, wie beständig Pater Lataste Praktiken pflegte, denen er in den Vinzenz-Konferenzen begegnet war. (Frater Réginald Colchen trat einen Monat vor Alcide Lataste in den Orden ein; gebürtig aus Metz, legte er die Profess am 20. Oktober 1858 ab; nach der Wiederherstellung der Provinz von Toulouse entschied er sich für diese und wurde dort Provinzial).

VII Die eigentlich für den folgenden Tag vorgesehene Zeremonie («Persönliche Notizen», 9. November 1857) wurde vorgezogen (Brief 243, 29. November Dezember 1857, an Madame Piron)erson).

VIII Johann Joseph vom Kreuz (Carlo Gaetano Calosirto) wurde 1654 auf Ischia, nahe Neapel, geboren. Er trat in den von Petrus von Alcantara reformierten Franziskanerorden ein und übte dort Gehorsam bis zum Heroismus. Er besaß die Gabe, Glaubenszweifel zu besänftigen und ließ alle an seiner unbesiegbaren Hoffnung teilhaben. Gern wiederholte er das Wort: «Gott ist ein zärtlicher Vater, der seine Kinder liebt und ihnen hilft.» Er starb 1734 und wurde 1789 seliggesprochen (Evers, S. 109).

IX Erneut unterzeichnet er ihn in den Tagen seiner einfachen und seiner feierlichen Profess und der Weihen sowie am 16. April 1867 in der Großen Kartause. Eine Unterschrift hat er unter dem Datum vom 10. Mai 1861, dem Fest des heiligen Antonin von Florenz, in Saint-Maximin mit seinem Blut geleistet.

sung von seinem alten Leben weiter bringen als das, was man von ihm verlangt.

Er hatte von der Verwaltung ein Jahr Urlaub bekommen. Darum hatte er gebeten, um im Noviziat seine Berufung prüfen zu können. Er wollte diesen Urlaub in einen bedingungslosen Abschied umwandeln und auf eine Fortsetzung seiner Karriere verzichten. Ich gab ihm einen entgegengesetzten Rat, der mir klug schien, denn er beeinträchtigte die Zukunft nicht und schadete der Gegenwart nicht, die den Ausgang der Prüfung im Noviziat ja nicht garantierte. Nein, Pater, sagte er zu mir: Mein Abschied! Dazu bin ich fest entschlossen. Wenn ich nicht ausscheiden würde, würde das vielleicht die Ursache für eine Versuchung bedeuten, zumindest eine Gelegenheit, unter dem Schock einer harten Prüfung in die Welt zurückzukehren. Wenn ich dorthin zurück muss, wird Gott schon vorsorgen.[10]

Frater Lataste will keine Sicherheit zurückbehalten, denn er ist «glücklich, dass er um der Gottesliebe willen einen Platz, eine Stellung aufgeben muss»[11]. Der junge Postulant ist ergriffen von der Idee, dass er für Gott alles verlassen hat. Er spürt spirituell etwas, was der Heilsordnung angehört: Ihm scheint, dass er, nachdem er schwierige Augenblicke durchlebt hat, im sicheren Hafen angelangt ist. «Ich würde meinen Platz nicht gegen die schönsten Stellungen von der Welt eintauschen; mir scheint, ich bin einem aufgewühlten Meer entronnen, dem ich nur mit Mühe und Not lebendig entkam.»[12]
Ein solches Gefühl der Dankbarkeit hat Alcide Lataste bereits für eine andere Gemeinschaft empfunden. In seinen ersten Tagen im Noviziat erinnert er sich in der Tat an die Vinzenz-Konferenz[x]; einigen ihrer Mitglieder

x Seine Anhänglichkeit gegenüber der Vinzenz-Konferenz zeigt sich auch darin, dass er im Orden gern den Namen Marie-Vincent getragen hätte. Er bemerkt, der Name Vinzenz gebe Anlass zum Missverständnis, wohl wegen des heiligen Vinzenz Ferrer. Und er setzt hinzu, der Pater Magister

begegnet er jetzt im Orden wieder[13]: «Diese Gesellschaft liebe ich, wie ein Sohn seine Mutter liebt, wie eine Freundin, die dir im Augenblick der Gefahr die Hand hingestreckt und dich vor einem Sturz, ja vielleicht vor dem Untergang bewahrt hat.»[14] Diese Erfahrungen, die der junge Lataste mit der christlichen Gemeinschaft als Ort des Heils gemacht hat, verdienen hervorgehoben zu werden, denn sie werden die Art und Weise prägen, wie er den inhaftierten Frauen eine Gemeinschaft vorschlägt, die sie aufnehmen soll.
Frater Jean-Joseph hat wahrscheinlich seine Eltern sehr rasch von seinem Eintritt in den Orden unterrichtet. Zu diesem Thema ist keinerlei Korrespondenz erhalten. Sein Vater wird, trotz seiner religiösen Zweifel, seiner Profess und seiner Priesterweihe beiwohnen; seine Mutter hingegen scheint lange gebraucht zu haben, um eine solche Entscheidung zu akzeptieren. Pater Lataste erwähnt sie während sechs Jahren in den Briefen an seine Familie mit keinem Wort. Jede Verbindung scheint abgebrochen.

## Die Hauptbeschäftigung eines Novizen

Nach den Aussagen seiner Mitnovizen findet sich der junge Frater Jean-Joseph ohne Probleme in die dominikanischen Observanzen. Er gibt sich dem Ordensleben auf seine Weise hin – total. Darin ist er ein würdiger Sohn Lacordaires: «Wenn wir Franzosen Mönche werden, dann in der Absicht, es von Kopf bis Fuß zu sein.»[15] Eine einzige Observanz vermag ihn zu schrecken: das freiwillige Leiden.

---

habe einen Namen für ihn gewählt, der sehr gut sei. Damals konnten die Postulanten ihren Ordensnamen nicht selbst wählen, sondern fanden ihn am Tag ihrer Einkleidung vor (Persönliche Aufzeichnungen, 9. November).

Denken Sie nicht, ich hätte meine Bußübungen übertrieben. Ich gestehe Ihnen, dass ich früher stets eine zugleich instinktive und begründete Abneigung gegen die körperliche Abtötung hatte. Als ich in Flavigny eintrat, sagte ich zu Gott, und daran erinnere ich mich: Mein Gott, wenn du willst, dass ich leide, schick mir Leiden; mit deiner Gnade will ich sie freudig annehmen, aber rechne nicht damit, dass ich mich selbst leiden mache.[16]

Mit derselben großzügigen Haltung obliegt er dem täglichen Gebet. Er achtet sehr darauf, ein Fürbittgebet für alle zu sprechen, die er liebt;[17] dabei folgt er seinen «Gebetsintentionen für alle Tage», die er schon in seinem Leben als Laie geübt hat. Der Gehorsam schließlich scheint ihm immer einfach und leicht. Er spürt eine Art Befreiung, weil er seine Anstrengung auf das Wesentliche richten kann und von den Verpflichtungen des weltlichen Lebens entbunden ist.

Das Ziel seiner Anwesenheit im Noviziat ist genau jenes, das er in seinem ganzen Ordensleben unermüdlich sich selbst und anderen setzen wird: heilig zu werden. Wenn er für diejenigen betet, die er liebt, dann tut er es, indem er für sie «nur um eines» bittet, «nämlich dass sie, koste es, was es wolle, Heilige werden».[18] Die Korrespondenz mit Madame Piron, die er zu der Zeit beginnt, lässt dasselbe Bedürfnis erkennen. Er drängt darauf, dass sie einem Dritten Orden beitritt, dass sie keine Gelegenheit verstreichen lässt, sich einer Bruderschaft anzuschließen: Wer ein Heiliger werden will, muss einer Gemeinschaft angehören.

## Die Prüfung der Krankheit

Frater Lataste hatte Gott nicht um das Leiden gebeten, er hatte seinen Herrn sogar gewarnt, er solle nicht damit rechnen, dass er sich freiwilligen Leiden unterzöge. Die Krankheit kommt über ihn, ohne dass er sie gesucht hat, sie wird ihn während seiner gesamten Ausbildung im Orden begleiten und seiner apostolischen Tätigkeit ein frühes Ende setzen. Nach einigen Monaten im Noviziat, im Januar 1858, verletzt sich nämlich Frater Jean-Joseph bei der Ausübung seines Sakristanendienstes am Altar des heiligen Dominikus. Er quetscht sich den Zeigefinger mit einem Kerzenleuchter.[19] Das Fleisch wird gequetscht, aber er sagt nichts. Einige Tage später, am 2. Februar, verlangt das entstandene Nagelgeschwür den Eingriff eines Arztes; bei dem Versuch, den Abszess zu schneiden, durchtrennt der Mediziner ungeschickt die Beugesehnen des Zeigefingers. Frater Lataste erträgt den Schmerz mit einem Mut, der seinen Pater Magister erbaut. Der schlimmere Schmerz kommt aber erst danach: In den folgenden Tagen fürchtet man, man werde den Zeigefinger amputieren müssen. Nun verbot aber damals das kanonische Recht, jemanden zum Priester zu weihen, dessen Hand nicht vollständig war. Der junge Novize behält die Trauer um seine priesterliche Berufung damals für sich und beschließt, als einfacher Bruder im Orden zu bleiben, wenn ihm die Weihe verweigert wird.

Mein Fingergeschwür war eines der schlimmsten; ich habe die beiden Beugesehnen des Fingers verloren, und der Knochenschwund zeigte sich an beiden Seiten; ich fing an zu fürchten, man werde ihn amputieren müssen; mit diesem beschnittenen Zeigefinger ist es unmöglich, Priester zu werden; stell Dir meine Unruhe und meinen Schmerz vor, aber mit Hilfe Gottes und Marias war mein Entschluss gefasst, und ich wage zu hoffen, ihr hättet ihn gut gefunden. Ich hätte darum gebeten, lieber als Konverse zu bleiben, als in die Welt zurückzukehren, denn mehr als je zuvor fühle ich mich glücklich und will im Orden bleiben. Vorgestern bin ich nach Dijon gefahren, und zu meiner großen Überraschung hat mir der Arzt gesagt, mein Finger sei gerettet, er sei im

Begriff zu heilen, er brauche nur noch Zeit, Pflege und Gebete. Vor allem bei dieser Gelegenheit habe ich das Glück gespürt, zu einer klösterlichen Familie zu gehören. Die ganze Kommunität hat für mich gebetet; man hielt und hält noch Novenen, die einen haben die heilige Kommunion, die anderen die heilige Messe für mich dargebracht; unsere Konversbrüder, die wahre Heilige sind, haben mich nicht vergessen. Findest du nicht auch, dass dies wirklich Brüder sind und dass es guttut, mitten unter ihnen zu leben?[20]

Die Heilung des Fingergeschwürs ist jedoch nicht das Ende seiner Prüfungen. Die Infektion war nämlich wahrscheinlich die Ursache für eine Blutvergiftung, da sich einige Tage später eine Osteomyelitis[XI] der rechten Hüfte zeigt. Diesmal sind die Schmerzen sehr intensiv: Man kann den Kranken nicht mehr bewegen, ohne dass er Schreie ausstößt. Diese neue Erkrankung bringt für den Novizen noch viel schwerer wiegende Konsequenzen als die erste, denn seine Oberen können ihm nun die Zulassung zur Profess verweigern, wenn sie zu dem Urteil gelangen, er besitze keine ausreichende Gesundheit. Er nimmt diese Prüfung im Glauben an: «Frater Jean-Joseph hat nicht einen Augenblick lang die Fassung verloren, und sein Glaube war ganz auf der Höhe dieser neuerlichen Prüfung. Zuinnerst überzeugt, dass Gott ihn im Orden wollte, machte er sich nicht die geringsten Sorgen um die Maßnahmen, die seine Oberen für ihn treffen könnten.»[XII] Frater Lataste lässt in der erhaltenen Korrespondenz wenig von den Schwierigkeiten erahnen, die er durchmacht. Er scheint vor allem um das Heil seiner Adressaten besorgt und begierig, sie an der Freude teilhaben zu

---

XI Eine Knocheninfektion, die die Zerstörung des Knochens und eine größere Behinderung zur Folge haben kann.

XII Aufzeichnungen von Pater Sicard. Pater Latastes Geduld in der Prüfung wird durch einen seiner Mitbrüder im Noviziat, Pater Lévy, bestätigt.

lassen, die er im Orden gefunden hat. Den einen schlägt er vor, in einen Dritten Orden einzutreten, den anderen unterbreitet er den kaum verhüllten Vorschlag, es ihm gleichzutun: «Sie wären willkommen, wie Sie nicht bezweifeln werden; aber passen Sie auf! Das Leben hier ist gut und gelinde für die Seele, und Sie könnten der Versuchung erliegen zu bleiben.»[XIII]

Die Hüfterkrankung wird Frater Lataste während seiner ganzen Ausbildung im Orden behindern. Der Schmerz und die erzwungene Ruhe haben ihm einen Lebensrhythmus aufgenötigt, der sich von dem seiner Brüder im Noviziat unterschied. Er musste lange Zeiten allein in seiner Zelle verbringen und konnte an den Spaziergängen[XIV] und an manchen Rekreationen nicht teilnehmen, wenn der Schmerz zu stark wurde. Eine der Spuren dieser Augenblicke der erzwungenen Zurückgezogenheit ist das umfangreiche Heft, in dem er mehr als 500 Lektürenotizen über das Leben der Heiligen ins Reine geschrieben hat, insbesondere der Heiligen aus dem Orden, ausgehend von Lesefrüchten aus *L'Année dominicaine*.[XV] Diese Aufzeichnungen werden die *exempla* liefern, mit denen seine Predigten gespickt sind.

---

XIII Brief 411, 15. April 1858, an Abbé Destrac. Dieser Brief bringt außerdem das Glück zum Ausdruck, das er im Orden gefunden hat, und die Dankbarkeit, die er für die Gesellschaft des heiligen Vinzenz von Paul empfindet

XIV «Heute war Tag des Spaziergangs, und da ich nicht mitgehen konnte, habe ich mit Ihnen über Gott geplaudert, wie ich es mit meinen Brüdern getan hätte, wenn ich ihnen hätte folgen können» (Fragment eines nicht nummerierten, nicht datierten Briefs an seinen Bruder Honoré).

XV In seinen Predigten in der Folgezeit findet man häufig kurze Anekdoten aus dem Leben der Heiligen, die er dieser Sammlung entnehmen konnte. In seinen Diskussionen mit seinen Oberen über die Gründung von Bethanien wird er ebenfalls Bezug auf die Beispiele aus der Tradition des Ordens nehmen.

Der Zustand seines Beins, der von Heilung weit entfernt war, hielt ihn während seines Aufenthalts in Saint-Maximin mehrmals ziemlich lange Zeit in der Zelle fest. Diese Einsamkeit, zu der er verurteilt war und an die er sich gut anzupassen wusste, übte einen Einfluss auf sein geistliches Leben aus, indem es ihm eine mehr kontemplative Richtung gab. Die Zeit, die er gegenüber seinen Mitbrüdern gewann, weil er von Gemeinschaftsübungen und von den wöchentlichen Spaziergängen befreit war, verwendete er für fromme Lektüre und ein stärker affektives Gebet. So fand sich dieses Bedürfnis nach der Vereinigung mit Gott gefördert durch dieses Leben in Leiden und Einsamkeit. Die Lektüre der Schriften des heiligen Bernhard, der damals sein Lieblingsautor war, erfüllte ihn mit Salbung, der *Traité de l'amour de Dieu* [*Theotimus* oder *Abhandlung über die Gottesliebe*] des heiligen Franz von Sales bereitete ihm ebenfalls höchsten Genuss.[21]

Das einzige Heilmittel für die Knocheninfektion bestand zur damaligen Zeit in Thermalkuren.[XVI] So wird der Kranke dazu veranlasst, von 1860 bis 1863 jeden Sommer einen Aufenthalt in dem Badeort Barèges in den Pyrenäen zu nehmen.[22] Die Heilung schreitet nur langsam fort. Im Mai 1861 spricht man von Knochenschwund am Schenkelknochen, ein Stück des Schenkelkopfs löst sich vom Knochen. Dieses Knochenstück wird zwei Jahre später aus der Hüfte austreten. Es wird noch von den Bethanien-Schwestern aufbewahrt; es misst mehrere Zentimeter. Man stelle sich die Schmerzen und Wunden vor, die das allmähliche Austreten dieses Teils verursachen musste. Erst 1863 wird man von Heilung sprechen können.

---

XVI Diese Behandlung wurde vielleicht im Anschluss an die ärztliche Konsultation beschlossen, die Pater Lataste im Dezember 1859 in Montpellier erhielt (Brief 245, 22. Dezember 1859, an Madame Piron).

## Aufenthalt im Konvent von Toulouse und erste Profess

Am Ende des kanonischen Noviziatsjahrs hat Frater Jean-Joseph nicht die ausreichende Gesundheit, um zur Profess zugelassen zu werden. Seine Oberen nutzen die Möglichkeit des Aufschubs, die die Konstitutionen einräumen, und schicken ihn ins Kloster Saint-Romain in Toulouse, in der Annahme, die Wärme des Midi werde ihm guttun. Er bleibt in diesem Konvent von Mitte November 1858 bis Mitte Mai 1859. Dort beginnt er das Theologiestudium; seine erste Abhandlung über die Gegenwart Gottes datiert vom 9. Dezember.

Er stürzt sich auf seine typische Weise ins Studium, das heißt rückhaltlos und in dem Bemühen, auch seine Umgebung von seinen Entdeckungen profitieren zu lassen. Sein ganz neuer apostolischer Eifer treibt ihn dazu, sich über den Einfluss des Positivismus auf seinen Vater und seine Brüder, speziell Émile, zu erregen. Er weiß, dass sie den Sakramenten fernbleiben. Ohne allzu viel Rücksicht nimmt er die Dinge in die Hand und versucht, den Argumenten, die die «Falschheit der Religion» beweisen sollen, Beweise entgegenzusetzen. Er schickt ihnen den Text seiner Abhandlungen[XVII] und schlägt die Bildung eines Arbeitskreises in seiner Familie vor, der von seiner Arbeit ausgehen soll, und bietet an, bei allzu schwierigen Einwänden selbst zu intervenieren. Die Familie hat bald genug von einem solchen Eifer: Ein Brief[23] aus dem Jahr 1861 nimmt Bezug auf Schreiben von Vater Lataste und

XVII Brief 2, 25. April 1859, an seinen Vater. Der Stil ist sehr apologetisch; es geht dem Verfasser darum, die Argumente, die die «Falschheit der Religion» beweisen sollen, durch Beweise zu entkräften. Der junge Prediger fordert die Mitglieder seiner Familie in festem energischem Ton auf, an der Volksmission teilzunehmen, die in Cadillac gehalten wird.

Émile, in denen diese den jungen Prediger bitten, seinen apologetischen Eifer zu mäßigen und in seiner Korrespondenz keine religiösen Fragen mehr mit ihnen zu diskutieren. Wie es seine Gewohnheit ist, reagiert Alcide Lataste unverzüglich, indem er diese Bitte zu Protokoll nimmt und in aller Offenheit, die in seinen Augen die Grundlage der Freundschaft ist, erklärt:

> Du hast zu mir in diesem Brief mit allem Freimut und ohne allzu viele rhetorische Vorsichtsmaßnahmen gesprochen, genau das liebe ich, und so habe auch ich es immer mit meinen Freunden gehalten, umso schlimmer, wenn sie dann böse werden. Mir scheint, dass einer der besten Freundschaftsbeweise, die man jemandem geben kann, der ist, dass man seine Gedanken nicht bemäntelt. Man muss, meine ich, entweder auf die Freundschaft verzichten oder sie zu diesen Bedingungen akzeptieren.[24]

Einen Moment lang hofft er, am 2. Februar 1859 die Profess ablegen zu können, aber der Zeitpunkt wird erneut hinausgeschoben. Er nimmt die Nachricht mit einem unverbrüchlichen Vertrauen in Gott auf, was ihn nicht hindert, Trauer zu empfinden:

> Gott hat mich gerufen, schreibt er am 5. März, ich bin entschlossen, in allem seinen Willen zu erfüllen; und ich habe mein ganzes Vertrauen in ihn gesetzt, von vornherein in der Gewissheit, dass es nicht vergeblich sein wird. Ich bin ganz unbesorgt; und wenn die Stunden der Traurigkeit, die dieser neuerliche Aufschub verursacht hat, erst einmal vorbei sind, bin ich wieder ganz ruhig und verlasse mich wieder auf die Güte Gottes, in der Gewissheit, dass er nicht zulassen wird, dass sich mein Leiden so sehr verschlimmert oder andauert, dass meine Oberen mich endgültig nicht in den Orden aufnehmen können.[25]

Endlich, am 10. Mai 1859, am Fest des heiligen Antonin von Florenz, kann Frater Jean-Joseph im Konvent von

Toulouse in die Hände von Pater Prior[26] die Profess[XVIII] ablegen. Er berichtet diese Neuigkeit seinem Bruder Honoré und beschreibt ihm die Zeremonie, deren erhabene Schlichtheit er betont. Und er drückt seinen Wunsch aus, einige Mitglieder seiner Familie an seiner Seite zu sehen, bemerkt aber zugleich, ihre Geschäfte würden sie wohl daran hindern, anwesend zu sein.[27] Sein Vater und seine beiden Brüder Théophile und Honoré unternehmen dennoch die Reise und bereiten ihm die Freude, seine leibliche und seine geistliche Familie um ihn versammelt zu sehen.

In Toulouse, am 10. Mai, hatte ich das Glück, von Gott angenommen zu werden und mit ihm jene geistliche Vereinigung zu vereinbaren, die es mir erlaubt, in ihm nicht nur einen Vater, einen Freund, einen Bruder zu sehen, sondern mehr als das: einen Bräutigam, das heißt das Teuerste, Geliebteste, Liebendste und Tiefste, das es in uns gibt. Ja, jetzt genieße ich, trotz meines Undanks und meiner zahllosen Sünden, wahrlich den Sinn jenes Wortes, das Du so oft zu wiederholen liebtest, ohne seinen ganzen Sinn zu verstehen: Wie gut es tut, geliebt zu werden! Wie liebe ich es, geliebt zu werden![28]

Das Liebesbedürfnis, das im Herzen des Menschen wirkt, kann nur in Gott Erfüllung finden: Diese Überzeugung fasst im Grunde den gesamten Weg Pater Latastes zusammen. In dieser Zeit der Gnade lernt er das Glück kennen, dem er lange nachgejagt ist; von nun an wird er in seinen Aufzeichnungen oder in seiner Korrespondenz nicht

---

XVIII Damals sind die Gelübde, die am Ende des Noviziats abgelegt werden, ewige, aber einfache Gelübde. Es handelt sich um eine Profess bis zum Tod, von der jedoch der Heilige Stuhl leichter entbinden kann als von den feierlichen Gelübden. Diese Praxis ist seit dem Dekret Pius' IX. vom 18. März 1857 in Kraft; dieser päpstliche Erlass wird im Orden von Pater Jandel unverzüglich zur Anwendung gebracht (H.-M. Cormier, *Vie du P. A.-V. Jandel*, Paris: Poussielgue, 1896, S. 313–314).

mehr auf dieses Bedürfnis nach Zuneigung zu sprechen kommen, das ihn beseelte und ihn unglücklich machte. Die Freude, die er empfindet, die Freude der geschenkten und der empfangenen Liebe, sie ist auch die Freude des Heils. Bei seinem Eintritt ins Noviziat hatte er den Eindruck gehabt, nach dem Sturm in den ruhigen Hafen einzulaufen; nach der Profess lernt er einen nie zuvor gefühlten Frieden kennen. Er ist von Schuldgefühlen befreit:

> Früher versuchte ich, vor Gottes Angesicht auf mein vergangenes Leben zurückzukommen, um meine Fehler zu beweinen und ihn um Verzeihung zu bitten; seit diesem glücklichen Tag glaube ich, sobald ich es erneut tun will, eine Stimme zu hören, die mir sagt: «Lassen wir das, denken wir nicht mehr daran, alles ist vergessen, der Gerechtigkeit ist Genüge getan, es bleibt nur noch die Liebe.»[29]

Zu einer solchen Befreiung, zu einer solchen spirituellen Erfahrung wird er ein paar Jahre später auch die inhaftierten Frauen geleiten, indem er ihnen die Pforten zur Ordensprofess weit auftut. Schon am nächsten Tag macht er sich auf zum Studienkonvent der Provinz, der sich damals in Chalais bei Grenoble befindet. Dies bietet ihm Gelegenheit, erneut durch Gegenden zu fahren, die Erinnerungen in ihm wachrufen: Privas, Viviers …, und Dank zu sagen.[30]

## Die studierenden Fratres. Von Chalais nach Saint-Maximin

Das Kloster, in das der junge Professe kommt, ist ganz anders als jene, die er bisher kennengelernt hat. In Chalais begegnet man nämlich nur studierenden Fratres und ihren Lehrern. Die Kommunität ist relativ zahlreich, da sie

17 Fratres einschließt, die man damals Professnovizen (*novices profès*) nennt. Frater Lataste genießt die Atmosphäre in diesem Kloster, in dem nicht das übliche Hin und Her von Patres herrscht, die zum Predigen nach draußen gehen. In Chalais ist alles auf die Konzentration ausgerichtet, die das Studium erfordert. Das Schauspiel der Natur ist grandios.

Ich preise die göttliche Barmherzigkeit, die, nicht zufrieden damit, mich den Schwächen, Gefahren, Plagen und Sorgen der Welt entrissen zu haben, mich in dieses heilige Haus geführt hat, wo es durch die äußerlichen Praktiken eines Bußlebens, das ich immer nur mit einem gewissen Schrecken vollzogen habe, meine Seele mit so viel sanfter, ruhiger, unerwarteter Freude erfüllt und mich so – um es einmal mit den Worten eines Heiligen zu sagen – geradezu in der Kutsche ins Paradies zu führen scheint.[31]

Dieser Aufenthalt im Gebirge wird freilich von kurzer Dauer sein. Das Kloster ist zu klein für den Zustrom der Professnovizen, und das Klima im Massiv der Chartreuse ist zu rauh, um ihnen eine problemlose Konzentration auf das Studium zu erlauben. Pater Lacordaire verfolgt seit geraumer Zeit ein Projekt, das er im Juli 1859 dann endlich verwirklichen kann. Am 2. Juli kommt er, unangemeldet, in Chalais an und ruft die Kommunität zum Kapitel zusammen. Er kündigt den Brüdern, die die jährlichen Exerzitien begonnen haben, dass diese abgebrochen werden und dass sie sich darauf vorbereiten sollen, zwei Tage später zusammen mit ihrem Provinzial nach Saint-Maximin aufzubrechen.[32] Die Begeisterung darüber, dass man das alte Kloster des Ordens, das die Reliquien der heiligen Maria Magdalena birgt, wieder in Besitz nehmen wird, und die Freude darüber, dass Pater Lacordaire selbst sich an die Spitze der Expedition stellt, lassen die impulsive und unbedachte Seite dieser Entscheidung ganz in den Hintergrund treten. Das alte Kloster ist nämlich keineswegs in dem richtigen Zustand, die Brüder aufzunehmen, und nichts spricht dagegen, noch ein paar Wochen zu warten, bis die Reparaturarbeiten abgeschlossen wären. Nach einer vierundzwanzigstündigen, ermüdenden, aber voller Begeisterung unternommenen Reise ergreifen die jungen Predigermönche am frühen Morgen des 5. Juli wieder Besitz von ihrem Provinzialkonvent. Es gibt fast kein Mobiliar, die erst kürzlich oberflächlich angestrichenen Zellen sind fürchterlich feucht, ein großer Teil des Professnoviziats erkrankt schon in den ersten Tagen.

Dennoch wird sich in diesem Kloster Saint-Maximin der Abschluss der Ordensausbildung von Frater Jean-Joseph bis zur Priesterweihe abspielen. Es wird der Ort sein, an dem zwei wichtige Etappen seinen religiösen und spirituellen Weg prägen werden: die zunehmende Entdeckung eines tieferen geistlichen Lebens und die Begegnung mit Maria Magdalena. Wir können uns eine Vorstellung von dem Lebensstil machen, den ein studierender Frater dort praktiziert, wenn wir die Beschreibung des ziemlich zerstückelten Stundenplans lesen, die uns ein Dominikanerstudent einige Jahre später gibt:

Das nächtliche Aufstehen und das Nacht-Morgenoffizium folgten in Saint-Maximin derselben Ordnung wie in Flavigny, aber schon um 7.15 Uhr bereiteten sich die studierenden Novizen auf den Unterricht in Kirchengeschichte, Heiliger Schrift oder kanonischem Recht vor, der um acht Uhr begann. War diese Einheit beendet, folgte nach drei Viertelstunden der Unterricht in Philosophie oder Dogmatik. Um 10.45 Uhr war eine Predigt, eine Abhandlung oder eine These an der Reihe. Die Predigt hatte zum Ziel, den Verstand in der oratorischen Darlegung zu schulen; die Abhandlung galt dem Stil, die These hat in klösterlicher Sprache den Titel *circulus*. Sie ist eine formal streng aufgebaute Argumentation. Auf diese Übung folgt Studium. Von 11.30 bis

15.00 Uhr war die Zeiteinteilung die gleiche wie im einfachen Noviziat. Um drei Uhr Studium. Eine Stunde später Moraltheologie, «theologische Örter» genannt. Um fünf Uhr Studium. Um 18.30 Uhr Gebet, geistliche Lesung im Kapitelsaal. Seltene, von der Regel vorgesehene Ausnahmen modifizierten diese ununterbrochene Kette von anstrengenden Tätigkeiten. Ein Teil war an manchen Wochentagen für die literarischen Arbeiten bestimmt. Aber das waren nur kurze Unterbrechungen, und aufs Ganze gesehen war das Studentenleben im Noviziat von Saint-Maximin beschwerlich. Es verlangte eine ununterbrochene geistige Anspannung.[XIX]

## Die Vertiefung des geistlichen Lebens und die theologische Ausbildung

Die Korrespondenz von Frater Lataste mit seiner Familie und mit Madame Piron in den Jahren, die er in Saint-Maximin verbringt, weist eine bemerkenswerte Entwicklung auf. Wir haben schon den recht apologetischen Charakter der Briefe hervorgehoben, die er in den Anfängen seines Ordenslebens an seinen Vater und seine Brüder richtet. Es scheint, dass der junge Student der Theologie das vorrangige Ziel hat, seine Angehörigen zu bekehren, alle Argumente zu widerlegen, die sie vom Glauben fernhalten könnten. Gleichzeitig ist der junge Ordensmann auf spiritueller Ebene für sich und für die anderen sehr begierig nach Frömmigkeitspraktiken und nach Teilnahme an verschiedenen Bruderschaften. Die Briefe sind lange Abhandlungen, die nach einer bewusst um Strenge bemühten

---

XIX H. Jouin, *Le Révérend Père A. Jouin, des Frères prêcheurs*, Paris: Lethielleux, 1909, S. 99-100 und 121-122. Frater Augustin Jouin war einer der Professnovizen, deren Pater Magister Jean-Joseph Lataste 1865-1867 in Flavigny war.

Argumentation aufgebaut sind. Frater Lataste hat sich selbst Rechenschaft von seiner eigenen Entwicklung gegeben. Einerseits erkennt er, dass man nicht auf das Priesteramt vorgreifen darf[33] und dass seine Aufgabe einstweilen noch nicht Seelenführung ist, sondern das Studium und das Gebet; was seine Familie angeht, begreift er angesichts der Appelle zur Mäßigung, die seine Brüder und sein Vater an ihn richten, dass er den Rhythmus eines jeden respektieren muss.[xx] Andererseits erkennt er, was seinen eigenen spirituellen Weg betrifft, dass er eine Hierarchie in die Frömmigkeitsübungen einführen muss, um nicht das Wesentliche mit dem Nebensächlichen zu verwechseln. Als junger Ordensmann hatte er unermüdlich Praktiken der Devotion aufgehäuft und auch seine Briefpartner dazu aufgefordert; ganz allmählich helfen ihm nun die Anpassung an das Ordensleben und die Einübung in die Theologie, sein geistliches Leben auf das Wesentliche zu konzentrieren: die Gottesliebe, angenommen in der geduldigen Treue der alltäglichen Observanz.

In der ersten Zeit meiner Bekehrung, im Noviziat von Flavigny, konnte ich keine Praxis der Verehrung für unseren Herrn oder vor allem für die Allerseligste Jungfrau sehen, ohne sie sogleich übernehmen zu wollen. Ich hätte mir vorgeworfen, sie nicht auszuüben, es wäre mir vorgekommen, als hätte ich es sonst an Dankbarkeit und Liebe gegen Gott fehlen lassen; ich hätte mich selbst der Feigheit bezichtigt! Das Ergebnis war, dass ich mehr unternahm, als ich leicht bewerkstelligen konnte; an manchen Tagen, zu manchen Zeiten unterließ ich einen Teil von ihnen, und das machte mir Sorgen; da ließ mich Gott eines Tages auf das bewundernswerte Leben des heiligen Joseph von Cupertino stoßen, eines Franziskanermönchs, der sich durch Frömmigkeit und Mys-

[xx] R. Evers gebraucht für die apologetischen Briefe Pater Latastes an seine Familie den Ausdruck «Brief-Predigten». Zu seiner Einstellungsänderung siehe den Brief 34 vom 30. Mai 1861 an seinen Bruder Émile.

tik auszeichnete und dem man kaum Kälte und Feigheit vorwerfen konnte, sondern dem man eher das Gegenteil bestätigen würde. Und siehe da! Am Ende seiner Lebensbeschreibung fand ich zu meiner Freude unter seinen Maximen (ich weiß ihren Wortlaut nicht mehr, aber ihr Sinn hat mich so beeindruckt, dass ich ihn nicht mehr vergessen kann) die folgende: «Haltet euch an die großen Andachtsübungen; was die anderen angeht, nehmt von ihnen nur das, was ihr leicht und immer tun könnt.» Tatsächlich ist es ja so, dass das Hersagen von vielen Gebeten jeden Tag, zu bestimmten Zeitpunkten und mit ganz bestimmten Intentionen meistens versteckte Bande sind, mit denen der Dämon unsere Seelen hemmt und sie daran hindert, Fortschritte in den großen Tugenden zu machen. Es ist allzu schweres Gepäck oder ein zu langes und weites Gewand, das unseren Gang bremst, statt uns zu helfen. Diese Falle des Dämons ist umso gefährlicher, als sie oft einer Eingebung des guten Engels gleicht. Damit will ich nicht die Sache an sich schmähen, es gibt ja sicherlich Seelen, denen diese Fülle von Verpflichtungen nützlich sein kann; aber das sind spezielle Leute. Für viele andere, für die Mehrzahl, denke ich, ist es eher eine Gefahr als ein Nutzen; das habe ich zur Genüge erlebt. Ich schätze mehr folgende Methode: sich mit Eifer, Ausdauer und Sanftheit darum bemühen, eine große Tugend zu erwerben, wie etwa Demut, unbedingte Zustimmung zum göttlichen Willen usw., und alle anderen werden folgen; sich die großen Formen der Verehrung für unseren Herrn und die Allerseligste Jungfrau, den heiligen Josef usw. und ganz besonders für die heilige Eucharistie aneignen, und darin sind dann alle zweitrangigen Frömmigkeitsformen eingeschlossen.[34]

Diese Treue im Dienst des Herrn, die allein dem religiösen Leben einen Sinn verleiht, spricht schon 1861 aus dem Fragment eines Briefs an seinen Bruder Honoré, dessen Original nicht mehr erhalten ist:

Alles, was ich tue, bezieht sich auf denselben zentralen Punkt, auf das, was ich begehre, was ich über alles liebe, auf Gott, auf Jesus!! Wenn ich nachts aufwache, dann weil mich die Glocke ruft und mit ihrem lieben Läuten mir zu sagen scheint: «Auf! Dein Freund, dein Vater, dein Heiland, Jesus erwartet dich, beeil dich! Er wartet auf dich, um deine Zärtlichkeiten zu empfangen und dich mit den seinen zu überschüt-

ten; um deine Freundschaftsbeweise zu erhalten und dir im tiefsten Inneren deiner Seele von neuem zu sagen: Du bist mein! Geduld! Mut! Hoffnung! Eines Tages wirst du in meinen Armen sein, wirst du mein sein in alle Ewigkeit! Um sechs Uhr ertönt derselbe Ruf, und fast zwei Stunden vergehen in solch köstlicher Unterredung. Es kommt die Zeit für das Studium, den Unterricht, die Rekreation, und im Studium, im Unterricht und in der Rekreation befassen wir uns noch immer mit Ihm, den wir hören, den wir suchen, den wir genießen: in der Heiligen Schrift, in der heiligen Wissenschaft, in unseren Brüdern und unseren Oberen. Und am Abend, wenn das Ende des Tages naht, wenn die Glocke das Zeichen zur Ruhe gibt, legt man sich in Frieden nieder. Soeben hat man noch mit seinen Worten am Kreuz zu ihm gesagt: «In deine Hände empfehle ich meine Seele.» Und mit dem Propheten: «Im Frieden, in dir, Herr, schlafe ich und ruhe aus.» Und ob die Arbeit vorangegangen ist oder nicht – man schläft in Frieden ein, ohne Sorge, man hat sein Tagwerk getan, und man weiß, dass der, der uns liebt und uns behütet, Jesus, nicht schläft.
Ach, lieber Freund, nichts ist so gut, nichts ist so süß, nichts ist so sanft im Herzen wie diese vollkommene Einheit des Blicks, des Gefühls, der Arbeit, der Zuneigung, der Hoffnung, die allesamt aus demselben Prinzip hervorgehen und allesamt in denselben zentralen Punkt einmünden: Jesus! Gott! Das ist die tiefste Quelle unserer Freude, dieser Ruhe, dieses berauschenden und unbeschreiblichen Friedens, den man in den Klöstern atmet, so kurz man auch darin lebt, und den du selbst erfahren hast.[35]

## Die theologische Ausbildung

Wie sieht die theologische Ausbildung der Professnovizen der Provinz von Frankreich in den Jahren 1859 bis 1863 aus? Die Antwort ist nicht leicht zu geben, sie kann sich nur auf einige Indizien stützen. Wir besitzen für diesen Zeitraum kein Studienprogramm der Dominikaner (*Ratio studiorum generalis* bzw. *particularis*) und kein vergleichbares Dokument. 27 Abhandlungen und Studienaufzeichnungen von Frater Lataste sind erhalten geblieben. Die meisten dieser Pflichtarbeiten drehen sich um apologetische Themen. Man erkennt in ihnen eine sehr defensive Theologie, deren Aufgabe es ist, die Argumente des Gegners zu widerlegen und Beweise für die eigenen Aussagen beizubringen. Die Referenzen, die der Student heranzieht, sind bunt zusammengewürfelt; aus ihnen kann man sich ein Bild von der Lektüre und von den Vorlesungen machen, die den Dominikanerstudenten vorgelegt wurden.

• Häufig wird die Bibel zitiert, und zwar in Form von Versen, die die Argumentation stützen sollen, ohne dass dabei der Kontext berücksichtigt wird; zahllose Bibelzitate zeigen die Vertrautheit mit der Gesamtheit des heiligen Textes. Ein einziger Text scheint die Grundlage für eine echte biblische Untersuchung zu sein: Er vereint Kommentare zu den ersten sieben Psalmen mit Anspielungen auf das Griechische und das Hebräische, die wahrscheinlich aus der Vorlesung stammen, denn Frater Lataste macht nirgendwo den Eindruck, dass er diese Sprachen gelernt haben könnte.

• Die Bezugnahmen auf Thomas von Aquin sind ziemlich häufig, aber nur selten von einer genauen Stellenangabe begleitet. Sofern dies doch der Fall ist, handelt es sich ausschließlich um die *Summa theologiae* und ein Mal um *De regimine principiorum*. Die Dominikanerstudenten hatten Zugang zum Text des heiligen Thomas, versehen mit den Kommentaren eines Lektors, wie ein Brief an Honoré Lataste andeutet:

Die Summa des heiligen Thomas zum Beispiel, mit der wir die Theologie lernen, ist ein gewaltiger Band im Folioformat von mehr als tausend Seiten, zweispaltig in sehr engem Druck. Die Lehre ist so dicht und so tief, dass unser Pater Lektor die ganze Vorlesung für die Darlegung von nur einem oder zwei Artikeln, das heißt von vierzig oder sechzig Zeilen, benötigt.[36]

• Die anderen theologischen Autoren werden rasch abgehandelt. Es handelt sich wahrscheinlich um Zitate aus Sammlungen, aus der *Catena Aurea* und aus dem *Cornelius a Lapide*, einem Handbuch für den Prediger, dessen französische Übersetzung kurz zuvor erschienen ist.[XXI]

• Die philosophischen Autoren sind nicht sehr zahlreich, aber paradoxerweise scheint es, dass sie gründlicher gelesen wurden als die Theologen. So werden etwa *Émile* von J.-J Rousseau, *La religion naturelle* und *Le Devoir* von J. Simon und einige Dialoge von Platon eingehend diskutiert.

Die meisten dieser Abhandlungen sind nicht datiert. Allerdings sieht es so aus, als seien mit dem Herannahen der Weihen die Studenten aufgefordert worden, Texte zu verfassen, die als Vorträge dienen konnten. Es ist anzunehmen, dass die erfahrensten Studenten diese Vortragsversuche vor ihren Mitbrüdern vortrugen, insbesondere im Refektorium, wie es auch noch im darauffolgenden Jahrhundert in den Studienkonventen üblich war. Einige von diesen Arbeiten beginnen nämlich mit: «Meine Brüder».
Frater Lataste gibt wenig Details aus seinem Studienleben preis. Er widmet sich ihm mit allem Ernst; das kann man an der theologischen Festigkeit ablesen, mit der er in der Predigt vor den inhaftierten Frauen die moralischen Fragen angehen wird. Das studentische Leben der Brüder von Saint-Maximin erhält für Frater Jean-Joseph noch einen besonderen Akzent durch die Einsamkeit, zu der ihn seine Krankheit häufig verurteilt.

---

XXI Sein Gebrauch bei den Dominikanern wird bestätigt durch P. M. Etcheverry, *Le Très Révérend père J.-L. Mas, des Frères prêcheurs*, S. 115.

In Saint-Maximin widmete sich Pater Lataste mit Feuereifer dem Studium der Theologie und der Arbeit an seiner Vervollkommnung. Er hatte lange genug in der Welt gelebt, um sich darüber im Klaren zu sein, wie wichtig das gründliche Studium war, wenn es den Anforderungen der Gesellschaft genügen sollte. Er absolvierte sein Studium mit Lust und Ausdauer von November 1858 bis April 1863. Mit viel Fingerspitzengefühl verstand er es, in allen Fragen die praktische Seite und gleichzeitig das Erhabene und Lichtvolle zu erfassen, das ihm erlauben würde, eines Tages das heilige Amt mit Gewinn für die Seelen auszuüben.[37]

## Die Begegnung mit Maria Magdalena

Am 20. Mai 1860 organisieren die Fratres aus dem Kloster Saint-Maximin ein großes Fest anlässlich der Translation der Reliquien der heiligen Maria Magdalena in einen neuen Schrein. Das Ereignis hängt mit der Restauration des Klosters zusammen, das seit einigen Monaten wieder besetzt ist. Die Festlichkeiten sind großartig, zahlreiche Bischöfe sind anwesend. Ein einziger Schatten fällt auf das Bild: Pater Lacordaire sollte aus dem gegebenen Anlass predigen, er, der so viel getan hatte, damit der Orden seine Aufgabe des Gebets und der Gastfreundschaft bei den Magdalenen-Heiligtümern von Saint-Maximin und Sainte-Baume wieder aufnehmen konnte. Leider hindert ihn seine Erkrankung, die ihn ein Jahr später dahinraffen wird, im letzten Augenblick daran, in die Provence zu reisen.

Frater Jean-Joseph ist noch immer stark durch seine Hüfte behindert; er ist gezwungen, viel Zeit in der klösterlichen Infirmerie zu verbringen.[38] Das bringt ihm immerhin ein, dass er zusammen mit zwei weiteren kranken Mitbrüdern den Schädel der Heiligen küssen darf, als dieser aus seinem Schrein gehoben wird.[XXII] Diese Geste der Frömmigkeit wird zum Anlass einer tief prägenden spirituellen Erfahrung. Pater Lataste wird diese Szene häufig in Erinnerung rufen, wenn er von Maria Magdalena spricht, insbesondere wenn er die Möglichkeit haben wird, das Wort in Gefängnissen oder in «Refuges» zu ergreifen.

Und jetzt, was meinen Sie: Welchen Platz nimmt Maria Magdalena im Himmel ein? Ich selbst wäre nicht überrascht, wenn wir eines Tages die reuige Sünderin unmittelbar neben der Unversehrten Jungfrau erblicken könnten. Ich habe oft an diese Dinge gedacht, und ich glaube, dass es so ist. Gestatten Sie mir eine persönliche Erinnerung, aus der sich dieser Gedanke speist: Bericht von der Reliquienprozession.[XXIII] Ich senkte dieses einst verkommene, heute geheiligte Haupt und sagte mir: Es ist doch wahr, die größten Sünder haben das Zeug zu den größten Heiligen; wer weiß, ob sie es nicht eines Tages werden.[39]

Man kann die Wendung: «Die größten Sünder haben das Zeug zu den größten Heiligen», gar nicht genug betonen. Diese berühmt gewordene Formel ist höchst kühn. Es geht nicht darum, das Lob der Hoffnung auf eine mögliche Bekehrung zu singen, zu erwarten, dass die Gnade auf den Sünder herabfließt, um einen Heiligen aus ihm zu machen, sondern darum, zu glauben, dass jeder Mensch kraft Schöpfung diese Fähigkeit in sich hat. Das Aufblühen der Heiligkeit hängt also nicht allein vom guten Willen Gottes ab, sondern von der Art und Weise, wie das Subjekt und seine Umgebung die Aktualisierung dieser Gnade

---

XXII *L'Année dominicaine*, 1859/1860, S. 327 : «Drei kranke Ordensleute wurden auf die Estrade geleitet, um sich dem Schutz der Heiligen anvertrauen zu können.»

XXIII Auf diese Erwähnung stößt man in den Texten des Predigers oft, aber ein ausführlicher Bericht von der berühmten Prozession findet sich nicht: Seine Erinnerung war wohl so lebendig, dass er es nicht für nötig hielt, sie niederzuschreiben.

fördern. Eine solche Einstellung, ein solches Vertrauen gegenüber der menschlichen Natur, das schon in diesem Abschnitt seines Lebens präsent ist, wird auch einige Jahre später vorherrschen, als Pater Lataste Gründer einer Gemeinschaft wird, die ganz der Inkarnation von Vertrauen und Hoffnung gewidmet ist. Von nun an wird es ihm geradezu unmöglich, von der Barmherzigkeit und Liebe Gottes gegenüber den Sündern zu sprechen, ohne auf Maria Magdalena Bezug zu nehmen.
Dieses Vertrauen auf die mögliche Heiligkeit auch der großen Sünder ist auch biographisch von Interesse, denn es erlaubt, den Abschnitt seines Lebens zu mutmaßen, in dem der künftige Apostel der Gefängnisse in Kontakt mit einem Text war, den er nie zitiert, an dem er sich aber ständig orientiert hat. Man kann nämlich feststellen, dass der Ausdruck durch «es ist wahr» eingeleitet wird; das lässt vermuten, dass Frater Lataste den Gedanken bereits im Kopf hatte, vermutlich weil er ihn gelesen hatte, und dass die Zeremonie ihm Gelegenheit gibt, eine spürbarere Erfahrung zu machen, die die bereits gefasste Idee bestätigt. Nun findet man aber in den *Institutions spirituelles de Tauler*, einer Anthologie von häufig ins Französische übertragenen Texten der rheinischen Mystik, deren letzte Auflagen von 1835 und 1855 datieren, folgenden Satz:

> Gott toleriert geduldig von Seiten seiner Erwählten so viel Unordnung und Unrecht, die ihm angetan werden. Er will sie eines Tages zu großen und erhabenen Dingen führen […]. Ich gehe noch weiter. Es kommt sehr selten vor, dass einer hoch erhoben wird, wenn er nicht zuvor tief gefallen ist.[40]

Die *Institutions* stellen eine wichtige Quelle für die Spiritualität Pater Latastes dar, wie man bei seiner Predigttätigkeit im Gefängnis feststellen kann. Der Bericht von

der Prozession in Saint-Maximin lässt uns annehmen, dass dieses Werk zu den Büchern über Spiritualität gehörte, von denen sich der studierende Frater während seiner Aufenthalte in der Infirmerie geistlich ernährte.
Am Tag darauf führt eine Wallfahrt die Menge und die Bischöfe zur Grotte von Sainte-Baume. Frater Jean-Joseph entdeckt bei dieser Gelegenheit seine poetische Ader wieder und besingt Maria Magdalena in den Versen, die im Juni 1860 in *L'Année dominicaine* veröffentlicht werden:

Hier encor, ô femme pécheresse,
À travers les transports d'une sainte allégresse,
Sous un lambris doré,
Des Ministres de Dieu, sur nos places parées,
En triomphe portaient de leurs mains consacrées
Ton chef déshonoré;

Et des prêtres bénis, de pieux solitaires
Laissant pour te fêter leurs cellules austères
T'acclamaicnt à la fois,
Et des jeunes enfants les naïves phalanges
Et les Vierges en chœur proclamaient tes louanges
De leurs milliers de voix;

Et tous les fronts joyeux ployaient sur ton passage
Et ton nom jusqu'au Ciel montait, pieux message
Parti du fond du cœur;
Et sept Pontifes-Rois s'avançaient à ta suite,
Comme ces rois vaincus que traînait Rome antique
Sur les pas du Vainqueur.

Quel spectacle !... et ces Rois, nulle force ennemie
Devant ton front signé du sceau de l'infamie
Ne contraignait leurs pas;
Libres, pour ton amour, pour rehausser ta gloire,
Ils s'étaient attachés à ton char de victoire,
Et n'en rougissaient pas.[41]

Noch gestern, o sündige Frau,
trugen in heilig froher Begeisterung
unter vergoldetem Himmel
die Diener Gottes über unsre geschmückten Plätze
in ihren heiligen Händen im Triumph
dein entehrtes Haupt.

Und geweihte Priester, fromme Einsiedler
verließen zum Fest ihre düsteren Zellen
und jubelten dir zu;
und der kleinen Kinder unschuldige Reihen
und die Jungfrauen riefen im Chor dein Lob
mit tausenden Stimmen.

Und frohe Häupter neigten sich, als du vorüberzogst,
und dein Name stieg zum Himmel, fromme Botschaft
aus Herzensgrund;
und sieben Fürstbischöfe schritten dir nach
wie die besiegten Könige, die Rom einst
dem Sieger zu folgen zwang.

Welch Schauspiel! Keine feindliche Macht
hemmte vor deinem Haupt mit dem Mal der Schande
dieser Könige Schritt;
frei, um deiner Liebe, deiner Glorie willen
sind sie gefolgt deinem Siegesgefährt
und haben sich nicht geschämt.

Die Nähe von Maria Magdalenas Reliquien hat Pater Lataste während seiner gesamten Studienzeit in Saint-Maximin tief berührt. Im August 1862 wird mit einem neuen Fest die Übertragung ihrer sterblichen Überreste von Saint-Maximin nach Sainte-Baume vollzogen. Der zu dieser Gelegenheit angefertigte Schrein ist speziell mit einer Statue verziert, die einen Dominikaner darstellt, dem man Lacordaires Züge verliehen hat.[42] Diese Heiligtümer werden für ihn herausragende Orte bleiben, auf die er immer wieder zu sprechen kommen wird. Nicht unwichtig ist in diesem Zusammenhang, dass er aus der provençalischen Tradition über Maria Magdalena in dreißig Jahren so gut wie nie das Thema der in der Einsamkeit Buße tuenden Sünderin aufgreifen wird. Was an der magdalenischen Spiritualität vor allem beeindruckt, ist die dem Herrn gewidmete Liebe, die Barmherzigkeit Christi, der diese Liebe annimmt und die verirrte Frau zur ersten Zeugin der Auferstehung macht.

## Etappen auf dem Weg zum Priestertum

Drei Jahre nach seiner ersten Profess legt Frater Jean-Joseph am 10. Mai 1862 die feierliche Profess ab. Bei dieser Gelegenheit fügt er den Namen Maria seinem Ordensnamen hinzu; er wird also Frater Marie-Jean-Joseph Lataste. Sein endgültiges Engagement vollzieht er in tiefem Frieden; er kennt nur eine Sorge: sich Christus hinzugeben und in ihm «das Ziel und Zentrum seines ganzen Lebens»[43] zu sehen. Während der Weg Frater Latastes zur Ordensprofess durch die Krankheit verzögert worden war, folgen die Etappen, die er in Richtung Priestertum zurücklegt, im üblichen Rhythmus aufeinander. Am 8. Februar 1863 wird er in Marseille zum Priester geweiht.
Als er sich dem Priestertum nähert, empfindet Frater Lataste noch immer eine Scheu vor der Heiligkeit, die eine solche Sendung verlangt. Aber er wird, anders als in seiner Jugend, nicht mehr von ihr niedergedrückt; jetzt verlässt er sich auf die Barmherzigkeit Gottes:

Oh, die Macht des Priesters ist groß, wunderbar, erschreckend! Daher sieht man zwar in den Geschäften der Welt häufig Menschen auf der

Höhe ihrer Stellung, aber niemals wird sich, streng genommen, ein Priester, so tugendhaft und heilig er auch sei, für würdig halten können, seine göttliche Sendung zu vollziehen; er wird immer unter ihr bleiben; was er ist, ist er nicht kraft seiner Verdienste, sondern einzig durch die übergroße Gnade, die Gott ihm schenkt.[44]

## Die Sorge um die gefallenen Seelen

Wir haben uns schon ein Bild von dem apostolischen Eifer machen können, der Frater Jean-Joseph bei seinem Eintritt in den Orden beseelte. Seine Bemühung um die Bekehrung der Seinen hat ihm selbst einigen Ärger eingebracht. Seine Korrespondenz als studierender Frater, insbesondere mit Madame Piron, wimmelt von Aufrufen zum Gebet für die Seelen, die es zu bekehren gilt.[XXIV] Zwei Anspielungen verdienen hervorgehoben zu werden. Madame Piron hatte ihm wahrscheinlich über eine Frau geschrieben, die sie kennengelernt hatte und die sich in einer heiklen Situation befand. Hier lässt Pater Lataste eine Neigung erkennen, die er, wie es scheint, für die verlorenen Schafe zu empfinden begann:

Ich verstehe diese Vorliebe für die erniedrigten und gefallenen Seelen, ich spüre sie auch, weil ich glaube, dass es oft schöne und edle Seelen sind, die in sich Bestrebungen verspüren, die sie sich selbst nicht erklären können und die doch nichts anderes sind als die Einladungen unseres Herrn, der sie lieben will, und weil sie nicht erleuchtet sind und nicht wissen, wessen diese Stimme ist, suchen sie in den Geschöpfen

---

[XXIV] So etwa für seinen Vater, dessen Rückkehr zum Glauben – anlässlich seiner Goldenen Hochzeit – er gar zu gern sähe (Brief 1257 vom 4. März 1862 an Madame Piron); oder einen jungen Seminaristen, der sich in Gefahr befindet (Brief 256 vom 25. Februar 1862); oder schließlich auch einen armen Abbé in Schwierigkeiten (Brief 263 vom 20. September 1862).

ein Glück, das dort nicht ist, und weil sie es dort nicht finden, suchen sie immer weiter, schöpfen dabei alle geschöpflichen Freuden aus und finden doch nirgends die Sättigung, die allein in Gott liegt. Ach, wenn der barmherzige Gott kein Erbarmen mit unseren Seelen hätte und uns nicht erleuchtet hätte, stünden dann nicht auch wir, wie wir da sind, mehr oder weniger genau dort, ja vielleicht noch tiefer? Arme Seelen! Ich kenne einen weltlichen Menschen, einen ernsthaften Christen, der sich lange ihrem Heil gewidmet und daraus die schönsten Tröstungen gewonnen hat; heute haben sich ihrerseits einige dieser Seelen Gott geweiht, er hat sie, Männer wie Frauen, vom Laster weggebracht. Aber das alles ist schwierig und gefährlich![45]
Ich bin glücklich über das, was Sie mir von dieser armen Magdalena berichten. Sie tun da ein gutes Werk, das viele fromme Seelen oft gar nicht zu schätzen wissen. Fahren Sie fort und tun Sie desgleichen bei jeder Gelegenheit, da Ihre Stellung und Ihr Alter es ihnen erlauben. Erinnern Sie sich an die Güte unseres Herrn gegenüber der Samaritanerin und der ehebrüchigen Frau.[46]

Diese Sorge um die Seelen, die Gefahr laufen, sich zu verirren und in Verzweiflung zu stürzen, findet sich wieder in den Anfängen seiner Predigttätigkeit. Seine erste Predigt hielt er am Karfreitag des Jahres 1863 in einer kleinen Pfarrei in der Nähe von Saint-Maximin.[47] Diese erste Gelegenheit zum Predigen kostet ihn viel Arbeit; er bereitet einen Text vor, der mehr als fünfzig Seiten umfasst! Aus diesem langen Kommentar zum Leiden Christi greifen wir zwei Passagen heraus, die sozusagen der erste Schrei um Erbarmen des künftigen Apostels der Gefängnisse ist. Er lässt Christus sagen:

Weil du geliebt wirst, musst du auch deinerseits lieben, und weil du mein Freund geworden bist, wirst du bald mein anderes Ich sein; angesichts der Freundschaft verblassen alle Ränge und alle Unterschiede. So bin ich aus Liebe zu dir Mensch geworden, aber wenn du mich liebst, werde ich dich zu Gott machen.

Später wendet er sich noch ausdrücklicher an seine Zuhörer, um selbst die am meisten verhärteten Herzen aufzurufen, sie möchten sich der Gnade öffnen:

Alle eure Verbrechen, so groß sie auch sein mögen, werden niemals das Maß seiner Liebe und seiner unendlichen Barmherzigkeit erreichen! Habt ihr nicht gesehen, dass er Maria Magdalena alle ihre Sünden vergeben, dass er die ehebrecherische Frau losgesprochen, dass er Petrus angeschaut und ihn gerettet hat? Werdet ihr nicht gleich hören, wie er dem guten Schächer einen Platz in seinem Paradies verheißt? Gnade, mein Brüder, was auch immer ihr getan habt, was auch immer ihr tut! Verzweifelt nie an der Barmherzigkeit Gottes; aber dazu dürft ihr euch nicht der Verzweiflung überlassen durch halsstarrigen Widerstand gegen seine Gnade, die in diesem Augenblick um euch wirbt.[48]

Nach einigen in Gebet und Studium verbrachten Monaten erhält er den Auftrag, sich noch einmal nach Barèges zu begeben und anschließend direkt den Konvent aufzusuchen, dem er zugewiesen ist: Bordeaux.

Anmerkungen

1 «Persönliche Aufzeichnungen im Noviziat», in: Geistliche Aufzeichnungen, 8. November 1857.
2 Brief vom 7. September 1861, an Pater Chocarne (Archiv Lacordaire; siehe B. Bonvin, *Lacordaire – Jandel*, S. 99).
3 Siehe zum Beispiel die Briefe 289 vom, 18. Juni 1867, an Mademoiselle de Saint-Juan, und 324 vom 29. Mai 1867, an künftige Postulantinnen.
4 Siehe dazu den Briefwechsel zwischen Pater Lataste und Pater Lévy, der als Missionar nach Mossul ging.
5 «Persönliche Aufzeichnungen», 6. November 1857.
6 Register des Konventskonsils von Flavigny, Archiv der Provinz von Frankreich, 1-25.
7 «Persönliche Aufzeichnungen», 7. November 1857.
8 Aufzeichnungen des Novizenmeisters, Pater Sicard, in: Summarium Num. III, § 13, pS. 75–78.
9 Brief an seinen Vater, zit. bei Mercier, S. 79 (das Original ist verloren).
10 Aufzeichnungen von Pater Sicard.
11 «Persönliche Aufzeichnungen», 8. November 1857.
12 Ebd., 7. November 1857.

13 Das trifft insbesondere auf Pater Mas zu, der Anfang April 1856 eingetreten ist (P. M. Etcheverry, *Le Très Révérend père J.-L. Mas, des Frères prêcheurs*, Paris: Lethielleux, 1917, S. 33–37). Was die Anwesenheit anderer Brüder aus der Vinzenz-Konferenz angeht, siehe «Persönliche Aufzeichnungen», 8. November.
14 Ebd., 8. November 1857.
15 Brief Lacordaires als Novize vom 20. Oktober 1839 an Ozanam (Orig. A. o.p., Paris).
16 Brief 252, 18. November 1861, an Madame Piron.
17 Fragment eines nicht nummerierten, nicht datierten Briefs an seinen Bruder Honoré.
18 Ebd.
19 Aufzeichnungen von Pater Sicard.
20 Brief 11, 16. Februar 1858, an seinen Bruder Honoré.
21 Bericht von Pater Colchen.
22 Siehe insbesondere die Briefe 246, 12. August 1860, an Madame Piron; 34 bis, 4. Julil 1861, an seinen Bruder Émile; 260, 9. August 1862, an Madame Piron; 420, 20. Juni 1863, an Pater Nespoulous, und 270, 22. Juni 1863, an Madame Piron. Brief 421, 2. Juli 1863, an Pater Nespoulous, beschreibt die Behandlungsmethode im Hospiz Sainte-Eugénie in Barèges, in dem Pater Lataste während seiner Kuren untergebracht war.
23 Brief 34, 30. Mai 1861, an seinen Bruder Émile.
24 Ebd.
25 Brief an seinen Bruder (Original verloren), zitiert bei Mercier, S. 93.
26 Mit eigener Hand geschriebener Akt im Register der Professen von Toulouse (Arch. o.p., Toulouse).
27 Brief vom 1. Mai 1859 an seinen Bruder Honoré (Orig. verloren).
28 Brief, zitiert bei Mercier, S. 94-96.
29 Brief an einen Freund (Orig. verloren), zitiert bei Mercier, S. 96-97.
30 Ebd., Mercier, S. 97.
31 Brief an seinen Vater von Ende Mai 1859 (Orig. verloren; publiziert von Mercier, S. 97-99).
32 P. M. Etcheverry, *Le Très Révérend père J.-L. Mas, des Frères prêcheurs*, S. 115 f.
33 Brief 250, 8. Oktober 1861, an Madame Piron.
34 Brief 249, 5. Mai 1861, an Madame Piron.
35 Fragment des nicht nummerierten Briefs vom 2. Januar 1861 an seinen Bruder Honoré (Orig. verloren).
36 Brief 12, ohne Datum, an seinen Bruder Honoré.
37 Zeugnis eines anonymen Mitbruders für den Seligsprechungsprozess, in: Summ. Num. III, S. 81, § 117-118.
38 Ebd.
39 Predigt 188, 23. Juli 1865, in Moulleau, über Maria Magdalena.
40 *Institutions spirituelles de Tauler*, Kap. XX.
41 Gedicht 45 von Pater Lataste, veröffentlicht in: «La translation des reliques de sainte Marie-Madeleine à Saint-Maximin», in: *L'Année dominicaine*, Juni 1860, S. 325–334.
42 Brief 261, 30. August 1862, an Madame Piron. Bevor er Saint-Maximin verlässt, kommt Pater Lataste noch einmal nach Sainte-Baume, um dort mit

einem Frater die Messe zu feiern (Brief 270, 22. Juni 1863, an Madame Piron).

43 «Beschlüsse aus den Einkehrtagen zur feierlichen Profess», in: Geistliche Aufzeichnungen.

44 Mercier, S. 138 (Orig. verloren).

45 Brief 266, 13. Oktober 1862, an Madame Piron.

46 Brief 267, 31. Oktober 1862, an Madame Piron.

47 Brief 270, 22. Juni 1863, an Madame Piron.

48 Predigt 4, 3. April 1863.

## 5

# DIE ERSTEN PREDIGTEN UND DIE BEGEGNUNG MIT DEN INHAFTIERTEN FRAUEN (1863–1864)

## Erste Predigttätigkeit in der Region von Bordeaux

Nach der Priesterweihe bleibt Pater Lataste noch einige Monate im Konvent von Saint-Maximin unter der Autorität von Pater Mas, dem Magister der Professnovizen. Er widmet diese Frühlingsmonate dem Gebet und der Korrespondenz und legt das Beichtexamen ab.[1] Eine seiner Hauptsorgen ist nach wie vor die Bekehrung seines Vaters, für die er betet und für die zu beten er andere bittet; er hat wohl begriffen, dass niemand Prophet in seinem eigenen Land sein kann, deshalb ersucht er Pater Chevallier, den Prior von Saint-Maximin, der auf Durchreise in Bordeaux ist, seiner Familie einen Besuch zu machen.
Am 12. Juni verlässt er das Kloster, das er so sehr geliebt hat; nachdem er die Erlaubnis erhalten hat, am Tag zuvor in Saint-Baume die Messe zu lesen, schlägt er noch einmal den Weg nach Barèges ein, um dort eine letzte Thermalkur zu absolvieren. Der in Montpellier konsultierte Facharzt[1] stellt eine leichte Besserung seiner Hüfte fest. Er sucht den Bischof von Tarbes, Monseigneur Laurence,

---

[1] Es ist Dr. Combal, der schon einige Jahre zuvor konsultiert worden ist. Pater Lataste besucht in Montpellier die Familie seines Freundes Pater Nespoulous, dessen Eltern gegen seine Berufung gewesen waren. Nach

auf, der ihn sehr herzlich empfängt und ihm die Befugnis erteilt, die Beichte zu hören, zu predigen und die reservierten Fälle seiner Diözese zu absolvieren.[2] Diese spezifischen Vollmachten erlauben es ihm, auch die Beichten schwerer Sünden abzunehmen, von denen in der Regel nur der Bischof lossprechen kann; sie werden ihm nützlich sein, denn die Thermalkur ist zugleich Pater Latastes erste apostolische Erfahrung.

## Erste apostolische Erfahrungen in Barèges

Pater Lataste hört in Barèges zum ersten Mal die Beichte. Mit seiner Bekanntheit wächst auch die Zahl der ihm zuströmenden Beichtwilligen. Dieser Dienst beansprucht einen Großteil der Zeit, die ihm die Thermalkur noch lässt. Seine Verfügbarkeit, seine Ordenstracht, aber wohl auch ein spezielles Charisma für dieses Amt wecken die Aufmerksamkeit der Kranken, die sich gleichzeitig mit ihm in Barèges aufhalten. Sein Mitleiden gilt ganz besonders einem Priester, dem er bereits in der Kur begegnet ist und den er jetzt wieder trifft, zerfressen von Skrupeln und Verzweiflung und unfähig, die Messe zu lesen oder zur Beichte zu gehen. Anderthalb Monate lang ruht er keine Minute, um dem Kranken zuzuhören, zu raten und zu helfen. Zu seiner großen Freude kann er noch vor seiner Abreise, am Ende einer Novene, feststellen, dass der Priester geheilt ist.[3]

Endlich bessert sich auch sein eigener Gesundheitszustand. Um die Wirkung der Thermalkur zu ergänzen, wird ihm eine Heilmethode verschrieben, die damals als

---

diesem Besuch nimmt Monsieur Nespoulous die religiösen Praxis wieder auf, die er seit dem Eintritt seines Sohnes in den Orden aufgegeben hatte.

besonders stärkend gilt: Bäder im Meer. So kommt er im September 1863 nach Taussat[4] in der Nähe von Arcachon. Am 5. September, seinem Geburtstag, gelingt es einem Chirurgen, das durch die Infektion von seinem Hüftknochen abgesplitterte Teil zu entfernen.[5] Die Heilung ist vollständig, und von dieser langwierigen Erkrankung wird er lediglich ein leichtes Hinken zurückbehalten. Endlich kann er, nach mehreren am Rande der Aktivitäten der Gemeinschaft verbrachten Jahren, ein normales Leben führen und wird nicht mehr «erdrückt von Dispensen»[6]. In Bordeaux kann er voll Freude verkünden: «Ich habe die Lebensweise des Klosters wieder aufgenommen, und ich bin der Robusteste von allen.»[7]

## Assignation nach Bordeaux, erste Predigten

Ende Juli ist die Kur abgeschlossen, und Pater Lataste erhält die Erlaubnis, in Lourdes Station zu machen, bevor er nach Bordeaux in das Kloster reist, dem er assigniert ist.[8] In Lourdes hat er eine Begegnung mit Bernadette Soubirous, die damals bei den Schwestern in Nevers lebt; die Erscheinungen der Jungfrau Maria liegen fünf Jahre zurück.

Ich schicke Ihnen ein Andenken von der Grotte in Lourdes. Ich habe es dort selbst aufgelesen, da ich auf dem Rückweg von Barèges nach Tarbes dorthin kam. Es ist ein sehr frommer, sehr abgelegener, sehr bewegender Ort. Viele Pilger waren da. Nur eines habe ich bedauert: dass ich nicht einen ganzen Tag dort verweilen konnte. Zumindest habe ich einen festen Glauben an das Wunder von dort mitgebracht. Wie Sie wissen, haben dort im Jahr 1858 18 Erscheinungen der Allerseligsten Jungfrau stattgefunden. Ich habe auch das junge Mädchen getroffen, dem sie erschienen ist. Ich habe lange mit ihr und der Mutter Oberin der Schwestern von Nevers geplaudert, bei denen sie wohnt. Sie heißt Bernadette. Sie scheint ganz durchdrungen von diesen großen Erinnerungen. Sie ist 17 Jahre alt, scheint aber gerade einmal 14 zu sein. Sie ist schwächlich, kränklich, ungebildet, aber von großer Schlichtheit, von sehr guter Frömmigkeit, allerdings schon lange ohne Ekstase oder Visionen, auch von großer Selbstlosigkeit. Sie ist stets ärmlich gekleidet und hat, obwohl sie sehr arm ist, die Geschenke, die man ihr gemacht hat, immer abgelehnt. Sie glaubt sich zum Ordensleben berufen, weiß aber noch nicht wo.[II]

Er interessiert sich ebenfalls für ein Hilfswerk für in Not geratene Frauen, das von Abbé Cestac gegründete «Refuge» von Anglet.[9] Besonders sensibel scheint er dafür zu sein, dass in dieser Institution tugendhafte Frauen in ihrem Leben die Bestrebungen der «Bernardinen» fortsetzen wollen, die aus dem Laster in ein Leben der Buße gefunden haben. Dieses Interesse für die «gefallenen Mädchen» führt ihn regelmäßig zu Besuchen in den Einrichtungen, in die sie aufgenommen werden. Voller Begeisterung versucht er, ihnen Hoffnung wiederzugeben und Barmherzigkeit zuzusprechen. Zu diesen Begegnungen kommt es oft zufällig, je nachdem, wohin die Frauen verlegt werden, daher ist es schwierig, ihre Spuren auszumachen und sie aufzulisten; allerdings macht Pater Lataste häufig Anspielungen auf diese Einrichtungen, besonders gegenüber seinem Freund Pater Nespoulous. So erzählt er von seinen ersten Predigterfahrungen in diesem Milieu:

Ich habe bereits mehrmals die Miséricorde, das Refuge und die Maison du Bon-Pasteur besucht, und ich bin glücklich, dass ich mich inmitten all dieser armen Seelen befinde und sie trösten kann. Es braucht so wenig, um glücklich zu machen – ein paar Zeichen der Sympathie, ein

---

II Brief 272, undatiert, an Madame Piron. Der Text fährt fort mit dem Bericht von den Erscheinungen in Lourdes, der seinerseits mit den Worten schließt: «Es heißt, man gehe daran, dort eine Basilika zu bauen».

Hoffnungsschimmer für die Zukunft, die Aussicht, nicht nur gerettet, sondern trotz all ihrer Niederlagen Gott wohlgefälliger zu werden und sich seiner Liebe sogar noch mehr zu erfreuen als vor ihrem Fehltritt, wie es Maria Magdalena widerfahren ist. Was sie überrascht und stark bewegt, ist der Bericht von der Prozession in Saint-Maximin im Jahr 1860 anlässlich der Translation der Reliquien. Wenn ich, nachdem ich zuerst eine prächtige Beschreibung gegeben habe, dann sage: «Und was hat man so verehrt? Was tragen die Mönche auf ihren Schultern? Was ist es? Was ist es? Ein Kopf, ein Frauenkopf, der Kopf von Maria Magdalena…» – da ertönt ein Ausruf der Überraschung und der Rührung, und helle, warme Tränen rinnen aus diesen Augen, die das Weinen fast schon verlernt hatten.[10]

Er hat also schon vor der entscheidenden Begegnung mit den inhaftierten Frauen von Cadillac eine tiefe Freude empfunden, wenn er die von aller Welt Verachteten besuchen konnte; es war für ihn eine ganz unmittelbare Vorbereitung auf seine Predigttätigkeit im Gefängnis.
Während dieses ersten Jahrs im Seelsorgsdienst ist Pater Lataste mit einer Reihe von Predigten in Bordeaux und seiner Umgebung beauftragt: Oktav des Rosenkranzfestes und des heiligen Dominikus im Kloster,[11] Marienmonat,[12] Patronatsfeste,[13] Ewige Anbetung,[14] Einkehrtage vor der Erstkommunion.[15] Er widmet sich dieser Arbeit mit hohem Ernst, indem er alle seine Predigten gründlich ausarbeitet. Überdies beteiligt er sich an den Aktivitäten, die in der Fasten- und Adventszeit die Prediger der Epoche in Beschlag nehmen. Dies bietet ihm Gelegenheit, die apostolische Arbeit in der Gemeinschaft zu erproben, denn die Brüder werden immer zu mehreren zu den großen Volksmissionen ausgesandt. So hält er im Advent 1863 die Predigten einer Mission in Cézac (Gironde).[16] Die folgende Mission hält eine unliebsame Überraschung für ihn bereit: Er wird zu den Fastenpredigten nach Cannes, in die Pfarrei Notre-Dame, geschickt. Doch gerade als er sich mit sei-

ner vorbereiteten Predigt vorstellt, muss er entdecken, dass der Pfarrer, in Ermangelung einer klaren Antwort von Seiten der Dominikaner, einen anderen Prediger hat kommen lassen.[17] Pater Chocarne, der Prior von Marseille, der für den Irrtum verantwortlich ist, setzt den jungen Prediger im Konvent[18] und bei verschiedenen österlichen Einkehrtagen in der Gegend von Marseille ein.[19] Das Ganze bedeutet eine große Anstrengung für einen Ordensmann, der gerade lange Jahre des Studiums und der Krankheit hinter sich hat, die ihm Schweigen und Rückzug auferlegt haben: «Seit bald drei Monaten habe ich nicht einen Augenblick der Erholung gehabt, unaufhörlich schreibe ich, lerne, rede und höre Beichte. Ich könnte recht gut einige Zeit der Sammlung brauchen, aber Gottes heiliger Wille geschehe.»[20]

Am Ende dieses ersten Jahres apostolischer Mühen wird Pater Lataste im September 1864 beauftragt, Einkehrtage für die inhaftierten Frauen im Arbeitshaus von Cadillac zu halten.

## Die Begegnung mit den inhaftierten Frauen

### Das Jahrhundert der Gefängnisse

Wie sahen die Lebensbedingungen der Inhaftierten zur damaligen Zeit aus? Wir können hier nicht in eine detaillierte Untersuchung der zahlreichen Reglements und Gesetze zum Leben in den Gefängnissen des 19. Jahrhunderts eintreten,[21] müssen aber dennoch einige wichtige Daten hervorheben.

Die Gefängnisstrafe wurde im Jahr 1791 von der Konstituante eingeführt. Nachdem während des ersten Kaiserreiches zunächst zögerlich einige Häuser entstanden, die zur Aufnahme von Gefangenen aus mehreren Departements bestimmt waren, werden durch königlichen Erlass vom 2. April 1817 die «Zentralen» (Zuchthäuser) errichtet, wie sie noch 1864, zu Pater Latastes Zeit, bestehen; man unterscheidet dabei zwei Typen: «die *maisons de force*, die dazu dienen, die zur Strafe der Wegschließung verurteilten Individuen beider Geschlechter sowie die zur Zwangsarbeit verurteilten Frauen und Mädchen aufzunehmen; und die *maisons de correction* für die auf dem Wege der Ordnungspolizei Verurteilten, sofern deren Strafe nicht weniger als ein Jahr beträgt».
Die Jahre 1830 bis 1840 waren eine Periode intensiven Nachdenkens über die Gefängnisse. Ein Runderlass, den Adolphe Thiers am 10. März 1834 an die Direktoren der Zuchthäuser sandte, ist der Ausgangspunkt für eine genaue Bilanz des Lebens in den Anstalten. Die Antworten der Direktoren auf das Rundschreiben wurden veröffentlicht[22]: Sie belegen, wie schwierig es war, die Disziplin durchzusetzen, und wie unterschiedlich die einzelnen Anstalten ihre Ordnung gestalteten. Die Antwort der Verwaltung ließ nicht lange auf sich warten: 1836 werden die Korrespondenz der Inhaftierten und die Gefängnisbesuche von Außenstehenden durch Runderlass geregelt. Die Verfügung vom 10. Mai 1839 definiert die neue disziplinäre Ordnung in den Zuchthäusern. Dieser Text dreht sich hauptsächlich um das für die Gefangenen vorgeschriebene permanente Schweigen, um das Verbot von Geld oder Tabak, um die Reglementierung der Annehmlichkeiten, die sie in der Kantine erhalten können. Einige Artikel erinnern an die Verpflichtung zur täglichen Arbeit,

die verstanden wird als gerechte Strafe, als Vorbereitung auf das normale Leben und als Quelle für Einkünfte, die die finanzielle Belastung der Gesellschaft durch den Gefängnisbetrieb verringern sollen.
Fünfzehn Jahre später ergänzt das Gesetz vom 15. Juni 1854 die Verordnung, indem es das System der «Verbringung» der zur Zwangsarbeit Verurteilten in die französischen Besitzungen außer Algerien einführt; dies soll sie noch weiter von der Gesellschaft, für die sie eine Gefahr darstellen, entfernen und die Kosten für die Inhaftierung in den Zuchthäusern senken. Das Gesetz sieht vor, dass die Frauen in diese Kolonien verbracht werden sollen, dass sie ihre Strafe aber auch in den Zuchthäusern absitzen können. Die Korrespondenz zwischen dem Direktor der Strafanstalt von Cadillac und dem Präfekten zeigt, dass nach diesem Datum tatsächlich einige Inhaftierte «verbracht» worden sind.
Es fällt auf, dass alle diese Texte den Nachdruck auf die erwarteten therapeutischen Wirkungen des Gefängnisaufenthalts legen, dabei aber stets die Furcht vor dem Rückfall erkennen lassen. Erwähnenswert ist ferner die Sorge, die Häftlinge nach ihrer Entlassung möglichst von der Gesellschaft fernzuhalten: Ein Artikel von 1868 wird Guyana und das Haus von Bethanien im Hinblick auf ihre diesbezügliche Effektivität vergleichen![23]
Im Lauf dieses Jahrhunderts, in dem das Gefängnis so viel Tintenergüsse provoziert hat, verdient eine Gestalt besonders hervorgehoben zu werden: der Abbé Laroque.[24] Dieser Invalidenseelsorger, der die Erlaubnis hatte, in den Zuchthäusern Frankreichs Einkehrtage zu halten, unternahm zwischen 1841 und 1846 eine veritable Frankreichrundfahrt durch die Gefängnisse.[25] Seine Predigt setzt im Knastmilieu eine heftige Gemütsbewegung frei. Seine

Einkehrtage schlossen oft mit einem vom Ortsbischof geleiteten Gottesdienst, während dessen Hunderte von Gefangenen zur Beichte gingen.[26] Die Predigttätigkeit von Abbé Laroque steht in mancher Hinsicht derjenigen von Pater Lataste recht nahe: eine echte Fürsorge für die Verurteilten, die Sorge um ihr Heil und ein großes Mitgefühl:

Wir hatten nur ein einziges Bestreben: uns durch unseren guten Willen der Gnade würdig zu erweisen, die uns zuteil geworden war: einigen kranken Kindern, die, von ihrer Mutter hienieden zurückgestoßen, sich vielleicht dank unserer Stimme daran erinnern würden, dass ihnen ein Vater im Himmel blieb, Zukunft, Liebe und Buße anzusagen.[27]

Die Texte, in denen er seine Aufgabe vor der Öffentlichkeit oder vor den Teilnehmern an Strafrechtskongressen in Frankfurt oder Brüssel[28] darlegte, zeigen jedoch, dass seine Ziele sich sehr deutlich von denen Pater Latastes unterschieden. Ihm ging es hauptsächlich um die Moral der Inhaftierten, um ihre Integration in ein Kerkersystem, das er vorbehaltlos bejahte; um ihre Wiedereingliederung in die Gesellschaft kümmerte er sich nicht.

Die Predigten haben stets die unausweichliche Wirkung, dass sie die Gefangenen davon überzeugen, dass der Gehorsam leicht ist, wenn man den Willen Gottes ergeben annimmt […]. Ja, und das wiederholen wir immer aufs neue, mit Hilfe des religiösen Einflusses wird man vom Gefangenen Unterwerfung unter das Reglement, sittsames und angepasstes Leben erreichen, und in der Folge wird man als Ergebnis eine Verbesserung im Produkt seiner Arbeit erzielen. Der Mensch, der moralisch wird, bekommt Gefallen an der Arbeit.[29]

Vor den Verurteilten vertritt er mit Nachdruck, seine Rolle beschränke sich auf den geistlichen Bereich: «Diese Straffälligen werden in den Augen des Priesters niemals etwas anderes sein als moralische Geschöpfe. Er will ihre

Seele, nur ihre Seele.»[III] Doch gegenüber der Gesellschaft hebt er gern hervor, dass sich nach seinen Besuchen die Schicksalsergebenheit und sogar die Produktivität verbessert haben. Die Rehabilitation hat für ihn nur ein Ziel: den Kriminellen auf möglichst zufriedenstellende Weise wieder in das soziale Netz einzugliedern; die theologische Dimension, die sie zwanzig Jahre später bei Pater Lataste erhalten wird, kommt bei Laroque nicht vor. Die Schriften von Pater Lataste nehmen nirgendwo Bezug auf Abbé Laroque, was die Vermutung nahelegt, dass er ihn nie gelesen hat. Es ist oft verblüffend, beim Vergleich der Tätigkeit der beiden Gefängnisprediger zu sehen, wie der Dominikaner in einer Kultur, in einer Epoche steht und wie er sich doch auch von ihr unterscheidet.

## Alltagsleben im Zuchthaus von Cadillac

Die Bestimmung des Schlosses von Cadillac zum Frauengefängnis ab dem Jahr 1822 steht im Zusammenhang dieser Einrichtung von Zuchthäusern in Frankreich. Die großen Säle, in denen einst der Hof von Frankreich zu Gast war, wurden aufgeteilt in Werkstätten und Schlafsäle, die mehr als 300 weibliche Inhaftierte zugleich aufnehmen sollten. Diese «wimmelnde, schweigende weibliche Bevölkerung»[30] war in drei Kategorien eingeteilt: die zur zeitlich begrenzten oder lebenslangen Zwangsarbeit Verurteilten, die zur Strafhaft Verurteilten und diejenigen, die ein Besserungsstrafe absaßen.

---

III «Der christliche Missionar, der dem Kaiser lässt, was des Kaisers ist, und Gott gibt, was Gottes ist, wird mit der vollkommensten Unterwerfung alle Gegebenheiten der sozialen und politischen Ordnung hinnehmen» (*Revue pénitentiaire et des institutions préventives*, Bd. IV, 1847, S. 16).

Das freie Personal des Gefängnisses bestand zur Zeit von Pater Latastes Tätigkeit aus dem Direktor, dem Inspektor, zwei Verwaltungsangestellten, dem Arzt, vier Wächtern und zwölf Aufsicht habenden Nonnen. Die Töchter der Weisheit waren am 1. Mai 1835 in Cadillac eingetroffen, um dort die Krankenpflege und die interne Gefängnisaufsicht über die Speisesäle, die Werkstätten, die Schlafsäle und die Kapelle zu übernehmen.[31]

1839, zur Zeit der Einführung des neuen disziplinären Reglements, hatte der Innenminister vorgeschrieben, die verurteilten und in den Zuchthäusern inhaftierten Frauen sollten ausschließlich von Personen ihres Geschlechts überwacht werden.[32] Der Rückgriff auf die moralisch festigende Gegenwart der Barmherzigen Schwestern war das Hauptmittel gewesen, um dieser neuen Regelung zu entsprechen. Nach einer Zeit der gegenseitigen Anpassung hatte die Justizbehörde durch ein «Reglement für den Dienst der Schwestern»[33] die Anordnungen getroffen, die dem internen Reglement der Zuchthäuser hinzuzufügen waren. So autorisierte etwa der Artikel 9 die Schwestern,

> die Verurteilten, die sich diese Bestrafung zugezogen hatten, unverzüglich in den Karzer zu schicken, vorbehaltlich täglicher Meldung an die Schwester Oberin. Diese Befugnis hatte zunächst bei manchen Schwestern Skrupel geweckt, sie dachten, die Pflichten der Repression könnten zuweilen denen der Liebe zuwiderlaufen. Doch Überlegung und Erfahrung haben sie bald davon überzeugt, dass die wirksamste Liebe zu den Verurteilten darin besteht, ihnen durch die Härte der Disziplin die heilsame Furcht vor der Strafe einzuflößen. Sie haben begriffen, dass, wollte man ihnen gerechte und notwendige Bestrafungen ersparen, dies oft genug hieße, sie durch unglückliche Nachsicht drohenden neuen strafrechtlichen Verurteilungen auszusetzen und sie in die Gefahr des Rückfalls zu bringen. So hat sich denn auch nach ersten unüberlegten Regungen des Mitleids allmählich eine besser begründete Nächstenliebe durchgesetzt, die den Einfluss der Schwestern nur

noch verstärkt hat, welche heute generell überzeugt sind, dass die verdienten Strafen im Interesse nicht nur der internen Disziplin, sondern auch der Besserung der ihrer Überwachung anvertrauten Frauen sind.

Die zwölf Schwestern, die in Cadillac die Überwachung der Arbeit, der Ruhezeiten und der Mahlzeiten versehen und nachts den Rundgang durch die Schlafsäle absolvieren, wohnen im Gefängnis. Sie erhalten ein Gehalt von monatlich 700 Francs, das leicht unter dem eines weltlichen Wachmannes liegt.[34]
Die moralische Besserung, die man sich von der Zwangsarbeit erhofft, rechtfertigt ein überaus strenges Regime. An sechs von sieben Tagen müssen die Inhaftierten 12 bis 13 Stunden in den Schneiderwerkstätten und in den verschiedenen Abteilungen des Zuchthauses arbeiten; dieser Ablauf wird zweimal unterbrochen: durch je eine Stunde für die Mahlzeiten und die obligatorischen Spaziergänge im Gefängnishof, bei denen sie eine vom Direktor festgelegte Anzahl von Runden zurücklegen müssen. Das Wecken erfolgt nach sieben bis acht Stunden Schlaf je nach Jahreszeit zwischen vier Uhr im Juni und sechs Uhr im Januar.
Eine andere wichtige Dimension der Strafpädagogik der Epoche ist das ständige, unbedingte Stillschweigen:

> Den Verurteilten ist Schweigen vorgeschrieben. Folglich ist es ihnen in allen Teilen des Hauses verboten, sich, selbst mit leiser Stimme oder durch Zeichen, zu unterhalten. Ausgenommen von dieser Regel sind die unvermeidlichen Mitteilungen zwischen den Arbeitern und ihren Vorarbeitern oder inhaftierten Aufsehern, die bei ihrer Arbeit anfallen, vorausgesetzt, dass diese Mitteilungen mit leiser Stimme erfolgen.[35]

Dieses schreckliche Schweigen, das so viele Besucher beeindruckt und das Pater Lataste mehrmals erwähnt, hat zwei Ziele: die Gefangenschaft härter spüren zu lassen und vor allem den Austausch über das Verbrechen und die Lasterhaftigkeit zu verhindern. Darum geht es in der Disziplinarordnung von 1839, die zu Latastes Zeit noch immer in Geltung ist:

Das Leben eines Verurteilten muss immer ohne Ausnahme hart sein und einer strengen und notfalls rigorosen Disziplin unterliegen: Die Arbeit soll seine einzige Zerstreuung sein. Selbst wenn die Regel des Schweigens lediglich zur Folge hätte, dass die Gefangenschaft lebhafter verspürt wird, sollte die Verwaltung nicht zögern, sie vorzuschreiben. Vor allem aber geht es darum, soweit wie möglich jene gegenseitige Unterweisung in Verbrechen und Lasterhaftigkeit zu unterbinden, deren Gefährlichkeit und Zunahme nicht mehr in Zweifel zu ziehen sind. Wenn aber die Verwaltung alles tun muss, um die Besserung der Verurteilten zu erreichen, da die Gesellschaft nun einmal daran interessiert ist, dass sie gebessert in ihren Schoß zurückkehren, so ist es für sie eine noch dringendere Pflicht, sie daran zu hindern, dass sie während der Gefangenschaft noch lasterhafter werden.

## Die Inhaftierten

Die jährliche Statistik der Justizverwaltung ermöglicht uns eine ziemlich genaue Vorstellung von der Gefängnisbevölkerung in Cadillac in den Jahren, in denen Pater Lataste sich mit ihnen befasst. Eine Analyse dieser Daten ist bereits veröffentlicht worden;[36] wir wollen hier nur kurz ihre Ergebnisse zusammenfassen.

Nach den Jahren der Überlastung befand sich das Gefängnis von Cadillac, als Pater Lataste 1864 dort predigte, in einem Prozess der Reduzierung seiner Belegschaft. Nachdem es 1860 bis zu 478 Gefangene beherbergte, zählte es 1864 nur noch deren 397, bei einer geschätzten Aufnahmekapazität von rund 470 Personen.

Die Inhaftierten waren relativ jung, vor allem diejenigen, die zur Zwangsarbeit verurteilt worden waren. Die Sterblichkeitsrate war sehr hoch. Sie schwankt 1864–1866 zwischen 6,25 und 8,48 Prozent pro Jahr; damit rangiert das Gefängnis von Cadillac in gesundheitlicher Hinsicht unter den schlimmsten Anstalten Frankreichs. Die durchschnittliche Mortalitätsrate in Frauengefängnissen liegt damals bei 4,76 Prozent jährlich.
Die Insassen des Zuchthauses von Cadillac stammen fast ausschließlich vom Land. Der Bildungsmangel war in dieser Bevölkerungsschicht sehr ausgeprägt. Die statistischen Angaben über die Kriminalität der Inhaftierten bestätigen die Aussagen von Pater Lataste: Die häufigsten Verbrechen sind Kindsmord (viel häufiger als Abtreibung) und Diebstahl.

## Eine nächtliche Einkehr

Zu den Einkehrtagen von 1864 hatte man anlässlich der Einführung der Ewigen Anbetung im Gefängnis einen Prediger von den Dominikanern erbeten. Der Zuchthausgeistliche, Abbé Louvié, hatte nämlich erreicht, dass die Gefängniskapelle in die Einführung dieser neuen Gottesdienstform im Dekanat Cadillac einbezogen wurde.[IV] Diese damals sehr angesehene gottesdienstliche Übung besteht darin, dass eine Pfarrei oder eine Ordensgemeinschaft einmal im Jahr dem Altarssakrament 24 Stunden der Anbetung widmet. Der Pfarrer von Cadillac notiert

---

[IV] Ein Plakat von 1865, das im Diözesanarchiv von Bordeaux aufbewahrt wird, bestätigt das. Es enthält die Liste der Pfarreien und Gemeinschaften, die die ewige Anbetung an den einzelnen Tagen des Jahres übernehmen; das Zuchthaus von Cadillac erscheint dabei im September mit dem Tag, an dem Pater Lataste dort den zweiten Einkehrtag hält.

1864 in seinem Jahresbericht an den Erzbischof von Bordeaux: «Durch die Einführung der Ewigen Anbetung ist eine wahre Wohltat geschaffen worden. Seit sie begangen wird, ist das Ergebnis in der ganzen Bevölkerung ein spürbarer Gewinn und eine größere Teilnahme am Sonntagsgottesdienst.»[V]

Im Gefängnis kann die Predigt nur nachts stattfinden, um die Zwangsarbeitszeit nicht zu beeinträchtigen. Diese nächtliche Atmosphäre hat das Klima für den Prediger, der zum ersten Mal einen Ort der Gefangenschaft betrat, wahrscheinlich noch beeindruckender gemacht.

Es war vereinbart worden, dass die Veranstaltungen des Einkehrtags, um die Zwangsarbeit der Frauen und die Abläufe im Gefängnis möglichst nicht zu stören, zur normalen Schlafenszeit stattfinden sollten: am Morgen Gebet, Unterweisung, Messe, abends Unterweisung, Gebet und sakramentaler Segen. Diese Übungen waren jedoch völlig freigestellt; das war der einzige Punkt, in dem man ihnen Handlungsfreiheit gelassen hatte, und trotzdem waren alle da, alle außer zwei verstockten schlechten Frauen und einigen Protestantinnen, die an der Tür stehen blieben und nicht einzutreten wagten, sich aber möglichst nahe bei den anderen aufhielten.[37]

## Vor den Einkehrtagen

Wenn wir auch keine objektiven Daten haben, die uns wissen lassen, weshalb ausgerechnet Pater Lataste vom Prior des Klosters in Bordeaux ausgesucht wurde, um der Predigtbitte des Gefängnisgeistlichen von Cadillac zu ent-

---

V Mitteilung von Abbé Fayard, Pfarrer von Cadillac, an den Erzbischof von Bordeaux, 30. November 1864, Arch. dép. de la Gironde, 2 V 210. Es fällt auf, dass dieser Bericht weder das Zuchthaus noch das religiöse Geschehen erwähnt, das sich dort – auf der Gegenseite zum Platz der Kirche, eben im Gefängnis – abspielte.

sprechen, so ist es doch möglich, bei ihm «Wegmarken», Fähigkeiten und Ereignisse auszumachen, die für ihn eine Vorbereitung auf diese Predigttätigkeit waren: seine Begegnung mit Maria Magdalena, die Betrachtung des Heils, das ihr geschenkt wurde, die Besuche bei Institutionen, die sich der Frauen in Not annahmen. Freilich darf man auch die menschlichen Regungen nicht vergessen, die er empfindet: Er ist in Cadillac geboren, während seiner Kindheit hat er immer wieder gehört, diese Frauen seien Diebinnen, und die schrecklichen Geschichten mitbekommen, die man sich über die Vorgänge hinter den Mauern des Zuchthauses erzählte. Seine Stimmung bei der Ankunft im Gefängnis beschreibt er selbst mit folgenden Worten:

> Vor einigen Monaten wurde ich von einem heiligen Priester, einem Gefängnisseelsorger und Mann voll Eifer mit Herz, wie es je einen gab, gerufen, vier Tage lang das Wort an arme Gefangene zu richten, um sie durch diese Einkehrtage auf die Ewige Anbetung vorzubereiten, die man in ihrer Kapelle einrichten wollte. Ich kann Ihnen den Eindruck nicht schildern, der mich im Herzen erfasste, als ich zum ersten Mal dieses Haus, ein Zuchthaus betrat.
> Sie waren an die 400, in grobe Kleidung gehüllt, den Kopf bedeckt mit einem eng um die Schläfen gewundenen Tuch, was ihnen eine einzigartige und (wie mir zumindest damals schien) wirklich abstoßende Physiognomie verlieh. Gegen meinen Willen stand ich eben unter dem Einfluss volkstümlicher Vorurteile. Das Volk empfindet für sie ja tatsächlich nichts als Abscheu. Man nennt sie ganz einfach *Diebinnen*, obwohl neun Zehntel von ihnen nie auch nur den geringsten Diebstahl begangen haben. Und Sie wissen, was dieser Name *Diebin* an heimlicher Abneigung erzeugt, welche instinktive Verachtung er in der Seele hervorruft. Es war halb fünf Uhr morgens. Was mich als allererstes verblüfft hat, war ihre große Zahl und ihre gesammelte Haltung.[38]

Wie er selbst eingesteht, ist auch er von den volkstümlichen Vorurteilen beeinflusst, und so betritt er das Gefängnis von Cadillac am frühen Morgen des 15. September 1864 «mit einer schweren Herzbeklemmung und dem Gedanken, es werde vielleicht nutzlos sein».[39] Er hat Exerzitien von vier Tagen mit zwei Predigten pro Tag vorbereitet. Diese acht Predigten hat er im voraus niedergeschrieben, was den Prediger aber nicht daran hindert, sie im Lauf der Woche zu überarbeiten, entweder um sie zu korrigieren und mit Anmerkungen zu versehen oder um sie tiefer gehend durchzuarbeiten.[VI]

Ein bisschen zitternd wohl wird sich der junge Prediger, seine Predigten unter dem Arm, am frühen Morgen des 15. September nach einer im Elternhaus verbrachten Nacht an der Pforte des Zuchthauses eingefunden haben.

## Während der Einkehrtage

Zu Beginn seiner ersten Predigt richtet der Prediger die Augen auf seine Zuhörerinnen und entdeckt das Gesicht jener «gefallenen Mädchen», von denen er seit seiner Kindheit hat reden hören. Er setzt sich über die Abneigung hinweg, die er gegen seinen Willen verspürt, und spricht die ersten Worte, die er so sorgsam vorbereitet hat, und diese Wörter schlagen an diesem Ort ein wie eine Bombe:

Meine lieben Schwestern!

Ich weiß nicht, ob ihr darauf geachtet habt: Wie habe ich euch zu Anfang genannt? – Meine lieben Schwestern. – Meine lieben Schwes-

---

VI Dies ist der Fall für Predigt 96 über die Eucharistie, deren Schluss dreimal nacheinander redigiert wurde. Die Gesamtheit dieser Texte ist publiziert in *Prêcheur de la miséricorde*, S. 137, und zeigt sehr schön, wie der Prediger im Lauf der Einkehrtage dazu veranlasst wurde, weiter zu gehen, als er vorgehabt hatte.

tern! Versteht ihr das? Was seid ihr also für mich? Gestern kannte ich euch noch gar nicht, und in ein paar Tagen werden wir uns vielleicht trennen, ohne uns je hienieden wiederzusehen. Nun seid ihr auch noch verkommene Frauen (wir können uns ruhig die Wahrheit sagen, wir sind ja unter uns[VII]). Ihr seid erniedrigte, heruntergekommene, von der Gesellschaft mit dem Bann belegte Frauen. Wenn ihr jetzt hinausgingt und man wüsste, von wo ihr kommt, würde man mit dem Finger auf euch zeigen, euch misstrauen, man würde euch vielleicht noch nicht einmal als Dienstmagd oder als Handlangerin wollen. Ich billige das durchaus nicht, ich weiß, dass es oft ungerecht, grausam und alles mögliche sonst noch ist. Aber so ist es nun einmal. [...]
Und ich, ein Diener Gottes, der, obwohl ganz unwürdig, zum Dienst an Seinem Altar geweiht ist, der sein ganzes Leben dem Verzicht auf alles, was ihr missbraucht habt, gewidmet und sich freiwillig durch das Gelübde der Armut, der Keuschheit und des Gehorsams gebunden hat, ich komme von mir aus zu euch, ohne zu warten, bis ihr mich rufen würdet, und reiche euch die Hände und nenne euch meine guten, meine armen, meine lieben Schwestern.[40]

Der ganze spirituelle und apostolische Weg Pater Latastes liegt in diesen wenigen Worten. Der Rest seines priesterlichen Lebens und die Gründung, die er bald unternehmen wird, ergeben sich aus diesem Mut eines Predigers, der es wagt, Kriminelle seine «lieben Schwestern» zu nennen und sie definitiv als solche zu betrachten.

Und mein Herz füllte sich mit Tränen, als ich an das rauhe, blutige Leben dachte, an das zermalmende Gewicht der Schande und Demütigung, das auf diesen Seelen lastet und immer weiter auf ihnen lasten wird, auf ihnen, die mir so teuer geworden sind und die nach und trotz allem meine Schwestern in Adam und meine Schwestern in Jesus Christus sind.[41]

---

VII Dieser Ausdruck wird in der Einführung zu den Einkehrtagen im folgenden Jahr wieder erscheinen. Alle diese Predigten sind in einem freundschaftlich-familiären Ton gehalten; der Prediger stellt sich als Bruder vor, der genauso Sünder ist wie seine Zuhörerinnen und nicht etwa der als Abgesandter eines Richter-Gottes auftritt.

Nach dieser Kontaktaufnahme, die die Inhaftierten zutiefst überrascht haben muss, waren sie doch eine moralisierende Ansprache gewohnt, in der man sie von oben herab behandelte, entwickelt Pater Lataste seine Einkehrtage. Er sucht den gefangenen Frauen zu helfen, die wahren Wurzeln ihrer Sünden zu entdecken, und sie zur Bekehrung zu führen. Das ist Thema dreier Predigten,[42] von denen eine, entsprechend dem damals üblichen Schema der Missionspredigten, die Hölle behandelt. Am dritten Tag ändert sich das Klima dank einer Predigt über die Parallele zwischen Judas und dem guten Schächer: Beide haben gesündigt, aber der gute Schächer hat nicht an der Barmherzigkeit gezweifelt.[43] Die Meditation über Maria Magdalena[44] beschließt diesen der göttlichen Vergebung gewidmeten Tag. Überrascht stellt der Prediger eine physische Veränderung seiner Zuhörerinnen fest: Bei seinen Worten richten sich die Gefangenen auf.

Als die Rede auf ihre vergangenen Fehltritte kam, hörte man sie weinen, sogar schluchzen und sich an die Brust schlagen, und ganz leise, mit gesenktem Haupt, mehr als einmal einen Ruf der Beschämung und der Reue ausstoßen. Und sprach man zu ihnen von der großen Barmherzigkeit Gottes, von seiner großen Liebe, von seiner Vorliebe für die aufrichtig reuigen Seelen, für die Seelen, die ihn lieben wollen wie Maria Magdalena, da hätten Sie sehen können, wie sie ganz langsam den Kopf hoben, wie die Blumen nach dem Gewitter, wenn die Sonne sie berührt, wie ihre Gesichter sich allmählich aufheiterten, und es schien, als atmeten sie freier und als würden die doch so schweren Mauern des Gefängnisses auf einmal leicht.[45]

Der letzte, der Ewigen Anbetung gewidmete Tag der Exerzitien umfasst zwei Predigten, eine über die Eucharistie und eine über den Himmel.[46]

Die Art, wie er die inhaftierten Frauen einlädt, über ihre

Sünden nachzudenken, ist bemerkenswert. Der Hauptgegenstand von Einkehrtagen für Gefangene, für «gefallene Mädchen», hätte die Anprangerung der Sünde sein können. Die Texte, die der Prediger eigens vorbereitet hat, halten sich nicht allzu lange bei dem Thema auf. Er hütet sich davor, allzu rasch die Sünde mit dem Vergehen zu identifizieren, das die Frauen ins Gefängnis gebracht hat. Genauso meidet er einen Gemeinplatz dieser Predigtgattung, der darin bestand, das Gericht Gottes mit der Rechtsprechung des Schwurgerichts zu vergleichen. In der Überzeugung, dass die Sünde in den Akten liegt, an denen der Wille in voller Freiheit beteiligt ist, will Pater Lataste seine Zuhörerinnen lieber dazu bewegen, dass sie selbst die Verirrungen ihres persönlichen Lebensweges bereuen, für die sie reale moralische Verantwortung trugen, und sie dann einladen, endlich das Geschenk Gottes anzunehmen. Die brüderliche Einstellung, die ihn bei seinem Dienst beseelt, hat ihre Parallele in der Art, wie er von der göttlichen Barmherzigkeit spricht: Gottes barmherziges Handeln respektiert und bekundet die tiefe Würde jedes menschlichen Wesens, das zur Heiligkeit berufen ist, mag es auch noch so oft versagen.

Die Begegnungen im Beichtstuhl lassen ihn in dieser Pädagogik noch weiter gehen. Jene Barmherzigkeit, die er verkündet, kann Pater Lataste bei denen, die ihm zuhören, am Werk sehen. In der Tat verwendet er im Lauf der Einkehrtage viel Zeit darauf, den inhaftierten Frauen die Beichte abzunehmen. Die meisten von ihnen haben so Gelegenheit, ihn persönlich zu sprechen, da das Reglement ihnen untersagte, das Wort öffentlich an ihn zu richten. Diese Stunden der Beichte sind eine entscheidende spirituelle Erfahrung für Pater Lataste: Er entdeckt voll Bewunderung die Qualität christlichen Lebens, die Tiefe der Verzeihung, deren diese angeblich gefallenen Frauen fähig sind.[47] Es wird ihm zuteil, am Grunde dieses schmutzigen Gefängnisses Erzählungen zu lauschen, die konkret bekunden, was er in der Schule Maria Magdalenas schon gespürt hat: «die größten Sünder haben das Zeug zu den größten Heiligen».[48] Es sind die in Cadillac gehörten vertraulichen Mitteilungen, die ihn von der inneren Veränderung der Verurteilten überzeugt und dazu veranlasst haben, einige Jahre später mit folgenden Worten an die Öffentlichkeit zu gehen:

Es gibt etwas, was in meinen Augen noch deutlicher eine radikale Veränderung bei ihnen belegt, das ist ihre großmütige Bereitschaft zum Verzeihen. Verzeihen ist nicht leicht, vor allem nicht, wenn man viel und lange gelitten hat. Die Erfahrung hat es bewiesen: Um die Kraft zum Verzeihen zu haben, muss man unschuldig sein, oder wenn man schuldig ist, tiefe Reue über seinen Fehler empfinden. Verbrecherische Herzen verzeihen nie. Sie aber verzeihen, und das heißt in Wahrheit und Wirklichkeit, dass sie keine Verbrecherinnen mehr sind.
Zunächst war das nicht so. In den ersten Tagen ihres Eingesperrtseins fühlten sie, wie im Grunde ihres Herzens ein unerbittlicher, mächtiger Hass aufloderte, wie ihn für gewöhnlich eine schuldig gewordene und enttäuschte Liebe entfacht! Ach, wer viel Unrecht durchgemacht hat, der steht kopf. Darüber habe ich zu Beginn schon ein paar Worte gesagt, aber darüber hinaus kenne ich traurige Geschichten, wie wir sie manchmal in den *Gazettes des Tribunaux*[VIII] lesen können, und die Gerichte wissen noch bei weitem nicht alles! Sie können nur sagen, was sie sehen, und sehen nur, was offensichtlich ist; aber sie dringen nicht bis auf den Grund der Seelen… Arme junge Mädchen, die feige und heimtückisch betrogen, dann verlassen, dann verraten und der Justiz übergeben wurden genau von denen, die die ersten Urheber ihres Falls und die Anstifter ihres Verbrechens sind! Das ist noch nicht alles: Man hat erlebt, dass ihr feiger Ankläger (einst ihr Verführer) erschwerende,

---

VIII *Gazette des Tribunaux* und *Le Droit, journal des tribunaux* erschienen fast täglich und boten ihren Lesern sehr detaillierte Berichte von den Gerichtsverhandlungen.

der Justiz unbekannte Umstände gegen sie vorbringt, dass er zuweilen ganz üble Verleumdungen ersinnt, zweifellos in der Absicht, sich sicherer seines Opfers zu entledigen und auf diese Weise wenn möglich seine Seele von Gewissensbissen zu entlasten … Ich habe diese Dinge gesehen und gehört, und als ich, selbst bewegt von ihrer Gemütsbewegung, nur mit Zittern und Zagen wagte, sie dazu aufrief, alles zu vergessen und alles großmütig zu verzeihen, da hörte ich von ihren Lippen das wahrhaft heroische Wort: «Oh Pater, ich verzeihe ihnen allen von ganzem Herzen. Ich habe es ja so nötig, dass der gute Gott mir verzeiht.» Und als ich sie aufforderte, noch weiter zu gehen und den Heiland nachzuahmen, der selbst für seine Henker gebetet hat, da antworteten sie mir: «Ich bete für sie, ich bete fast jeden Tag für ihre Bekehrung.»[49]

## Dieses Projekt hat mich nicht mehr losgelassen

Der Zusammenfall dieser beiden Schockerlebnisse, die brüderliche Begegnung mit den inhaftierten Frauen und die Entdeckung, was die Barmherzigkeit Gottes in den Herzen bewirken kann, lässt ein völlig neues Projekt entstehen.

Kurz gesagt, schon in den ersten Tagen, als ich vor dem Allerheiligsten betete, hat Gott mir ganz plötzlich den Gedanken an dieses Werk eingegeben, und zwar schon fast genauso deutlich und klar, wie es heute dasteht, zumindest in den großen Linien. Dieses Projekt hat mich nicht mehr losgelassen. Ich habe darüber mit einigen Personen, Priestern, Laien und sogar nichtchristlichen Laien – das heißt mit Leuten, deren Urteil ich schätze –, darüber wie über eine vage Idee gesprochen; alle fanden dieses Unternehmen schwierig, aber großartig. Ich bin über dieser Idee nicht eingeschlafen, ich konnte es überhaupt nicht. Sie begleitete mich überall, und je mehr ich sie um Gottes willen aufgeben wollte, desto stärker fühlte ich mich gedrängt, daran zu denken und zu arbeiten, mit jenem tiefen inneren Gedanken, den mir vom ersten Tag an nichts nehmen konnte: «Dieses Werk ist notwendig, Gott will es; es wird geschehen. Nur Geduld!»[50]

Worin besteht diese Idee, was ist dieses neue Werk? Pater Lataste hat festgestellt, dass mehrere seiner Beichtkinder ein Bedürfnis erkennen lassen, sich nach ihrer Zeit als Strafgefangene Gott zu weihen. Seine Vorstellung von der Barmherzigkeit Gottes, von der Radikalität seines Verzeihens macht es ihm schwer, die einzige Antwort zu akzeptieren, die die Kirche damals für eine solche Hoffnung hatte: die Heime, «Refuges» genannt. Hervorgegangen aus den Gründungen in Nancy durch Elisabeth de Ranfraing und in Caen durch Johannes Eudes, waren die «Refuges» Häuser, in denen eine Ordensgemeinschaft «bußfertige Frauen» unter ihren Schutz nahm, um sie dort ein Leben der Buße und Arbeit führen zu lassen, das sie wieder auf den Weg der Tugend bringen sollte. Zwischen den Ordensfrauen und den Pensionärinnen war eine klare Trennlinie gezogen, und die Konstitutionen sahen vor, dass eine ehemalige Pensionärin niemals als Schwester aufgenommen werden konnte. Pater Lataste stellt weder die guten Gründe für diese Institutionen noch ihre Wirksamkeit in Frage. Er bringt lediglich in Anschlag, welche Grausamkeit die Eingliederung in ein Leben der Buße für Frauen bedeutete, die zehn oder zwanzig Jahre Zwangsarbeit hinter sich gebracht und gerade eben die Freiheit wiedererlangt haben. Und er ermisst, wie unangemessen es sein kann, wenn man Frauen, denen man bereits lange Jahre der Sühne im Gefängnis auferlegt hat und die zudem die Verzeihung Gottes erlangt haben, noch einmal Buße aufbürdet. Wie kann man denn noch Frauen als schuldig betrachten, die eine solche Rückkehr zu Gott und ein so starkes Bedürfnis nach dem rechten Weg bekundet haben?

Man hält sie für schuldig. – Das trifft nicht zu. Sie waren es, ja, aber seit langer Zeit sind sie es nicht mehr; und wenn sie einst gefehlt haben,

haben sie schon lange in den Tränen und in der Liebe zu Gott eine zweite Unschuld erlangt. Sie waren schuldig, das ist wahr! Aber welche Seele hätte sich niemals etwas vorzuwerfen gehabt, und welche von denen, die immer rein geblieben sind, hat nicht in einem bestimmten Augenblick gefühlt, dass sie, hätte nicht Gottes Hand sie festgehalten, untergegangen wäre? Wer steht, der sehe zu, dass er nicht falle, sagt der Apostel Paulus,[51] und der heilige Johannes fügt hinzu: Wenn wir sagen, dass wir keine Sünde haben, führen wir uns selbst in die Irre.[52] Ja, sie waren schuldig, aber Gott fragt uns nicht nach dem, was wir waren, ihn geht nur an, was wir sind. Es heißt gar nichts, rein und tugendhaft gewesen zu sein, wenn man es nicht mehr ist; es heißt rein gar nichts, schuldig gewesen zu sein, wenn man seine Tugend wiedererlangt hat. Glaubt ihr, Judas werde in der Höller weniger bestraft, weil er einst zu den Aposteln zählte? Meint ihr, Augustinus sei im Himmel weniger nahe bei Gott, weil er in seiner Jugend gesündigt hat, oder Maria Magdalena werde weniger geliebt, weil sie so viele Fehltritte begangen hat? Nein, nein, habe ich euch gesagt, und ich wiederhole es. Diejenigen, die dank der Gnade Gottes rein geblieben sind, mögen nicht nur zusehen, dass sie nicht fehltreten, sondern sogar, sage ich, dass sie nicht überholt werden, denn der Preis für den Lauf und die Palme des Sieges sind nicht für den, der nie gefallen, sondern für den, der am weitesten gelaufen ist.[53]

Vom ersten Augenblick an interpretiert Pater Lataste diese Idee als ein Gottesgeschenk, und davon wird er nie abrücken: Diese Gründung wird für ihn immer das Werk Gottes und nicht das seine sein, was die unerschütterliche Zuversicht erklärt, die er der kleinen Gemeinschaft selbst in deren schwersten Augenblicken bewahren wird. Natürlich kann er nicht sofort alle Schwierigkeiten und alle Wunder vorhersehen, die er in den Gründungsjahren erleben wird. Es scheint sogar, dass er nicht sicher ist, ob es gelingen kann, strafgefangene Frauen vollständig ins Ordensleben einzugliedern, aber dass diese Idee von Gott kommt, steht für ihn vom ersten Tag an fest. Von Anfang an sieht er ganz klar, was zu tun ist, und seine Meinung wird er niemals ändern.

## Ein Exerzitienprediger, der die Konsequenzen aus seiner Predigt zieht

Pater Lataste wird das Strafrechtssystem an sich nie in Frage stellen: Er scheint überzeugt, dass eine Strafe, die Freiheitsentzug und Schwerarbeit einschließt, durchaus wohl begründet ist. Hingegen protestiert er von seiner ersten Predigt im Gefängnis an dagegen, dass der menschliche Strafprozess den spirituellen Prozess verdeckt, den die inhaftierten Frauen durchleben können.

Dieser Schritt, diese Veränderung des Blicks auf die Inhaftierten beschränkt sich nicht auf den spirituellen Lebensbereich. Dieser ist für Pater Lataste untrennbar verbunden mit dem sozialen Leben. Wie sollte man die Frauen, die doch durch das Bußsakrament zu neuem Leben erweckt und ihres Standes als Kinder Gottes neu würdig geworden sind, sodass sie sogar zur Kommunion gehen dürfen, von der Gesellschaft und von der Kirche fernhalten können? In wessen Namen könnte man ihnen den Zugang zum Ordensleben verwehren, wenn sie danach verlangen? Diese Frage hatte etwas ganz Neues, sehr Ungewohntes an sich; wir werden darauf zurückkommen. Und doch war sie die logische Folgerung aus dem, was Pater Lataste predigte und was er im Beichtstuhl erfuhr. Das Projekt, das an jenem Septemberabend vor seinem geistigen Auge entsteht, als er mitten unter den gefangenen Frauen wie ein Bruder im Kreis seiner Schwestern betet, besteht einfach darin, diese Frauen wirklich und ganz als Schwestern zu betrachten und denjenigen, die den Wunsch und die Berufung zu einem kontemplativen Ordensleben spüren, Zugang dazu zu gewähren.[IX]

---

IX Die Besonderheiten der Gründung von Bethanien werden wir im Kapitel 7 behandeln.

Zwei Jahre später erinnert er sich in einem Brief an seine Mutter[X]:

Dieses Werk absorbiert meine gesamte Zeit; du solltest es, liebe Mutter, ganz besonders lieben, denn es ist in Deiner Nähe entstanden. Du erinnerst Dich, wie ich bei meinen ersten Einkehrtagen im Schloss am Abend heimkam und Dir und meinem armen Vater[XI] von der Idee erzählte, die Gott mir soeben eingegeben hatte und die mich schon verfolgte. Ich wollte das Terrain sondieren, und voll Freude sah ich, dass mein armer Vater mit aller Kraft zustimmte und angesichts des Schicksals dieser armen Frauen ganz weich gestimmt war, obwohl er einigen Grund hatte, an ihrer echten Bekehrung zu zweifeln. Diese Erinnerung ist mir teuer. Ich denk so gern daran, dass die Wiege dieses nunmehr verwirklichten Gedankens bei meinem Vater und meiner Mutter stand und dass sie vor allen anderen ihn genährt haben.[54]

Als er das Zuchthaus von Cadillac verlässt, ist Pater Lataste ein Mensch, den das, was er während vier Tagen erlebte, tief getroffen hat. Die gängigen Vorurteile, die auch ihn beeinflusst hatten, sind zerstoben; die Erkenntnisse, die sein junges Priestertum ihm über die Tiefe der göttlichen Barmherzigkeit geschenkt hat, sind bestätigt worden. Die Gefangenen, die man so leichtfertig gefallene Mädchen nennt, haben sich ihm als Frauen gezeigt, die zur Verzeihung und zum Gebet imstande sind, als Frauen, die würdig sind, häufig den Leib Christi in der Kommunion zum empfangen, und würdig, ohne Vorbehalt zum Leib Christi, der die Kirche ist, zugelassen zu werden.

---

X Er wohnte während der Einkehrtage bei seinen Eltern, in dem Haus mit den Säulen, das sein Vater hatte bauen lassen, in der Nähe des Schlosses (heute Route de Brannes).

XI Pater Lataste machte sich große Sorgen um die Gesundheit seines Vaters, der, wie es scheint, bis zum Ende seines Lebens an der Schwelle zum Glauben verharrte, zwar wohlwollend war, aber den Schritt zur vollen persönlichen Bindung nicht vollzog. Dies dürfte den traurigen Ton dieser Äußerung erklären.

«Sie vollzogen ihre Anbetung in einem Schweigen und einer Sammlung, die ohne jeden Zweifel einer klösterlichen Gemeinschaft Ehre gemacht hätte.»[55] Der Vergleich zwischen dem Klosterleben und dem Leben im Zuchthaus, der in der Strafrechtsliteratur der damaligen Zeit gang und gäbe war, erschien ihm als geistlich höchst fruchtbar. Das übliche Register dieses Vergleichs verwendet er selbst in seiner vorab verfassten Eröffnungspredigt: Die inhaftierten Frauen sind dazu aufgerufen, ihre Sünden im Gefängnis zu beweinen, so wie die Nonnen im Kloster Buße tun. Am Ende der Einkehrtage aber verschiebt er die Ähnlichkeit zwischen diesen beiden Lebensformen ganz beträchtlich, indem er die Gefangenen auffordert, sich aus Liebe für diese mühevolle, schweigende Lebensweise zu entscheiden, die der der Nonnen ähnelt. Das ist kein Aufruf zur Buße mehr, sondern eine kontemplative Aussage:

Es stimmt: Was sie aus freien Stücken aushalten, das macht ihr aus Zwang durch. Aber ist es denn nicht so, dass vor Gott das, was anfangs unter Zwang geschah, freiwillig ist, wenn es freiwillig angenommen wird? Ja, meine Kinder, ihr seid auf dem rechten Weg, macht weiter so. Wie eure Vergangenheit auch aussehen mag – betrachtet euch nicht mehr als Gefangene, sondern als Gott geweihte Seelen in der Spur der Seelen in den Klöstern.[XII] Sprecht zu Gott: Die Menschen halten mich hier gewaltsam fest, aber ich schenke mich dir aus freien Stücken; zehn, zwanzig Jahre lang will ich einzig dir gehören, das ganze Leben lang

---

XII Man kann sich nur schwer den Skandal vorstellen, den ein solcher Satz beim Gefängnispersonal, vielleicht sogar bei den klösterlichen Aufseherinnen auszulösen imstande war. Damals konnte keine katholische Institution, die sich um Gefangene oder Exgefangene kümmerte, eine mögliche volle Integration dieser Frauen ins Klosterleben akzeptieren. Noch untragbarer schien sie für das kontemplative Ordensleben. Und dennoch ist genau das der Plan von Pater Lataste: an diesem Tag für diejenigen, die noch im Gefängnis sind, und zwei Jahre später für diejenigen, die es gerade verlassen haben.

will ich dein sein; lieber will ich sterben, ja tausendmal sterben, als nicht mehr dein Eigen sein.[56]

## Nach den Einkehrtagen: Genauere Ausarbeitung des Vorhabens, Geduld

Zurück in seinem Konvent in Bordeaux verfährt der junge Apostel der Gefängnisse, wie sein Temperament es ihm nahe legt: Er wirft sich unverzüglich in die Gründungsvorbereitungen für diese Kommunität, zu deren Aufbau er soeben den Vorsatz gefasst hat. Er verfasst eine Notiz, die er seinem Prior, Pater Minjard, anvertraut; der soll sie dem kurz darauf in Paris versammelten Rat der Prioren vorlegen.[XIII] Außerdem verfasst er einen Brief an den Provinzial, in dem er um die Erlaubnis ersucht, sich weiterhin mit diesem Werk zu befassen und alle Brüder der Provinz zu bitten, sie möchten eine Caritaspredigt zugunsten des Werkes halten.[57] Die Antwort ist ausgewogen: Die Idee wird gutgeheißen, aber der Orden lehnt es ab, sich in einer solchen Angelegenheit zu engagieren, und schlägt vor, den Erzbischof von Bordeaux als Schirmherrn zu gewinnen. Dieser lässt durch seinen Generalvikar eine Antwort des gesunden Menschenverstandes geben: «Es ist sehr schwierig, und das Projekt ist vielleicht auch noch nicht ausgereift.» Muss man da noch erwähnen, dass der junge Gründer gerade einmal 32 Jahre alt ist und dass er die Realität des Gefängnisalltags erst einen Monat zuvor entdeckt hat? Es ist schon erstaunlich, dass Pater Lataste damals derart überzeugt ist, dass dieses Werk das Werk

XIII Über diese Schritte vom Herbst 19864 hat Pater Lataste in seinem Brief 443 an Pater Hue berichtet (*Prêcheur de la miséricorde*, S. 249–262). Diesem Brief sind auch die folgenden Zitate entnommen.

Gottes ist und dass es zustande kommen wird; er scheint sich kaum bewusst zu sein, dass seine Unerfahrenheit eine zögerliche Reaktion hervorrufen könnte. Er lebt im Glauben und erwartet gelassen den richtigen Zeitpunkt. Es kommt hinzu, dass in Bordeaux ein «Refuge» im Aufbau ist und der erzbischöfliche Rat, der vielleicht den fundamentalen Unterschied zwischen den beiden Typen von Ordensleben nicht erfasst hat, eine Konkurrenz befürchtet. Die definitive Antwort ist also klar:

Der Rat hat mir mit einem Brief des Generalvikars geantwortet: «die Errichtung des Refuges könnte, zumindest für den Augenblick, dem Bedürfnis entsprechen, das so berechtigt Ihren Eifer beschäftigt. Sie haben auf jeden Fall das Verdienst, ein Werk zu erstreben, dessen Bedeutung nicht zu unterschätzen ist.»

Pater Latastes Reaktion ist bezeichnend für die von Glauben und unerschütterlichem Gottvertrauen geprägte Haltung, die ihn in dieser Sache nie verlassen wird:

Ich habe daraus geschlossen, dass Gott dieses Werk noch nicht wollte, und habe es ruhen lassen. Das heißt, ich habe aufgehört, mich damit zu beschäftigen, aber in meinem Herzen war ich sicher, dass es früher oder später eine Gründung dieser Art geben müsse und geben werde.

In den folgenden Monaten widmet sich Pater Lataste einer intensiven Predigttätigkeit. Anlässlich der Verlegungen in der Region besucht er die inhaftierten Frauen, auch wenn er nicht immer die Genehmigung hat, das Wort an sie zu richten. Der Runderlass vom 14. Juni 1836 hatte für Außenstehende die Möglichkeiten zum Besuch in Gefängnissen auf die Fälle beschränkt, «in denen die Besucher wohl bekannt und ausgewiesen sind und ein anderes Motiv als bloße Neugier haben». Diese Verfügung erlaubte es Pater Lataste, die Werkstätten diskret zu besuchen. Er hält den Frauen im Gebet die Treue und bewahrt sich seine Sorge um das, was sie wohl werden, wenn sie in die Welt zurückkehren.

Der folgende Abschnitt ist der einzige Bericht von den Einkehrtagen, den wir einem anderen Zeugen als Pater Lataste selbst verdanken. Latastes Berichte lassen den großen Unterschied in der Geistesverfassung zwischen dem Prediger und diesem Ehrendomherrn erkennen. Anderthalb Jahre später wird er mit der Veröffentlichung seines Buches *Les réhabilitées* seine Zeitgenossen aufrufen, die Fehler der aus dem Gefängnis entlassenen Straffälligen zu vergessen, und nicht etwa die Straftäterinnen ermahnen, sich selbst vergessen zu machen, wie es hier empfohlen wird.

Das Zuchthaus von Cadillac hat einen erhebenden Festtag begangen. Wenn die menschliche Gerechtigkeit sich mit der notwendigen Strenge in dieser sozialen Bußanstalt bemerkbar macht, gefällt es der göttlichen Gerechtigkeit, die ja gegenüber der Reue ohne weiteres barmherzig sein kann, darin einige Strahlen der Freude und Heiterkeit aufleuchten zu lassen. Mehr als vierhundert Frauen sind, für eine mehr oder weniger lange Zeit, zur Arbeit und zu strengem Schweigen verurteilt, in dem alten Schloss des stolzen Herzogs von Épernon eingeschlossen. Glauben Sie nicht, dass alle diese Geschöpfe zutiefst und radikal verdorben sind. Nein, es gibt unter ihnen, sogar in großer Zahl, solche, die fähig zum Guten sind, die es auch immer getan hätten, hätten nicht der Mangel an religiöser Unterweisung, schlechte Beispiele und üble Verführung sie in die Fehler gestürzt, die sie heute aufrichtig bereuen und die sie in den meisten Fällen durch ihre Unterwerfung und eine echte Rückkehr zur religiösen Praxis wiedergutzumachen suchen.

Sonntag, der 18. September, war als Tag der Ewigen Anbetung festgesetzt. Der ehrwürdige Geistliche, der seit 15 Jahren diesem unglücklichen Teil der Herde Christi seine Fürsorge zuwendet, hatte die glückliche Idee, seinen Schäfchen vorbereitende Einkehrtage zu schenken, und er hatte als seinen Helfer einen Dominikanerpater, ein edles Kind Cadillacs, den Hochwürdigen Pater Lataste, erwählt.

Hier sei nun der Direktor dieses Gefängnisses ehrend erwähnt: Er hat sich mit dem lobenswertesten Eifer für all das eingesetzt, was die fromme Feier dieser Einkehrtage erforderte. Die Gefangenen ihrerseits haben es ohne weiteres auf sich genommen, eine Stunde ihres Schlafs am Morgen und eine am Abend dranzugeben, und so hatte die Arbeit, zu der sie gehalten sind, keine Einbuße durch die Zeit zu erleiden, die sie dem Gebet widmeten.

Am Samstagabend wurde das Allerheiligste unter einem kostbaren Baldachin ausgesetzt, und während der ganzen Nacht lösten die Gefangenen einander dabei ab, es anzubeten und es zu bitten, es möge ihre guten Entschlüsse in ihnen bestärken.

Am Sonntag sind sie in sehr großer Zahl zu mindestens 300 zur Frühmesse gekommen; sie traten an den heiligen Tisch und empfingen in ihrem erneuerten Herzen den Gott, der einst dem Schächer und Magdalena verziehen hat.

Drei weitere Messen[XIV] wurden vor dem ausgesetzten Allerheiligsten gelesen, die eine von ihnen sangen die Gefangenen mit einem bewundernswerten Schwung und einer ebensolchen Genauigkeit. Vor allem eine schöne und hinreißende Stimme tat sich hervor.

Am Abend, nach der Vesper, gab der Hochwürdige Pater Lataste seine letzte Unterweisung. Er behandelte mit warmen, salbungsvollen Worten und in einer dem so speziellen, ihm lauschenden Publikum verständlichen Weise die Regeln der Beharrlichkeit; und heute, da so viele Redner selbst auf christlichen Kanzeln reden, ohne sich um das Verständnis ihrer Zuhörer zu bemühen, ist es kein geringes Verdienst, wenn man einfach und anrührend zu sprechen versteht und dabei doch dem Wort des Evangeliums die Erhabenheit und Würde belässt, die es niemals verlieren darf. Der Gottesdienst endete mit dem feierlichen sakramentalen Segen.

Müssen wir noch hinzufügen, dass die prächtig geschmückte Kapelle von Licht erstrahlte? Wenn man die Schwestern der Weisheit, diese freiwilligen Gefangenen, kennt, die zur Überwachung des Hauses ein-

---

XIV Jeden Sonntag wurden zwei Messen gefeiert. Der Direktor des Zuchthauses, Monsieur Delaunay, war das einzige Mitglied des weltlichen Personals, das daran teilnahm (Brief des Zuchthausdirektors von Cadillac an den Präfekten von Gironde, 27. November 18967, Arch. dép. de la Gironde, Y 312).

gesetzt sind und deren Hingabe Gott allein sieht und eines Tages belohnen kann, so errät man ohne Mühe, dass sie nichts versäumt haben, um diesem Fest den schönsten Glanz zu verleihen. Mögen ihre Mühen und der Eifer derer, die zu dieser frommen Feierlichkeit herzugeströmt sind, von dem einzigen Erfolg gekrönt werden, den sie anstreben, der Besserung der Gefangenen, und mögen diese letzteren, die Treue wahrend, die sie Gott gelobten, vollkommen bekehrt in die Gesellschaft zurückkehren, und sie durch ihre Festigkeit im Guten die traurigen Irrwege ihres vergangenen Lebens vergessen machen.[58]

Anmerkungen

1 Brief 269, 17. April 1863, an Madame Piron.
2 Brief 420, 20. Juni 1863, an Pater Nespoulous.
3 Brief 423, 9. August 1863, an Pater Nespoulous.
4 Brief 273, 27. August 1863, an Madame Piron.
5 Brief 424, 2. Oktober 1863, an Pater Nespoulous.
6 Brief 252, 18. November 1861, an Madame Piron.
7 Brief 425, 21. Oktober 1863, an Pater Nespoulous.
8 Assignation, datiert vom 31. Juli, verlesen im Konvent von Bordeaux am 1. August 1863.
9 Brief 271, 13. Juli 1863, an Madame Piron.
10 Brief 430, 2. Januar 1865, an Pater Nespoulous.
11 Predigten 7 bis 14, 4. bis 11. Oktober 1863; Predigten 77 bis 87, 4. bis 12. August 1864.
12 Im Kloster in Bordeaux, Predigten 53–59.
13 Insbesondere Sankt Martin in Cadillac (Predigten 16–17). Siehe auch Predigt 19 zum Fest des heiligen Saturninus in Captian.
14 Predigten 68 bis 76, ewige Anbetung in Génissac und Grézillac (Mai 1865), und feierliche Aussetzung des Allerheiligsten im Juli 1864, in Saint-Nicolas zu Bordeaux.
15 Predigt 20.
16 Predigten 22 bis 26.
17 Brief 427, 2. März 1864, an Pater Nespoulous.
18 Predigten 31 und 32.
19 Österliche Einkehrtage in Saint-Julien (Predigten 33 bis 38), in La Fare-les-Oliviers (Predigten 39 bis 46, und in Belin (Predigten 47 bis 52).
20 Brief 428, 28. April 1864, an Pater Nespoulous.
21 Eine Studie zur Geschichte der französischen Gefängnisse findet man bei Michel Foucault, *Überwachen und Strafen. Die Geburt des Gefängnisses*, Frankfurt a. M.: Suhrkamp, 1976, und bei Jacques-Guy Petit, *Ces peines obscures*, Paris: Fayard, 1990.
22 *Maisons centrales de force et de correction. Analyse des réponses des directeurs à une circulaire ministérielle du 10 mars 1834 sur les effets du régime dans les mai-*

*sons* [Arbeitshäuser und Besserungsanstalten. Analyse der Antworten der Leiter auf einen ministeriellen Runderlass vom 10. März 1834 über die Wirkungen des Regimes der Disziplinarordnung in den Häusern], Paris 1836.

23 M. de Themines, «Les réhabilitées, la maison de Béthanie», in: *La Patrie*, 28. Jg., 21. Juli 1868, Morgenausgabe, S. 4.

24 Er hat zwei Werke über seine Erfahrungen als Gefängnisprediger verfasst: *Les Bagnes et les Maisons centrales de force et de correction ou Compte-rendu des essais de moralisation durant trois années de prédications*, Paris: A. Sirou & Desquers, 1846, und *Considérations sur l'in? uence de la religion dans les maisons centrales de force et de correction*, Paris: A. Vaton, 1843.

25 Eine neuere Darstellung der Predigttätigekeit von Abbé Laroque findet sich in: J.-G. Petit, *Ces peines obscures*, S. 517–518.

26 Polemiken um dieses Thema lassen sich noch nachlesen in der *Revue pénitentiaire et des institutions préventives*, 1843–1847.

27 Abbé Laroque, *Les Bagnes...*, S. 13.

28 Berichte über zwei Kongresse in der *Revue pénitentiaire et des institutions préventives*, Bd. IV, 1847.

29 Ebd., S. 72.

30 E. Guillon, *Les Châteaux historiques et vinicoles de la Gironde*, Bordeaux: Coderc, Degréteau & Poujol, 1867, Bd. II, S. 372–386.

31 Korrespondenz zwischen dem Präfekten und der Generaloberin der Töchter der Weisheit, Arch. dép. de la Gironde, Y 8.

32 Ministerieller Entscheid vom 6. April 1839.

33 Circulaire et règlement pour le service des sœurs dans les maisons centrales, 22. Mai 1841.

34 Arch. dép. Gironde, Y 8.

35 Erlass vom 10. Mai 1839 über die neue Disziplinarordnung in den Zuchthäusern, Art. 1.

36 Siehe *Prêcheur de la miséricorde*, S. 365.

37 Caritaspredigt 407 zugunsten von Bethanien, nicht datiert.

38 Ebd., S. 178.

39 Brief 443, 2. Dezember 1865, an Pater Hue, in: *Prêcheur de la miséricorde*, S. 249.

40 Predigt 90, 15. September 1864, in: *Prêcheur de la miséricorde*, S. 71.

41 Predigt 407.

42 Parallele (Predigt 91), Ursache ihrer Fehltritte (Predigt 92), Der gottlose Schächer (Predigt 93), in: *Prêcheur de la miséricorde*, S. 77–110.

43 Predigt 94, 17. September 1864, in: *Prêcheur de la miséricorde*, S. 111–122.

44 Predigt 95, in: *Prêcheur de la miséricorde*, S. 123–136.

45 Predigt 407.

46 Predigten 96 und 97 vom 18. September, in: *Prêcheur de la miséricorde*, S. 137–163.

47 Vgl. die Anspielung auf einige dieser Beichten in: *Les Réhabilitées*, S. 13–16, in: *Prêcheur de la miséricorde*, S. 280–282.

48 Predigt 188 über Maria Magdalena, publiziert in: *Prêcheur de la miséricorde*, S. 167.

49 *Les Réhabilitées*, S. 13–14, in: *Prêcheur de la miséricorde*, S. 280-281.

50 Brief 443, 2. Dezember 1865, an Pater Hue, in: *Prêcheur de la miséricorde*, S. 250.

51 1 Kor 10,12.

52 1 Joh 1,8.

53 Predigt 96 über die Eucharistie, Cadillac, 18. September 1864, in: *Prêcheur de la miséricorde*, S. 148.

54 Brief 9, 27. Oktober 1866, an seine Mutter.

55 Predigt 407.

56 Schluss von Predigt 96, in: *Prêcheur de la miséricorde*, S. 151.

57 Brief 436, Oktober 1864, an Pater Saudreau.

58 Artikel des Ehrendomherrn F. C., in: *L'Aquitaine*, Nr. 9, 2. Oktober 1864, S. 139–140.

# 6

# 1865, DAS JAHR DER WICHTIGEN ENTSCHEIDUNGEN

Nach dem Ereignis, das in der Begegnung mit den inhaftierten Frauen und dem aufkeimenden Projekt der Gründung von Bethanien bestand, nimmt Pater Lataste eine ziemlich intensive Predigttätigkeit wieder auf, die ihm nur wenig Zeit lässt, sein Vorhaben weiterzuverfolgen. Einer Adventsstatio in Villefranche[1] folgt Anfang 1865 eine Volksmission in Puy-Fort-Aiguille vom 15. Januar bis zum 2. Februar.[2] Im Februar hält er zwei Predigten über die Anbetung des Altarssakraments, davon eine in der Pfarrei Cadillac,[3] dann reist er nach Cannes, wo er in Notre-Dame, jener Pfarrei, in der er ein Jahr zuvor vergeblich angetreten ist, die Fastenpredigten hält. 26 Predigten aus dieser Fastenzeit sind erhalten,[4] insbesondere ein Einkehrtag für die Damen über das Thema der Liebe unseres Herrn, ein Einkehrtag über ein mehr moralisches Thema und die Predigt in der Karwoche. Kurze Zeit später geht er erneut auf Missionsreise; während des ganzen Monats Mai predigt er in Challans in der Vendée.[5] Er nutzt die Gelegenheit, im Großen Seminar von La Rochelle alte Mitstudenten aus dem Kolleg von Pons zu besuchen.[6] Und schließlich ist er Ende Juni von neuem mit Predigten bei Einkehrtagen zum Schuljahresende für die Schüler des Kollegs von Bazas aktiv.[7] Diese rasche Aufzählung der apostolischen Aktivitäten Pater Latastes gibt eine Vorstellung von dem Übermaß an Arbeit, das auf ihm lastet, denn bei all seinen Missionen ist ein Großteil seiner Zeit dem Beichthören reserviert. Und die schriftliche Vorbereitung seiner Predigten betreibt er nach wie vor mit großem Ernst; dagegen reduziert sich seine Korrespondenz. Er hat in sieben Monaten 87 Predigten gehalten, vor unterschiedlichen Zuhörern, vor ländlichem wie städtischem Publikum, vor Erwachsenen und Kindern. Die Ereignisse, die zwischen Juli und Oktober 1865 ohne Unterbrechung aufeinander folgen, bringen eine abrupte Änderung in sein Leben, über die er selbst freilich nicht böse ist, da er das Bedürfnis verspürt, seine geistigen Kräfte in der Regelmäßigkeit des klösterlichen Lebens zu erneuern. Dieser Arbeitsrhythmus ist bei den Dominikanern der damaligen Zeit ziemlich üblich, wenn man den Predigtankündigungen der Zeitschrift *L'Année dominicaine* glauben darf. Sie müssen sich einer wachsenden Nachfrage nach Predigten und einem erheblichen Geldbedarf stellen, der bedingt ist durch die Gründungen und das Ungleichgewicht zwischen der Zahl von Fratres in Ausbildung und der Zahl der Patres in apostolischer Tätigkeit.

## Wiedererrichtung der Provinz von Toulouse und Entscheidung für die Provinz von Frankreich

Am 4. Juli 1865 fällt der Ordensmeister Pater Jandel[1] die Entscheidung, die Provinz von Toulouse wiederzuerrich-

[1] Pater Alexandre Alexandre-Vincent Jandel, geboren am 18. Juli 1810 in Nancy, zum Priester dieser Diözese geweiht im Jahre 1834, war 1841 in den Orden eingetreten und so einer der ersten Gefährten Lacordaires bei der Wiederherstellung des Ordens in Frankreich geworden. 1850 wurde er

ten. Diese Provinz nimmt eine besondere, symbolische Stellung im Leben der Dominikaner ein, ist doch der Orden auf ihrem Gebiet gegründet worden. In der Revolution zusammen mit den anderen französischen Provinzen aufgelöst, wird sie jetzt durch die Zweiteilung der Provinz von Frankreich wiederhergestellt: der Ausdruck «Provinz von Frankreich» erhält seine Bedeutung aus dem Ancien Régime zurück, die nicht das Land meint, sondern eher das mittelalterliche Frankreich, das heißt die königlichen Lande.

## Aus Treue zu Lacordaire

Einige Jahre zuvor, noch zu Lebzeiten von Lacordaire, hatte Pater Jandel in einem Klima des Konflikts oder zumindest einer deutlichen Differenzierung gegenüber den Ideen Lacordaires die Provinz von Lyon gegründet. Bei der Wiedererrichtung der Provinz von Toulouse hat sich seine Einstellung geändert. Er will lediglich vom demographischen Wachstum des Ordens in Frankreich profitieren, um dessen alte Strukturen wiederherzustellen. Freilich, an der Spitze mag die Absicht klar und eindeutig sein, die Basis jedoch reagiert nicht so objektiv, und die Geburt der neuen Provinz ruft unter den Brüdern ungewöhnlich heftige Debatten hervor. Einige erleben die Wiederherstellung als eine Chance zur Reform der Sitten,

---

durch päpstliches Dekret zum Generalvikar des Ordens, sodann 1855 zum Ordensmeister ernannt; in dieser Funktion bestätigte ihn schließlich das Generalkapitel des Jahres 1862. Er starb am 13. Dezember 1872. Als jemand, der die Vorgänge in den französischen Provinzen aufmerksam verfolgte, hat er die Gründung von Bethanien stets unterstützt – trotz des wachsenden Widerstandes der Mehrheit der Brüder gegen Pater Lataste. Fünf Briefe von Pater Lataste an Pater Jandel sind erhalten.

zu einer Distanzierung von einer Lebensweise, die manchen als erschlafft erscheint. Das Beispiel von Pater Latastes Predigtrhythmus hat gezeigt, dass sich die Brüder tatsächlich aus Gründen des Apostolats nur wenig in ihren Klöstern aufhielten.
Die bevorstehende Teilung der beiden Provinzen bewegt ihn dazu, die Aufgabe des Subpriors von Saint-Maximin, zu dem er im Juli 1865 gewählt wird, auszuschlagen. Lacordaires Stellenwert auf Pater Latastes Lebensweg ist in der Tat so hoch, dass dieser die neuen Angriffe auf unseren «heiligen und geliebten Vater» nicht ertragen kann. Als die aus Südfrankreich stammenden Brüder die Möglichkeit bekommen, ihre Provinz zu wählen, ist er der erste, der sich aus Treue zu Lacordaire und zu den Patres, die ihn ausgebildet und geformt haben, für die Provinz von Frankreich erklärt. Diese Wahl ist eine zweifellos schmerzliche Entscheidung, denn sie bedeutet für ihn die endgültige Abreise in eine Gegend fern vom Land seiner Geburt. Er trifft sie, wie es seine Art ist, geradeaus und schnell, und versucht auch die Brüder, denen er besonders nahesteht, in seine Entscheidung mit hineinzuholen. Der Briefwechsel, den er über das Thema vor allem mit Pater Nespoulous führt, ist bezeichnend für seine Haltung in diesem Konflikt. Zwei Argumente werden angeführt: Das Bedürfnis nach Reform muss von allen getragen sein, es muss vor allem ein inneres Verlangen nach Bekehrung sein. Es geht nicht an, dass man mit dem Finger auf die Ordensleute zeigt, die ihr Leben im Dienst an ihren Brüdern verschlissen haben, und ihnen vorwirft, sie führten ein erschlafftes Leben; die Reform muss im Respekt vor den Menschen erfolgen. Pater Lataste stellt sich fast instinktiv auf die Seite derer, die man so herb kritisiert:

Ich wünsche sehnlichst das geistliche Wohl unseres Ordens und die Vervollkommnung aller seiner Mitglieder, angefangen bei mir selbst, aber es widerstrebt meinem Gewissen, mich, unter dem Vorwande, besser zu handeln, von unseren alten Patres zu trennen wie von toten Ästen oder brandigen Gliedern, von ihnen, die sich für uns verbraucht haben bis auf den heutigen Tag, denen ich, nach Gott, meinen Zugang zum und meine Formung im Ordensleben verdanke und die, wenn sie Unvollkommenheiten ihr eigen nennen, sich diese im Dienst für uns zugezogen haben. Ich habe mich an das oft vergessene Wort von Pater Lacordaire erinnert: «Bevor man ein glühender Ordensmann sein kann, muss man ein wirklich ehrenhafter Mensch sein; man kann unmöglich das eine ohne das andere sein.» Da es nun aber, sage ich mir, meiner Mannesehre widerstrebt, mich unter den gegebenen Umständen von meinen Vätern zu trennen, werde ich bleiben. Ich habe mich (als erster von allen, glaube ich, weil man es tun oder aber gehen musste) für die Provinz von Frankreich ausgesprochen.[II]

Pater Latastes Entscheidung, in der Provinz von Frankreich zu bleiben, ändert seine Lebensweise nicht unmittelbar, denn um die Kräfte zwischen den Provinzen gleichmäßig aufzuteilen, hat man beschlossen, dass der Konvent in Bordeaux noch eine Zeitlang bei der Provinz von Frankreich verbleiben soll. Im Lauf des Juli wird Lataste für das Provinzialkapitel, das in Flavigny stattfinden soll, zum

---

[II] Brief 439, 12. Oktober 1865 an Pater Lévy. Auch im Brief 432 vom 29. Juli 1865 an Pater Nespoulous liest man Ähnliches: »«Es widerstrebt meinem Gewissen wie meinem Charakter und meinem Herzen, mich zurückzuziehen, unseren Patres diesen Schimpf anzutun, dass man sie wie eine verkommene Gesellschaft behandelt, von der nichts Gutes mehr zu erwarten ist, und das alles nur, um in eine Provinz einzutreten, die sie als feindlich betrachten, und um mich da Seite an Seite mit Ordensleuten zu finden, die trotz all ihren guten Absichten kantige Verhaltensweisen an den Tag legen, die mir nicht passen. *Vor allem aber habt die Liebe, denn sie ist das Band der Vollkommenheit*. Das ist meine Devise. Und wenn unsere Patres nicht vollkommen sind – wer kann denn beanspruchen, es zu sein, und wer kann sich dessen rühmen? Ihre Unvollkommenheiten – woher sind sie denn gekommen, wenn nicht dadurch, dass sie sich unter dem Druck der Arbeit verausgabt haben, um den Ansprüchen zu genügen?»"

Socius[III] des Priors von Bordeaux gewählt. Bevor er sich zu diesem auf den 17. August einberufenen Kapitel begibt, verbringt er einige Tage der Erholung in Le Moulleau, einem Anwesen des Klosters von Bordeaux in der Nähe von Arcachon; dort predigt er am Magdalenen-Fest.[IV] Anschließend predigt er während der Dominikus-Oktav[8] im Konvent von Bordeaux und bricht dann nach Flavigny auf.

## Das Referat über die Observanz

Im Predigerorden muss die Observanz immer den Anforderungen des Apostolats untergeordnet werden. Diesen Gesichtspunkt vertritt Pater Lataste beim Provinzkapitel, an dem er teilzunehmen hat, mit Nachdruck. Er bringt ein wichtiges, von ihm verfasstes Dokument mit, sein Referat über die Observanzen.[9] In der Debatte über die Observanzen, die die Brüder im Zusammenhang mit der Errichtung der Provinz von Toulouse stark bewegte, die aber bereits zu Lebzeiten von Lacordaire eingesetzt hatte, nimmt Pater Lataste eine wohl ausgewogene Position ein.
In ersten Teil entwickelt er seine Reflexion über die Observanzen, indem er in den Vorschriften der Konstitutionen

III Der Socius des Priors ist ein von der Kommunität gewählter Bruder, der den Prior zum Provinzialkapitel begleitet und dort die Stimme der Brüder zu Gehör bringt. Diese Wahl erscheint nicht im Protokollbuch des Kapitels von Bordeaux, das zwischen dem 26. November 1863 und dem 3. August 1866 keinen Eintrag verzeichnet, aber Pater Lataste setzt seine Unterschrift mit dem Titel «Socius» auf die offiziellen Akten des Provinzkapitels.

IV Predigt 188, publiziert in: *Prêcheur de la miséricorde*, S. 165. Genau genommen predigt er nicht am Fest der heiligen Maria Magdalena, das damals am 22. Juli begangen wird, sondern nutzt den darauf folgenden Sonntag, den 23. Juli, zur Predigt.

sucht, was offenkundig unanwendbar und unangewendet ist (barfuß gehen u. ä.), was eine Modifikation durch das Generalkapitel verlangt (Gesuch um Aufhebung des Fastens für die außerhalb des Konvents tätigen Prediger), was legitim ist, aber im Augenblick in der Provinz nicht angewandt werden kann, da die Konvente nur wenige Ordensleute beherbergen (Regel des Socius, Gesang des gesamten Offiziums), und das, was beibehalten und schon jetzt angewandt werden soll, weil ohne es manche in Übertreibung, andere in Nachlässigkeit verfallen werden.

Er entwickelt seine Überlegung, immer die beiden berühmten Denkschriften vor Augen: die von Pater Lacordaire[10] und die von Pater Jandel,[11] die in handschriftlicher Form in den Klöstern kursierten. Er nimmt entschieden Partei für Lacordaire und erinnert daran, dass selbst Jandels Heiligkeit den Strapazen mehrerer Jahre von Predigten unter Einhaltung einer strikten Observanz nicht standhielt. Tatsächlich sind diese Seiten vom gesunden Menschenverstand und nicht von einem Ideal des Klosterlebens bestimmt. Pater Lataste hat ja die längste Zeit seiner Formung als Dominikaner in der Infirmerie verbracht, «erdrückt von Dispensen», und hat gelernt, dass die menschliche Begrenztheit manchmal dem Bedürfnis nach einem asketischen Leben zuwiderläuft. So insistiert er beispielsweise des Langen und Breiten darauf, dass man unmöglich die Prediger denselben Fasten- und Abstinenzregeln unterwerfen kann wie die im Kloster gebliebenen Brüder, denn mit leerem Magen kann man in den langen Wochen des Predigens und Beichthörens in der Fasten- oder Adventszeit unmöglich seine Arbeit tun.

Der gesunde Menschenverstand, die klare Einsicht in die beschränkten menschlichen Kräfte von Brüdern, die an Zahl gering und mit Arbeit überlastet sind, sind nicht die einzigen Argumente von Pater Lataste. Häufig erscheint auf den Seiten seines Referats ein weiteres Argument, das direkter von Lacordaire inspiriert ist:

Der heilige Dominikus hätte die Brüder, statt sie, wie von allen Seiten erbeten, sofort loszuschicken, alle um sich geschart halten und einen schon an Zahl hinlänglichen Konvent bilden können, der imstande gewesen wäre, alle monastischen Observanzen vollständig zu beachten. Aber nein, das hat er nicht gewollt, er war der Meinung, wir seien noch mehr Predigerbrüder als Mönche, das Apostolat und die Liebe zu den Seelen müssten notfalls den Vorrang vor den monastischen Observanzen und der reinen Kontemplation haben. Pater Lacordaire hat genauso gedacht; wenn er einen Fehler gemacht hat, dann ist es dieser; doch ich meine, ganz im Gegenteil wird der heilige Dominikus ihn vom Himmel aus gesegnet haben, weil er in ihm eine so hohe Einsicht in den Geist unserer Gesetze und eine so kluge Auslegung des Buchstabens antraf.

Etwas später erinnert er daran, dass die Erfahrung, die man in dem unmittelbar nach Jandels Ernennung zum Ordensmeister gegründeten Kloster von Lyon mit dem Projekt einer strikten Einhaltung der Observanz gemacht, die Richtigkeit von Lacordaires Entscheidung belegt hat:

Wo sind unsere Patres in Lyon schließlich gelandet, als sie alle Details einer für bessere Zeiten und besser gerüstete Konvente geschaffenen Observanz praktizieren wollten? Sie sahen sich gezwungen, Schritt für Schritt viel von ihrer anfänglichen Strenge zu ermäßigen, und aus dem Apostolat, das ein Kennzeichen unseres Lebens ist, haben sie ein Akzidenz ihres eigenen Lebens gemacht. In der Observanz haben sie nachgelassen, und im Apostolat, das das Wesen des Predigerbruders ausmacht, haben sie sich verändert oder zumindest befremdliche Abstriche gemacht.

Im zweiten Teil präzisiert Pater Lataste, wie die Provinz von Frankreich in ihrem Schoß den Ordensgeist stärken könnte,

selbst wenn er dabei feststellen muss, dass die faktisch praktizierten Observanzen alles sind, was sie tun kann, ohne das Apostolat in Gefahr zu bringen. Verschiedene Mittel werden vorgeschlagen: die Verbesserung des Rhythmus und der Art und Weise, die Schuldkapitel abzuhalten, damit sie wahre Orte gegenseitiger Anregung werden; die Einrichtung von mehreren geistlichen Vorträgen pro Woche; und schließlich, gemäß den damals geltenden Konstitutionen, die Errichtung von einem oder zwei Observanzklöstern in der Provinz, in denen Ordensleute mit dem Verlangen, über einen mehr oder weniger langen Zeitraum ein strengeres Leben zu führen und sich so wieder in den Strom des Mönchtums einzugliedern, die Konstitutionen in vollem Umfang einhalten können. Die beiden Punkte, auf die Pater Lataste in diesem Zusammenhang besonderen Wert legt, verdienen Beachtung: Einerseits wird die Schaffung eines solchen Klosters die Spaltungen und gegenseitigen Abneigungen oder die Austritte verhindern, andererseits aber müsste man die Texte modifizieren, die verlangen, dass einem solchen Konvent keinerlei Dispensen gewährt werden.
Die bemerkenswerte Ausgewogenheit dieser Stellungnahme hat es möglich gemacht, dass die meisten ihrer Vorschläge in den Jahren nach dem Kapitel von Flavigny in die Consuetudines der Provinz von Frankreich aufgenommen wurden. Wahrscheinlich bewegen der gesunde Menschenverstand und der Realismus, von dem diese Seiten zeugen, die Kapitelsteilnehmer auch dazu, Pater Lataste zum Socius des Novizenmeisters zu ernennen und ihn mit dem Professnoviziat zu betrauen, das heißt mit der Leitung der jungen Ordensleute, die einfache Gelübde abgelegt haben. Er nimmt seine Aufgabe konkret erst im Oktober auf, denn während der ersten Septembertage halten ihn zwei Predigtverpflichtungen in der Gegend von Bor-

deaux fest. Es beginnt mit Einkehrtagen zur Vorbereitung der Ewigen Anbetung, die vom 8. bis 13. September in Loupiac, dem Dorf seiner Kindheit, begangen werden soll,[12] bevor er dann vom 14. bis 17. den inhaftierten Frauen von Cadillac erneut begegnet.

## Zweite Predigtreihe vor den Gefangenen von Cadillac

### Wiederbegegnung mit den inhaftierten Frauen

Der Seelsorger des Zuchthauses von Cadillac hat Pater Lataste unter denselben Bedingungen wie im Vorjahr zu einer zweiten Veranstaltung von Einkehrtagen eingeladen:

> Ich hatte fast keine Beziehungen mehr zu dem Zuchthaus, in dem jenes Projekt entstanden war. Man hatte den Anstaltsgeistlichen, soweit ich verstand, gegen mich eingenommen, und so bemühte er sich nicht mehr um meine Dienste; ich hielt mich abseits. Daher war ich nicht wenig überrascht, als der Herr Pfarrer in diesem Jahr nur wenige Tage vorher mich aufsuchte und inständig bat, dieselben Einkehrtage zu halten wie im Jahr zuvor, und durch einen höchst providentiellen Zufall hatte ich zwar vorher und nachher die ganze Zeit mit Predigten zu tun, aber genau in dem Zeitraum der Ewigen Anbetung im Gefängnis war ich frei. Da begriff ich, dass diese armen Gefangenen das ganze Jahr gebetet hatten, um mich noch einmal bei ihnen zu sehen; daher wurde ich von ihnen mit der größten Offenheit und Herzlichkeit empfangen.[13]

Bestärkt durch seine Erfahrung aus dem Vorjahr, beschließt er, nur eine Christenlehre pro Tag zu geben und das morgendliche Treffen dem schlichten Gebet mit den inhaftierten Frauen zu widmen: die Messe, ein paar Lieder und das Kapitel. Er ist zweifellos der Ansicht, dass der größte Teil seiner Arbeit bereits getan ist. Außerdem hat ihm ja die Erfahrung gezeigt, dass er der individuellen Begegnung mit den Frauen in der zum Beichtraum umgewandelten Sakristei jeweils mehr Zeit einräumen muss. Seine Predigt ist noch herzlicher im Ton als im Jahr zuvor. Hier ihre ersten Worte:

Meine lieben Kinder,
ich darf euch doch so nennen, denn wir sehen uns ja nicht zum ersten Mal; wir sind schon seit langem Langem Freunde; oder wenn die Bande, die uns vereinen, zumindest die durch die Religion geknüpften, auch nicht sehr alt sind, haben sie doch gerade dadurch eine Festigkeit gewonnen, die die Dauer ersetzt. Und dann sind diese Bande auch durch das Gebet gefestigt worden. Ich habe euch nicht gefragt, aber ich bin mir eurer Antwort schon gewiss: Ja, ihr habt für mich gebetet, da bin ich sicher. Was mich angeht, so hatte ich es euch versprochen; ich habe mein Versprechen gehalten, ich habe sehr oft und ganz besonders für euch gebetet. Oft und oft habe ich aus unseren Klöstern, aus den Pfarreien, in die wir auf Mission geschickt worden waren, weit von hier meine Gedanken zu diesem armen und mir lieb gewordenen Haus gelenkt; und so sehr ich Traurigkeit und Herzensbedrückung spürte, als ich zum ersten Mal zu euch kam, so viel Freude empfinde ich jetzt, hierher zurückzukommen (genau genommen, keine Freude, denn wie kann ich mich freuen, wenn ihr traurig seid?), sondern das Glück, hierher zurückzukommen; deshalb bin ich auch so oft wie möglich hierher gekommen; ich konnte euch nichts sagen, denn es gibt ja die Regel,[V] aber ich dachte, allein meine Anwesenheit könnte für euch ein Zeichen der Sympathie und ein Trost für euch sein, und ich las auf euren Gesichtern, dass es so war.[14]

---

V Die Inhaftierten durften nicht öffentlich das Wort an ihn richten. Der bereits zitierte Erlass vom 10. Mai 1839 schrieb den Verurteilten das Schweigen vor und erlaubte ihnen nicht, vor anderen das Wort an ihre Wärterinnen oder Vorarbeiterinnen vor anderen anzusprechen, außer aus schwerwiegenden Gründen und auch dann nur mit leiser Stimme.

Diese diskrete vertrauliche Aussage teilt uns mit, dass nicht nur der Prediger ein ganzes Jahr lang zwischen den beiden Exerzitien immer wieder für seine Hörerinnen gebetet, sondern auch, dass er den einen oder anderen Aufenthalt in Cadillac dazu benutzt hat, dem Gefängnis einen schweigenden Besuch abzustatten, der allein durch seine Gegenwart die Brüderlichkeit für die gefangenen Frauen zum Ausdruck brachte, die er nach wie vor lebte. Da er erst kurz zuvor eingeladen worden ist, hat der Prediger nicht genug Zeit gehabt, die Einkehrtage im vollen Umfang vorzubereiten, bevor er nach Cadillac kam. Von den vier Predigten dieser Tage sind zweieinhalb vor seiner Ankunft geschrieben, der zweite Teil der dritten und die vierte sind komplett mit jener schwarzen Tinte geschrieben, die er wie im Vorjahr verwendet, als er bei seinen Eltern in Cadillac weilt. Der Aufbau mag überraschen, er ist ziemlich streng: der Tod, das Gericht, der Himmel und die Rechtfertigung/Rehabilitation, die Eucharistie. Die ersten drei Themen scheinen nicht als Vorbereitung auf den vierten Tag gedacht, der ganz auf das Altarssakrament ausgerichtet ist. Ein genauer Blick auf diese Seite zeigt, dass Pater Lataste die Themen mit großem Feingefühl behandelt und niemals versucht, seine Zuhörerschaft zu erschrecken, wie man es in jener Zeit ja gern tat. Die bereits erwähnte Gefängnisstatistik lässt auch den Grund für eine solche Predigt ahnen: Pater Latastes Publikum bekommt im Durchschnitt alle neun Tage einen Sarg zu Gesicht. Der Tod hat nichts von einer abstrakten Idee, er ist eine sehr präsente Realität im Gefängnis.

Zwei Themen dieser Einkehrtage ziehen die Aufmerksamkeit auf sich: Im Gefängnis wie anderswo stellt Pater Lataste gern seinen Zuhörern die Freuden des Himmels vor Augen. Für ihn gibt es keine Predigt der Hoffnung, die sich nur auf irdisches Hoffen beschränken würde. Man muss dem Christen das unermessliche Glück aufzeigen, das ihn erwartet; nur so kann man ihm helfen, zu verstehen, wie dringlich die Bekehrung ist, und geduldig in den Prüfungen auszuharren. Die Durchquerung der Wüste hat für den Wandernden nur dann einen Sinn, wenn er weiß, dass das Gelobte Land am Ende des Weges liegt.

## Die Rechtfertigung/Rehabilitation

Überrascht stellt man in den vier Predigten der Einkehrtage von 1865 fest, wie häufig auf die Rechtfertigung/Rehabilitation der Sünder, auf die Begegnung der reinen Seelen und mit den Seelen, die Verzeihung erlangt haben, und auf das gegenseitige Vertrauen der Erwählten angespielt wird.[VI] Dieser Begriff der Rechtfertigung fehlt in den Predigten von 1864. Es ist anzunehmen, dass der Prediger ihn im Gefängnismilieu vorgefunden, übernommen und weiterentwickelt hat. Die Rehabilitation der in Freiheit gekommenen Verurteilten, «die für die Zukunft sämtliche aus der Verurteilung resultierenden Rechtsverluste beseitigt», wurde bereits unter dem Ancien Régime praktiziert und hatte ihren Patz im napoleonischen Strafrecht.[15] Ein Gesetz hatte 1852 die Anwendungsmodalitäten geregelt.[16] Doch das Thema war gerade im Jahr 1865 in den Zuchthäusern aktuell: Am 17. März dieses Jahres hatte der Innenminister eine «Instruction ayant pour objet de bien faire comprendre aux condamnés les conditions et

VI Diese Themen werden manchmal wörtlich wiederholt, als Pater Lataste einige Monate später sein Projekt zur Gründung von Bethanien öffentlich vorstellt.

les avantages de la réhabilitation» [Instruktion mit dem Ziel, den Verurteilten das Verständnis für die Bedingungen und Vorteile der Rehabilitation näherzubringen] unterzeichnet. Dieser Text hob zunächst die Vorteile des Gesetzes von 1852 gegenüber den früheren Regelungen hervor und stellte dann fest, dass es nur selten angewendet werde, weil die entlassenen Zuchthaushäftlinge die Wohltaten, die es versprach, nur selten beantragten. Die Aufforderung zur Rehabilitation galt als eines der Mittel, über die die Verwaltung verfügte, um die Verurteilten «zu bessern»; so verlangte die Instruktion, die Direktoren sollten den Straffälligen schon bei deren Ankunft im Zuchthaus die Perspektive der Rehabilitation, ihrer Bedingungen und Vorteile eröffnen, und diese Ermahnung sollte im Lauf der Strafe im Allgemeinen und im Besonderen immer wieder erteilt werden. «Diese häufigen Appelle an das Ehrgefühl, das vielleicht ja nur leicht angeregt werden muss, werden zweifelsohne wohltätige Wirkungen erzeugen.»

Diese Neuerung in den Gewohnheiten des Gefängnisses ist dem Prediger nicht unbekannt, als er sich sechs Monate später erneut an die inhaftierten Frauen wendet. Er kann die Idee noch einmal aufgreifen und zeigen, dass sie unvollständig bleibt, wenn die Rehabilitation lediglich ein Fakt der menschlichen Gerechtigkeit ist, selbst in dem Fall, dass sie einen zu Unrecht Verurteilten rehabilitiert. Die wirklich vollständige Rehabilitation kann nur jene sein, die aus der von Gott angebotenen Verzeihung erfließt und in dem vom Verbrechen betroffenen Menschen eine neue Schöpfung verwirklicht, indem sie ihm eine zweite Unschuld schenkt.

Die Idee hatte ihn schon seit dem Tag beschäftigt, an dem sie sich ihm bei Einkehrtagen des Vorjahrs aufgedrängt hatte. Von da an kann er sich das Heil nicht mehr anders vorstellen als auf diese Weise: Die Unschuld, die in der Vergebung der Sünden wiedergefunden ward, ermöglicht denen, die gefallen sind, mit denen, die vor der Sünde bewahrt wurden, an Liebe zu wetteifern.

## Im Zentrum der Predigten: die Erfahrung der Großtaten Gottes

Während dieser Einkehrtage von 1865 hat Pater Lataste Gelegenheit, eine Erfahrung zu machen, die ihn zutiefst prägt. In der letzten Nacht, der Nacht der Ewigen Anbetung, versammeln sich die Gefangenen nicht stündlich zu zwei und zwei, wie es oft beim nächtlichen Gebet geschieht, sondern zu jeweils zweihundert während der halben Nacht, in beeindruckendem Schweigen. Als er aus dem Beichtstuhl tritt, steht der Prediger sprachlos beim Anblick eines solchen Schauspiels, einer solchen Sammlung. In der Nacht schreibt er seine letzte Predigt, die ein Ruf der Freude, eine Hymne auf die göttliche Barmherzigkeit ist. Ununterbrochen wiederholt er: «Ich habe Wunder gesehen! Ich habe Wunder gesehen!» Wir müssen bei diesem Text verweilen, er ist eine von Pater Latastes bemerkenswertesten Predigten. Hier ihr Anfang:

> Gestern habe ich euch den Ausruf der heiligen Katharina von Siena zitiert, den sie am Ende einer Ekstase ausstieß, in der sie eine Art Schein des Himmels erblickt hatte; heute kann auch ich, ohne dass ich den Himmel gesehen habe und in Ekstase entrückt wurde, mit ihr ausrufen: «Ich habe Wunder gesehen! Ich habe Wunder gesehen!»
> Und was haben Sie gesehen, werden mich im Grunde ihres Herzens viele Zuhörerinnen fragen, was haben Sie gesehen?
> Ach, was habe ich gesehen?

Ich habe dieses Gefängnis gesehen, einen Gegenstand der Traurigkeit und des Schauders für die Menschen, der in dieser Nacht verwandelt ward in einen Ort der Freuden, in einen Aufenthaltsort der Herrlichkeit und des Glücks! …
Ich habe Gott gesehen, den großen Gott im Himmel, Ihn, der mit einem einzigen Wort die Welt geschaffen und sie bevölkert hat, Ihn, der kommen wird in Herrlichkeit und Schrecken, zu richten die Engel und die Menschen, die Lebenden und die Toten, Ihn habe ich gesehen. Er wurde von tiefer Liebe zu den Menschen ergriffen, nachdem er sie nach seinem Bilde geschaffen hatte, und von dieser Liebe bis zum Leiden, ja bis zum Wahnsinn getrieben, er ist Mensch geworden, um den Menschen nahe zu sein, und um sie retten, ist er zum schmachvollsten und schmerzlichsten Leiden verurteilt worden, er hat sie geliebt bis zum Ende, bis zum Tode, ja, bis zum Tod am Kreuz, an diesem Schandpfahl in den Augen der Juden und Werkzeug des Spotts und der Narrheit in der Meinung der Heiden. Aber durch eigene Kraft nach seinem Tod auferstanden, wie er verheißen, ist er zum Himmel aufgefahren, doch durch ein unaufhörliches Wunder der Liebe und Allmacht hat er seine Gegenwart mitten unter den Menschen fortgesetzt, verhüllt zwar, aber real und substantiell unter den eucharistischen Gestalten. Und er hat seinen Aposteln zum Abschied sagen können: «Ich bin bei euch alle Tage bis ans Ende der Zeiten.»[17]

Dieser Ausdruck «ich habe Wunder gesehen», gleichsam der Refrain seines Abschieds von den inhaftierten Frauen, ist eine ausdrückliche Bezugnahme auf einen Ausruf der Katharina von Siena am Ende einer Ekstase. Die Untersuchung des Textes, von dem der Prediger sich inspirieren lässt, und der Art, wie er sich auf ihn bezieht, sind eine kostbare Quelle der Information über seine spirituelle Erfahrung während dieser Tage im September 1865.
Das hier verwendete Katharina-Zitat stammt aus der *Legenda maior* Raimunds von Capua. Bemerkenswert ist der Kontext dieser Anekdote, die Pater Lataste nicht zufällig in den Sinn gekommen ist: Es handelt sich um die Passage, in der Raimund von Capua von den Ekstasen berich-

tet, in denen der Erlöser Katharina Maria Magdalena zur Mutter gibt:

Unter diesen Tatsachen will ich die wunderbaren Visionen nicht schweigend übergehen, die sie vom Himmel empfing. Eines Tages erschienen ihr der König der Könige und die Königin, seine Mutter, zusammen mit Maria Magdalena, um sie zu trösten und zu stärken. Unser Herr sprach zu ihr: «Was willst du, was erwählst du von dir oder von mir?» Katharina brach in Tränen aus und antwortete ihm, demütig wie einst Petrus: «Herr, du weißt, was ich will, du weißt, dass ich keinen anderen Willen als den deinen habe und dass dein Herz mein Herz ist.» Da kam ihr in den Sinn, dass Maria Magdalena sich dem Erlöser ganz hingegeben hatte, als sie seine Füße mit ihren Tränen benetzte; und sie fühlte die Süße und die Liebe, die diese Heilige damals empfand, und hing mit den Augen an ihr. Unser Herr sagte als Antwort auf ihr Verlangen: «Geliebte Tochter, hier gebe ich dir, dich zu trösten, Maria Magdalena zur Mutter; du kannst dich getrost an sie wenden, ich beauftrage sie speziell mit dir.» Katharina ergoss sich in Danksagungen und empfahl sich voll Inbrunst Maria Magdalena; demütig bat sie sie, über ihr Heil zu wachen, da der Sohn Gottes sie ihrer Fürsorge anvertraut habe. Von diesem Augenblick an empfand sie für diese Heilige eine zärtliche Verehrung und nannte sie immer ihre Mutter [...]. Und ich sah sie eines Tages ganz verzückt und hörte sie ganz leise sprechen; ich näherte mich ihr und verstand, dass sie auf Latein sagte: «Ich habe die Geheimnisse Gottes gesehen: *Vidi arcana Dei.*» Nichts anderes fügte sie hinzu, sondern wiederholte immer wieder: Ich habe die Geheimnisse Gottes gesehen. Lange Zeit danach, als sie wieder zu sich kam, sagte sie noch immer nur diese Worte: «Ich habe die Geheimnisse Gottes gesehen.» Ich wollte wissen, weshalb. «Mutter, warum, ich bitte Euch, wiederholt Ihr immer dieselben Worte und erklärt sie uns nicht, wie Ihr es sonst tut?» – «Es ist mir unmöglich», antwortete sie, «etwas anderes zu sagen und es anders zu sagen.» – «Aber was ist der Grund dafür? Gewöhnlich sagt Ihr uns, ohne dass wir erst fragen, was Gott Euch offenbart hat. Warum antwortet Ihr mir nicht, selbst wenn ich Euch frage?» – «Ich würde mir Vorwürfe machen«, sagte sie zu mir, «wollte ich das, was ich gesehen habe, mit leeren Worten wiedergeben; mir scheint, ich würde Gott lästern und ihn durch meine Sprache entehren. Es ist ein so großer Abstand zwischen dem, was mein Geist betrachtet hat, als er in Gott entrückt war, und all dem, was ich euch sagen könnte, dass ich glauben müsste zu lügen, spräche ich zu Euch davon. So muss ich es ablehnen, es euch zu erklären; alles, was ich sagen kann, ist, dass ich unaussprechliche Dinge gesehen habe.»[18]

Wir haben zwar keine Gewissheit, dass Pater Lataste diese Übersetzung oder zumindest den lateinischen Text in Händen hat, als er seine Predigt vorbereitet, können aber sicher sein, dass er sich auf genau diesen Text bezieht, denn in der dritten Predigt gibt er den Dialog zwischen Katharina und ihrem Beichtvater wieder.[19] Allerdings möchte man meinen, er zitiere ihn aus dem Gedächtnis, denn er ist nicht sehr nah am Text, vor allem, wenn er in beiden Predigten die Wendung «Ich habe die Geheimnisse Gottes gesehen» durch die Formulierung «Ich habe Wunder gesehen» ersetzt. Er zitiert also aus dem Gedächtnis einen Text, der ihn wahrscheinlich durch die Erwähnung Maria Magdalenas, die provençalische Tradition von ihrem Eremitinnenleben in La Sainte-Baume, angesprochen hat, vielleicht aber auch durch jenes Bild vom Schutz der schwachen Sünderin durch die ehemalige, der Vergebung sich erfreuende Sünderin, das an das Haus Bethanien denken lässt, von dem er schon seit einem Jahr träumt. Der Teil der Predigt über den Himmel, der dieses Zitat enthält, ist, wie die verwendete Tinte beweist, vor den Einkehrtagen verfasst. Das Ende des Textes, und hier vor allem die letzte Predigt, ist in Cadillac mit einer anderen Tinte geschrieben.

Hier sind wir der intimsten Reflexion des Predigers ganz nahe und können den Schock nachvollziehen, den für ihn die Begegnung mit den inhaftierten Frauen bedeutete. Katharinas Ausspruch ist ihm ganz spontan in die Feder geflossen, als er eine Predigt über den Himmel vorbereitete. Was könnte, wenn man sich anschickt, zu Gefange-

nen vom Paradies zu sprechen, natürlicher sein, als dass man sich an eine Erzählung erinnert, die von der Existenz Maria Magdalenas im Himmel handelt und von dem Schutz, den sie denen gewähren kann, die Gott suchen? Wie sollte man nicht betroffen sein, wenn man bei Raimund von Capua diesen schlichten Dialog zwischen der Heiligen und ihrem Erlöser liest und dann im Kontrast dazu das Stottern sieht, das sie befällt, wenn sie diese Begegnung zu schildern versucht? Der Dialog scheint leicht, aber er ist aufgeladen mit all dem, was die intime Erkenntnis der in Maria Magdalena und in allen Geschöpfen wirksamen Barmherzigkeit des Herrn hat vorstellen können. Das Geheimnis Gottes, das Katharina jenseits aller Worte betrachtet – ist es nicht genau das Geheimnis seiner Barmherzigkeit?
Das jedenfalls hat der Prediger in den langen Stunden entdeckt, in denen er in der kleinen Sakristei des Gefängnisses den gefangenen Frauen die Beichte abnahm. Als er mit rasch hingeworfenen Zeilen die letzte Predigt der Einkehrtage verfasst und beschreiben will, was er in der Kapelle, aber mehr noch in den Seelen der Inhaftierten gesehen hat, sind es die Worte Katharinas, die ihm ganz selbstverständlich in die Feder fließen. Was Katharina sagen konnte, nachdem sie das Antlitz ihres Erlösers betrachtet hatte, sagt Pater Lataste, indem er betrachtet, was sich im Herzen der gefangenen Frauen abgespielt hat. Und wie Katharina kann er nur unablässig wiederholen: «Ich habe Wunder gesehen.» Dieser Ausdruck ist unter den gegebenen Umständen mehr als ein Ausruf der Freude angesichts eines schönen Schauspiels: Er ist die Bejahung des den Inhaftierten angebotenen Heils. Da er Zugang zum Innersten ihres Herzens fand, war Pater Lataste überzeugt, er stehe in inniger Gemeinschaft mit

Gott, und er befand sich in jenem Paradies, das er am Abend zuvor beschrieben hatte. Ein weiteres Indiz für diese Begegnung des Himmels mit der Erde liefert zweifellos die Beschreibung des Paradieses in der dritten Predigt: Diese Versammlung von fleckenlosen Seelen und geläuterten, rehabilitierten Seelen gleicht verblüffend der Versammlung, die er sechs Monate später in der ersten Veröffentlichung über Bethanien beschreibt. Auch dort wird man den Eindruck haben, der Himmel sei auf Erden. Die entscheidende Erfahrung des Geheimnisses Gottes, die Bruder Marie-Jean-Joseph Lataste im Gefängnis machte, war, wenn man seinen Schriften glauben darf, nicht in erster Linie die des Gebets, sondern die der Predigt. Diese ist für ihn nicht eine Folge des geistlichen Lebens, wie es die Formel des heiligen Thomas von Aquin sagt, die oft zitiert wird, um das Leben der Dominikaner zu charakterisieren: «Betrachten und den anderen weitergeben, was man betrachtet hat – contemplari et contemplata aliis tradere». Nein, im Akt der Weitergabe selbst betrachtet er die Wunder Gottes. Indem er das Geschenk des Heils an die am meisten Verachteten festgestellt und die Folgen dieses Geschenks in ihrem Leben gesehen hat, ist er gewissermaßen wie Katharina in Ekstase geraten und hat das Gefühl gehabt, er habe das Paradies gesehen und sei Gott begegnet.

## Die Gründung ist ein dringendes Erfordernis

Diese zweite Reihe von Einkehrtagen im Gefängnis, ein Jahr nach dem Auftauchen der Idee zur Gründung von Bethanien, bestärkt Pater Lataste in seinen Überzeugungen. 1864 hatte er bemerkt, dass die inhaftierten Frauen Vertrauen verdienten, dass sie in der Buße die Fähigkeit zurückgewonnen hatten, ein authentisch christliches Leben zu führen. Ein Jahr später kann er feststellen, dass er sich nicht getäuscht hat. Die im September 1864 beobachteten Bekehrungen waren keine Strohfeuer. Die Gefangenen haben sich bemüht, den Vorschlag des Predigers, im Gefängnis wie Nonnen zu leben, in die Tat umzusetzen, und haben jeden Augenblick ihrer arbeitsamen und harten Existenz aus Liebe Gott aufgeopfert. Diese Treue bestärkt ihn in dem Gedanken, dass man sie für fähig halten darf, das kontemplative Klosterleben zu führen, wenn sie die Neigung und die Berufung dazu haben: «Ich hatte einmal mehr Gelegenheit, die Gnade in den Seelen zu bewundern und festzustellen, wie notwendig und angebracht diese Gründung war, und zwar nicht nur für später, sondern schon jetzt.»[20]

Der Kontrast zwischen der Qualität des sittlichen Lebens, die er im Gefängnis feststellen kann, und der Verachtung, die diese Frauen erleben werden, wenn sie aus dem Zuchthaus kommen, ist ihm unerträglich. Mit dem Ruf des heiligen Dominikus fragt auch er sich unaufhörlich: Was wird aus ihnen werden? Die folgenden Monate[VII] gelten der letzten Vorbereitung der Gründung und einer unermüdlichen Arbeit mit dem Ziel, die französische Öffentlichkeit über die Realität dessen aufzuklären, was während der Gefangenschaft und beim Verlassen des Gefängnisses erlebt wird.

Ende September muss Pater Lataste Bordeaux verlassen; daher sagt er die Predigtreihe während der vom 1. bis 22. Oktober in Agen geplanten Volksmission ab und übernimmt die Aufgabe, die der Orden ihm soeben im Kloster von Flavigny anvertraut hat.

---

VII Siehe Kapitel 7, S. 183.

# Studentenmeister und Subprior in Flavigny

Pater Lataste muss in seinem neuen Konvent eine doppelte Aufgabe schultern: Er ist Subprior und Novizenmeister. Als Subprior muss er im Kloster möglichst präsent sein, um den Prior in dessen Abwesenheit zu vertreten und so eine permanente Leitung sicherzustellen. Das bedeutet einen kompletten Rhythmuswechsel gegenüber den apostolischen Eilreisen des Vorjahrs. Aber vor allem seine Ernennung zum Pater Magister beunruhigt ihn; er hat denn auch versucht, ihr zu entgehen.

Ich bin heute wohl oder übel durch meine Aufgabe genötigt, daran zu arbeiten, dass ich ein guter Ordensmann werde, und wenn ich auch unfähig bin, die anderen zu formen, hoffe ich doch zumindest, mich selbst ein bisschen besser zu formen. Aber das genügt natürlich nicht, beten Sie fleißig für mich, dass ich beides tue.[21]

## Der Studentenmeister

Nach seiner Ankunft während der Konventsexerzitien übernimmt Pater Lataste die Sorge um 17 junge Novizen.[22] Er führt sie in einer Fußwallfahrt[23] (48 km) nach La Pierre qui Vire ins Kloster der «Benediktiner-Prediger», das Pater Muard einige Jahre zuvor im Morvan gegründet hat. Er ist tief beeindruckt von der Zeremonie einer Profess, der sie beiwohnen: Einige Details der benediktinischen Liturgie wird er in die Bräuche von Bethanien aufnehmen.[24] Unter den jungen Fratres, für die er verantwortlich ist, sind besonders bemerkenswert Frater

M.-H. Altmayer, der spätere Bischof im Irak,[VIII] Frater D. Roland,[IX] der Bruder einer der ersten Schwestern von Bethanien, Frater Beaudouin, der später zum wahren Reformator des Studiums in der Provinz von Frankreich geworden ist und Socius des seligen Ordensmeisters H.-M. Cormier war.[25] Hier eine Beschreibung des komplexen Lebens dieses Konvents zu dem Zeitpunkt, als Pater Lataste sich ihm anschloss:

Das Kloster von Flavigny, das für ein einfaches Noviziat eingerichtet war, erwies sich nach der Vereinigung von einfachem Noviziat und Professnoviziat in denselben Gebäuden als ungenügend. Diese – zwangsläufig provisorische – Zusammenlegung schuf in Wirklichkeit die Existenz von zwei Konventen in einem einzigen. Nun funktionierten aber die beiden Noviziate nicht auf dieselbe Weise, und eine gewisse Konfusion, eine Behinderung aller Bereiche infolge der Vereinigung, der man hatte zustimmen müssen, war unausweichlich. Frater Augustin Jouin schreibt: «Unser Konvent von Flavigny wird zu klein, denn mit den Patres, den Professoren und ihren Konversen sind wir fünfzig, wenn nicht mehr.» Diese Zahl wuchs in der Zeit, als die Option anstand, noch beträchtlich, da die Novizen, die anfänglich in Saint-Maximin geblieben waren, freiwillig zurückkehrten. Die Enge und der schlechte Zustand der Räume trugen als erstes zur misslichen Lage bei. Die Unzufriedenheit, die man zu beherrschen versuchte, drang trotzdem durch. Der geringste Zwischenfall verschärfte die ohnehin heikle Situation.
Andererseits mussten während des Zeitraums, in dem man sich für die eine oder andere der beiden Provinzen zu entscheiden hatte, die Patres und Novizen in einer Art instabilen Gleichgewichts leben. Alle möglichen Veränderungen beeinträchtigten jederzeit die Zusammensetzung eines Unterrichtskurses, die Verteilung der Aufgaben, sogar die Lei-

VIII Er ist Autor des Berichts von Pater Latastes Beerdigung: «Une cérémonie funèbre à Béthanie», in: *L'Année dominicaine* (1869), April, S. 157. Siehe B. Guenin, *Monseigneur Altmayer*, 1930, und *L'Année dominicaine* (1930), S. 361–367.

IX Er ist Pater Lataste in seinen letzten Stunden beigestanden und hat für die Schwestern von Bethanien einen Bericht darüber verfasst.

tung der Noviziate. Zu Beginn ihres Aufenthalts in Flavigny blieben die Professnovizen ohne den Vertrauensmann, den Führer, den Moderator, wie ihn die Konstitutionen in der Person des Paters Magister vorsahen.[26]

Die Situation, die Pater Lataste in Flavigny antrifft, ist in der Tat nicht einfach. Pater Alvare Duley ist durch das Provinzkapitel als Novizenmeister der einfachen Novizen und der Professnovizen bestätigt und Pater Lataste durch ebendieses Kapitel als sein Socius mit dem faktischen Auftrag für die Professnovizen eingesetzt worden.[27] Es gibt in Flavigny also zwei Noviziate mit zwei Leitern. Manche Fratres haben seit dem Noviziat Pater Duley als Pater Magister und Beichtvater gehabt. Die Debatten um das Thema der Observanz fanden in den jungen Ordensleuten glühende Protagonisten. Im Zentrum dieser häufigen Spannungen in den Noviziaten beweist Pater Lataste so viel Großzügigkeit und Vertrauensbereitschaft, dass Pater Duley ihn des Laxismus verdächtigt und darüber den Ordensmeister unterrichtet.[28] Die Mitbrüder im Konvent dagegen und die meisten Novizen vertrauen ihm: Er wird zum Subprior gewählt,[x] dann, am 10. November, zum Depositar und Examinator für die Einkleidungen und Gelübde.[29]
In seiner Arbeit als Ausbilder weiß Pater Lataste um seine Inkompetenz. Mehrere Texte lassen die Bescheidenheit ahnen, mit der er diese Aufgabe, die ihm allzu schwer erscheint, bestmöglich zu erfüllen sucht: «Ich bin unfähig, die anderen zu formen»[30]; «Mein Gewissen ist nicht genü-

x Pater Lataste wird im Register des Konventskonsilsrats von Flavigny als Subprior aufgeführt, vom Datum der Wahl gibt es jedoch keine Spur im Archiv des Konvents.

gend gebildet»[31].In einer schwierigen Situation beweist er Güte und Unterscheidungsvermögen. Für zwei Brüder aus derselben Familie, Augustin und Mannès Jouin, hatte der Prior von Flavigny um Säkularisation ersucht.[32] Pater Lataste schreibt an Pater Jandel, um ihm seine Meinung mitzuteilen.[33] Da er die vertraulichen Mitteilungen und Beichten der jungen Leute entgegengenommen hat, bleibt er diskret, aber zögert nicht, Stellung zu beziehen: Der ältere Bruder scheint ihm durchaus imstande, seinen Platz im Orden zu finden, denn er hat zwar infolge seines späten Eintritts ins Noviziat einen gewissen Geist der Unabhängigkeit gezeigt, hat sich aber nach der kanonischen Visitation durch den Provinzial couragiert eines Besseren besonnen und die anderen Novizen zur Umkehr aufgerufen. Man bemerkt die Sympathie, die Pater Lataste für diesen eigensinnigen und loyalen Charakter hegt, der ihm ähnelt. Der jüngere Bruder macht mehr Probleme, und Pater Lataste will hier keine allzu eindeutige Stellung nehmen, da er Frater Mannès zu wenig kennt. Er lehnt es ab, ihn um seinen Austritt zu bitten, und schlägt vor, Brüder zu Rate zu ziehen, die ihn besser kennen.[XI] Diese beiden Briefe lassen Qualitäten deutlich werden, die sich bei Pater Lataste immer mehr entfalten: Güte und Geduld in der Seelenführung, Vertrauen in die Anzeichen von Umkehr, die Menschen guten Willens zu erkennen geben, und Demut in der Unterscheidung, die auf Ratschläge zu hören weiß.

---

[XI] Nach seiner Säkularisation vor der feierlichen Profess wird der jüngere der beiden Brüder Diözesanpriester. Der ältere, Augustin Jouin, ist 1889 gestorben, nachdem er 1870 freiwilliger Seelsorger der Armée du Nord und mehrmals Prior gewesen war (*L'Année dominicaine*, 1889, S. 240).

Pater Latastes eigenes Verlangen nach Heiligkeit[XII] hat die Formung geprägt, die er seinen Novizen weitergegeben hat: Das Ordensleben hat in seinen Augen kein anderes Ziel. So entschlüpft ihm am Jahrestag seiner ersten Messe im Februar 1866 das folgende Gebet: «Mein Gott, mach aus mir einen stets treuen Priester, einen Ordensmann nach deinem Herzen, einen Heiligen!»[34]

Pater Lataste übt sein Amt als Novizenmeister ein Jahr lang aus, bis zum 25. Oktober 1866.[XIII] Er genießt den Frieden des Klosters und widmet sich dem Studium und der Formung der studierenden Fratres: Acht Predigten aus dieser Periode sind erhalten[35] – gegenüber 108 aus dem Vorjahr. Während des ganzen Jahres wird er mit keiner einzigen Predigt außerhalb des Klosters beauftragt.

## Das Apostolat des Schreibens

Die Freizeit, die ihm seine Aufgabe schenkt, lässt Pater Lataste die Möglichkeit, mehrere Broschüren zu verfassen, die im Winter 1865–1866 veröffentlicht und zugunsten der Noviziate der Provinz verkauft werden. Das erste Bändchen ist ein Leben der seligen Imelda Lambertini, publiziert am 6. Januar 1866. Es erlebt drei Auflagen, von denen eine für Erstkommunionfeiern illustriert ist. Die Widmung – typisch für Pater Latastes Verehrung der Eucharistie – ist eine Einladung an die kleinen Kinder, sich darauf vorzubereiten, dass sie «vom Gott der Eucharistie

---

[XII] Dieses Ziel des Ordenslebens scheint besonders in der Korrespondenz mit Mutter Henri-Dominique auf, die wir im Kapitel über die Gründung, S. 196 und 199 analysieren werden.

[XIII] An diesem Tag wird er durch Pater Dominique Delorme ersetzt (Register des Rates Konsils von Flavigny und Brief 121 vom 26. Oktober 1866 an Mutter Henri- Dominique).

den Kuss der Versöhnung und der Liebe empfangen» werden, und an die Eltern, sie möchten sich an ihre eigene Erstkommunion erinnern und daraus das Verlangen schöpfen, immer wieder zum heiligen Tisch zu kommen.[XIV] Für die Lebensgeschichte dieses jungen Mädchens aus dem 13. Jahrhundert, das schon sehr früh mystisch begnadet war und bald nach seiner ersten Kommunion verstarb, holt sich Pater Lataste Anregungen aus Manuskripten, die ihm der spanische Prior von Boussey, dem Karmelkloster in der Nähe von Cadillac, überlassen hat.[36] Pater Lataste wird sich eine tiefe Verehrung für die selige Imelda bewahren, die in seinen Augen das innige Verlangen verkörpert, das ihn dazu drängte, seine eucharistische Frömmigkeit mit anderen zu teilen. Anfang 1866 berichtete ihm zu seiner Freude sein Freund Pater Lévy, Dominikanermissionar in Mossul (Irak), der gleich ihm ein Verehrer der seligen Imelda ist, von der Heilung einer kleinen irakischen Imelda nach ihrer Erstkommunion.[XV]

Zwei weitere Broschüren sind dem Rosenkranz gewidmet;[37] sie erscheinen im März. Ihr Stil ist insgesamt der eines volkstümlichen Predigers, der das Publikum, das er bei den Volksmissionen nicht erreicht, ganz offen mit seinen Schriften ansprechen will:

Während meine Brüder ihm auf ihren apostolischen Reisen neue, zahlreiche Sympathien gewinnen, werde ich, der Unwürdigste von allen,

---

XIV Sehr oft stellt Pater Lataste in den Schlusspredigten nach Einkehrtagen oder Besinnungstagen in der Fastenzeit die Eucharistie als den Ort der Versöhnung zwischen Gott und dem Menschen dar. Nachdrücklich lädt er die Christen ein, zum Brauch der häufigen Kommunion zurückzukehren, selbst auch im Gefängnis.

XV In diesem Brief vom 3. Dezember 1865 erwähnt Pater Lévy zudem noch seinen Wunsch, Pater Latastes Büchlein über die selige Imelda ins Arabische zu übersetzen.

wenn ich es ihnen schon nicht gleichtun kann, aus meiner geliebten Einsamkeit zumindest versuchen, meine Steinchen zu diesem ganz katholischen und ganz dominikanischen Werk beizutragen, indem ich dafür arbeite, dass man es besser kennen und lieben lernt.[38]

Nach einer historischen Einleitung über die Rosenkranzfrömmigkeit, die die damals üblichen Beschränktheiten und Irrtümer darstellt,[XVI] trägt Pater Lataste eine Meditation über die Geheimnisse des Rosenkranzes vor, die ein weiteres Mal seine Vertrautheit mit der Heiligen Schrift beweist. In einer dritten Broschüre, die nicht veröffentlicht wurde und deren Manuskript unvollständig ist, wird für jedes Geheimnis des Rosenkranzes der Text des Neuen Testaments in Parallele zu den Gestalten des Alten gesetzt, die jenen verdeutlichen. Ein nicht publiziertes Projekt einer vierten Broschüre schloss diesen biblischen Durchgang mit den alttestamentlichen Prophetien und ihrem Bezug zu den einzelnen Geheimnissen ab. Die Marienfrömmigkeit ist hier in den Rahmen der gesamten Heilsgeschichte gestellt.

Die wichtigste Broschüre, die Pater Lataste während dieses in Flavigny verbrachten Jahres veröffentlicht hat, ist jene, die dazu gedacht war, dem breiten Publikum das Projekt der Gründung von Bethanien nahezubringen. Es ist *Les Réhabilitées*, erschienen im Mai 1866.

Aus dieser Periode sind uns nur wenige Spuren außer den Vorbereitungen für die Gründung von Bethanien erhalten; wir werden sie im folgenden Kapitel behandeln. Doch einen weiteren wichtigen Fakt müssen wir noch festhalten: den Tod von Monsieur Lataste.

---

XVI Dass der Rosenkranz vom heiligen Dominikus erfunden worden sei oder dass das Rosenkranzgebet den Ausgang der Schlacht bei Muret (1213) beeinflusst habe.

Vital Lataste stirbt am 11. Dezember in Cadillac. Pater Lataste kommt nicht mehr rechtzeitig, um ihm in seinen letzten Stunden beizustehen, aber er hat den Trost, dass er ihn noch einmal umarmen kann, bevor er auf die Totenbahre gelegt wird. Schon jahrelang trug er sich mit der Sorge um die Bekehrung seines Vaters, brachte das Thema mehr oder weniger direkt in seinen Briefen zur Sprache und schickte Brüder zu ihm, von denen er meinte, sie könnten ihn anrühren. Pater Lataste klammert sich an die Hoffnung, die ihm die Tatsache vermittelt, dass sein Vater es akzeptiert hat, vor seinem Tod zu beichten und die Krankensalbung zu empfangen. Es ist bestürzend zu sehen, wie ihn die Angst um das Seelenheil seines Vaters würgt, verglichen mit der Kühnheit, mit der er den inhaftierten Frauen die Barmherzigkeit predigt und mit ihnen ein Treffen im Himmel verabredet. Im Hinblick auf straffällige Frauen scheint er voller Vertrauen, aber was seinen Vater betrifft, wirkt er wie jemand, der an allem zweifelt. Vital Lataste war jedoch kein notorischer Antiklerikaler, beileibe nicht. Er hat sich nie den Klosterplänen seines Sohnes widersetzt, er hat den großen Etappen seines Ordens- und Priesterlebens beigewohnt und regelmäßig an den Gottesdiensten und Predigten in der Pfarrei von Cadillac teilgenommen. Keiner ist Prophet in seinem Land, sagt die Heilige Schrift, und offenbar taugt niemand zum Richter über die Seinen.

Anmerkungen

1 Predigten 99–105, 6.—25. Dezember 1864. Siehe auch Brief 430 vom 2. Januar 1865 an Pater Nespoulous.

2 Predigten 117–134.

3 Predigten 136–138, Ewige Anbetung in Cadillac, 20.—23. Februar 1865; Predigten 139–140, Ewige Anbetung in Belin, ohne Datum.

4 Predigten 141–167.
5 Predigten 169–178.
6 Predigt 179, 7. Juni 1865, vor den Weihekandidaten von La Rochelle.
7 Predigten 180–186.
8 Predigten 189–192.
9 Der Text ist publiziert in: J.-M. Gueullette, «‹L'apostolat est l'essence du frère prêcheur.›. Le rapport du père Lataste sur les observances pour le chapitre provincial de 1865», in: *Mémoire dominicaine*, 13 (1998), S. 85–102.
10 «Mémoire sur le rétablissement de l'ordre des Frères prêcheurs», in: *Mémoire dominicaine* 4, Paris 1994.
11 Ediert in: B. Bonvin, *Lacordaire – Jandel*.
12 Predigten 1923–198.
13 Brief 443, 2. Dezember 1865, an Pater Hue, in: *Prêcheur de la miséricorde*, S. 252.
14 Predigt 199, 14. September 1865, in: *Prêcheur de la miséricorde*, S. 187.
15 Code pénal [Strafgesetzbuch], Art. 619–634.
16 Gesetz vom 3. Juli 1852.
17 Predigt 202, 17. September 1865, in: *Prêcheur de la miséricorde*, S. 226.
18 Raimund von Capua, *Leben der heiligen Katharina von Siena*, übers. aus dem Französischen nach der Ausgabe *Vie de sainte Catherine de Sienne*, publiée par E. Cartier, Paris: Poussielgue-Rusand, 2. Aufl. 1859, VI, 5-7, S. 145–148.
19 Predigt 201 über den Himmel, in: *Prêcheur de la miséricorde*, S. 212.
20 Brief 443 an Pater Hue, in: *Prêcheur de la miséricorde*, S. 252.
21 Brief 279, 15. Oktober 1865, an Madame Piron.
22 Die Mitbrüder Pater Gamon, A. Fermé, E.-C. Adam, R. Beaudouin, Pater Rivat, A. Jouin, M. Jouin, D. Monvoisin, M.-Th. Cournaud, J.-D. Mercier, M.-Henri Altmayer, A.-L. Mothon, J. Salmon, R. Defrance, G. Mauleau, H.-M.-V. Révillout, H. Vigeannel haben neben Pater Lataste einen Gelübdebrief an Pater Jandel unterschrieben, den dieser am 6. Januar 1866 erhielt (Orig. A. o.p., Rom).
23 Brief 8, 4. Oktober 1865, an seinen Vater; Brief 434, 2. Oktober 1865, an Pater Nespoulous; Brief 439, 12. Oktober 1865, an Pater Lévy.
24 Siehe S. 211 Fußnote XXI. Brief 346 n, 11: . Februar 1868, an Kardinal Mathieu (Orig. Arch. dioc.im Diözesanarchiv Besançon).
*Cérémonial de Béthanie*, approbiert durch Kardinal Mathieu am 15. Februar 1868. Die Quellen dieses *Ceremoniale* sind nach Auskunft der Anmerkung, die Pater Lataste dem für den Kardinal bestimmten Original hinzugefügt hat: das *Processionale* und das *Antiphonar* des Ordens, das *Ceremoniale* der Nonnen von Dax, das der Schwestern des Dritten Ordens von Langres und von Nancy, das *Manuale* des Dritten Ordens des heiligen Dominikus. Ein Detail war den *Consuetudines* des Klosters von La Pierre-qui-Vire entliehen, wo Pater Lataste einer Profess hatte beiwohnen können; dabei hatte er gesehen, wie der Professe mit einem Leichentuch bedeckt wurde, während man die Antiphon sang: «Wach auf, der du schläfst…» ###
25 *L'Année dominicaine*, (1907), S. 193–201 und 249–262.
26 H. Jouin, *Le Révérend Père A. Jouin, des Frères prêcheurs*, S. 163–164.
27 Akten des Provinzialkapitels der Provinz von Frankreich, Flavigny, 18. August 1865.

28 Brief von Pater A. Duley, 10. November 1865, an Pater Jandel (Orig. A. o.p., Rom).

29 Register des Konventskonsils von Flavigny, 10. November 1865 (Orig. A. o.p., Paris).

30 Brief 279, 15. Oktober 1865, an Madame Piron.

31 Brief 417 b, 28. April 1866, an Pater Jandel (Orig. A. o.p., Rome).

32 H. Jouin, *Le Révérend Père A. Jouin, des Frères prêcheurs*, S. 167 f.

33 Briefe 417 b, 28. April 1866, und 417 c, 20. Mai 1866.

34 Gebet, das in einem kurzen Fragment eines Briefes an Honoré zitiert ist (Brief 75, 10. Februar 1866).

35 Predigt 203, 1. November 1865, vor der Kommunität von Flavigny; sechs Unterweisungen für die Professnovizen (Predigten 204–209); Unterweisung für die Kommunität (Predigt 210).

36 Brief 439, 12. Oktober 1865, an Pater Lévy.

37 *Le Rosaire universel.*

38 *Le Rosaire universel*, Schluss des Vorworts.

# 7
# «DAS WERK, DAS GOTT MIR AUFGETRAGEN HAT» (1866–1869)

Der letzte Lebensabschnitt von Pater Lataste, die Jahre 1866 bis 1869, ist besonders fruchtbar: In ihm mischen sich die Arbeit auf die Gründung hin, die Predigten und der Kampf gegen die Krankheit, die am 10. März 1869 zu seinem Tode führen wird.

## Beginn des Projekts

Als er wie ein Bruder mit den gefangenen Frauen von Cadillac betete, die er «meine lieben Schwestern» zu nennen gewagt hatte, war Pater Lataste die in der Geschichte der Kirche bislang unerhörte Idee gekommen, Frauen, die aus dem Gefängnis entlassen wurden, im klösterlichen Leben willkommen zu heißen. Darüber spricht er noch am Abend mit seinen Eltern, bei denen er übernachtet; die zustimmende Reaktion seines Vaters bestätigt ihn in seinem Vorhaben.[1] Dieses Projekt sieht folgendermaßen aus: Man muss, um die Inhaftierten aufzunehmen, deren Bekehrung so tief geht, dass sie bereit sind, die Welt zu verlassen, die sie verloren, um sich Gott zu schenken, der sie gerettet hat, eine Kongregation gründen, in der kontemplative Nonnen nicht nur damit einverstanden wären, sie beim Verlassen des Gefängnisses willkommen zu heißen und zu beherbergen, sondern sie nach einer Zeit der Prüfung ohne jeden Unterschied in ihren Kreis aufzunehmen. Die Originalität von Latastes Projekt liegt in dieser «Fusion» – so lautet der Ausdruck, den er benutzt – der Ordensfrauen und der Bußfertigen in ein und derselben Familie. Die Unterscheidung der Herkunft nach wird unmöglich. Der Eintritt der ehemaligen Kriminellen ins Ordensleben wird vor der Gesellschaft von der vollständigen Rehabilitierung zeugen, die die Vergebung Gottes bereits in Gang gesetzt hatte.

Ohne Zeit zu verlieren, hatte Pater Lataste das Projekt[2] seinen Oberen[3] und dem Erzbischof von Bordeaux[4] vorgelegt. Der letztere hat im Prinzip nichts gegen das Unternehmen, lehnt aber eine Gründung in seiner Diözese ab, um dem «Refuge» von Bordeaux keine Konkurrenz zu machen, das gerade unter seiner Schirmherrschaft eröffnet worden ist. Pater Lataste ist überzeugt, dass das Werk nicht das seine ist; auf seinem Sterbebett noch wird er sagen: «Ich weiß genau, dass es nicht mein Werk ist, sondern das Werk Gottes. Ich war nur das Werkzeug dafür, gehandelt hat er.»[5] Er verfolgt sein Projekt nicht weiter, da er der Meinung ist, die Stunde seiner Verwirklichung sei noch nicht gekommen.

Ein Jahr später bestätigt die zweite Reihe von Einkehrtagen Pater Lataste in der Überzeugung, dass das, was er «das Werk der Rehabilitierten» nennt, von Wert ist; rasch interessiert er sich für zwei Aspekte des Projekts: die Suche nach einem Haus für die Gründung und die Reflexion über die Formung der ersten Schwestern. Der Ort für die Gründung wirft eine Frage auf, die ihn umtreibt: Seine sehr konkrete Art des Nachdenkens kann sich nicht mit einer strikt theoretischen Reflexion über Bethanien begnügen. Kurz nach seiner Ankunft im Konvent von Flavigny besucht er das ehemalige Kleine Seminar von Les Riceys (Aube, Champagne Ardenne) in der Diözese Troyes, das die Provinz zu erwerben gedenkt, um dort das einfache Noviziat einzurichten. Die Wiedereingliederung der Studenten aus Saint-Maximin in Flavigny im Gefolge der Trennung der beiden Provinzen machte nämlich das Leben in dem burgundischen Kloster ziemlich schwierig, da es ja nun die beiden Noviziate und die mit der Ausbildung betrauten Brüder aufnahm. Das Gebäude in Les Riceys erweist sich als für das Noviziat ungeeignet, aber Pater Lataste macht ein anderes zum Verkauf stehendes Haus ausfindig, das Monsieur de Mauvize gehört und das ihm für die Gründung als passend erscheint. Der Pfarrer des Ortes, Abbé Puissant,[1] sieht das Projekt sehr wohlwollend an und spricht schon am folgenden Sonntag auf der Kanzel darüber.[6] Diese Initiative ist indes nicht sehr geschickt, denn der Bischof von Troyes ist noch nicht von der möglichen Gründung unterrichtet.

Zur selben Zeit schreibt Pater Lataste an Pater Hue, einen Mitbruder aus der Provinz von Frankreich, der in Nancy eine dominikanische Schulkongregation gegründet hat, um ihm seine Idee mitzuteilen und ihn zu fragen, ob die Dominikanerinnen von Nancy wohl einige Schwestern für die Gründung abgeben würden. Die Antwort zeugt von Klugheit und Wohlwollen: Es scheint angebracht, dass ein neues Werk mit neuen Subjekten einsetzt und nicht mit von einer Schulkongregation ausgeliehenen Schwestern, denen man eine Berufung aufnötigen würde,

---

[1] Abbé Nicolas Puissant ist am 7. März 1810 in Bourguillon (Aube) geboren; am 13. Juni 1835 in Troyes zum Priester geweiht, wird er am 2. Dezember 1843 zum Pfarrer von Les Riceys ernannt. Er stirbt 1893. 21 Briefe von Pater Lataste an Abbé Puissant aus der Zeit zwischen November 1865 und August 1866 sind erhalten.

die nicht die ihre ist; dagegen ist die Kongregation von Nancy großzügig bereit, die ersten Kandidatinnen aufzunehmen und unentgeltlich auszubilden.[7] Dieser Vorschlag kommt für drei Schwestern in Anwendung: zwei Kandidatinnen, die nicht bis zur Gründung ausharren werden, und Mutter Henri-Dominique, die Gründerin.

## Die Veröffentlichung der «Réhabilitées»

Am 1. März schreibt Pater Lataste, der der Meinung ist, nunmehr sei sein Projekt verwirklichungsreif, dem Generalmagister des Ordens, Pater Jandel, um seine Approbation für die Veröffentlichung einer Broschüre zu erbitten, die den Titel tragen wird *Les Réhabilitées* und für die der Provinzial Pater Minjard bereits das Imprimatur erteilt hat. Die erbetene Approbation wird gewährt; doch verschweigt Pater Jandel nicht die Schwierigkeiten, auf die eine solche Gründung stoßen wird, und empfiehlt ihm, die Konstitutionen einer bereits bestehenden Kongregation zu übernehmen, um die Approbation der Gründung durch den Heiligen Stuhl zu erleichtern. Gleichzeitig verschickt Pater Lataste an einige Bischöfe eine erste Fassung seiner mit dem Imprimatur versehenen Broschüre und ersucht um ihre Approbation.

### «Meine Mitbürger»

Auf spiritueller Ebene verdient besondere Beachtung, dass Pater Lataste die ersten Exemplare seines Büchleins[8] am 19. März 1866, dem Fest des heiligen Josef, aussendet. Dabei tut er ein Gelübde zugunsten des heiligen Josef: Wenn dieser die Gründung des Werkes in zwei Jahren zu einem guten Ende führt, verpflichtet sich Pater Lataste zu dem Versuch, zu erreichen, dass der Name des Heiligen Aufnahme in den Kanon der Messe findet und dass die Kirche eine eigene Messe für ihn einführt.[9] Einige Jahre später wird ein weiteres Gelübde vor dem heiligen Josef von neuem die Verehrung Pater Latastes für diesen Heiligen und sein persönliches Engagement in der Gründung von Bethanien manifestieren. In den folgenden Wochen erhält Pater Lataste ermutigende Briefe von den Bischöfen und von Pater Saudreau, der ihm ankündigt, er werde ihm zwei Nonnen schicken, die fähig seien, an der Gründung mitzuwirken. Außerdem unternimmt er im April 1866 eine Reise nach Lothringen, um die Möglichkeit einer Gründung in dieser Region zu prüfen.[10] Auf dem Rückweg macht er im Zug die Bekanntschaft der Gräfin Foullon de Doué.[11] Sie wird eine wichtige Wohltäterin Bethaniens werden, da sie den Kauf des ersten Hauses finanziert.

Im Mai wird *Les Réhabilitées* der Öffentlichkeit übergeben; vorgeschaltet ist dem Text eine Kopie der Ermutigungsschreiben von neun Bischöfen[II] und des Schreibens von Pater Jandel sowie ein Vorwort des Verfassers, der auf Bitten seiner Oberen klarstellt, dass er eine Gründung begleitet, die von der Provinz von Frankreich klar getrennt ist. Diese Broschüre von 76 Seiten Umfang ist ein Appell Pater Latastes an seine Mitbürger; seine Methode erinnert an

II Zu diesen Bischöfen zählt Kardinal Donnet, der Erzbischof von Bordeaux, der der Gründung eine feurige Ermutigung zukommen lässt, nachdem er sie ein Jahr zuvor noch in seiner Diözese nicht hat sehen wollen.

die von Lacordaire, der anlässlich der Wiederherstellung des Dominikanerordens in Frankreich die Öffentlichkeit aufzurütteln suchte. Pater Lacordaire hatte die Einleitung zu seinem *Mémoire*[12] damit eröffnet, dass er sich an seine Mitbürger wandte und dabei einen positiven Blick auf die nachrevolutionäre Gesellschaft warf:

Mein Land,
während ihr mit Schmerz die Bildung der modernen Gesellschaft verfolgt, tritt eines eurer neuen Kinder, Christ dem Glauben nach, Priester durch die traditionelle Salbung der katholischen Kirche, vor euch hin, um von euch seinen Teil an den Freiheiten einzufordern, die ihr errungen habt und für die er selbst bezahlt hat.

Es kann durchaus sein, dass Pater Lataste sich von dieser Eröffnung hat anregen lassen, als er sich an seine Mitbürger wendet und seine eigene Einleitung damit beginnt, dass er die «Großtaten seines Jahrhunderts» feiert. Hier die ersten Zeilen der *Réhabilitées*:

An meine Mitbürger.
Der da zu euch spricht, ist ein Unbekannter; aber das, was er euch sagen will, geht euch ganz nahe an; denn dem Herzen Frankreichs darf nichts Großes und Großmütiges fremd bleiben, vor allem wenn es um seine Kinder und um die verlassensten seiner Kinder geht.
Wenn es eine Ruhmestat gibt, die man unserem Jahrhundert und unserem Land nicht absprechen kann, dann die der Mildtätigkeit. Beiden kann man so mancherlei vorwerfen, aber nicht, dass sie die Rechte der unglücklich Leidenden missachtet haben. In den antiken Gesellschaften wurden die Armen, Schwachen und Unglücklichen aller Art verachtet oder oft unterdrückt; heute dagegen will jeder ihnen die Hand reichen. Seit die Kirche Christi, den Fußstapfen ihres Herrn und Meisters folgend, sich laut zu ihrer Schirmherrin und Mutter erklärt hat, haben sich alle Sekten und alle Parteien bemüht, ihr Beispiel nachzuahmen; keiner will hintan stehen; vor allem will niemand in dieser Sache rückständig sein. Philanthropie und bürgerliche Brüderlichkeit

haben überall ihr Banner aufgepflanzt, seit die christliche Nächstenliebe dem ihren an allen Gestaden und überall unter der Sonne Bewunderung und Respekt verschafft hat. Unser Jahrhundert (und niemand wird auch nur daran denken, das zu bestreiten), unser Jahrhundert ist das Jahrhundert der Mildtätigkeit; und mit allem, was es tut, mit allem, was wir rings um uns sehen, zeigt es, dass es von der Sorge umgetrieben wird, alle Übel zu heilen.

Was bleibt ihm da noch zu tun?

Sieht man die beträchtliche Zahl von Werken der Nächstenliebe, die in Frankreich errichtet wurden, sieht man so viele Kinder- und Waisenheime, Altenheime, Hospitäler für Kranke und Genesende, die karitativen Büros, die der Not abhelfen, die Fürsorgevereine, die ihr wehren sollen, die Arbeitsstuben und ständigen Werkstätten für die den Gefahren der Welt ausgesetzten Mädchen, die mildtätigen Einrichtungen und Zufluchtsstätten für die reuigen Frauen, dann glaubt man gern, dass die öffentliche und private Nächstenliebe alle Missgeschicke und alle Bedürfnisse erfasst hat und dass jetzt nichts mehr zu tun bleibt, als die bereits bestehenden Werke zu erhalten und zu entwickeln.

Doch dem ist nicht so.[III]

Ich kenne ein blutende Wunde der Gesellschaft, und keine helfende Hand verbindet sie, kein Herz versorgt sie mit wirksamem Balsam. Jedes Jahr öffnen sich die Tore der großen Gefängnisse und speien arme Geschöpfe mit gesenkter bleicher Stirn aus.[IV] Diese Frauen sind einst gefallen; die Justiz hat sie mit einer verdienten Verhaftung getroffen; aber nachdem sie durch das Leiden und die Erschöpfung zur Pflicht zurückgeführt worden sind, hat die Justiz sie nicht wieder aufgerichtet, wie sie es verdienten. Sie haben zehn, vielleicht zwanzig Jahre gelitten; sie haben ihre Fehler hart gesühnt; und doch bringen sie in die Gesellschaft der Menschen nichts als einen auf immer entehrten Namen mit. Arme Frauen!

Ach, Brüder, kennt ihr dieses Elend? Habt ihr schon einmal daran gedacht, und was hat man getan, um Abhilfe zu schaffen?

---

III Die folgenden Absätze stellen das Bethanien-Projekt vor. Sie sind in den zusammenfassenden Berichten der Presse häufig abgedruckt worden.

IV Von rund 3.400 inhaftierten Frauen in den französischen Zuchthäusern wurden im Jahr 1866 1.175 entlassen. Rund 25 Prozent von ihnen wurden in den drei auf ihre Entlassung folgenden Jahren wegen Rückfalls verurteilt (Statistik der Gefängnisverwaltung).

Ein einfacher Priester hat gedacht, der Augenblick sei gekommen, diese Lücke zu schließen.
Er hat gedacht, es sei an der Zeit, ihre Stirn aufs neue mit der herabgefallenen Krone zu schmücken. – Sie in einer Gesellschaft fleckenloser, Gott geweihter Seelen zu vereinen, die sie wie Schwestern bei der Hand fassen und sie in allmählichem Aufstieg zu sich empor heben, sie mit ihrer Reinheit beschirmen, mit ihnen ihren Namen, ihren Habit, ihre Gelübde, ihr ganzes Leben teilen, sodass kein menschliches Auge mehr die ehemaligen Sünderinnen von denen zu unterscheiden vermag, die nicht gesündigt haben. – Sie so vor dem Antlitz der Erde zu rehabilitieren, wie sie es schon in den Augen des Himmels sind, sie damit über die Leiden der Vergangenheit zu trösten und vor den drohenden Gefahren der Zukunft zu bewahren; die Tage ihres Exils in diesem flüchtigen Leben zu versüßen und für sie die Glorie und das Glück vorzubereiten, die niemals enden.
Das ist sein Projekt, das ist sein Traum. So verwunderlich er auch scheinen mag, glauben wir doch nicht, dass er über dem Denken, über der Großherzigkeit unserer Zeit steht. Wir glauben nicht, dass wir bei unserem Jahrhundert oder bei euch Brüdern zu viel vorausgesetzt haben, wenn wir darauf zählen, dass eure Sympathien für dieses große Werk schon gewonnen sind.

Der Autor will nicht nur Gelder für seine Gründung sammeln – warum hätte er sonst das Bedürfnis verspürt, seine Broschüre unter allen Abgeordneten und allen Bischöfen von Frankreich zu verbreiten? Er will seine Mitbürger auf das Drama aufmerksam machen, das die Strafgefangenen bei ihrer Entlassung aus dem Gefängnis durchleben, und für die Verantwortung sensibilisieren, die die Gesellschaft in dem Prozess trägt, der zum Rückfall führt. Eingesperrt in die öffentliche Verachtung, stoßen Frauen, die das Gefängnis kennengelernt haben, auf gewaltige Schwierigkeiten, wenn sie eine Arbeit oder eine Wohnung suchen, selbst wenn sie von ganzem Herzen wünschen, von nun an tugendhaft zu leben. Diese lebendige Wunde am Leib der Gesellschaft lässt sich nicht ausschließlich durch die Eröffnung von «Refuge»-Heimen behandeln, denn diese Häuser verlangen strenge Buße von ihren Bewohnerinnen und sämtlichen ehemaligen strafgefangenen Frauen, die doch von langen Jahren der Zwangsarbeit geschwächt und auf ein solches Leben nicht vorbereitet sind. Der Text zeigt die Entwicklung im Denken Pater Latastes seit seinen unvergesslichen Begegnungen mit den inhaftierten Frauen von Cadillac. Er ist jetzt davon überzeugt, dass die Voraussetzung einer Wiedereingliederung ehemaliger Verurteilter die Rehabilitation ist, die das Strafrechtssystem als die Konsequenz, als die Krönung dieser Reintegration darstellte. Wie soll sich eine solche Reintegration vollziehen, wenn niemand Vertrauen hat, wenn die ehemalige Strafgefangene durch das Schandmal ihrer Verurteilung gebrandmarkt bleibt?

## Eine prophetische Geste

Die Gründung, die in *Les Réhabilitées* als eine Art und Weise beschrieben wird, wie die ehemaligen Strafgefangenen, die ins Klosterleben eintreten möchten, zu retten sind, stellt sich vor allem als eine echt prophetische Geste dar. Pater Lataste ist überzeugt, dass seine Gründung nur eine kleine Zahl von inhaftierten Frauen angeht, eine lachhafte Zahl im Vergleich mit der Gesamtzahl der Gefängnisinsassen. Doch sein Ziel ist es, in der Kirche und somit in der Gesellschaft zu demonstrieren, dass diese Frauen in den Augen Gottes vollständig rehabilitiert, gerecht gemacht sind. Wenn sie würdig sind, Zutritt zu einer Lebensform zu erhalten, die damals als die ehrenhafteste gilt, nämlich das Ordensleben, warum soll man sie dann noch, um es mit einem Ausdruck der Epoche zu

sagen, als «gefallene Mädchen» behandeln, warum ihnen systematisch Unterkunft und ehrbare Arbeit verweigern, sobald man weiß, woher sie kommen?
In seinem Bestreben, auf die Öffentlichkeit einzuwirken, benützt Pater Lataste dieselben Mittel wie Lacordaire. Er stützt sich auf die markanten Themen seiner Zeit, namentlich die Rehabilitation, die seit der Veröffentlichung von Victor Hugos *Misérables* besonders aktuell war; immer wieder zitiert er Pater Lacordaire, dessen Aura einige Jahre nach seinem Tod in der französischen Gesellschaft noch immer lebendig war. Pater Lataste will sein Werk bekannt machen und auf diesem Weg die Öffentlichkeit für die Inhaftierten sensibilisieren: Er schickt seine Broschüre zahlreichen Journalisten und kann beobachten, dass diese in ihren Zeitungen Berichte bringen. Ein Adressenheft von Latastes eigener Hand, das im Archiv von Bethanien aufbewahrt wird, enthält eine Seite mit Anschriften von Zeitungen, von denen einige mit einem Kreuz markiert sind. Eine systematische Untersuchung dieser Publikationsorgane konnte zeigen, dass alle mit einem Kreuz bezeichneten Zeitungen einen Artikel über *Les Réhabilitées* gebracht haben und dass die anderen das Bändchen nicht erwähnen: ein Beweis für die Aufmerksamkeit, die Pater Lataste der Rezeption seiner Publikation in der Öffentlichkeit schenkte.[13]

## Das Haus Bethanien

In *Les Réhabilitées* verwendet Pater Lataste zwei Vokabeln zur Bezeichnung des Werkes, dessen Gründung er vorhat. Die häufigste ist jene, die er bis dahin benutzt hat: «das Werk der Rehabilitierten». Das Wort betont das Ziel der

Gründung, die Rehabilitation der Strafgefangenen in einer klösterlichen Gemeinschaft. Doch insofern sich die neue Gemeinschaft als ein Werk darstellt, ist sie Teil der zahlreichen karitativen Initiativen des Jahrhunderts. In diesen letzten Jahren des zweiten Kaiserreichs gab es kaum eine Not, kaum ein soziales Bedürfnis, das nicht alsbald identifiziert worden wäre und zur Schaffung eines neuen Werkes geführt hätte, das wiederum in der Regel von Nonnen übernommen wurde, sei es in Form der Gründung einer Kongregation mit speziellem Auftrag, sei es durch die Erweiterung des Aufgabenspektrums einer bereits bestehenden Kongregation. So hatten sich zum Beispiel die Töchter der Weisheit in den Gefängnissen engagiert, als die Regierung beschlossen hatte, Nonnen als Wärterinnen heranzuziehen. Spricht man nun vom Werk der Rehabilitierten, so spricht man damit eine an die augenblickliche Kultur angepasste Sprache; das hat den Vorteil, dass man sicher sein kann, verstanden zu werden, aber den Nachteil, dass dieses Werk lediglich als eines unter anderen erscheint.

Zum ersten Mal gibt Pater Lataste in dieser Broschüre der Gründung einen anderen Titel, nämlich «Haus Bethanien». Er wird dominieren, nicht in den Schriften des Gründers, sondern als offizieller Titel der Gemeinschaft, als sie eine religiöse Kongregation wird: «Dominikanerinnen von Bethanien». Im Urteil der heutigen Bibelwissenschaft beruht diese Benennung auf einem Irrtum, zumindest auf einer Hypothese, die sich nicht verifizieren lässt: der Identifikation zwischen Maria von Bethanien, der Schwester von Martha und Lazarus (Joh 11), und Maria von Magdala, der Zeugin der Auferstehung (Joh 20,11 bis 18), von der das Lukasevangelium sagt, Jesus habe sie von sieben Dämonen befreit (Lk 8,2). Zudem treibt Pater

Lataste die Identifikation noch weiter, indem er dieser Frau auch die Episode mit der reuigen Sünderin im Haus des Pharisäers Simon (Lk 7,36–50) zuschreibt. Er ist nicht der einzige und nicht der erste, der die Auffassung vertritt, diese drei Frauen seien eine einzige: Ein Großteil der abendländischen Tradition hat bis in jüngere Zeit diese Interpretation hochgehalten, die durch nichts im Evangelientext gestützt wird, außer einer Ähnlichkeit in der Anhänglichkeit gegenüber der Person Jesu und in der Art, diese zu bekunden. Diesen Bezug zu Bethanien führt Pater Lataste folgendermaßen ein:

Gebt mir ein paar Frauen aus dem Gefolge Jesu Christi, Frauen, deren Name ohne Flecken und deren Herz ohne Verunreinigung geblieben ist; Frauen, die, bewegt von der großherzigen Erscheinung des Meisters, sich nicht scheuen, sich gleich ihm herabzuneigen zu armen, entehrten Frauen, um ihnen die Hand zu reichen und sie zu trösten, mehr noch: die sie an sich ziehen und allmählich zu sich emporheben und bereit sind, den Heiligenschein ihrer Reinheit mit ihnen zu teilen und im Gegenzug ein wenig von ihrer Entehrung, so sie denn noch an ihrer Stirn haftet, auf sich zu nehmen. Man gebe mir diese Frauen, und der Traum verwirklicht sich, und Jesus hat Nachfolger in der Rehabilitation der gefallenen Seelen; und das *Haus Bethanien* hat begonnen; denn das ist der Name, den wir diesem Werk geben werden. Begreift ihr, wie wahr und wie herzergreifend der Name «Haus Bethanien» ist?
Das Evangelium berichtet uns, dass in Bethanien zwei Schwestern lebten: die eine von untadeliger Tugend, das war Martha, die Schwester des Lazarus, die die Kirche durch die Einreihung unter ihre Jungfrauen geehrt hat; die andere war Magdalena die Sünderin, *aus der Jesus sieben Dämonen ausgetrieben hatte*, wie uns der heilige Verfasser sagt, Magdalena, die einst die Sünderin war und heute die Rehabilitierte ist. Und Jesus liebte es, sich in ihrem Haus auszuruhen, und beide wetteiferten miteinander, die eine im Bedienen, die andere im Zuhören. Und Jesus scheint keinen Unterschied zwischen ihnen zu machen. Was sage ich da? O Wunder: Magdalena ist es, der er zu seinen Füßen und in seinem Herzen den bevorzugten Platz einräumt, und Martha wundert sich vergebens, Jesus antwortet ihr voller Güte, aber noch immer gibt er

Magdalena den Vorzug: «Martha, Martha, du machst dir viele Sorgen und Mühen. Aber nur eines ist notwendig. Maria hat den besseren Teil gewählt, der soll ihr nicht genommen werden.»[14] Und welcher war dieser bessere Teil? Doch der, dass Magdalena mehr liebte und dass die Sünderin in der göttlichen Liebe den Vorrang vor der Jungfrau hatte. Wenn Jesus sich den Seelen schenkt, so schaut er wirklich nicht auf das, was sie einmal waren, sondern auf das, was sie sind; nicht darauf, ob sie gefehlt haben, sondern wie sie lieben! Ob reuig oder unversehrt – er wägt die Seelen, wie sie auch seien, nur nach dem Gewicht ihrer Liebe.

Wenn er lieber vom *Haus Bethanien* als vom *Werk der Rehabilitierten* spricht, legt Pater Lataste den Akzent, vielleicht ohne sich dessen ganz bewusst zu sein, auf die spezifische Eigenart der Gründung: die einer kontemplativen Gemeinschaft, deren Mitglieder von zweierlei Herkunft sein dürfen. Die einen werden in dieses Haus auf dem üblichen Weg kommen, der junge, von einem gottgeweihten Leben begeisterte Frauen aus gutem Hause zum Ordensleben führt, die anderen werden sich auf dem steinigeren Pfad über das Gefängnis und die Bekehrung nähern. Die einen wie die anderen werden dasselbe Leben, dasselbe Haus teilen und sich selbst zu einem Ort bereiten, an dem Christus gern verweilt. Oft und oft wird Pater Lataste diesen einzigartigen Vorgang betonen, der sich dem Evangelium zufolge in Bethanien abgespielt hat: Dort ist der Ort, an dem Jesus innehält, verweilt, eine Rast einlegt, denn dort wird er von Freunden empfangen.
Abschließend wollen wir festhalten, dass der Name «Haus Bethanien» zwar von den Evangelientexten nahegelegt wird, auf die Pater Lataste zurückgreift, dass er aber auch als symptomatisch für die Tatsache gelten kann, dass der Apostel der Gefängnisse im Unterschied zu so vielen Gründern seiner Zeit nicht die Absicht hatte, zumindest

nicht zu Beginn des Projekts, eine Kongregation zu gründen. Anfänglich war er nicht überzeugt, dass ehemalige Strafgefangene es wirklich schaffen könnten, die Ordensgelübde abzulegen. Er dachte, sein Auftrag sei es lediglich, die Tür aufzutun, dafür zu sorgen, dass keine menschliche Schranke das Verlangen nach dem Klosterleben hemme, wenn dieses sich bei einer Inhaftierten entwickelte. Es genügte also, ein Haus einzurichten, einen Ort, an dem das möglich wäre. Als prophetisches Zeichen, als Bekundung der möglichen Rehabilitation muss Bethanien gar keine blühende, in vielen Ländern präsente Kongregation sein. Die Töchter von Pater Lataste sind ihm treu, wenn es in der Kirche zumindest ein Haus gibt, in dem die Tür zum Klosterleben ohne andere Bedingung als die der Berufung offensteht.

## Die Berufung von Mutter Henri-Dominique

### Schwester Bernardine

Anne-Victorine Berthier ist am 17. Juli 1822 in Tours zur Welt gekommen. Im Alter von 21 Jahren ist sie bei den *Soeurs de charité dominicaines de la Présentation de la sainte Vierge* von Tours[V] eingetreten und hat den Namen Schwes-

---

[V] Die Kongregation der Soeurs de charité dominicaines de la Présentation de la sainte Vierge, 1696 von Marie Poussepin gegründet. Die Geschichte der Beziehungen zwischen dieser Kongregation und dem Dominikanerorden ist ziemlich komplex; sie muss hier nicht unbedingt referiert werden, es ist jedoch erwähnenswert, dass die Schwestern von der Présentation von Tours zwar, anders als heute, nicht immer den Namen «Dominikanerin-

ter Bernardine erhalten. Die verschiedenen Aufgaben, mit denen sie während der 22 in dieser Kongregation verbrachten Jahre betraut wurde, haben sicher dazu beigetragen, in ihr die Tugenden auszubilden, die sie für ihre künftige Arbeit in Bethanien brauchen wird. Ihre starke Persönlichkeit hat sehr rasch die Aufmerksamkeit ihrer Oberen auf sich gezogen, und diese haben ihr wichtige, verantwortungsvolle Funktionen anvertraut. 1845 wird sie in eine Schule geschickt, die von der Kongregation in Saint-Fargeau (Yonne) unterhalten wird, dann, sechs Jahre nach ihrem Eintritt in die Kongregation, gründet sie in Auxerre ein karitatives Haus, das ein Waisenheim, ein Kinderheim, eine Arbeitsstube und ein Asyl umfasst. Bei ihrem Aufenthalt in dieser Stadt hinterlässt die Hilfe, die sie einer jungen Frau aus dem Bohème-Milieu hat geben können, deren Verurteilung sie beigewohnt hat, in ihr einen tiefen Eindruck. Trotz ihres Verlangens nach einem kontemplativeren Leben und ihres Traums von einer dem Dienst an reuigen Straftäterinnen gewidmeten Kongregation wird sie 1854 angewiesen, die Verantwortung für ein in Schwierigkeiten geratenes Pensionat in Bourret (Diözese Montauban) zu übernehmen. Ebendort und gerade als sie ihre Oberen und ihren geistlichen Führer, den Dominikanerpater Saudreau, inständig bittet, sie von dieser Verantwortung zu entbinden, bekommt sie Besuch von der Frau des Zuchthausdirektors von Cadillac, die ihr von dem erstaunlichen Einfluss der Predigt Pater Latastes auf die Gefangenen und von seinem Gründungsprojekt erzählt.

nen» getragen haben, wohl aber von Anfang an im Umkreis des Predigerordens leben.

Im Lauf des Gesprächs schnitt die Besucherin ein Thema an, das überaus geeignet war, eine Seele wie die der Superiorin zu interessieren, und berichtete ihr, ein Dominikaner habe nach erfolgreicher Predigt bei Einkehrtagen in jener Anstalt den Plan gefasst, ein Heim für bekehrte Strafentlassene zu gründen, ein Werk, das viele Leute für ganz außergewöhnlich hielten...
Als Mutter Bernardine das hörte, konnte sie ihre Aufregung nicht verbergen: Sie war plötzlich so blass geworden, dass die begleitende Schwester zu der Frau des Direktors sagte: «Genug, genug, sprechen Sie vor der ehrwürdigen Mutter nicht mehr davon, sie leidet schon so sehr, dass Ihr Bericht sie noch vollständig für dieses Werk einnehmen wird.»[VI]

Schwester Bernardine schreibt unverzüglich an Pater Saudreau, der damals Prior in Toulouse ist, um ihm die Tatsache zu berichten und ihm zu sagen, wie sehr sie dieses neue Werk fasziniert. Pater Saudreau rät ihr, ihre Gelübde nicht zu erneuern (die Schwestern von der Présentation de la Vierge erneuerten damals ihre Gelübde jährlich am 21. November). So kommt es, dass auf den Rat von Pater Saudreau Schwester Bernardine und eine jüngere Schwester, Albéric mit Namen, die Kongregation der Présentation verlassen und im Februar 1866 bei den klausurierten Dominikanerinnen von Sète (Hérault) eintreten. Noch am Tag ihrer Ankunft erhalten sie den Dominikanerhabit;[15] Schwester Bernardine wird Mutter Henri-Dominique, Schwester Albéric wird Schwester Marguerite-Marie. Pater Saudreau beauftragt sie mit dem Werk der Rehabilitierten, doch Pater Lataste ahnt zu dieser Zeit noch nichts ...[16]

---

VI Monseigneur Altmayer OP, «Vie de la révérende M. Henri-Dominique, fondatrice et prieure générale de la congrégation dominicaine de sainte Marie-Madeleine, dite de Béthanie», unveröffentlichtes, unvollendetes Manuskript. Zum Thema siehe den Teil der Chronik von Bethanien, den Pater Lataste für die Zeit vor der Gründung verfasst hat.

## Mutter Henri-Dominique

In Flavigny ereignete sich am 8. Mai 1866 die für die Gründung entscheidende Begegnung zwischen Mutter Henri-Dominique und Pater Lataste,[17] und die ging nicht ohne Überraschungen für die Nonne vor sich. Sie hat geglaubt, eine Kommunität von Schwestern vorzufinden, die sich dem Dienst an ehemaligen strafgefangenen Frauen widmen, da entdeckt sie bei ihrer Ankunft, dass die Gründung noch gar nicht vollzogen ist, dass lediglich zwei Aspirantinnen eine Ausbildung mit diesem Ziel bei den Dominikanerinnen von Nancy beginnen und dass es nicht darum geht, sich der ehemaligen Inhaftierten anzunehmen, sondern darum, mit ihnen zusammenzuleben und am Ende gar noch für eine von ihnen gehalten zu werden. Der Schock ist heftig. Im Lauf von Exerzitien unter der Leitung von Pater Lataste, die in Schweigen und Gebet gehalten werden, akzeptiert Mutter Henri-Dominique jedoch, die Last der Gründung mit zu tragen. Das ist der Beginn einer engen Beziehung zwischen dem Prediger und der Gründerin. Diese legt von Anfang an ein totales Vertrauen auf diesen Ordensmann an den Tag, auf ihn, der zehn Jahre jünger ist als sie, und zwar nicht nur was die Gründung angeht, sondern auch was sie selbst betrifft, da sie ihn zu ihrem geistlichen Führer erwählt.[VII] Während der zweieinhalb Jahre ihrer Zusammenarbeit entwickelt sich dann eine intensive Korrespondenz zwischen ihnen, die zeigt, wie sehr sie darum besorgt waren, ungeachtet mancher Unterschiede in der Sichtweise in tiefer Verbunden-

VII Dass dieses gegenseitige Vertrauen entstehen konnte, wurde sicherlich auch durch die Briefe Pater Saudreaus gefördert, in denen er Mutter Henri-Dominique seinem Mitbruder Lataste und diesen wiederum der Ordensfrau anempfahl.

heit zu arbeiten.[VIII] Ende Mai wird Mutter Henri-Dominique nach Nancy geschickt,[IX] um den günstigen Zeitpunkt für die Gründung zu erwarten.

Bei ihrer Ankunft stellt die Superiorin von Nancy fest, Henri-Dominiques Eintritt in Sète sei irregulär gewesen, und verweigert ihr mit dieser Begründung die Aufnahme in die Kommunität. Tatsächlich hatte die Oberin in Sète ihr den Dominikanerhabit ohne vorgeschaltetes Postulat verliehen und nicht daran gedacht, dass Mutter Henri-Dominique nie die Absicht bekundet hatte, Mitglied dieser Kommunität zu werden. Während ihr Weggang aus der Kongregation von Tours durch die Nichterneuerung der jährlichen Gelübde ordnungsgemäß erfolgt war, war ihr Status im Juni 1866 komplexer: Sie trug den Habit des Ordens, nachdem sie ihn auf irreguläre Weise und ohne gelübdemäßige Bindung erhalten hatte. Ein längerer Briefwechsel zwischen Pater Lataste, Mutter Henri-Dominique und den Oberen von Nancy zeigt, wie alle Beteiligten die Situation regulär zu machen suchen. Pater Lataste möchte, dass man sich an den Bischof von Nancy wendet, doch Pater Hue zögert, denn er weiß, dass dieser Monseigneur in kirchenrechtlichen Fragen sehr anspruchsvoll ist. Man neigt eher dazu, dass Pater Lataste sich an den Ordinarius des Gründungsortes wenden soll, sobald dieser bekannt ist. Pater Lataste schließt sich dieser

---

VIII 200 Briefe von Mutter Henri-Dominique an Pater Lataste und 166 von Pater Lataste an Mutter Henri-Dominique sind erhalten; das sind also durchschnittlich zwei Briefe pro Woche in den Zeiten, in denen Pater Lataste nicht in Bethanien war.

IX Siehe die Chronik von Bethanien, 1. Juni 1866, und Mutter Henri-Dominiques Brief vom 1. Juni 1866 an Pater Lataste. Schwester Marguerite-Marie, die dieser als weniger stabil einschätzt, war rasch zu ihrer Familie zurückgeschickt worden, um dort die Gründung zu erwarten. Im August, nach dem Kauf des Hauses in Frasnes, wird sie wieder zu Mutter Henri-Dominique stoßen.

Meinung an, zieht Mutter Henri-Dominique ins Vertrauen[x] und demonstriert in dieser Situation große Zuversicht: «Sie sind in keiner Hinsicht schuldig geworden; es steht also außer Zweifel, dass alle Dispensen erteilt werden.»[18] Das Projekt des Werkes hatte schon genug an sich, was Einwände auslösen und institutionelle Hindernisse hervorrufen konnte: Man bemerkt die Sorge der beiden Gründer angesichts der Verwicklungen, die ihren Traum scheitern zu lassen drohten, noch bevor sie an seine Verwirklichung gehen konnten. Zudem hat Pater Lataste, wie sich in den folgenden Jahren noch zeigen wird, eine sehr hohe Meinung vom klösterlichen Gehorsam, und ist sehr darum bemüht, die entstehende Kommunität auf möglichst saubere Weise in die Kirche und den Dominikanerorden einzupflanzen, er hat mit Sicherheit sehr darunter gelitten, dass niemand wusste, was zu tun war und welchem Oberen man zu gehorchen hatte, denn das war so gar nicht seine Art.

In genau dieser Zeit erhebt sich ein weiteres Problem: Die Kongregation der Présentation von Tours bekundet ihr Missfallen darüber, dass ihr eine so wichtige Person wie Mutter Henri-Dominique verloren gegangen ist. Am 10. Juni richtet Pater Lataste einen Brief an die Generaloberin und schlägt ihr die Reintegration dieser Schwestern in die Kongregation vor. Nachdrücklich weist er darauf hin, dass die Schwestern und Pater Saudreau ihre Entschei-

---

x Die ausgiebige Korrespondenz zwischen Pater Lataste und Nancy während der ersten Hälfte des Juni 1866 zeigt das Bemühen aller Seiten, eine kirchenrechtlich korrekte Lösung zu finden, ohne die Gründung zu gefährden. Pater Lataste schreibt ebenfalls an Pater Saudreau und fragt an, ob er schon Schritte unternommen habe, um die Situation in Ordnung zu bringen (das Schreiben ist nicht erhalten, aber Pater Lataste informiert Mutter Henri-Dominique in Brief 76 vom 3. Juni 1866 über diesen Vorstoß, und Pater Saudreau spricht Mutter Henri-Dominique mit seinem Brief 24 vom 18. Juli 1866 Mut zu).

dungen gewissenhaft getroffen haben und dass er in diese Schritte in keiner Weise involviert ist. Pater Saudreau bezieht umgehend Stellung zur Erlaubtheit des Eintritts in Sète,[19] und die Generaloberin von Tours bringt ihren Pardon zum Ausdruck:

> Wir verzeihen ihnen herzlich gern und wünschen ihr Seelenheil. Sie gehören jetzt zu Ihrem Orden und unterstehen mir nicht mehr. Sie haben das Recht, ihnen jeden Auftrag zu erteilen, den Sie für angebracht halten. Mögen sie Ihren Plänen entsprechen und Gottes Ehre mehren. Ich werde mich aufrichtig darüber freuen.[20]

Die ganze Verwicklung findet ihre Auflösung mit der Autorisierung, die Profess von Mutter Henri-Dominique entgegenzunehmen, die Pater Lataste am 20. November durch Kardinal Mathieu 1866 erteilt wird.[21]

## Gründung von Bethanien in Frasnes-Le-Château

### Der Ort der Gründung

Was die Örtlichkeiten angeht, die für eine Gründung in Frage kamen, hatten sich die Dinge in dieser Zeit kompliziert. Abbé Puissant hatte ein bisschen voreilig die Gründung von der Kanzel aus angekündigt, und Pater Lataste, der ja immer zuversichtlich vom guten Ausgang der auftauchenden Schwierigkeiten überzeugt war, hatte die erste Fassung der *Réhabilitées* für die Bischöfe gedruckt und darin Les Riceys erwähnt. Der Bischof von Troyes ärgerte sich über diese Situation, denn in dieser Ortschaft waren bereits vier Ordensgemeinschaften ansässig; er beriet sich mehrfach mit seinen Ratgebern und teilte schließlich Pater Lataste seine negative Entscheidung mit.[XI] Nachdem er auf die Bitte Monseigneur Lavigeries, des Bischofs von Nancy, und der Dominikanerinnen von Nancy eine Gründung in Lothringen ins Auge gefasst hat, schwenkt Pater Lataste zur Franche-Comté über. Anfang Juni bieten sich zwei Möglichkeiten: Ein Bernhardinerinnenkloster steht in Orgelet in der Diözese Saint-Claude zum Verkauf,[22] und Kardinalerzbischof Mathieu von Besançon gibt mündlich die Erlaubnis, einen Gründungsort in seiner Diözese zu suchen.[XII] Obwohl der Bischof von Saint-Claude das Projekt günstig aufnimmt, kommt die Einrichtung in Orgelet nicht zustande, da die lokale Verwaltung beschließt, das Gebäude für sich zu behalten. Als er diese Entscheidung erfährt, offenbart Pater Lataste einen wichtigen Aspekt seiner Vorstellung von der Gründung;[XIII] er selbst hängt an der regulären Form des Ordens-

---

XI Erwähnung in Brief 400 vom 27. Mai 1866 an Abbé Puissant: «Monsieur Langevin [der Sekretär des Bischofs von Troyes] hat gestern einem unserer Patres in einer anderen Sache geschrieben und für mich hinzugefügt, seine Gnaden habe bereits mehrmals wegen des Gründungsprojekts in Les Riceys seinen Rat konsultiert, und dieser sei immer der Auffassung gewesen, der Anfrage sei nicht stattzugeben, und zwar aus schon dargelegten Gründen und (so fügte er hinzu) insbesondere deshalb, weil es bereits vier Ordensgemeinschaften in Les Riceys gebe und man keine fünfte hinzufügen sollte.»

XII Bericht von Abbé Claudon, aufgenommen in die Chronik von Bethanien, 18. Juli 1866. Erwähnung in Brief 346 b vom 3. August 1866, an Kardinal Mathieu. Dass der Pater Prior von Flavigny Pater Lataste mit dem Erzbischof von Besançon bekannt macht, ist ein Zeichen für die Unterstützung, die Pater Lataste zu jener Zeit bei seinen Mitbrüdern findet.

XIII Zu der Art, wie Pater Lataste auf diese Enttäuschung spirituell reagiert, siehe den Brief 89 vom 9. Juli 1866 an Mutter Henri-Dominique. In dem vorangegangenen Brief (88 vom 7. Juli), in dem Pater Lataste Mutter Henri-Dominique die Entscheidung des Gemeinderats mitteilte, hat er bereits folgenden Kommentar abgegeben: «Das ist eine traurige Angelegenheit, mein Kind, aber ein leichtes Verdienst, Gottvertrauen zu haben, wenn alles glatt ginge.»

lebens, denkt aber auch an die Adaptation von Frauen mit einer schwierigen Vergangenheit:

Ich trauere für unsere Schwestern und für Sie der Form des Klosters und den durch Regeln geordneten Orten nach, aber vielleicht ist es ja für das Werk besser, dass es nicht zu sehr einem Kloster ähnelt; es sollte vielleicht eher etwas Heiteres sein, mehr dem Heim einer Familie gleichen. Das hatte mir in Les Riceys gefallen.[23]

Die Suche wird sich schließlich auf die Diözese Besançon konzentrieren und zum Kauf eines kleinen Schlosses nahe Frasnes-le-Château (Haute-Saône) führen. Am 19. Juni 1866 hatte Pater Lataste sein zwei Monate zuvor dem heiligen Josef gegebenes Gelübde durch ein Gelübde zur heiligen Maria Magdalena ergänzt.

19. Juni. Gelübde, wenn von heute bis zum 22. Juli, dem Fest der heiligen Maria Magdalena, alles abgeschlossen und das Geld gefunden ist, unserer Kongregation den Namen der heiligen Maria Magdalena zu geben, so wie die der Dominikanerinnen von Châlon den Namen der heiligen Katharina von Siena trägt.[XIV]

Dieses Gelübde wird auf erstaunliche Weise erhört. Genau am 22. Juli, dem Fest der heiligen Maria Magdalena, wird nämlich Mutter Henri-Dominique Pater Lataste ein Telegramm schicken, er solle eiligst nach Besançon kommen und den Besitz in Frasnes-le-Château besichtigen, der für das Werk geeignet scheint, und an genau diesem Tag wird Madame Foullon de Doué Pater Lataste die Spende von 15. 000 Francs bestätigen, die sie ihm am 15. Juli angekündigt

---

XIV «Einige Anmerkungen über den Ursprung des Hauses Bethanien», in: Geistliche Aufzeichnungen. Erwähnungen dieses Gelübdes in den Briefen 90 vom 11. Juli 1866 und 92 vom 14. Juli 1866 an Mutter Henri-Dominique: «Ich bin zuversichtlich, dass sich alles von hier aus am 22. fügen wird und dass die heilige Magdalena will, dass ich mein kleines Gelübde einlöse.»

hat.[24] Am 9. August wird der Kaufvertrag für das Haus unterzeichnet; mit Zustimmung der Oberen firmieren als Käufer Pater Lataste und Mutter Henri-Dominique, wobei der Besitz beim letzten Überlebenden verbleibt.[25]
Eine allerletzte Beunruhigung lässt die Gründer erzittern. Der Pfarrer von Frasnes-le-Château, dem Pater Lataste am 30. Juli seine Aufwartung gemacht und dem er von seiner Suche wegen einer Gründung berichtet hat, hat seinerseits alsbald an seinen Erzbischof geschrieben und den Kauf des Hauses von Frasnes als bereits vollzogen dargestellt. Kardinal Mathieu schreibt sofort an Pater Leroy, den Prior von Flavigny, um ihm seine Verärgerung kundzutun, hält aber seine grundsätzliche Autorisierung aufrecht.[26] Pater Lataste stellt schon am 3. August die Dinge gegenüber dem Kardinal richtig und legt ihm verschiedene Fragen vor, die sich hinsichtlich der Gründung ergeben.[XV] In diesem ersten Gedankenaustausch mit dem Kardinal und in der Art, wie dieser bei dem Pfarrer von Frasnes interveniert, kann man feststellen, wie fürsorglich der Prälat gegenüber Bethanien ist; dieses Wohlwollen wird niemals nachlassen, selbst dann nicht, als die Opposition gegen die junge Kommunität stärker wird.

## Frühzeit der Gründung

Abbé Claudon,[XVI] der für sich in Anspruch nehmen kann, der erste Priester der Franche-Comté zu sein, der Pater

XV Brief 346 b, 3. August 1866, an Kardinal Mathieu. Dieser Brief beruft sich auf eine neue mündliche Autorisierung durch den Kardinal für die Suche nach einem Haus und eine Gründung innerhalb der Diözese. Diese Autorisierung war durch Abbé Claudon übermittelt worden.

XVI Geboren am 6. Oktober 1832 und zum Priester geweiht am 6. September 1857, war Abbé Félix Claudon zur Zeit der Gründung von Bethanien Vikar

Lataste gekannt und geliebt hat, war Dominikanerterziar. Diese Verbindung mit dem Orden hatte eine glückliche Konsequenz für die Gründung, denn Abbé Claudon hatte spontan die Idee gehabt, die Gruppe von Dominikanerinnen des Dritten Ordens in Besançon für die Gründung zu interessieren. Diese Terziarinnen, unter denen besonders Mademoiselle de Saint-Juan und Madame Bontoux erwähnenswert sind, werden den harten Kern des künftigen Komitees der Förderinnen von Bethanien bilden.[XVII] Von Anfang an unterstützen sie mit ihren Donationen und ihren Beziehungen in der Region die ersten Schritte von Bethanien.
Nach der Unterzeichnung des Kaufvertrags zum Haus in Frasnes nimmt Pater Lataste es zusammen mit Schwester Marguerite-Marie, die zu ihnen gestoßen ist, und Mutter Henri-Dominique in Besitz. Die letztere legt Wert darauf, dass man beim ersten Besuch der Örtlichkeiten eine Statue des heiligen Josef voranträgt.[27] Nachdem die ersten notwendigen Einkäufe getätigt sind, damit das Anwesen bewohnbar wird, empfangen die Gründer am Abend des 13. August die ersten Postulantinnen: Anna Boyer aus Dijon und Augustine, eine Konversenpostulantin. Die vier Frauen werden von den Barmherzigen Schwestern beherbergt; Pater Lataste kommt beim Pfarrer des Dorfes unter.

---

an der Kathedrale von Besançon. Er war es, der Pater Lataste bei Kardinalerzbischof Mathieu von Besançon einführte. Er empfand eine tiefe Freundschaft für Pater Lataste, und dieser betrachtete ihn als den entschiedensten Freund und Helfer bei seiner Tätigkeit als Gründer. Abbé Claudon ist 1882 als Pfarrer von Bouclans gestorben.

XVII Die früheste Äußerung über die Existenz dieses Komitees, das das Werk nach außen repräsentieren und es bekannt machen sollte, findet sich in Pater Latastes Brief 103 vomn 23. August 1866 an Mutter Henri-Dominique. Dieses Komitee wird die Verantwortung für die Veröffentlichung der alljährlich von Pater Lataste verfassten Berichte übernehmen, da dessen Obere nicht wollten, dass er selbst diese Dokumente mit Namen zeichnete.

Am nächsten Morgen[28] nach der Messe in der Pfarrkirche richten sich die Schwestern «zu Hause» ein.
Schon am übernächsten Tag sucht eine Prüfung die kleine Gemeinschaft heim und gibt Pater Lataste Gelegenheit, sein unerschütterliches Gottvertrauen unter Beweis zu stellen. Mutter Henri-Dominique erkrankt, und Schwester Zotique, die Krankenpflegerin für die ganze Gegend, sieht sie in Gefahr. Der Pfarrer von Frasnes fragt: «Sie haben ja niemanden als Ersatz, was werden Sie tun?» Darauf antwortet Pater Lataste: «Mein Glaube ist unerschütterlich. Gott will das Werk, und wenn er mir diese erste Helferin nimmt, wird er sicher eine andere für mich finden können.»[29]
Die ersten offiziellen Akte im Leben der neuen Kommunität sind die Zeremonien vom 20. bis 22. November 1866. Am 20. November nimmt Pater Lataste nach der erfolgten Autorisierung durch den Erzbischof von Besançon die Professen von Mutter Henri-Dominique und Schwester Marguerite-Marie entgegen.[30] Am Tag darauf finden die Segnung des Hauses durch den Pfarrer von Frasnes und die erste Einkleidung statt: Anna Boyer wird zur Chornovizin Schwester Marie-Cécile.[31] Am diesem Tag kommt es ebenfalls zur Gründung des Damenhilfskomitees von Bethanien.[XVIII]

[XVIII] Der eigenhändig von Pater Lataste verfasste, nicht datierte Text einer Geschäftsordnung für das Damenhilfskomitee von Bethanien wird im Archiv von Bethanien aufbewahrt. Das Komitee hat einen zweifachen Zweck: «das Zentrum des Werkes mit dem Zentrum der Diözese zu verbinden und möglichst enge Bande zwischen unseren Dominikanerinnen und den mildtätigen Seelen zu schaffen, die in Besançon bereits ihre Sympathien für das Werk bekundet haben; das Werk ins Blickfeld der Öffentlichkeit zu rücken, es unter den Schutz ihrer Namen und ihrer Personen zu stellen und sich zugleich von außen seiner Sache und seiner Entwicklung zu widmen». Diese Mission manifestiert sich in drei Haupttätigkeiten: Almosen zu sammeln, darüber zu wachen, dass das Haus Bethanien mit Arbeit versorgt wird, und die Jahresberichte zu publizieren.

Am 22. November setzte Pater Lataste Mutter Henri-Dominique als Priorin ein.[32] Während dieser Tage wird Pater Lataste von Pater Boulanger,[XIX] einem seiner vertrautesten und treuesten Freunde im Orden, begleitet. Pater Lataste hat ihn beschrieben als «denjenigen unserer Patres, dem das Werk von Bethanien so sehr am Herzen gelegen war, dass er mein anderes Ich ist»[33].
Von diesem Datum an gestaltet sich die Zusammenarbeit zwischen Pater Lataste, der sich immer nur kurz in Bethanien aufhalten kann, und Mutter Henri-Dominique sehr eng. Es schien günstiger, dieses gemeinsame Wirken zu beschreiben, ohne genau der Chronologie zu folgen, sondern vielmehr die großen Probleme zu umreißen, mit denen sie sich konfrontiert sahen, um so die Art deutlich werden zu lassen, wie sich Pater Lataste in diesen überaus schwierigen Augenblicken verhalten hat.

## Die Ankunft der ersten Schwestern und der ersten Rehabilitierten

Im Mai 1867 zählt Bethanien zwölf Personen, davon vier Rehabilitierte; im Juli sind es schon 16 Personen, darunter

---

[XIX] Pater Raymond Boulanger ist am 6. April 1840 in Blâmont (Diözese Nancy) geboren. Er tritt am 3. Mai 1860 in den Dominikanerorden ein und absolviert sein Studium ab 1861 in Saint-Maximin, zusammen mit Pater Lataste, der ein Jahr früher das Professnoviziat gemacht hat. Am 24. September 1864 wird er zum Priester geweiht. In Pater Latastes Zeit als Novizenmeister arbeitete er eng mit ihm zusammen, unter anderem bei der Niederschrift der *Réhabilitées*. Neunmal wurde er zum Prior gewählt, und von 1893 bis 1897 sowie von 1905 bis 1913 war er Provinzial der Provinz von Frankreich. Während seiner ganzen Tätigkeit kümmerte er sich um die Predigt im Gefängnis und war ein Helfer für Bethanien, dessen Konstitutionen er nach Pater Latastes Tod redigierte. Am 8. Dezember 1913 verstorben, fand er seine letzte Ruhestätte im Friedhof von Bethanien in Montferrand-le-Château.

sechs Rehabilitierte. Das Wachstum der jungen Gemeinschaft vollzieht sich stetig, im Maße Postulanten und Rehabilitierte eintreffen. Die letzteren sind immer weniger zahlreich als die Nonnen und Postulantinnen.
Das Fest der heiligen Maria Magdalena am 22. Juli 1868 ist ein wichtiges Datum für Bethanien. Es ist ein Tag der Freude, denn an ihm verleiht Pater Lataste in Anwesenheit des Zuchthausgeistlichen von Auberive und zahlreicher Priester nach dem von Kardinal Mathieu approbierten Zeremoniell den ersten beiden Rehabilitierten den Habit der kleinen Schwester.[34] Es ist aber auch ein Tag des Schmerzes, denn Pater Lataste ist erkrankt, weil er sich am Tag zuvor durch die Überanstrengung, die Pfarrer der Umgebung einzuladen, völlig verausgabt hat.[35] Infolge eines hohen Fiebers in der Nacht kann er nur mit Schwierigkeiten der Zeremonie am folgenden Tag vorstehen. Die Krankheit wird ihn nicht mehr loslassen.

## Die Hauptprobleme, die die Gründer lösen müssen

### *Der Superior von Bethanien*

Trotz seines Wunsches, niemals als der Gründer des Werks von Bethanien zu gelten, befindet sich Pater Lataste sehr schnell in einer heiklen Situation, was die Bezeichnung des kanonischen Oberen des Werkes angeht. Spontan denkt er daran, den Ortsordinarius zu bitten, er solle Superior der Gründung werden, denn so ist es bei den Ordensfrauen in Frankreich üblich,[36] doch Kardinal Mathieu lehnt, ungeachtet des Wohlwollens, das er für die Gründung von Bethanien an den Tag legt, dieses Superiorat ab:

Das Werk scheint mir, wie ich Ihnen gesagt habe, mit Schwierigkeiten gespickt, und ich kann und will das Superiorat nicht übernehmen und es auch niemandem aus der Diözese übertragen. Es wird Ihre Sache oder die Ihres Beauftragten aus demselben Orden sein, das Werk zu leiten, und ich als Ordinarius werde lediglich zur Überwachung intervenieren.[37] Da ich mich also weder direkt noch indirekt offiziell an dem Werk der Rehabilitierten beteiligen kann, fände ich es nicht schlecht, vielmehr sogar sehr gut, wenn Ihr Hochwürdiger Pater General die Autorität und die Leitung darüber übernehmen würde.[38]

Enttäuscht, dass er nicht auf die nahe Autorität zählen kann, wendet sich Pater Lataste an Pater Jandel. Dieser lässt ihm umgehend antworten, es sei ihm nicht möglich, eine solche Verantwortung zu übernehmen.[39] Gegen seinen Willen sieht sich also Pater Lataste «wie ein echter Gründer»[40] mit einer direkten Verantwortung für Bethanien beladen.
In den Jahren zwischen der Gründung von Bethanien und dem Tod von Pater Lataste ist dieser zwar sozusagen zwischen zwei Instanzen eingeklemmt, von denen er abhängt und die die Verantwortung für die Gründung nicht übernehmen wollen, man kann aber feststellen, dass einer der beiden Pole, die Provinz von Frankreich, sich deutlich zurückzieht und den Rücktritt von Pater Lataste zu erreichen sucht, während der andere Pol, nämlich Kardinal Mathieu, stärker wird. Der Prälat, der die Gründung nicht mit seiner Autorität hat umgeben wollen, bekundet immer wieder sein Interesse für das, was da in Frasnes vorgeht, und bezeigt Pater Lataste und Mutter Henri-Dominique seine Unterstützung. Großzügig gewährt er die Erlaubnisse und Dispensen, um die er gebeten wird. Am 15. Febru-

---

xx Es handelt sich um eine Formel zur ersten Profess; sie umfasst die Ausdrücke «bis zum Tod», denn der Begriff der zeitlichen Gelübde hat noch

ar 1868 empfängt er Pater Lataste und erteilt ihm die Approbation für die Professformel von Bethanien[XX] und das gesamte Zeremoniell,[XXI] das Pater Lataste ihm vorgelegt hat,[41] bittet dabei aber, die Bezeichnung des Erzbischofs von Besançon als Generalsuperior zu streichen; Pater Lataste hat es für angebracht gehalten, sie einzufügen, «um dem Diözesanbischof die geschuldete Ehre zu erweisen, da es keine klösterliche Frauengemeinschaft in Frankreich gibt, die nicht direkt dem Bischof untersteht».[42]

### *Die Entwicklung des Projekts*

Es ist zwar klar, dass Pater Lataste das Projekt, das er immer «das Werk Gottes» nennen wird, selbst «empfangen» hat, als er mit dem gefangenen Frauen von Cadillac vor dem Allerheiligsten betete, und dass er von dieser Ursprungsintuition niemals abweichen wollte, dennoch ist es verblüffend zu sehen, dass er diese Intuition hat reifen lassen und dass die Art, wie er die neue Kongregation konzipierte, durch die Erkenntnisse geprägt ist, die er aus den frühen Etappen des Gemeinschaftslebens und aus den Gesprächen mit Mutter Henri-Dominique hat gewinnen können. In der umfangreichen Korrespondenz, die sie

---

nicht in die Consuetudines Eingang gefunden. Seit 1857 legen die Ordensleute diese erste Profess bis zum Tode ab, sie wird aber anfänglich nur für drei Jahre angenommen. Das erklärt, weshalb Mutter Henri-Dominique von ihrer ewigen Profess am 20. November 1866 spricht, als sie diese Profess drei Jahre später erneuert.

XXI «Cérémonial de Béthanie», approbiert durch Kardinal Mathieu am 15. Februar 1868. Die Quellen dieses *Ceremoniale* sind nach Auskunft der Anmerkung, die Pater Lataste dem für den Kardinal bestimmten Original hinzugefügt hat: das *Processionale* und das *Antiphonar* des Ordens, das *Ceremoniale* der Nonnen von Dax, das der Schwestern des Dritten Ordens von Langres und von Nancy, das *Manuale* des Dritten Ordens des heiligen Dominikus. Ein Detail war den *Consuetudines* des Klosters von La Pierre-qui-Vire entliehen, wo Pater Lataste einer Profess hatte beiwohnen können; dabei hatte er gesehen, wie der Professe mit einem Leichentuch bedeckt wurde, während man die Antiphon sang: «Wach auf, der du schläfst…»

pflegen, wenn Pater Lataste nicht in Frasnes ist, sieht man, wie sie eine zweistimmige Reflexion entfalten, ausgehend von den Ereignissen des Alltagslebens in Bethanien. Sie sprechen über mögliche Berufungen für Bethanien, vergleichen die Vorzüge von Hemden aus Wolle und aus Leinen, behandeln die Lebensbedingungen in den Gefängnissen oder in den Abgründen des Elends, kurz, der Ton dieses Briefwechsels mit der Gründerin ist der einer Unterredung, in der jeder von einem Thema zum anderen übergeht, je nachdem welche Fragen sich stellen.
In den Wochen vor der Gründung findet sich die Spur des symbolischen, des, wie wir oben sagten, prophetischen Charakters der Gründung von Bethanien. Als er seine ganze Energie darein setzt, die Gründung zu ermöglichen, schreibt Pater Lataste an Mutter Henri-Dominique:

Ich glaube, dass nur wenige rehabilitierte Frauen zum vollen klösterlichen Leben gelangen können; es genügt, dass sie dahin gelangen können, dass ihnen diese Perspektive offen steht, dass sie diese Hoffnung haben, um gestützt, ermutigt und angefeuert zu werden. Und ich glaube, dass Gott uns unter ihnen außergewöhnliche Seelen schicken wird. Monseigneur von Nancy meint, wir würden welche finden, die noch höher aufsteigen als viele Schwestern.[43]

Ebenso einige Tage später:

Ich glaube nicht, dass viele von unseren armen Mädchen wahre Nonnen werden können, aber ich glaube wohl, dass sich Gott aus ihrer Zahl hervorragende Seelen, ja Heilige bereiten wird; die anderen werden im Rang kleiner Schwestern oder einfach schlichter Rehabilitierter bleiben. Das Entscheidende ist, dass Ihre Arme ihnen stets weit geöffnet sind und dass sie die Hoffnung und zugleich die Ermutigung haben, aufsteigen zu können, hinauf zu Gott, ohne auf unüberwindliche Hindernisse zu stoßen. Das genügt, um aus dem Werk ein außergewöhnliches Werk zu machen, das notwendig war, auch wenn nur eine oder zwei im Vollsinne davon profitieren.[44]

Im Oktober 1866 sieht sich Pater Lataste veranlasst, in Bezug auf mehrere Postulantinnen, die er Mutter Henri-Dominique beschreibt, einen für das Gleichgewicht in einer Gemeinschaft von Bethanien fundamentalen Punkt zu präzisieren, nämlich die absolute Diskretion hinsichtlich der Vergangenheit:

> Ich wünsche, dass niemand außer Ihnen den Grund oder die Dauer der Haftstrafe eines unserer Kinder erfährt. Die Vergangenheit muss restlos begraben sein; vor niemanden, gleich wer er auch sei, darf es jemals eine Anspielung geben, sondern nur in der Beichte und in der Seelenführung, zwischen Ihnen und ihnen.[45]

Ganz pragmatisch schlägt Pater Lataste, unter dem Druck der Fragen, die in den Gesprächen und in der bei ihm eingehenden Korrespondenz auftauchen, Weiterentwicklungen des Projekts vor, bleibt dabei aber immer der Anfangsintuition treu und lehnt jede Entwicklung ab, die das Vorhaben der Rehabilitation pervertieren würde. Im September 1866 sagt er ein klares Nein zu dem Vorschlag eines Verwaltungsbeamten, Bethanien mit einem Werk zu fusionieren, das dieser gründen will, um notfalls auf der Straße verhaftete Frauen einzusammeln.[46] Im Oktober schlägt er dem Provinzrat vor, lieber Bethanien zu schließen, als dessen erklärte Absicht der Integration der rehabilitierten Frauen ins Ordensleben aufzugeben.

Im ersten Rechenschaftsbericht des Werkes der Rehabilitierten, den er gemäß dem Ersuchen seiner Oberen ohne Verfassernamen im November 1866 erscheinen lässt, beschreibt er, wie die Veröffentlichung der *Réhabilitées* aufgenommen wurde, indem er in Auszügen aus der umfangreichen eingegangenen Korrespondenz zitiert: Briefe von Priestern, Gefängnis- und Anstaltsgeistlichen, Staatsanwälten, Rechtsanwälten, Sympathisanten aller Art. Das

Beispiel von Mina, der ersten in Bethanien aufgenommenen Rehabilitierten, die nicht aus dem Gefängnis, sondern aus einem «Refuge» kam, und die von zahlreichen Korrespondenten übermittelten Appelle haben Pater Lataste dazu bewegt, eine weitere Öffnung der Kommunität vorzuschlagen.[XXII] Er hatte ursprünglich nur an die Frauen gedacht, die eine lange Gefängnisstrafe hinter sich hatten, deren Zukunft besonders düster war und deren Bekehrung lange hatte geprüft werden können.[XXIII] In diesem Rechenschaftsbericht schlägt er eine weitere Kategorie vor, die der

---

XXII In diesem Zusammenhang bekundet der Brief 327 vom 31. August 1866 an eine zukünftige Postulantin gleichfalls «den Wunsch, den anderen gefallenen Seelen dieselbe hilfreiche Hand entgegenzustrecken».

XXIII Es ist wirklich das Fehlen jeder unüberwindlichen Barriere vor dem Zugang zum klösterlichen Leben, was die Gründung von Bethanien auszeichnet. Pater Lataste hatte es in *Les Réhabilitées* hervorgehoben, und im ersten Rechenschaftsbericht vom November 1866 erinnert er daran: «Wir drängen niemanden zum Klosterleben. Wir wollen lediglich diejenigen, die Gott dazu beruft und die so großmütig sind, diesem Ruf zu folgen; aber diese Perspektive eröffnen wir *allen*, bis zu dem noch unbekannten Tag, an dem sie, wie ihre Vergangenheit auch aussehen mag, sich schrittweise zu Gott und zum Ordensleben erheben können, ohne dass sie je auf eine Schwelle stoßen müssen, auf der sie die niederschmetternden Worte lesen: ‹Genug! Bis hierher und nicht weiter! Zwischen euch und uns liegt ein unüberbrückbarer Abgrund. Ihr habt gefehlt! Also bleibt dort drunten!› Diese Perspektive ist ermutigend für sie; diese Möglichkeit hält sie aufrecht. Sicher werden nicht alle zum vollen Ordensleben gelangen, das wird nur Sache einer Elite von Seelen, also einer kleinen Zahl sein. Aber alle werden wissen, dass es für sie nur eine Schwelle gibt: den Ruf Gottes und ihren Willen. – Und wenn sie auch nicht alle dahin gelangen, werden sie doch zumindest auf diesem Wege so weit voranschreiten, wie es ihnen gut scheint. – Ursprünglich zählten wir, wie wir es in unserer kleinen Erläuterungsschrift über die *Maison de Béthanie* dargelegt haben, nur zwei deutlich unterschiedene Kategorien: die Schwestern und die Rehabilitierten. *Die Schwestern*. Das sind die gottgeweihten Seelen im Habit und unter der Regel des Dritten Ordens vom heiligen Dominikus, die ihre Arme den armen bekehrten Magdalenen entgegenstrecken, um ihnen Asyl zu gewähren, und darauf warten, ihnen, so Gott will, ihre Reihen öffnen zu können. *Die Rehabilitierten*, das sind jene gefallenen, aber schon lange zu Gott zurückgekehrten und durch seine Gnade verwandelten Seelen» (Schriften über Bethanien, § 1–6, S. 112, und *Compte-rendu à nos bienfaiteurs*, November 1866, S. 25–26).

«Kinder»; in sie sollen ehemals strafgefangene Frauen aufgenommen werden, deren Bekehrung noch frisch ist, oder Frauen, die zwar nicht zu Gefängnis verurteilt wurden, «jedoch einst vor Gott und vor den Menschen gefehlt haben».[XXIV] Dass auf diese Weise die Türen von Bethanien weiter geöffnet werden, beunruhigt Kardinal Mathieu, der befürchtet, damit werde die neue Gemeinschaft in die Kategorie der «Refuges» verschoben. Pater Latastes Antwort[47] überzeugt ihn zwar, doch behält er sich vor, von Fall zu Fall die Zulassung möglicher entlassener, erst vor kurzem bekehrter Frauen zu den «Kindern» zu prüfen.[XXV]

---

XXIV «Diesen beiden ursprünglichen Kategorien der Nonnen und der Rehabilitierten haben wir, um den Wünschen zu entsprechen, die so häufig an uns herangetragen werden, und um damit auch den Gedanken treu zu bleiben, die Gott uns selbst eingegeben hat, eine dritte Klasse hinzugefügt, die wir *unsere Kinder* nennen, denn sie stehen erst am Anfang des rechten Weges und beginnen ja gerade erst auf ihm zu gehen: Es sind entweder die Entlassenen, deren Bekehrung noch nicht lange zurückliegt und darum weniger Sicherheit bietet, oder arme Mädchen, die zwar nicht das Gefängnis verdient, jedoch einst vor Gott und vor den Menschen gefehlt haben und die jetzt in ihrem Herzen den großmütigen Plan gefasst haben, lieber für immer abseits der Welt unter Gottes Schirm und Schutz zu leben, als von neuem ihre Schwachheit den Versuchungen und Klippen der Welt auszusetzen, und sich so an ihr, die sie verloren hat, zu rächen, indem sie für sie beten. Wenn sie dann ausreichende Garantien für ihre Rückkehr zum Guten und zur Tugend gegeben haben, werden unsere Kinder in den Kreis ihrer älteren Schwestern, der Rehabilitierten, aufgenommen und können mit ihnen danach streben, Stufe für Stufe aufzusteigen zur Unschuld und wiedergewonnenen Ehre» (*Compte-rendu à nos bienfaiteurs*, November 1866, S. 26–27).

XXV Brief 59 von Kardinal Mathieu vom 16. Dezember 1866 an Pater Lataste: «M. Claudon hat mir Ihren Brief übermittelt. Es ist ausgemacht, dass die ersten beiden Kategorien, die Sie anführen, Personen, die schlechte Zeiten in ihrem Leben gehabt haben, aber, von Gott angerührt, sich ihm weihen wollen, und jene, die als Büßerinnen in den Refuges leben, später Nonnen werden wollen und von den Refuges selbst empfohlen werden, es ist also ausgemacht, dass die Personen aus diesen beiden Kategorien von Ihrem Haus aufgenommen werden können. Was diejenigen betrifft, die aus den Gefängnissen kommen und an Sie geschickt werden, ohne sich selbst in dieser Hinsicht zu entscheiden, muss man mich *in specie* für jeden einzelnen Fall konsultieren, und wenn man Ihnen diese Personen schon geschickt hat, werden Sie sie zunächst behalten und meine Entscheidung erwarten» (Orig. Diözesanarchiv Besançon).

Im Januar 1867 findet sich ein weiteres Anzeichen dafür, dass bei Pater Lataste zweierlei miteinander einhergeht: eine feste Überzeugung in Bezug auf das Werk und ein großes Geschick, Lehren aus der Erfahrung zu ziehen, die jede Etappe der Gründung bringt. Als er neben vielem anderen auf eine Frage antwortet, die das aktive und passive Stimmrecht der in Bethanien Nonnen gewordenen Rehabilitierten betrifft, schreibt er an Mutter Henri-Dominique, er beabsichtige nicht, ihnen das passive Stimmrecht zu geben, sodass sie also nicht zu Priorinnen gewählt werden können, und das aktive Wahlrecht sei ihnen erst nach einer Professzeit zu verleihen, die länger sein solle als die der anderen Schwestern. Diese Restriktion zeigt, wie neu und geradezu beunruhigend selbst für Pater Lataste die Aufnahme ehemaliger Strafgefangener ins Klosterleben war. Der folgende Abschnitt wirft ein Licht auf Pater Latastes Befindlichkeit:

> Wir brauchen mindestens fünf Jahre, bis eine Rehabilitierte Professschwester wird, also haben wir alle Zeit, um darüber nachzudenken, und können unsere volle Freiheit wahren, um in diesen Dingen dem Willen Gottes und den Lehren aus der Erfahrung besser zu entsprechen. Die Werke Gottes entstehen nicht *a priori* und lange im voraus, sondern ganz allmählich, wenn Gott spricht, und meistens spricht er erst in dem Augenblick ganz deutlich, wo man am meisten darauf angewiesen ist. Ich füge hinzu, dass die Absicht, uns anzugreifen,[XXVI] mir weder Angst noch Kummer macht. Gott ist sichtlich mit uns, und wenn er mit uns ist, wer kann dann gegen uns sein?[48]

Während des Sommers 1867 macht das Wachstum der Kommunität die Verwirklichung eines der Ziele möglich, die Pater Lataste schon von Anfang an vorschwebten: dass «kein menschliches Auge mehr die ehemaligen Sünderin-

---

[XXVI] Zu den Angriffen siehe unten S. 228

nen von denen zu unterscheiden vermag, die nicht gesündigt haben»[49]. Dass Mademoiselle de Saint-Juan zwei Konversenpostulantinnen für Rehabilitierte halten konnte, erfüllt ihn mit Freude.[50] Und im Oktober 1867 sieht er mit großen Erstaunen eine Novizin weinen bei dem Gedanken, sie könnte nicht für eine Rehabilitierte gehalten werden.[XXVII] Diese Vermischung, die notwendig ist, um die Rehabilitierten vor Neugier und Verachtung von Seiten der Öffentlichkeit zu schützen, ist die Grundlage für ein Prinzip, das die Gestaltung des Habits in Bethanien bestimmt. Pater Lataste möchte, dass die (rehabilitierten) Aspirantinnen mit den (Nonnen-)Postulantinnen verwechselt werden und dass im Lauf ihres Lebens die kleinen Schwestern (ehemalige Rehabilitierte auf dem Weg zum Ordensleben) den – bis auf einen winzigen Unterschied – gleichen Habit tragen wie die Auxiliarschwestern (Terziarinnen, die die Außenbeziehungen pflegen). Diese Vielfalt von Status und Habit mag demjenigen, der in den Bräuchen des Klosterlebens jener Zeit nicht bewandert ist, unverständlich scheinen; wenn man Pater Latastes Schriften liest, kann man sich fragen, ob nicht gerade das gewollt ist … Die Formen der Verpflichtung innerhalb der Gemeinschaft sind unterschiedlich, und das lässt sich von außen nicht ohne weiteres erkennen, die Ehrbarkeit der einen deckt die Entehrung der anderen zu. So können sich diejenigen, die Gefahr laufen, Objekt von Neugier oder Verachtung zu werden, zwischen den Ordensschwestern verstecken, und diese können sich schon vom Postulat an

---

XXVII Eine Rehabilitierte konnte Novizin werden, das ist das Ziel des Werkes. Aber umgekehrt kann jene Novizin, die direkt ins Noviziat eintritt, da sie aus einem behüteten Leben kommt, natürlich niemals als Rehabilitierte gelten, da sie den Status der Frauen, die gerade aus dem Gefängnis kommen, ja nicht teilen kann. (Brief 328, 17. Oktober 1867, an eine Postulantin).

an dem Werk der Rehabilitation beteiligen, indem sie akzeptieren, dass man sie für das hält, was sie nicht sind.[51] Innerhalb der Kommunität jedoch wird es keine Undifferenziertheit geben, denn jede hat die Obliegenheiten ihres Standes und nur diese zu erfüllen. Pater Lataste hatte eine anspruchsvolle Vorstellung vom Ordensleben und von seinen Gelübden. Der Zugang zu ihnen bedeutete den Eintritt in eine von Gehorsam und strenger Askese bestimmte Lebensform, deren Essenz in Bethanien Nächstenliebe und Barmherzigkeit im Alltag sind. Diese totale Selbsthingabe an die Nachfolge Christi ist durch Pater Lataste all denen zugänglich geworden, die die Berufung dazu hatten, er hat aber nicht gewollt, dass diese geballte Erfahrung von vornherein auf jeder Frau lastete, die in Bethanien eintrat. Die differenzierte Ordnung erlaubte es einer jeden, den Platz zu finden, der richtig für sie war, ließ dabei aber weitere Entwicklungen offen.
Wichtig in dieser Reflexion von Pater Lataste, welche Mittel sich am besten eignen, die Intuition, die er in Cadillac empfangen hat, konkret zu verwirklichen, ist auch die ziemlich lakonische Erwähnung, die sich, vierzehn Tage nach der Gründung von Bethanien, in einem Brief an eine künftige Postulantin findet und die uns vermuten lässt, Pater Lataste habe an die eventuelle Gründung eines Hauses «Anna und Maria» gedacht, das junge Frauen in sittlicher Gefahr aufnehmen sollte. Die Arbeitsbelastung infolge der Gründung, dann die Erkrankung und der Tod haben Pater Lataste nicht die Chance gelassen, dieses weitere karitative Projekt zu realisieren.[52]

### *Der Hausgeistliche von Bethanien*

Die Akte der Hausgeistlichen von Bethanien mag ohne große historische Bedeutung sein, aber sie verdient doch,

dass man bei ihr verweilt, denn sie ist enthüllend, was die Art und Weise angeht, wie Pater Lataste seinen Wunsch nach Barmherzigkeit und Rehabilitation im Leben in die Praxis umsetzte, und zwar nicht nur für die Schwestern von Bethanien, sondern in allen Verhältnissen.
Es stimmt, dass es Pater Lataste heftig widerstrebte, sich als den Gründer von Bethanien zu betrachten, und dass er nie auf die Idee kam, sich bei den Schwestern auf die Dauer niederzulassen, um ihre Formung sicherzustellen. Er spürte in sich einen zu starken Wunsch nach kontemplativem Leben für sich selbst; das belegt, neben vielen möglichen Beispielen, auch die folgende Nachricht an Abbé Claudon:

> Der Hochwürdige Pater Pardieu, der augenblicklich unser Prior ist, dringt in mich, ich soll darum ersuchen, dass ich selbst von Ostern bis Advent zum Hausgeistlichen für Bethanien bestellt werde;[XXVIII] er sagt mir, ich käme ihm vor wie eine Mutter, die ihr Kind zur Welt bringt und es dann sich selbst überlässt, statt von nahem über seine Bedürfnisse zu wachen. Der Herr Pfarrer hat mit mir bereits im selben Sinn gesprochen;[53] ich gestehe, dass mir das widerstrebt; ich liebe das geregelte Leben eines Konvents und das Gemeinschaftsleben so sehr, und ich brauche es so nötig! Aber ich werde die Frage Pater Minjard vorlegen.[54]

Zwei Monate nach diesem Brief kommt Pater Lataste auf die Frage zurück, als er Mutter Henri-Dominique von einem Briefwechsel berichtet, den er mit dem Ordensmeister Pater Jandel geführt hat. Die Argumente, die er anführt, um zu erklären, dass er nicht selbst der Hausgeistliche der Schwestern sein möchte, zeigen seine Klug-

XXVIII Ein solches Arrangement hatte zweifellos zum Ziel, Pater Lataste für seinen Anteil an den großen Advents- und Fastenpredigten verfügbar zu haben.

heit; und sie lassen ermessen, dass sein großherziges Engagement für Bethanien nicht sein ganzes religiöses Leben ausmacht:

Ich bin zu dem Urteil gelangt, dass ein ständiger Aufenthalt in Bethanien nicht gut wäre: nicht für mich, denn ich brauche das Gemeinschaftsleben und muss unter dem Gehorsam stehen. Aber auch nicht für unsere kleine Kommunität. Wenn ich von außen komme, habe ich mehr Einfluss und mehr Autorität. Wenn ich immer da wäre, würde ich einen Großteil davon verlieren, und wir hätten eine Einwirkung weniger auf diese lieben Seelen. Und nicht für unsere künftigen Postulantinnen. Der Dienst im Konvent wird mir, wie ich hoffe, die Möglichkeit geben, etwas Gutes außerhalb des Werkes zu tun, und mir auch die Mittel an die Hand geben, das Werk bekannt zu machen und vielleicht ein paar guten Berufungen zu begegnen. Es wäre auch nicht gut gegenüber der Öffentlichkeit von Frasnes und gegenüber dem Pfarrer, die sich vielleicht aus Gewohnheit von mir nicht genügend stören ließen. Und nicht gut wäre es für unsere Patres, die dazu neigen könnten, mich als Fremden zu betrachten, der sich freiwillig von ihnen getrennt hat, um sich sein eigenes kleines Nest zu bauen. Ich habe also den Brief vom Hochwürdigsten Pater an H. H. Pater Minjard weitergeleitet und um insgesamt zehn Wochen pro Jahr gebeten. Ich glaube gewissenhaft, dass es so viel braucht, aber dass das dann auch genug ist.[55]

Die Veröffentlichung der *Réhabilitées* im Mai 1866 führt zur Kandidatur mehrerer Priester, die sich als Hausgeistliche anbieten.[XXIX] Pater Lataste prüft jeden Vorschlag und fragt außerdem bei Kardinal Mathieu an, ob ein Priester der Diözese dieses Amt versehen könne;[56] der Kardinal schlägt vor, man solle einen älteren Pater aus der Provinz von Frankreich berufen.[57] Nachdem gleichzeitig mehrere

[XXIX] Abbé Jeannin, Seelsorger der Karmelitinnen, der sich einem Werk der Rehabilitation der Seelen widmen möchte (Briefe 85 vom 28. Juni 1866 und folgende); ein von einem anderen Priester vorgeschlagener potentieller Seelsorger (Brief 113 vom 6. Oktober); Pater Magnan (Brief 118 vom 22. Oktober 1866; alle Briefe an Mutter Henri-Dominique).

Vorstöße erfolgt sind, stehen dann auch zwei Hausgeistliche zur Verfügung[58]: Pater Praquin und Pater Guérittot.[xxx] Pater Praquin ist ein betagter, kranker Pater, von dessen Berufung nach Bethanien Pater Saudreau abgeraten hat, da er im Amt bei anderen Schwestern Indiskretionen begangen hat.[59] Der Provinzial hat jedoch zugunsten von Pater Praquin entschieden, und dieser richtet sich im Lauf des Dezember 1866 in Bethanien ein.[60] Sehr schnell macht es ihm sein Gesundheitszustand unmöglich, die Messe zu lesen. Pater Lataste bedauert nicht, dass er dem Urteil seiner Mitbrüder nicht gefolgt ist, die er für allzu streng hält: «Im Zweifel muss man immer lieber zu nachsichtig sein als zu streng, denn unser Herr hat gesagt, wir würden danach gerichtet, wie wir die anderen richten.»[61]
Erleichtert vernimmt er Ende Januar 1867 die Entscheidung des Provinzials, Pater Guérittot zum Hausgeistlichen von Bethanien zu machen. Er wird ein Jahr lang auf diesem Posten bleiben. Zu Beginn des neuen Jahres dringt Pater Lataste bei Mutter Henri-Dominique darauf, man solle Pater Guérittot nichts von dem wissen lassen, was vor seiner Ankunft gegen ihn eingewendet worden ist.[62] Pater Guérittot, der zunächst für drei Monate ernannt worden ist, um sich erholen zu können, bekommt seinen

[xxx] Pater Augustin Guérittot ist am 15. Juli 1833 in Pusey bei Vesoul geboren. Die Register der Provinz von Frankreich weisen keine Spur seines Eintritts in den Orden, seiner Profess oder seiner Priesterweihe auf. 1864–1865 ist er Sainte-Baume, später Bordeaux assigniert. Es scheint, dass es ihm äußerst schwer fällt, am Gemeinschaftsleben teilzunehmen, da er gesundheitliche Probleme hat: Er wohnt nur selten in den Klöstern, denen er assigniert ist, und unternimmt mehrere, ziemelich kurze Versuche als Seelsorger von Klosterfrauen (Saint-Nicolas, Bethanien) und Nonnen (Langres). Nach Assignationen in Lille (1869), Paris (1870), Langres (1872–1876), Abbeville (1877), Amiens (1878–1892) verliert sich seine Spur. Im Nekrolog der Provinz taucht er nicht auf, was vermuten lässt, dass er den Orden verlassen hat.

Aufenthalt bis Ende 1867 mehrmals jeweils um drei Monate verlängert. Pater Lataste lässt ihm große Handlungsfreiheit, bittet ihn, der Kommunität Unterricht zu erteilen, sieht sich aber zur Strenge gegenüber den Erleichterungen genötigt, die sich Pater Guérittot genehmigt hat, um Männer zur Beichte in seinem Zimmer zu empfangen[63] oder mit den Schwestern an Rekreationen teilzunehmen,[64] da die Klausur in Bethanien noch nicht hinreichend eingerichtet ist. Nach dem Kapitel stellt sich ein neues Problem bezüglich des Hausgeistlichen, denn der Provinzial verlangt für ihn eine Pension von 800 Francs pro Jahr. Pater Lataste weiß nicht, was er tun soll; ihm ist bekannt, dass ein Diözesanpriester nur halb so teuer wäre, aber er möchte einen Dominikaner in Bethanien behalten.[65] Der Provinzial bleibt bei seiner finanziellen Forderung, zieht Pater Guérittot ab und ernennt am 22. Januar 1868 Pater Éveillé-Lagrange[XXXI] zum Hausgeistlichen von Bethanien[66] und Socius von Pater Lataste während seiner Aufenthalte in Frasnes. Er wird bis April 1869 bleiben. Psychisch und physisch von besserer Gesundheit als sein Vorgänger, macht er Pater Lataste weniger Probleme, der ihm gegenüber nicht mehr eingreifen muss, um Fehlurteile zu korrigieren. Er ist ein aufmerksamer Socius und wird sich während Pater Latastes Krankheit als sehr brüderlich erweisen.

---

XXXI Pater Jean-Jacques Éveillé-Lagrange ist am 31. August 1840 in Masseube (Gers) geboren. Am 10. Januar 1860 trat er in den Orden ein und wurde nach seinem Studium in Saint-Maximin 1865 zum Priester geweiht. Assigniert in Bordeaux, dann in Abbeville, kommt er am 11. Februar 1868 nach Bethanien; er steht Pater Lataste in seinen letzten Stunden bei und verlässt Bethanien am 18. April 1869. Nach Assignationen in Langres und Paris wird er 1885 nach St. Petersburg geschickt. Er stirbt am 25. Juli 1925 in Rom.

### *Die Abfassung der Konstitutionen*

Sehr bald hat sich Pater Lataste mit der Frage der Konstitutionen für Bethanien beschäftigen müssen. In dem Brief, den Pater Jandel an ihn gerichtet hatte, um seine Approbation zur Verbreitung der *Réhabilitées* zu erteilen, hatte er ihm geraten, Konstitutionen eines bereits bestehenden Ordens zu wählen.[67] Für Pater Lataste steht außer Zweifel: Die Schwestern von Bethanien werden Dominikanerinnen sein. Allmählich wird er sein Interesse auf die Konstitutionen der Kongregationen des klausurierten Dritten Ordens richten,[XXXII] da diese erlauben, zum einen die Atmosphäre einer kontemplativen Gemeinschaft zu wahren und zum anderen die notwendige Freiheit lassen, deren die Praxis eines Apostolats bedarf, auch wenn dieses innerhalb der Kommunität geschieht.

Anfänglich sucht er Informationen über verschiedene Kongregationen zu sammeln.[XXXIII] Er bittet einen seiner Novizen, das Bethanien-Projekt seiner Mutter vorzustellen, da diese in der Unterstützung einer anderen Gründung, nämlich der *Servantes des Pauvres* von Angers, stark engagiert ist. Die Frage, die Auguste Jouin seiner Mutter stellt, gibt indirekt die Bitte seines Pater Magister wieder. Dieser ist nicht etwa in Begründungsnot, aber er möchte doch den Rat von erfahrenen Leuten einholen:

XXII «Ich bin erfreut zu hören, dass unsere Konstitutionen des Dritten Ordens Ihnen selbst mit heiklen Gesundheitszuständen vereinbar scheinen; es ist also unnütz, irgendwo anders zu suchen» (Brief 85, 28. Juni 1866, an Mutter Henri-Dominique).

XXXIII Er bittet Mutter Henri-Dominique, die Konstitutionen der Dominikanerinnen von Nancy zu kopieren, und studiert die Konstitutionen der Dominikanerinnen von Châlon und die der Nonnen von Prouille (Brief 86, 2. Juli 1866, an Mutter Henri-Dominique).

Liebes Mamachen, ich erwarte von Dir mehr als Gebete für dieses Werk. Ich bitte Dich im Namen von Pater Lataste, Du möchtest mir sagen, was Du über sein Projekt denkst. Du kennst die Welt, ihre Bedürfnisse, ihr Elend, das, was zur Nächstenliebe drängt; ich wünschte, dass Du mir sagst, welches nach Deiner Ansicht die Erfolgschancen bzw. die Hindernisse sind, denen dieses Werk begegnen wird.[68]

Im Oktober 1867 hat Pater Lataste, nachdem er die ersten Informationen über die Erfahrungen aus einem Jahr des Lebens der Kommunität erhalten hatte, zusammen mit Mutter Henri-Dominique mit der Niederschrift der Konstitutionen begonnen.[69] Er nutzt die Gelegenheit seiner Fastenpredigten, um Abbé Ligier um Rat in kirchenrechtlicher Hinsicht zu fragen;[70] der ehemalige Professor am Seminar von Nîmes bestätigt ihm, dass fast alle Orden ein sittlich anstößiges Leben als Hindernis für den Eintritt ins Klosterleben betrachten, «sowohl wegen der Ehrschmälerung, die für den Orden daraus entstehen könnte, als auch aus Furcht vor den schlechten Sitten». Nur wenige Orden machen diese Einschränkung nicht, so etwa manche Karmeliten, die Kartäuser und die Trappisten, «die in einem sittlich anstößigen Lebenswandel kein Hindernis für den Eintritt ins Kloster sehen, wenn man die Bekehrung und Perseveranz der eintrittswilligen Personen mit moralischer Gewissheit annehmen kann. Diese Orden können so beschließen, weil sie sehr streng und daher geeignet sind, die Sünden der Vergangenheit zu sühnen.» Diese Antwort bestätigt den in *Les Réhabilitées* entwickelten Gedanken: Die einzige Möglichkeit des Klosterlebens für jene, die zum damaligen Zeitpunkt eine von öffentlichen Fehltritten gezeichnete Vergangenheit gehabt haben, besteht darin, in Lebensformen einzutreten, die auf die Buße konzentriert sind.[71] In den letzten Monaten seines Lebens widmet Pater Lataste die wenigen ihm verbliebenen Kräfte der Arbeit an den Konstitutionen. Dafür orientiert er sich weitestgehend an dem, was schon besteht, sucht dabei aber Nutzen aus der kurzen Erfahrung der Gemeinschaft zu ziehen.

Ich befasse mich damit, die Konstitutionen von Bethanien aufzuschreiben, und da ich es gewissenhaft tun will, musste ich mich mit zahllosen Dokumenten umgeben. Auf meinem Tisch liegen sechs oder sieben Bücher, die ich fast alle gleichzeitig zu Rate ziehen und vergleichen muss. Die Regeln des klausurierten Dritten Ordens sind, anders als die des großen Ordens der Patres oder des großen Ordens der kontemplativen Dominikanerinnen, nicht vollständig definiert, und da fast alle augenblicklich bestehenden Häuser des Dritten Ordens Pensionate unterhalten, sind wir natürlich genötigt, einige Modifikationen an ihren Bräuchen anzubringen, um unsere Konstitutionen an das Werk von Bethanien anzupassen.[72]

Im Januar 1869, als die Krankheit ihn daran hindert, die Messe zu feiern, diktiert er noch Mutter Henri-Dominique Passagen der Konstitutionen von Bethanien.[73] Die Aufzeichnung dieser Konstitutionen, die Pater Lataste vor seinem Tod nicht mehr abschließen kann, wird von Pater Boulanger beendet.[XXXIV] Pater Jandel legte Wert darauf, diesen Text selbst zu lesen;[74] man fand ihn denn auch bei seinem plötzlichen Tod am 11. Dezember 1872 auf seinem Arbeitstisch.

---

XXXIV Pater Lataste konnte noch die Kapitelanfänge, die Artikel und Paragraphen der ersten beiden Distinktionen niederschreiben, außer den Kapiteln über die Arbeit, die Kranken und die Gelübde, die dann von Pater Boulanger verfasst werden. Der Text über die Verwaltung stammt von der Hand von Mutter Henri-Dominique.

## Beziehungen zu den Oberen: der Gehorsam des Gründers

### Frühe Anerkennung

Im Oktober 1866 hat sich die Provinz von Frankreich zum ersten Mal offiziell zur Gründung von Bethanien geäußert. Pater Minjard hat als Provinzial das Projekt von Pater Lataste unterstützt. In seiner Zeit als Prior von Bordeaux hatte er der Entstehung dieses Projekts beigewohnt: Der junge Prediger hatte ihn nach der Rückkehr von seinen Einkehrtagen im Gefängnis davon unterrichtet. Er erteilt nun auch der Broschüre *Les Réhabilitées* das *Imprimatur* und begreift rasch, dass es Pater Lataste unmöglich ist, seine Verantwortung als Magister der Professnovizen und diejenige als Gründer nebeneinander wahrzunehmen:

> Ich verpflichte Sie, schreibt er ihm im Mai, sich mit diesem Werk nur sekundär zu befassen. Sie sind vor allem Novizenmeister, und Sie wissen um die Verantwortung, die auf Ihnen ruht, und kennen all das, was die Provinz von Ihrer Hingabe erwartet.[75]

Aber Pater Lataste kann nicht den Erfordernissen eines Novizenmeisters und eines Gründers zugleich genügen, insbesondere nicht, wenn man die Menge an Korrespondenz bedenkt, die ihm die nach der Veröffentlichung der Broschüre von überallher eingehenden Geschenke und Ermutigungen abverlangen. Der Provinzial entpflichtet ihn am 24. Juli 1866 noch vor der Gründung von Bethanien vom Noviziat.[76] Anfang Oktober 1866 fragt er Pater Lataste, wie es um das Werk stehe, da das Provinzkonsil die Frage prüfen muss. Der Bericht, den Pater Lataste von dieser Sitzung des Konsils gibt, zeigt deutlich die Entschlossenheit, die ihn beseelt:

Es kommt ein wichtiger Augenblick für uns: der Augenblick, in dem das Provinzkonsil seine Entscheidung über unser Werk und über meinen Anteil daran fällen wird. Man hat mich für einige Erklärungen rufen lassen. Ich habe die ganze Angelegenheit unserem Herrn empfohlen; ich bin ein wenig aufgeregt, aber was mich sicher macht, ist, dass ich mich von ganzem Herzen dem heiligen Willen Gottes unterworfen habe und mich trotzdem voller Hoffnung weiß. «In dich hab ich gehoffet, Herr, zuschanden werd' ich nimmermehr.»
Einer der Patres aus dem Rat riet mir, das Werk zu modifizieren und unsere Kinder nur zu einer eigenständigen Kommunität zuzulassen; ein anderer wollte die Frage der Verantwortung, die der Orden ebenso wenig wie der Erzbischof von Besançon übernehmen will, vereinfachen und empfahl mir, Ihnen einen anderen Habit und eine andere Regel und einen anderen Namen zu geben. Meine Antwort auf den einen wie auf den anderen Ratschlag war kategorisch: Entweder man schließt die Pforte von Bethanien oder man lässt das Werk so, wie es ist. Ich bin damit beauftragt, dieses Werk zu tun und kein anderes. Warten wir ab.[77]

Infolge dieser Begegnung beschließt das Provinzkonsil, Pater Lataste seine apostolische Arbeit im Dienst für Bethanien weiter tun zu lassen, ersucht ihn aber, sich davon so schnell wie möglich zu entlasten.[78] Pater Lataste brüstet sich nicht mit dieser Autorisierung. Er will die ihm feindselig Gesinnten nicht verletzen.[79] Nichtsdestotrotz erhält er eine Bestätigung des Wohlwollens von Seiten des Provinzials, der ihm mit Wirkung vom 26. Oktober seine Assignation zum Konvent von Dijon erteilt; offiziell wird sie damit begründet, dass er «mit einer wichtigen Arbeit betraut ist, die all seine Sorgfalt verlangt»[80]. Wie schon gesagt, bittet Pater Lataste seine Oberen nicht um die Erlaubnis, sich ständig in Bethanien niederzulassen, obwohl mehrere Patres ihm diese Lösung vorschlagen, die von anderen Gründern von Schwesternkommunitäten gewählt worden ist.[81]

## Der Auftritt von Verleumdern

Die Opposition gegen die Gründung von Bethanien entsteht fast zur selben Zeit wie das Projekt selbst. Sie hat sich bis zu einem Paroxysmus gesteigert, der zeitlich in etwa mit Pater Latastes Tod zusammenfällt und mit dem Problem des Nachfolgers zu tun hat. Dieser Widerstand verdient Aufmerksamkeit, weil er den ungewöhnlichen, ja skandalösen Charakter beleuchtet, den diese Gründung in der französischen Gesellschaft des 19. Jahrhunderts hat. Eine der ersten nachweisbaren Reaktionen ist die des Pfarrers im Gründungsort Frasnes-le-Château. Dieser hat seinem Erzbischof geschrieben, sobald er Kenntnis von dem Vorhaben eines Hauskaufs für die neue Kommunität auf dem Boden seiner Pfarrei hatte. Pater Lataste hatte dem Pfarrer in der Tat erklärt, die ersten Schwestern würden, solange kein Hausgeistlicher ernannt sei, zur Pfarrmesse kommen.

> Ich habe [Pater Lataste] höchst förmlich erklärt, dass derlei Personen nicht in die Pfarrei kommen dürfen, ihre Anwesenheit in der Kirche wäre von Übel, würde der Sammlung schaden und wäre die Quelle schlechter Reden. Es würde mich sehr schmerzen, wenn ich sie dort sehen müsste.[82]

Der Erzbischof sieht sich veranlasst, postwendend zu erklären:

> Ich glaube nicht, dass man sie zurückweisen kann, denn das hieße gegen das Werk zu verstoßen, oder dass man sie der Teilnahme an den

Gottesdiensten berauben darf, denn sie sind dazu gehalten wie alle Gläubigen, und die Erfüllung dieser Pflicht rangiert vor jeder anderen Erwägung. Man wird dem Problem lediglich dadurch abhelfen können, dass man ihnen allen eine Art Ordenshabit gibt.[83]

Als die Schwestern von Bethanien von den Ängsten des Pfarrers erfahren, notieren sie lakonisch auf den ersten Seiten ihrer Chronik:

Der Herr Pfarrer möchte auch [die Klausur] und wünscht sie nachdrücklich; aber nur aus einem einzigen Grund: Er fürchtet für seine Pfarrei, wenn unsere *Kinder* kommen; ihm scheint, dass dies «das Land schänden und beschädigen» wird. Ein großartiges Land! … Es muss gar nicht erst geschändet oder beschädigt werden, das ist bereits geschehen.[84]

Die feindseligen Reaktionen auf die Gründung hatten sich bereits anlässlich der Publikation von *Les Réhabilitées* geäußert. Die weltliche Presse hatte keinerlei Kritik angemeldet, die Kommentare, die von innerhalb der Kirche und insbesondere aus dem Dominikanerorden kamen, hatten nicht mit Kritik gespart. Als Beispiel diene ein Auszug aus einem Brief, den ein Dominikaner an die Oberin der Kongregation von Chantilly gerichtet hat; der Text ist bezeichnend für die ablehnende Reaktion, die Pater Latastes Projekt sogar schon vor der Gründung hervorruft:

Wenn Sie wegen dessen, was Sie mir gesagt haben, an Pater Provinzial schreiben, können Sie ihm sagen, es habe Sie und alle Ihre Schwestern mit Ihnen tief geschmerzt, zu denken, dass man es grundsätzlich für möglich und praktizierbar hält, dass Frauen, die aus dem Gefängnis kommen, in größerer Zahl Klosterfrauen, und zwar Dominikanerinnen, werden können und sollen.
Ohne von den Vorkehrungen zu sprechen, mit denen die heilige Kirche in dieser Hinsicht den Eintritt in alle Gemeinschaften christlicher Jungfrauen versehen hat, können Sie persönlich ihm aufgrund Ihrer

Erfahrung aus zwanzig Jahren versichern, dass das Vorhaben von Pater Lataste ein nicht realisierbarer Traum ist. Das Leben ist unmöglich mit reuigen Frauen, denen man Hoffnung machen würde, sie könnten eines Tages werden wie jene, die sie anleiten, und denen man erlauben würde, zu denken, jene, die sie leiten, seien im Gefängnis und sonstwo gewesen. Dass sich Klosterfrauen «rehabilitiert» nennen sollen, ob man der Rehabilitation bedarf oder nicht, ist nicht weniger unmöglich; und angesichts von drei Monaten praktischer Studien an diesem Stoff fällt der ganze Eifer von Pater Lataste zusammen wie ein Kartenhaus.[85]

Das Zögern der Oberen, offene Solidarität mit der Gründung an den Tag zu legen, die Vorsicht des Provinzials, der das Unternehmen gleichwohl von der ersten Stunde an unterstützt hat, sind Zeichen für die Pressionen, die von anderswo auf sie ausgeübt wurden. Es ist klar, dass das Korps, in das Pater Lataste seine «lieben Schwestern» einpflanzen will, heftig auf ein so neuartiges und den gängigen Vorstelllungen vom Klosterleben so sehr zuwiderlaufendes Projekt reagiert. Es geht ja, um den Ausdruck von Pater Minjard aufzugreifen, darum, «Personen mit schlechtestem Leumund das Tragen des Habits des heiligen Dominikus zu erlauben»[86]. In der Tat will Pater Lataste unter dem Habit eines bekannten und ehrbaren Ordens die rehabilitierten Frauen bergen und nicht etwa unter einem neuen Habit, der sie der öffentlichen Verachtung aussetzen würde. Es geht für ihn nicht darum, einen neuen Orden zu gründen, sondern eine neue Kategorie von Frauen in einen alten Orden aufzunehmen. Diese Vorstellung, die er besonders in einer die *Réhabilitées* ergänzenden Broschüre mit dem Titel *Quelques détails* entfaltet, erklärt die Hitzigkeit, mit der sich die Mitglieder des Ordens gegen eine Solidarität wehren, die zu tragen sie nicht bereit sind. Im Lauf des Jahres 1867 nimmt die Offensive konkrete Züge an, und zwar von Seiten derer, die direkt von dieser Solidarität betroffen sind, das heißt der anderen Kommunitäten des regulierten Dritten Ordens der Dominikaner, auf den Pater Lataste Bethanien hatte aufpfropfen wollen. Diese Gemeinschaften befassten sich großteils mit der Erziehung junger Mädchen, und jetzt geben sie ihrer Befürchtung Ausdruck, in der Öffentlichkeit werde sich die Idee verbreiten, in einer Dominikanerkutte könne immer eine ehemalige Kriminelle stecken, was die Leute beunruhigen würde, die ihre Töchter gewohnheitsmäßig diesen Ordensfrauen anvertrauten.[xxxv]

Die Eltern werden sich vielleicht eines Tages fragen, ob sie, wenn sie die Schwelle unserer Häuser überschreiten, nicht sofort vor einer *Rehabilitierten* stehen. Wenn Missgunst diesen Gedanken ausschlachtet, wird es schwer sein, seine Entstehung und Verbreitung zu verhindern. Wird diese Befürchtung die Eltern nicht davon abhalten, uns die Erziehung ihrer Kinder anzuvertrauen?[87]

Pater Lataste antwortet im zweiten Rechenschaftsbericht aus Bethanien (August 1867) öffentlich auf diese Sorge. Er unterstreicht den Unterschied zwischen Bethanien und den unterrichtenden Kongregationen:

Es steht außer Zweifel, dass das Ziel und die Konstitution selbst des Werkes von Bethanien zur Folge haben, dass dieses nicht zu verglei-

---

xxxv Mitten in diesen Angriffen von den Seiten der unterrichtenden Dominikanerinnen ist der Brief der Priorin der unterrichtenden Dominikanerinnen von Nancy erwähnenswert. Am 14. August 18967 schreibt sie an Pater Lataste und versichert ihm, dass die Kongregation von Nancy sich aus allen Einwänden heraushält, die verschiedene Kongregationen von unterrichtenden Dominikanerinnen gegen Bethanien vorgebracht haben, weil dort ehemaligen Rehabilitierten der Dominikanerhabit verliehen werde (Brief von Schwester Sainte-Catherine im Namen der Generalpriorin).

chen ist mit den großen und schönen Pensionaten unter der Leitung unserer Schwestern vom lehrenden Dritten Orden, die sich zu Recht allgemeiner Wertschätzung und des Vertrauens der Familien erfreuen. Das Haus Bethanien bildet ein eigenes Haus wie fast alle anderen und steht ihnen im Herzen und dem Geiste nach nahe, unterscheidet sich aber wesentlich von ihnen. Es war unsere Pflicht, dies hier klar und deutlich zu machen, um jeder bedauerlichen Verwirrung vorzubeugen.[88]

In den Klöstern spricht man von Bethanien, und die Mehrheit der Patres der Provinz scheint wenig Solidarität mit Pater Lataste zu empfinden; viele wiederholen bereitwillig die Befürchtungen der unterrichtenden Schwestern.[XXXVI] Durch diese Attacken gewarnt, bittet Pater Minjard Pater Lataste um einen Bericht über Bethanien für das Intermedium, das in Vorbereitung ist: Es handelt sich um die Versammlung des Provinzkonsils, erweitert um die Prioren der Konvente, die alle vier Jahre, in der Mitte des Mandats eines Provinzials, zusammentritt.[XXXVII] Pater Minjard möchte nämlich, dass die Provinz sich selbst über die Solidarität äußert, die sie hinsichtlich Bethaniens wird bekunden müssen. Pater Lataste macht sich an die Arbeit und bittet darum, dass einer der Prioren, die zum Intermedium gehen, über Bethanien anreist, um sich an Ort

---

[XXXVI] Pater Boulanger informiert Pater Lataste regelmäßig über das, was in den Klöstern gesprochen wird. Er sucht die offenkundigen Irrtümer zu berichtigen, erinnert daran, dass die Gründung die Autorisierung durch die zuständigen Autoritäten erhalten habe, und scheut sich nicht, seine Solidarität mit Pater Lataste offen zu zeigen. Siehe zum Beispiel den Brief von Pater Boulanger vom 10. Oktober 1867.

[XXXVII] Pater Minjard war von dem Kapitel von Flavigny, an dem auch Pater Lataste im August 1865 teilgenommen hatte, gewählt worden, das Intermedium sollte also im Sommer 1867 gehalten werden. Pater Minjard hatte schon im März vorgesehen, dass man die Frage von Bethanien behandeln musste. Siehe Brief 150 vom 15. März 1867 an Mutter Henri-Dominique.

und Stelle ein Bild von der Gründung zu machen.[89] Zugleich bittet er den Erzbischof von Besançon er um eine kanonische Visitation.[XXXVIII]
Diese Visitation durch eines der Mitglieder des Intermediums wird vom Provinzial abgelehnt[XXXIX]:

Der Hochwürdigste Generalmagister entlastet die Patres des Intermediums vom Schicksal Bethaniens. Die Schwierigkeit liegt nicht im mehr oder weniger regelgemäßen Funktionieren des Hauses im augenblicklichen Zustand, sondern in dem Prinzip selbst, das in einer näheren

---

XXXVIII Brief 346 k vom 2. Juni 1867 an Kardinal Mathieu. Nachdem er eine Reihe von Erlaubnissen erbeten hat, schließt Pater Lataste mit folgenden Sätzen: «Schließlich hat sich Ihre Eminenz, ohne die Verantwortung für das Werk zu übernehmen, doch das Recht zur Visitation und Inspektion vorbehalten; wir sind glücklich darüber und bitten Sie, Monseigneur, inständig, Ihren Beauftragten zu einer ersten Visitation nach Bethanien zu schicken, damit er Sie über den wirklichen Zustand des Werkes in Kenntnis setzen kann und wir selbst von Grund auf alles ändern können, was Ihre Eminenz nicht billigen würde. Ich wünschte lebhaft, bei dieser Visitation selbst zugegen zu sein; wenn es möglich wäre, würde ich es vorziehen, wenn sie um unser Fest der heiligen Maria Magdalena am 22. Juli herum stattfände» (Orig. Diözesanarchiv Besançon).

XXXIX Sozusagen um sich gegenüber seinen Nachfolgern abzusichern, verfasst Pater Minjard am 10. Juli 1867 eine Aktennotiz für das Archiv der Provinz: «Die Schwestern des unterrichtenden Dritten Ordens haben mir geschrieben, um mich im Namen von vier ihrer Klöster zu bitten, es solle Personen mit schlechtem Leumund, wie es die Rehabilitierten von Bethanien sind, untersagt werden, den Habit des heiligen Dominikus zu tragen; daher habe ich ihre Briefe an den Hochwürdigsten Generalmagister schikken müssen. Die Antwort des Hochw. Generalmagisters enthält zwei Irrtümer: 1. Indem ich einer Denkschrift, die nichts gegen den Glauben und Moral Gerichtetes enthält, das *Imprimatur* erteilte, habe ich dem Werk dem Grunde und der Form nach keine Approbation erteilt. 2. Ich habe das Ersuchen (wenn überhaupt) erst autorisiert nach Autorisierung durch Hochw. Generalmagister. Meine Ansicht in der ganzen Sache ist die, dass Pater Latastes Übereifer ihn daran gehindert hat, sich vollkommen korrekt zu verhalten, und dass die Beschwerden der Schwestern vom Dritten Orden mir begründet scheinen» (vollständiger Text in A. o.p., Paris). Dieser Text scheint nicht so ganz mit der wohlwollenden Haltung übereinzustimmen, die Pater Minjard an den Tag gelegt hatte, bevor die kritischen Stimmen laut wurden.

oder ferneren Zukunft übel beleumundete Personen auf gleicher Ebene mit den Dominikanerschwestern zulässt. Eine Visitation ist also überflüssig, und Ihre Arbeit wird auf die Schwierigkeit antworten müssen.[90]

Während des Juli 1867 hätte eine ungeschickte Initiative von Mademoiselle Saint-Juan beinahe mehrere Mitglieder des Provinzialkonsils gegen Bethanien eingenommen. Die eifrige Terziarin hatte gehört, dass die Zukunft von Bethanien bald zur Diskussion stehen werde, und es für angebracht gehalten, an mehrere Konsilmitglieder zu schreiben, um sie günstig zu stimmen; sie hatte aber nicht bedacht, dass eine solche Initiative möglicherweise den Eindruck erweckte, sie sei von Pater Lataste veranlasst, und dass sie darum gegen ihn ausschlagen konnte. Pater Lataste spricht mit seiner gewohnten Gelassenheit und seinem üblichen Gottvertrauen von dieser Episode:

Sie ahnt ja nicht, dass dieser Vorgang, käme er von mir, einen schweren Verstoß gegen unsere Konstitutionen darstellen würde und eine der strengsten Strafen verdiente, weil ich damit Weltleute zum Handeln gegenüber meinen Oberen veranlasst hätte, um den Zweck zu erreichen, den ich wünsche. Ich bedaure lebhaft, dies nicht vorher gewusst zu haben, ich hätte darum gebeten, es solle nichts dergleichen geschehen; und unsere Patres werden selbstverständlich glauben, dass ich mit diesem Vorstoß zu tun habe. Es wird geschehen, was der gute Gott will; ich weiß, dass ich dabei völlig unbeteiligt bin und dass ich niemals das Gegenteil gewollt habe; und ich bin dennoch unserer lieben Schwester dankbar für ihre gute Absicht.[91]

Zu alldem kommt noch, dass diese Periode durch ein wichtiges Ereignis aufgewühlt wird, das das Leben der Provinz betrifft: Pater Minjard tritt von seinem Amt als Provinzial zurück, verlässt den Orden und wird Diözesanpriester in Bordeaux. Pater Souaillard[XL] wird bestimmt, die Provinz zu leiten, bis ein neuer Provinzial gewählt werden kann. Das Intermedium wird auf den September verschoben, an ihrer Stelle findet ein Kapitel statt, das einen Provinzial zu wählen hat.

In seinem Bericht[92] rechtfertigt Pater Lataste die Existenz von Bethanien anhand von Beispielen aus der Tradition der Kirche und des Ordens und weist auf, dass kirchenrechtlich nichts gegen die Zulassung von Rehabilitierten zum Klosterleben spricht. Er bittet darum, einen dreimonatigen Aufenthalt in Bethanien nehmen zu dürfen, gefolgt von weiteren, kurzen Aufenthalten, um so bis zum Kapitel von 1869 die Formung der Schwestern versehen zu können. Die Antwort des Kapitels[93] wird ihm durch den neuen Provinzial, Pater Souaillard, überbracht:

Singen Sie Ihr *Te Deum*, mein lieber Freund; Ihre Angelegenheit ist geregelt, wie Sie es wünschen, und das Diffinitorium gibt Ihnen zwei Jahre, nicht mehr und nicht weniger, um Ihr Werk vollständig mit Leben zu erfüllen. Sie werden außerdem einen Hausgeistlichen aus dem Orden brauchen. Ich werde wahrscheinlich im Lauf des Oktober nach Bethanien kommen, und wir werden die Dinge im Einzelnen gemeinsam regeln. Pater Maré hat Sie nicht begleiten können, aber ich habe an Pater Monjardet geschrieben, er möge zu Ihnen stoßen, und

---

XL Pater Jean-Claude-Marie Souaillard, der am 5. September 1867 zum Provinzial gewählt wurde, kam am 20. Dezember 1816 in Paray-le-Monial zur Welt; als Priester der Diözese Autun ist er am 4. August 1845 in den Orden eingetreten und hat am 4. August 1846 die Profess abgelegt. Als Gründer und erster Prior des Konvents von Bordeaux, dann Prior in Nancy und Paris, erreichte er vom Provinzialkapitel des Jahres 1867 die Beendigung einer Divergenz zwischen den Anweisungen von Pater Jandel und den Direktiven von Pater Lacordaire in Bezug auf das Studium. So hat er die Einrichtung eines *studium generale* in der Provinz von Frankreich ermöglicht. Während seines vierjährigen Provinzialats hat er die Gründungen von Abbeville, Lille, Langres und Le Havre initiiert. Er starb in Le Havre am 1. Mai 1889 (Nekrolog in: *L'Année dominicaine*, 1889. S. 246–251).

bei diesem Tausch wird niemand verlieren. Mit Gott, ich segne Sie und umarme Sie in unserem Herrn und empfehle mich Ihren Gebeten.[XLI]

Während der 18 Monate, die Pater Lataste noch zu leben bleiben, wird Pater Souaillard keine Gelegenheit auslassen, ihn an diesen Termin zu erinnern[XLII] und zu betonen, er wende lediglich strikt die Entscheidung des Kapitels an, ohne irgendeine böse Absicht gegenüber der Gründung. Pater Lataste nimmt diese Kapitelsentscheidung als das Zeichen auf, dass Gott sein Werk schützt, und klammert sich keineswegs an den Termin, der ihm für seine Aufgaben gesetzt ist, das Werk «vollständig mit Leben zu erfüllen». Der Provinzial ist der Auffassung, seine Position sei nunmehr für die gesamte Provinz klar; in Dijon verkündet er knapp und sachlich die Entscheidung des Diffinitoriums (der Instanz des Provinzkapitels, die die konkreten Entscheidungen fällt): «Meine Rede wird in allen Konventen dieselbe sein, und wenn sie auch nicht Ihre Sympathien gewinnt, wird sie Sie doch vor der Kritik bewahren.»[94] Im November schreibt er an Pater Lataste:

---

XLI Brief vom 10. September 1867 von Pater Souaillard an Pater Lataste. Pater Souaillard wird Bethanien übrigens nicht besuchen.

XLII Es gibt einen grundsätzlichen Einstellungsunterschied hinsichtlich dieser Frist von zwei Jahren zwischen dem Provinzial und Pater Lataste. Dieser hatte die Erlaubnis zu einem längeren Aufenthalt in Bethanien erbeten, nämlich bis zum nächsten Kapitel (Bericht an die Versammlung von 1867), und weil er dachte, dieses werde die Gelegenheit bieten für eine neue Bilanz über die Bedürfnisse des Werkes und die Maßnahmen, die es brauche (Brief 191, 22. September 1867, an Mutter Henri-Dominique). Das Provinzkapitel präzisiert in seiner Entscheidung, dass diese Zwei-Jahres-Frist das Maximum ist, das Pater Lataste zugestanden wird, um die Leitung des Werkes sicherzustellen. Pater Lataste wird gegenüber dieser Terminierung eine gewisse Gleichgültigkeit an den Tag legen, die ihren Grund in seiner festen Überzeugung hat, dass das Werk in der Hand Gottes ist. Siehe Brief 417 an Pater Jandel.

Das Diffinitorium hat Ihnen nur zwei Jahre zugestanden in den Grenzen des Aufenthalts in Frasnes, die Sie selbst gesetzt haben. Ich kann also lediglich diese Entscheidung ausführen. Rechnen Sie nicht damit, dass Sie sich mit dem Werk länger als bis zum 1. September 1869 beschäftigen können, und auch nicht damit, dort außerhalb Ihrer Predigttätigkeit Ihren Wohnsitz zu nehmen. Machen Sie sich keine Illusionen und hegen Sie keine falschen Hoffnungen: Ich werde diese Entscheidungen buchstäblich einhalten. Wenn das Werk nicht ohne Sie auskommt und wenn es stirbt, werden Sie es beerdigen.[95]

Die Art, wie der Provinzial darauf beharrt, dass er die Entscheidung des Kapitels buchstäblich anwenden müsse, ohne eine Chance zur Diskussion zu lassen, und besonders die Weise, wie er zwei Jahre im Voraus daran erinnert, dass das Werk, wenn es aufgrund von Pater Latastes Ausscheiden absterbe, dann eben tot sei, geht weit über das hinaus, was ein Diffinitorium von einem Dominikanerprovinzial verlangt.[XLIII] Diese Haltung ist das Zeichen von Pater Souaillards persönlicher Opposition gegen die Beteiligung Pater Latastes am Wachstum Bethaniens.[XLIV] Es gibt einen Punkt, den der Provinzial besonders genau

---

XLIII Schon im Januar 1868 geht der Provinzial über die buchstäbliche Interpretation der Entscheidung des Kapitels hinaus. Dieses hatte nämlich Pater Lataste eine Frist von zwei Jahren für seine verlängerten Aufenthalte in Bethanien gesetzt und dem Werk einen nicht näher bezeichneten Hausgeistlichen aus dem Orden zugeordnet. In seinem Brief 37 vom 1. Januar 1868 an Pater Lataste erklärt Pater Souaillard, Bethanien werde einen Dominikaner als Hausgeistlichen nur während der zwei Pater Lataste zugestandenen Jahre bekommen und könne von da an einen Weltgeistlichen in dieser Funktion aufnehmen. Das Kapitel hatte der Präsenz eines Dominikaners keine solche zeitliche Grenze gesetzt. Pater Souaillards Entscheidung wird die Schwierigkeiten, auf die Mutter Henri-Dominique stößt, als sie beim Tod Pater Latastes darum ringt, in Verbindung mit der Provinz von Frankreich zu bleiben, noch beträchtlich vermehren.

XLIV Diese persönliche Opposition tritt deutlich zutage im Brief 36, den der Provinzial am 15. Dezember 1867 an Pater Lataste schickt; in ihm behauptet er, wenn er zwei Jahre zuvor schon Provinzial gewesen wäre, hätte er die Gründung niemals autorisiert: «Mit Gott, lieber Pater. Seien Sie überzeugt, dass ich persönlich nichts gegen Ihr Werk habe. Ich hätte Sie nicht autori-

nimmt, das sind die Finanzen.[XLV] Die Provinz hat damals infolge der Zahl an in Ausbildung befindlichen Fratres und aufgrund der Neugründungen großen finanziellen Bedarf. Pater Souaillard gesteht, in Anwendung der Entscheidung des Diffinitoriums, Bethanien einen Hausgeistlichen zu, verlangt aber eine Pension in Höhe von 800 Francs jährlich, was für die junge Gemeinschaft eine echte Schwierigkeit bedeutet.
Pater Latastes großzügige Einstellung bricht sich trotz der augenblicklichen Schwierigkeiten Bahn. An Abbé Claudon, der ein glühender Anhänger Bethaniens ist, schreibt er im Oktober 1867: «Sie können Bethanien bei H. H. Pater Souaillard sehr nützen, aber gehen Sie behutsam vor, und wenn Sie sich ein wenig über den Krieg beklagen, den einige Patres gegen uns entfacht haben, dann geschehe das, bitte, nur sehr maßvoll.»[96]

## Gehorsam und Gerechtigkeit

Von dem Zeitpunkt an, als Pater Lataste von der Krankheit ereilt wird, die ihn schließlich dahinraffen wird, versteht auch er sich zu einer buchstäblichen Interpretation der Erlaubnisse, die ihm erteilt worden sind. Er ist nämlich der Auffassung, die Zeit, die seine Erkrankung bean-

---

siert, es zu gründen, wenn ich vor zwei Jahren Provinzial gewesen wäre. Es ist mir als Tatsache aufgenötigt worden, und diese trage ich bereitwillig in den durch das Diffinitorium gesteckten Grenzen. Ich werde mich, so hoffe ich, gerecht zwischen dem Mehr und dem Weniger zu halten wissen, und ich werde Ihnen nur zugestehen, was ich Ihnen zugestehen muss: sie sind das Mehr, aber die gesamte Provinz ist das Weniger» (der Anfang des Briefs nimmt Bezug auf die Autorisierungen von Ortswechseln).

XLV Zum korrekten Finanzgebaren von Pater Lataste gegenüber der Provinz siehe den ersten Teil des folgenden Kapitels.

spruncht, habe nicht der religiösen Formung der Schwestern gewidmet werden können, und somit müsse die Dauer seiner Aufenthalte in Bethanien neu berechnet werden. Wenn man als Finanzbeamter tätig war, weiß man, was diese Zählung zu bedeuten hat …

Ich bitte Sie, Hochwürdigster Pater, um die Erlaubnis, nach Ostern direkt von hier aus nach Bethanien zu gehen. Ich werde, wenn es Ihnen recht ist, dort etwa zwölf Tage verbringen; das kann ich tun, ohne zu überschreiten, was vom Diffinitorium zugelassen ist. Mein Aufenthalt vor der Fastenzeit war gleich null; ich habe nichts Ernsthaftes tun können, weil ich fast die ganze Zeit das Bett hüten musste, und meine Abwesenheit wird länger als gewöhnlich gewesen sein.[97]

Der Provinzial scheint sich mit dieser komplizierten Rechnung durchaus anzufreunden, denn er erteilt die auf diese Weise erbetenen Erlaubnisse. Im selben Zeitraum sucht Pater Lataste außerdem das Bild von Bethanien bei den Patres der Provinz zu verbessern, indem er um die Möglichkeit ersucht, Prediger zu Einkehrtagen oder zu Einkleidungen dorthin einzuladen.[XLVI] Es freut ihn zu hören, dass die Bedenken hinsichtlich der Rehabilitierten sich zu beruhigen scheinen, aber er will in diesen Dingen auch Gerechtigkeit: Als er erfährt, dass ein junger Pater die Seele einer künftigen Postulantin in Aufruhr versetzt und ihr vom Eintritt in Bethanien abzuraten versucht hat,[98] reagiert Pater Lataste folgendermaßen:

---

XLVI Nämlich seine Freunde, wie etwa Pater Mas oder Pater Boulanger, aber auch ihm weniger nahestehende Mitbrüder, wie Pater Maumus, einen Cousin von Pater Éveillé-Lagrange (Brief 439 h vom 21. März 1868 an Pater Souaillard).

Ich hätte nicht geglaubt, dass Pater Favre so sprechen würde; ich dachte, er sei einfach kühl; vielleicht ist er von einer Verwandten von Mademoiselle Marie [der künftigen Postulantin] bearbeitet worden. Er ist ein junger Pater, einer der jüngsten in Dijon, wo er nicht einmal Beichtvater von Frauen ist, da er noch nicht das erforderliche Alter hat, es ist also nicht verwunderlich, dass er nicht die ganze wünschenswerte Erfahrung und Zurückhaltung hat. Schicken Sie mir den Brief Ihrer Tochter; Vorhaltungen werde ich ihm gegebenenfalls durch den Hochw. Pater Provinzial zukommen lassen; doch seien Sie in all diesen Dingen ganz beruhigt; schauen Sie nur auf Gott und auf die Oberen, die ihn für uns repräsentieren. Was kümmern uns die Urteile derer, die nicht zu urteilen befugt sind …[99]

Pater Lataste achtet zwar sorgsam auf den Gehorsam gegen seine Vorgesetzten und ist gewöhnt, ihre Entscheidungen als Zeichen für den göttlichen Willen aufzunehmen, ist aber keineswegs ängstlich: Seine Gewissensruhe lässt sich nicht erschüttern durch die Urteile von Leuten, die ihren Widerspruch bekunden, ohne besondere Autorität zu besitzen. Dass sich Gegner der Gründung rühren, als die kleine Gemeinschaft wächst, erscheint ihm als das Siegel Gottes auf Bethanien, als das Zeichen seines Segens, der durch das Kreuz der Prüfung hindurch sichtbar wird: «Die Hand Gottes zeigt sich mehr und mehr in allem, was Bethanien betrifft, aber wie unwürdig bin ich doch, ihm als Werkzeug zu dienen!»[100]
Der August 1868 ist durch eine bewegte Entwicklung in der Situation von Pater Lataste gekennzeichnet. Seit dem 11. Juli befindet er sich in Bethanien, und seit dem Fest der heiligen Maria Magdalena ist er erkrankt. Am 3. August erhält er zu seiner Freude Besuch von Pater Jandel, dem Ordensmeister, der seine Sympathie für Bethanien öffentlich zum Ausdruck bringt, indem er einen Besuch der französischen Klöster in Frasnes beginnt.[101] In den darauf

folgenden Tagen wird Pater Faucillon[XLVII] nach Bethanien entsandt, um dort die Exerzitien zu halten.[102] Er ist Stellvertreter des Provinzials und damit dessen engster Mitarbeiter; er genießt Pater Suaillards volles Vertrauen; seit diesen Exerzitien wird er sich stets als großer Freund des Werkes erzeigen und mehrmals zu Predigten nach Bethanien zurückkehren. Zwei Briefe von Pater Faucillon an Pater Lataste, geschrieben nach dessen Assignation zum Konvent von Abbeville, drücken mit großer Herzlichkeit die Sympathie ihres Verfassers für Pater Lataste und Bethanien aus. Insbesondere deutet er Pater Lataste unter dem Siegel der Verschwiegenheit an, Kardinal Mathieu habe dem Provinzial geschrieben und ihn gebeten, die Provinz solle sich des Werkes weiter annehmen, und kündigt ihm an, er werde es unterstützen, wenn Pater Lataste gehen sollte.[103]
Ist es die Folge dieser Exerzitien und der Berichte, die er dem Provinzial davon hat geben können? Ist es die Wirkung des Besuchs von Pater Jandel? Klar ist, dass Pater Souaillard, ohne seinen barschen Stil abzulegen, doch den Beweis von Wohlwollen liefert, als er eine ungewöhnliche Entscheidung in Bezug auf Pater Lataste trifft. Dieser hat ihn gebeten, die erteilten Erlaubnisse für seine Aufenthalte in Bethanien zu revidieren, da die Krankheit ihn erneut zur Tatenlosigkeit verurteilt hat;[104] der Provinzial antwor-

---

[XLVII] Pater Faucillon ist am 31. August 1829 in Beaune (Côte-d'Or) geboren und am 3. August 1852 als Seminarist der Diözese Dijon in den Orden eingetreten. Sehr früh hat er eine Reife bewieisen, dank deren er rasch mit wichtigen Aufgaben betraut wurde: Mit 26 war er schon Subprior in Paris, zwei Jahre später wird er Prior in Nancy, dann Prior in Bordeaux, Abbeville, Saint-Jacques, Le Havre, Paris und zweimal Provinzial. Dieser seiner Gelassenheit, seiner Freundlichkeit und seines apostolischen Eifers wegen angesehene Ordensmann hat eine Lebensbeschreibung der heiligen Maria Magdalena verfasst, die seine Nähe zu einem der Hauptthemen der Spiritualität von Bethanien spüren lässt.

tet ihm, indem er ihn nach Abbeville assigniert,[105] ihm aber zugleich einen Aufenthalt für ein Jahr in Bethanien einräumt, damit er vor dem Ablauf der berühmten Zweijahresfrist sein Unternehmen auf einen guten Stand bringen kann.[106] Pater Lataste schreibt unverzüglich an Pater Faucillon,[107] seinen neuen Prior, der ihm mit viel Sympathie antwortet, indem er seinen neuen Konvent beschreibt, der künftig Noviziatskonvent ist.

Trotz dieser unerwarteten Erlaubnis gestalten sich die Beziehungen zwischen Pater Lataste und seinem Provinzial weiter schwierig. Pater Lataste bleibt in Bethanien, geschwächt von der Krankheit, die ihn daran hindert, sich so wie er gern möchte der Formung der Schwestern und der Abfassung der Konstitutionen zu widmen. Aufrichtig und bescheiden unterbreitet er Pater Souaillard die verschiedenen Fragen, die sich ihm stellen, insbesondere die der Errichtung einer Kapelle für die Kommunität in Bethanien, die damals zwanzig Mitglieder zählt. Der Provinzial bittet ihn, die Sache dem künftigen Superior zu überlassen. Ferner legt Pater Lataste dem Provinzial die finanzielle Frage vor; schließlich hat er in Bethanien keinerlei Pension für sich selbst erbeten, vielmehr nicht das Geringste für seinen Unterhalt vorgesehen. Pater Souaillard antwortet ihm: «Mir scheint, lieber Pater, wenn Sie Ihre Sachen im Dienst an Ihren Schwestern verbrauchen, können die sie ja wohl nicht nur flicken, sondern auch ersetzen. Das macht man so bei Bediensteten, die keinen Lohn bekommen.»[108]

Trotz der Erläuterungen, die Pater Lataste dem Provinzial zu geben versucht, hält dieser ihm vor, er marschiere allein drauflos und «frage niemanden um Rat»[109]. Traurigkeit und Ungewissheit sind in Pater Latastes Briefen deutlich spürbar; er scheint um Hilfe zu rufen und kein Gehör zu finden. Die Krankheit setzt diesem Dialog zwischen Schwerhörigen, nicht aber der Härte von Pater Souaillard eine endgültige Grenze. Beim Tod von Pater Lataste hat Mutter Henri-Dominique vergeblich zu erreichen versucht, dass ein Mitbruder aus der Provinz als Nachfolger für Pater Latastes Werk bestimmt würde. Sie hat um die Anhänglichkeit Pater Latastes gegenüber Lacordaire und der Provinz von Frankreich, die sich als dessen direkte Erbin versteht, gewusst und sich deshalb geweigert, die Provinz von Toulouse zu Hilfe zu rufen. So bekommt sie weder einen Superior noch einen Hausgeistlichen aus dem Dominikanerorden, aber wenigstens akzeptiert Pater Souaillard schließlich, dass Pater Boulanger die Abfassung der Konstitutionen übernimmt, die Pater Lataste nicht mehr hat vollenden können.

### Anmerkungen

1 Brief 9, 27. Oktober 1866, an seine *Mutter*.

2 Der Text dieses ersten Entwurfs für Bethanien durch Pater Lataste ist nicht erhalten.

3 Brief 436, Oktober 1864, an Pater Saudreau.

4 Brief 347, 30. Dezember 1864, an den Generalvikar von Bordeaux.

5 Chronik von Bethanien, 10. Februar 1869. Diese handschriftliche Chronik wurde genauso wie die Autographen von Pater Lataste mit Schreibmaschine kopiert; sie wird im Archiv von Bethanien aufbewahrt. Diese Sammlung wird hier mit dem Datum des Ereignisses zitiert.

6 Brief 385–387, 14. und 26. November 1865, sowie 10. Februar 1866, an Abbé Puissant.

7 Briefe von Mutter Sainte-Rose, 2. und 10. Januar 1866, an Pater Lataste.

8 «Quelques notes sur l'origine de la maison de Béthanie».

9 Chronik von Bethanien, Aufzeichnungen von Pater Lataste am 19. März 1866.

10 Brief 437, 23. April 1866, an Pater Saudreau.

11 Mercier, S. 211–214. Siehe auch die Chronik von Bethanien, 19. April 1866.

12 *Mémoire pour le rétablissement en France de l'ordre des Frères prêcheurs*, Paris: Débecourt, 1839.

13 Siehe die Übersicht über diese Artikel in: *Prêcheur de la miséricorde*, S. 373.

14 Lk 10,41 f.

15 Kapitelsakten des Klosters Sainte-Marie-des-Anges zu Sète, 14. Februar 1866.

16 Brief 341, 10. Juni 1866, an die Superiorin der Darstellung Unserer Lieben Frau von Tours.

17 Zu dieser Begegnung und zu den Exerzitien von Mutter Henri-Dominique siehe die Chronik von Bethanien, 8. Mai 1866.

18 Brief 76, 3. Juni 1866, an Mutter Henri-Dominique.

19 Brief von Pater Saudreau, 18. Juli 1866, an Mutter Henri-Dominique.

20 Auszug aus einem Brief von Mutter du Calvaire, Generalsuperiorin der Kongregation von der Darstellung Unserer Lieben Frau von Tours, wiedergegeben von Pater Lataste in seinem Brief 82 vom 20. Juni 1866 an Mutter Henri-Dominique.

21 Autorisierung, die der Kardinal im Rahmen einer Audienz am 16. November 1866 Mutter Henri-Dominique gewährte.

22 Brief 82, 20. Juni 1866, an Mutter Henri-Dominique.

23 Brief 91, 12. Juli 1866, an Mutter Henri-Dominique. Der restliche Brieftext enthält die Beschreibung von zwei Liegenschaften in der Gegend von Besançon.

24 Brief 95, 25. Juli 1866, an Mutter Henri-Dominique.

25 Original beim Notar de Gy (Haute-Saône); Kopie im Archiv von Bethanien.

26 Brief von Kardinal Mathieu, 2. August 1866, an Pater Leroy.

27 Chronik von Bethanien, 9. August 1866.

28 Bericht von der Gründung in der Chronik von Bethanien, 14. August 1866.

29 Ebd., 16. August 1866.

30 Ebd., 20. November 1866.

31 Ebd., 21. November 1866.

32 Ebd., 22. November 1866.

33 Brief 395, 22. April 1866, an Abbé Puissant.

34 Chronik von Bethanien, 22. Juli 1866.

35 Ebd., 20. Juli 1866.

36 Brief von Pater Ligiez, Socius von Pater Jandel, vom 18. August 1866, an Pater Lataste (Orig. A. o.p., Rom).

37 Brief von Kardinal Mathieu, 7. August 1866, an Pater Lataste (Orig. Diözesanarchiv Besançon).

38 Brief von Kardinal Mathieu, 11. August 1866, an Pater Lataste (Orig. Diözesanarchiv Besançon).

39 Brief von Pater Ligiez, Socius von Pater Jandel, 18. August 1866, an Pater Lataste (Orig. A. o.p., Rom).

40 Brief 346 e, 25. August 1866, an Kardinal Mathieu.

41 Brief von Kardinal Mathieu, 5. Februar 1868, an Pater Lataste (Orig. Diözesanarchiv Besançon).

42 Brief 346 n, 11. Februar 1868, an Kardinal Mathieu (Orig. Diözesanarchiv Besançon).

43 Auszug aus Brief 85 vom 28. Juni 1866 an Mutter Henri-Dominique.

44 Auszug aus Brief 87 vom 4. Juli 1866 an Mutter Henri-Dominique.

45 Brief 119, 23. Oktober 1866, an Mutter Henri-Dominique. Der Rest dieses langen Briefs ist der detaillierten Beschreibung dessen gewidmet, was er über mehrere Frauen weiß, die Kandidatinnen für Bethanien sind.

46 Monsieur Chauvin, kaiserlicher Staatsanwalt, Brief 356 vom 29. September 1866 an Abbé Claudon, und Brief 127, vom selben Tag, an Mutter Henri-Dominique. – Brief vom 1. Dezember 1866 von Kardinal Mathieu, der Pater Latastes Ablehnung einer Fusion seines Werkes mit dem der Staatsanwaltschaft (Orig. Diözesanarchiv Besançon) vollumfänglich gutheißt.

47 Brief 344 bis, 12. Dezember 1866, an Abbé Claudon.

48 Brief 140, 17. Januar 1867, an Mutter Henri-Dominique.

49 *Les Réhabilitées*, S. 3, in: *Prêcheur de la miséricorde*, S. 272.

50 Brief 292, 30. Juli 1867, an Mademoiselle de Saint-Juan.

51 Brief 179, 6. August 1867, an Mutter Henri-Dominique.

52 Brief 327, 31. August 1866, an eine zukünftige Postulantin. Der eigenhändige Text dieses Briefes ist teilweise verderbt..

53 Pater Lataste berichtete von dieser Empfehlung des Pfarrers von Frasnes in seinem Brief 417 g (Konzept 416), 11. Februar 1867, an Pater Jandel.

54 Brief 361, 18. Januar 1867, an Abbé Claudon.

55 Brief 150, 15. März 1867, an Mutter Henri-Dominique.

56 Brief 34 c, 7. August 1866, und 346 d, 11. August, von Pater Lataste an Kardinal Mathieu (Orig. Diözesanarchiv Besançon).

57 Brief von Kardinal Mathieu, 1. Oktober 1866, an Pater Lataste (Orig. Diözesanarchiv Besançon).

58 Brief 357, 18. Dezember 1866, an Abbé Claudon.

59 Brief 130, 6. Dezember 1866, an Mutter Henri-Dominique. Brief 138 vom 8. Januar 1867 berichtet von einem gleichsinnigen Rat Pater Boulangers.

60 Chronik von Bethanien, 18. Dezember 1866.

61 Brief 139, 13. Januar 1867, an Mutter Henri-Dominique.

62 Brief 144, 17. Februar 1867, an Mutter Henri-Dominique. In anderen Briefen sorgt sich Pater Lataste darum, dass man alles tut, um Pater Guérittot das Leben in Bethanien angenehm zu machen (Briefe 144 von vom 17. Februar 1867 und; 173 vom 5. Juli 1867), damit und dass er bekommt, was er zum Heizen und zum Essen braucht (Brief 194, 28. November 1867).

63 Brief 157, 30. April 1867, an Mutter Henri-Dominique.

64 Briefe 167, 21. Juni 1867, und 194, 28.: November 1867, an Mutter Henri-Dominique.

65 Brief 377, 4. Dezember 1867, an Abbé Claudon.

66 Brief von Pater Souaillard vom 22. Januar 1868 an Pater Lataste; Brief 143, 30. Januar 1867, an Mutter Henri-Dominique.

67 Brief von Pater Jandel, 7. April 1866, an Pater Lataste, abgedruckt im Vorspann zur öffentlichen Fassung der *Réhabilitées* (Orig. A. o.p., Rom).

68 H. Jouin, *Le Révérend Père Auguste Jouin, des Frères prêcheurs*, S. 174–175.

69 Chronik von Bethanien, 24. Oktober 1867.

70 Antwort von Abbé Ligier, Brief 144, 1. April 1868.

71 *Les Réhabilitées*, S. 31, in: *Prêcheur de la miséricorde*, S. 296.

72 Brief 68, 23. November 1868, an seinen Bruder Émile. Der Rest des Briefes enthält Nachrichten über seine Gesundheit und Bemerkungen darüber, dass einer seiner Neffen, Fernand, die Aufnahmeprüfung für das Polytechnikum bei einem Freund und Wohltäter von Bethanien, Monsieur Transon, gemacht hat.

73 Chronik von Bethanien, 20. Januar 1869.

74 Brief von Mutter Henri-Dominique, 27. Juni 1869, an Pater Souaillard (Orig. A. o.p., Paris).

75 Brief von Pater Minjard, Provinzial der Provinz von Frankreich, 1. Mai 1866, an Pater Lataste (Orig. A. o.p., Paris).

76 Brief 96, 28. Juli 1866, an Mutter Henri-Dominique. Pater Lataste wird am 25. Oktober 1866 endgültig durch Frater D. Delorme ersetzt (Register des Rates Konsils von Flavigny).

77 Auszug aus Brief 118 vom 22. Oktober 1866 an Mutter Henri-Dominique. Siehe die Antwort von Mutter Henri-Dominique und ihren Kommentar zur Haltung von Pater Lataste in ihrem Brief vom 24. Oktober.

78 Register des Provinzkonsils, Sitzung vom 23. Oktober 1866.

79 Brief 121, 26. Oktober 1866, an Mutter Henri-Dominique.

80 Ebd.

81 Im Februar 1867 kommt es zu einem Briefwechsel über dieses Thema mit Pater Jandel (Orig. A. o.p., Rome).

82 Auszug aus dem Brief von Abbé Magrey, Pfarrer in Frasnes-le-Château, an Kardinal Mathieu, 1. August 1866 (Orig. Diözesanarchiv Besançon).

83 Auszug aus dem Brief von Kardinal Mathieu an den Pfarrer von Frasnes, 14. August 1866 (Orig. Diözesanarchiv Besançon).

84 Chronik von Bethanien, 31. August 1866.

85 Brief von Pater Bourard, 22. Juli 1866, an Mutter Chupin (Orig. im Archiv der Kongregation der Dominikanerinnen von Notre-Dame-de-Grâce, Boulogne, Pas-de-Calais).

86 Notiz für das Archiv von Pater Minjard, 10. Juli 1867 (A. o.p., Paris).

87 Brief von Mutter Marie de Saint-Félix, Priorin des Klosters von Neufc-Château, 29. März 1867, an Kardinal Mathieu, Kopie eines identischen Briefs, der am selben Tag an Pater Provinzial Minjard geht (Orig. Diözesanarchiv Besançon).

88 *Les Réhabilitées. compte-rendu à nos bienfaiteurs*, 4. August 1867, S. IV. Bemerkung zu Bethanien und den Dominikanerinnenklöstern.

89 Brief 289, 18. Juni 1867, an Mademoiselle de Saint-Juan.

90 Brief vom 6. Juli 1867 von Pater Minjard an Pater Lataste.

91 Brief 366, 14:. Juli 1867, an Abbé Claudon.

92 «Rapport à la congrégation intermédiaire de la province de France au sujet de la maison de Béthanie», durch Pater Lataste, 20. Juli 1867.

93 Sitzungsprotokoll des Provinzkapitels (Orig. Arch. o.p., Paris).

94 Brief 34, 28. Oktober 1867, von Pater Souaillard an Pater Lataste.

95 Brief 35, 20. November 1867, von Pater Souaillard an Pater Lataste.

96 Brief 371, 15. Oktober 1867, an Abbé Claudon. Der Rest dieses kurzen Briefs ist materiellen Fragen gewidmet: Installationsarbeiten in Bethanien und Platzierung von Geld aus Schenkungen.

97 Auszug aus dem Brief 439 h vom 21. März 1868 an Pater Souaillard (Orig. A. o.p., Paris). Der Rest des Briefes enthält Nachrichten über die Fastenpredigt in Nîmes und die Bitte um einen Prediger aus Anlass der Einkleidung, die in Bethanien vorbereitet wird.

98 Brief von Mutter Henri-Dominique, 26. März 1868, an Pater Lataste.

99 Brief 220, 26. März 1868, an Mutter Henri-Dominique. Der Rest des Briefes enthält Nachrichten über die Fastenpredigt in Nîmes, geistliche Rat-

schläge zur Fastenzeit für Mutter Henri-Dominique und Einschätzungen der materiellen Verhältnisse in Bethanien.

100 Brief 226, 10. Mai 1868, an Mutter Henri-Dominique. Zu dieser Zeit opfert Pater Lataste sein Leben für Bethanien auf..

101 Siehe die Chronik von Bethanien, 3. August 1866, S. 149, und den Bericht von diesem Besuch, den H.-M. Cormier in seiner *Vie du père Jandel* gibt. Im Anschluss an diesen Besuch visitierte Pater Jandel Mitte September den Konvent in Paris und konnte bei dieser Gelegenheit auch mit Pater Souaillard über Bethanien sprechen.

102 Pater Lataste hatte den Provinzial um einen Prediger gebeten, und dieser hatte seinen Stellvertreter geschickt. Briefe von Pater Souaillard vom 4. und vom 12. Juli 1866 (Orig. A. o.p., Paris).

103 Briefe von Pater Faucillon an Pater Lataste vom 12. November 1868 und 18. Januar 1869.

104 Brief 439 m, 21. August 1868, an Pater Souaillard.

105 Die öffentliche Verlesung dieser Assignation erfolgte im Konvent von Dijon (Chronik des Konvents von Dijon).

106 Brief 45 von Pater Souaillard vom 2. Oktober 1868 an Pater Lataste.

107 Dieser Brief ist verloren gegangen, aber die Antwort von Pater Faucillon ist erhalten.

108 Brief 46 von Pater Souaillard, 12. Oktober 1868, an Pater Lataste.

109 Brief 47 von Pater Souaillard, 27. Oktober 1868, an Pater Lataste.

# 8

# PATER LATASTES KLÖSTERLICHES LEBEN (1866–1869)

Für Pater Lataste war die Gründung sein Lebenswerk schlechthin, sie war aber keineswegs seine einzige Beschäftigung: Sein Engagement im Dienst an seinen «lieben Schwestern» ist nie einfach an die Stelle dessen getreten, was im Leben eines Predigerbruders das Entscheidende ist: die aus dem Gemeinschaftsleben erwachsene Predigt. Können wir uns ein Bild davon machen, wie er auf die Menschen wirkte, die ihm begegnet sind? Fünf Fotografien von Pater Lataste sind erhalten: Eine zeigt ihn als jungen Beamten, drei stammen aus seinem Klosterleben, und eine ist an seinem Totenbett aufgenommen. Als er noch nicht durch die Krankheit geschwächt war, erscheint er als Mann von stämmiger Statur und mit energischem Gesicht. Schaut man diese Fotos genauer an, so ist man überrascht von seinem gravitätischen Gesichtsausdruck, er scheint reifer, als sein Alter erwarten lässt. Sein Blick ist ruhig und manchmal ein wenig traurig. Die wenigen direkten Zeugen, die beim Informativprozess in Besançon im Jahr 1937 über ihn sprechen konnten, bestätigen diese Eindrücke: Sie betonen Pater Latastes Diskretion und die gemessene Haltung «beim Gang durch die Straßen des Dorfes, ernst, würdig, wie jemand, der gar nicht so recht auf der Erde zuhause ist«[1]. Gleichzeitig bewahren jene Zeugen, die Pater Lataste aus ihrer Kinderzeit kannten, eine sehr deutliche Erinnerung an seinen gütigen Blick, an die sanfte und freundliche Art, mit der er sie empfing, wenn sie nach Bethanien kamen. Einem von ihnen, dem Sprössling einer armen Familie aus Frasnes, ist Pater Latastes Güte im Gedächtnis geblieben:

> Ich war von Pater Latastes großer Güte überrascht. Sie hat unserer armen, kinderreichen Familie gegolten. Er hat uns aus einem einzigen Grund geholfen: weil wir arm waren. Und das in vieler Hinsicht. Ich glaube, dass sich diese Nächstenliebe auch auf andere Not leidende Familien erstreckt hat. Ich weiß noch, dass jeder die außerordentliche Güte des Paters gepriesen hat.[2]

Als Prediger hat er, wie es scheint, nicht gerade durch eine außergewöhnliche Stimme beeindruckt. Er hat sein Publikum eher durch die Überzeugung angerührt, mit der er predigte, dadurch, dass sein Wort von Herzen zu kommen schien. Die südfranzösische Wärme dieses Bordelaisers war durch seine Aufenthalte in Burgund und in der Franche-Comté nicht gänzlich erkaltet. Sein Temperament eines liebenswürdigen, heiteren und großzügigen Gascogners, das ihm sein Novizenmeister bescheinigte,[3] hat sich zwar mit dem Alter, durch das klösterliche Leben und durch die Krankheit etwas abgeschwächt, aber vor allem in seiner Korrespondenz spürt man noch immer, dass er sich mitten in der apostolischen Tätigkeit den Geist des Humors bewahrt hat. Seine Großherzigkeit zeigt sich in der ganzen Art, wie er sich einer Sache hingibt, die er für gerecht hält: Bethanien natürlich, aber auch andere karitative Anliegen, für die er Feuer und Flamme ist und in die er seine Briefpartner einzubeziehen sucht: Bilder für Polen, kleine Ersparnisse für karitative Zwecke …

# Die Predigt

## Missions-, Fasten- und Adventspredigten

Der Gehorsam gegen seine Oberen hat Pater Lataste dazu veranlasst, die intensive Predigttätigkeit, die von Beginn seines Priestertums an seine Aufgabe war, weiter auszuüben. Mit seiner Assignation nach Dijon im Oktober 1866[4] nimmt er die Advents- und Fastenpredigten wieder auf, die durch seine Aufgabe als Novizenmeister und Subprior und das dadurch bedingte Verbleiben im Kloster unterbrochen worden waren. Er bereitet eine Adventspredigt in Challans vor,[5] aber am Ende wird er vom 9. bis 25. Dezember nach Genevrey (Haute-Saône) geschickt.[1] Trotz der Anstrengungen der Volksmission mit ihren Beichten und Predigten, die den ganzen Tag in Anspruch nehmen, findet er noch die Zeit, am Abend die Briefe zu schreiben, die Bethanien zum Leben braucht. Nach einer Einkehrtagspredigt in Bethanien[6] beschäftigen ihn im Frühjahr 1867 große Predigtreihen: zur Fastenzeit in Grenoble[7] und zum Marienmonat in Dijon.[8] Im Lauf der Fastenzeit hält er die Predigt bei einem Einkehrtag zur Erstkommunion, eine speziell für Männer bestimmte Predigt und, mit Erlaubnis der Oberen, eine Caritaspredigt zugunsten von Bethanien.[9] Diese findet günstige Aufnahme und bereitet den Boden für große Spenden für das Werk.[10] Seine Fastenpredigten geben ihm Gelegenheit, die Themen, die

[1] Dreizehn Predigten sind erhalten (Predigten 216–228). Die meisten handeln von den Geboten Gottes, die drei letzten vor der Weihnachtspredigt stellen die Eucharistie als den Ort der Einverleibung des Menschen in Gott dar. Der Pfarrer des Ortes war ein Cousin von Mademoiselle de Saint-Juan und Sympathisant von Bethanien (Brief 295, 3. Januar 1868, an Mademoiselle de Saint-Juan).

ihm lieb und teuer sind, weiterzuentwickeln: Gottesliebe, Eucharistie, Apologetik an die Adresse glaubensunwilliger Menschen. Nach dem Marienmonat bringt der Sommer eine etwas ruhigere Zeit mit einzelnen Predigten in Beaune,[11] Dijon,[12] Langres[13] und Frasnes[14]. Das apostolische Jahr endet mit den Adventspredigten in Saint-Dézert (Saône-et-Loire)[15] zusammen mit Pater Zinguerlé. Dieser ist erkrankt und kann seinen Teil der Arbeit nicht leisten; so muss Pater Lataste bis zu dreimal am Tag predigen.[16]

Das Jahr 1868 wird vor allem ein Jahr einer großen Fastenpredigt[II], der einzigen, die Pater Lataste in einer Kathedrale gehalten hat. Der Provinzial bittet ihn nämlich, die Predigt in Nîmes zu versehen. Die Gesamtheit der Predigten[III] und der verschiedenen Einkehrtage in dieser Fastenzeit ist Schwerstarbeit für Pater Lataste, der sich im heiligen Gehorsam nach Nîmes hat begeben müssen, obwohl er durch die Krankheit ans Bett gefesselt war. Während dieser Fastenzeit scheint der Prediger besonders ergriffen von dem Aufruf zur Heiligkeit, den er an seine Zuhörer richtet: Seine Korrespondenz offenbart, dass er sich mit der von ihm selbst empfundenen Schwierigkeit auseinandersetzt, Gott eine Liebe zu erweisen, die seiner würdig ist.

An diesem Tag ist alles gut gegangen, mein Kind, aber ich fühle das Bedürfnis, Ihnen etwas zu sagen: Bitten Sie inständig Gott, unsere gute Mutter und unseren Herrn, dass ich ein Heiliger werde, dass ich ihn bis zur Tollheit liebe, dass ich in allen Dingen nur seinen anbetungswür-

---

II Außer diesen Fastenpredigten liegen noch 15 weitere Predigten vor, zumeist in Dijon und La Rocheport gehalten, außer einem Einkehrtag zur Erstkommunion in Esbarres (Côte-d'Or; Predigten 371–376).

III Der Einsatz in der Fastenzeit in Nîmes umfasst 44 Predigten, 327 bis 370. Darin finden sich Pater Latastes Lieblingsthemen: der geistliche Kampf zwischen Sünde und Gottesliebe und die Meditation über die Gegenwart Gottes in der Eucharistie.

digen Willen liebe und tue! Es scheint mir, dass dies seit Langem mein einziges Verlangen ist, aber dass ich in meinen Handlungen weit davon entfernt bin! Und was mir noch mehr Kummer macht, ist, dass es mir in manchen Augenblicken so vorkommt (und ich müsste sagen: dass ich genau sehe), dass diese Verlangen in mir nachlässt. Oh, wenn ich es verlöre oder es auch nur schwächer werden ließe! Mit Sicherheit liebe ich unseren Herrn weniger als in der Frühzeit meines Ordenslebens. Ich bin deswegen sehr niedergeschlagen und leide darunter, aber so ist es nun einmal. O mein Gott, befreie mich von mir selbst, mach mich leer von mir selbst und fülle mich bis zum Rand mit dir und mit dir allein!
Ich spüre, dass alles da ist und dass ich mit meinem ach so schwachen und unfertigen Wort Wunder an den Seelen wirken könnte, weil Gott allein und seine Gnade in mir handelten. Oh, erbitten Sie dies für mich. Ich habe Angst vor der Aufgabe, die mir auferlegt ist, und fühle, dass ich mit Arbeit und Schlaf haushalten muss.[17]

Obwohl diese Predigten praktisch ohne Pause aufeinander folgen, hat Pater Lataste große Sorgfalt auf ihre Vorbereitung verwendet.[IV] Jede seiner Predigten wird aufgeschrieben, gelegentlich unter Wiederverwendung von Stücken aus bereits gehaltenen Predigten. In manchen Fällen sind mehrere Fassungen desselben Textes erhalten; sie beweisen, welch unerbittliche Arbeit Pater Lataste sich bei der Vorbereitung seiner Predigten abverlangt hat. Es ist bemerkenswert, dass die am ausführlichsten bearbeiteten Texte nicht immer jene sind, die sich an die größte oder anspruchsvollste Zuhörerschaft wenden; es ist vielmehr eine Sache des professionellen Gewissens des Predigers, der sich nicht mit einer unfertigen Arbeit zufriedengibt. Die Predigt in Nîmes, die Pater Lataste trotz

---

IV «Zuerst die Vorbereitung der Fastenzeit, dann das Fasten selbst und jetzt die geistlichen Vorträge im Marienmonat, die ich nicht im Voraus fertigstellen konnte und die ich Stück für Stück vorbereiten muss, all das nimmt meine Zeit völlig in Anspruch» (Brief 61, 17. Mai 1867, an seinen Bruder Émile).

angeschlagener Gesundheit in Angriff nimmt, wird ihm zum besonderen Anlass, seine Demut zu beweisen. Er gesteht, dass ihn die Aufgabe, die ihn da erwartet, erschreckt, akzeptiert in aller Bescheidenheit, dass es ihm schwerfällt, sich an einem Tag auf der Kanzel auszudrücken, und nimmt fügsam die Ratschläge des Bischofs von Nîmes an.[18]

In seiner Korrespondenz mit Mutter Henri-Dominique kommen häufig Anspielungen auf sein apostolisches Leben vor; dabei vertraut er dem Gebet der Schwestern von Bethanien die Predigt an, die er gerade vorbereitet oder gleich vortragen wird.[V] Seine Hauptsorge ist für die jeweiligen Zuhörer wie für die Schwestern in Bethanien, die anderen zur Heiligkeit aufzufordern:

> Die Fastenzeit schreitet mit großen Schritten voran, ich zähle auf Ihr Gebet und auf das aller unserer lieben Töchter, um etwas Gutes von meinen armseligen Predigten erhoffen zu können. Könnte ich doch heilige Seelen schaffen und wollte die Gnade Gottes mit der meinen diese Arbeit der Heiligkeit beginnen! Das ist mein Wunsch alle Tage, aber wie weit bin ich davon entfernt![19]

Für Pater Lataste wie für die anderen Prediger seiner Zeit ist das beste Mittel, die Wirksamkeit einer Predigt zu messen, zu zählen, wie viele Besucher der Messe am Ende zur Kommunion gehen. Da die häufige Kommunion keine gängige Praxis war, galt insbesondere die der Männer als Zeichen einer Rückkehr zu Gott. In seinen Briefen beklagt der Prediger, wie wenige Gottesdienstteilnehmer am Ende seiner Fastenpredigten in Grenoble die Kommunion

---

V Siehe zum Beispiel den Brief 157 vom 30. April 1867 an Mutter Henri-Dominique: «Beten Sie für den Erfolg meiner Predigten, und ich meine damit nicht den Erfolg vor den Menschen, sondern einzig den Erfolg vor Gott.»

empfangen haben; erfreut stellt er dagegen fest, dass er an Ostern in Nîmes 1.000 bis 2.000 Menschen zur Kommunion hat gehen sehen.[20]

## Predigt und Besuche in «Refuges» und Gefängnissen

Vor der Predigt in Cadillac hatte Pater Lataste schon «Refuges» besucht; danach hatte er Gelegenheit, anderen Frauen in Not, auch solchen in Gefängnissen, zu begegnen. So kann er am 11. Oktober 1866, ein Jahr nach seiner zweiten Einkehrtagsreihe in Cadillac, das Frauengefängnis in Auberive (Haute-Marne) besuchen, dessen Anstaltsgeistlicher ein engagierter Freund von Bethanien ist.[VI] Im Folgenden lesen wir Pater Latastes für Mutter Henri-Dominique verfassten Bericht von diesem Besuch; darin drückt er die apostolische Sorge aus, die ihn bewegt und die er seinen lieben Schwestern mitteilen will:

Heute habe ich die Werkstätten besucht. Eine Person, von der mir der Anstaltsgeistliche erzählte, sie sei bis zum Alter von zwanzig Jahren in einem Ursulinenkloster in der Schweiz erzogen worden, stand auf, um mich zu einigen Einzelheiten über das Werk und die Regel des Hauses Bethanien zu befragen. Sie denkt daran, später zu uns zu kommen. Dieser Besuch war den Frauen angenehm, mir hat er Kummer bereitet und mich darin bestärkt, mich immer mehr dem Werk zu widmen. Arme Seelen, wenn wir doch helfen könnten, ein paar von ihnen zu retten! Und ich, der ich nie im Ernst irgendwelche ehrgeizigen Pläne hatte, nicht einmal in der Welt, ich fühlte in der Kapelle vor dem Allerheiligsten, während sie knieten und sangen, plötzlich in meinem Herzen einen Wunsch

VI Briefe 115 vom 11. Oktober 1866, 160 vom 9. Mai 1867, an Mutter Henri-Dominique, und Brief 381 vom 11. Juni 1868, an Abbé Claudon. Der Anstaltsgeistliche von Auberive hat mehrere strafgefangene Frauen nach Bethanien geschickt und sich zur Einkleidung der ersten beiden im Juli 1868 dorthin begeben.

aufsteigen. Mir kam der folgende Gedanke: «Ich wäre glücklich, eines Tages die Rolle und den Dienst des Apostels der Gefängnisse zu übernehmen», und zwar der Männer- und der Frauengefängnisse. Die Reichen und Glücklichen dieser Welt, die verdammt werden, wecken weniger Mitleid, da sie bereits einen gewissen Ausgleich hienieden haben und oft mitten in ihrem Wohlstand auf den Himmel pfeifen; traurig aber ist es anzusehen, wie arme Seelen rastlos hinter dem Glück her rennen, auf Erden nur Enttäuschungen, Betrug, Schande, Leiden, Verachtung erleben, und zu denken, dass ihnen eines Tages noch die Hölle zuteil wird! Oh, schärfen Sie diese Empfindungen und diese Liebe zu den Seelen dem Herzen unserer lieben Schwestern nur gut ein! Und was uns noch mehr betrüben muss als der Verlust dieser Seelen, ist der Undank, mit dem unserem Herrn vergolten wird, ihm, der uns so sehr geliebt hat! Ach, wer wird uns helfen, ihm viele Seelen zu gewinnen, ihm viele Herzen zuzuführen und so den Durst zu stillen, über den er auf Golgatha klagte![21]

Dieser Wunsch, in den Gefängnissen und «Refuges» zu predigen, bleibt in ihm lebendig, selbst wenn er wenig Gelegenheit hat, ihn zu verwirklichen. In der Erinnerung an die Schwierigkeiten, die ihm die Predigt in der Kathedrale von Nîmes bereitete, kommt er darauf zurück: «Ich möchte, dass Gott mir als Sendung aufgibt, Einkehrtage in den Zuchthäusern und Refuges zu predigen. Aber er weiß besser als ich, was nötig ist.»[22] Diese Fastenpredigt in Nîmes schenkt ihm die Freude, der Zuhörerschaft, die er unter allen am meisten liebt, wiederzubegegnen: Man bittet ihn, im «Refuge» der Stadt zu predigen;[23] die wenigen Notizen, die er für diese Predigt gemacht hat, verraten, dass er sich wohlfühlte: Er hat sich nicht die Mühe gemacht, einen ganzen Text zu verfassen. Er hat ein Thema entwickelt, das ihm unter solchen Umständen lieb und teuer war: Die Sünde kann der Anlass für zwei Gefühle werden, die die Heiligkeit wachsen lassen: Demut und Gottesliebe.

Die Kürze seines Priesterlebens hat Pater Lataste nicht erlaubt, dieses Bedürfnis nach einer Predigttätigkeit im

Gefängnis häufiger in die Tat umzusetzen. Gleichwohl war es angezeigt, noch einmal eigens hervorzuheben, dass dieser Wunsch ihn vor, während und nach den Einkehrtagen in Cadillac ständig bewegt hat.

## Das Gemeinschaftsleben

Pater Lataste hielt treu zur dominikanischen Tradition, die das gesamte Klosterleben auf die Predigt hinordnet,[VII] hatte aber aus ebendieser Tradition auch den Geschmack am Gemeinschaftsleben bezogen.

### Eine starke Neigung zum Gemeinschaftsleben

Im Gegensatz zu vielen Gründern, die sich von ihrem ursprünglichen Institut entfernen, um sich ausschließlich und total ihrer Gründung zu widmen, hat Pater Lataste seine Aufenthalte in Bethanien nicht nur deshalb in Grenzen gehalten, weil der Gehorsam es von ihm verlangte, sondern auch weil es seinem tiefen Wunsch entsprach. Sehr oft erinnert er daran, dass er das Verlangen nach dem Gemeinschaftsleben verspürt. Nach den apostolischen Wanderungen seiner ersten Priesterjahre drückt er seine Freude darüber aus, dass er im Konvent von Flavigny nun endlich wieder das geregelte Leben findet:

---

[VII] Der Bericht an das Provinzkapitel über die Observanzen hat gezeigt, wie er die Frage der Observanzen anging: indem er daran erinnerte, dass sie ein auf die Predigt ausgerichtetes Mittel sein sollten.

> Die Gegenwart dieser guten Novizen, dieses wohl gefüllte Haus, diese großen Zeremonien, denen ich seit mehreren Jahren nicht mehr beigewohnt habe, all das bewegt mich sehr stark und holt mich aus meiner geistlichen Erstarrung heraus; ich fühle, dass ich mich gewissermaßen bekehren werde, so kurz es auch dauern mag, dass ich jede Gelegenheit haben werde, in der Frömmigkeit und auch im Studium zu profitieren; und trotz all meinem Bedauern, dass ich Bordeaux verlassen musste, all meiner Neigung zum heiligen Amt, all meinem Widerstreben und meinem Unvermögen, irgendwie hervorzuragen, sehe ich in alldem den Finger Gottes und küsse ihn von ganzem Herzen.[24]

Später, als er in Dijon assigniert ist, widerstrebt ihm der Gedanke, sich dauerhaft in Bethanien niederzulassen, ungeachtet der nachdrücklichen Bitten von Mutter Henri-Dominique und des Pfarrers von Frasnes: «Ich selbst habe mich immer gegen diese Maßnahme gewehrt wegen des großen Vorteils, den ich immer aus dem geregelten Gemeinschaftsleben gezogen habe, und wegen der Anziehung, die es immer auf mich ausgeübt hat.»[25]
Als wir seinen Eintritt ins Ordensleben betrachtet haben, haben wir bereits hervorgehoben, wie wichtig das Leben in der Gemeinschaft für Pater Lataste in Verbindung mit dem lebhaften Gefühl seiner eigenen Unwürdigkeit war. Diese Anhänglichkeit gegenüber dem Gemeinschaftsleben hat ihn sicher dazu bewogen, gegenüber einem Wohnsitz in Bethanien so zurückhaltend zu sein und so beharrlich nach Hausgeistlichen für die Schwestern zu suchen trotz der Schwierigkeiten, die die ihm zugewiesenen unsteten oder kranken Mitbrüder machten. Niemals hat die Sorge um die junge Gemeinschaft seiner lieben Schwestern für Pater Lataste einen Grund dargestellt, sich außerhalb des Lebens der Provinz oder der Kommunitäten zu stellen, denen er assigniert war. Das ist umso bemerkenswerter, als die Provinz für Pater Lataste im selben

Zeitraum mehr Verächter seines Projekts als solidarische Mitbrüder aufzuweisen hatte. Unter anderen Bekundungen dieser Bemühung um Anwesenheit in seiner Kommunität ist hervorzuheben, wie wichtig die Konventsexerzitien für Pater Lataste sind; an ihnen nimmt er mit Feuereifer teil, wie etwa an der Retraite in Flavigny, die er vor seiner Assignation nach Dijon mitgemacht hat.[26]

## Freunde im Orden

Ein weiterer Aspekt dieser Anhänglichkeit Pater Latastes ist die Freundschaft, die in seinem Klosterleben einen wichtigen Platz einnimmt. Mehrere seiner Mitbrüder waren für ihn eine Stütze in den persönlichen und apostolischen Schwierigkeiten, auf die er stieß. Die Patres Lévy, Boulanger, Mas, Nespoulous haben in verschiedenen Abschnitten seines Ordenslebens eine bedeutsame Rolle gespielt. Die Beziehung zu Pater Lévy zeichnet sich dadurch aus, dass sie auch anhielt, als dieser als Missionar in den Irak ging und die Post mehrere Monate brauchte, um ihn zu erreichen. Die beiden Freunde tauschen indes nicht nur Neuigkeiten über ihr jeweiliges Apostolat aus, sondern auch vertrauliche Mitteilungen. So erinnert Pater Lataste in einem Brief seinen Freund an einen Traum, den er im Noviziat gehabt und über den er offenbar schon mit ihm gesprochen hat:

> Ich sah mich als Prediger an einer Straßenkreuzung auf einem Kilometerstein stehen, in einem übel beleumdeten Stadtviertel, und Sie liefen durch die Straßen mit einer Glocke, um die Leute zusammenzurufen; danach kam es zu zahlreichen Bekehrungen, und man begrüßte die Konvertiten in einem Haus, das wir vorbereitet hatten und wo hei-

lige Seelen sie erwarteten, um sie zu retten. Das ist natürlich nicht zu verwirklichen, es wäre verrückt und unklug; aber ich muss mich doch wundern, dass ich ein Werk von dieser Sorte angefangen habe, und fühle mich noch nicht einmal versucht, stolz darauf zu sein, so sehr fühle ich, dass ich dabei lediglich ein passives, fast ausschließlich passives Werkzeug in den Händen Gottes war.[27]

Pater Lataste hatte also seit dem Noviziat nicht nur die Sorge um die «gefallenen Mädchen» im Herzen, sondern auch den Traum von einem Haus, in dem sie von Nonnen aufgenommen werden sollten. Und sein Freund, der ihm sechs Monate später einen Traum über dieselbe Art von Projekt erzählte, unterstützt ihn vom Irak aus nicht nur durch seine Briefe, sondern auch durch sein Gebet, zu dem er die Menschen in seinem Umfeld einlädt. In Mossul beteten im Jahr 1866 Christen für die Gründung von Bethanien …

Was bin ich, der da spricht, ein Freund, ein Bruder, ein Anhänger Ihres Werkes? Ich bete für sein Gelingen, ich bitte andere, dafür zu beten, aber ich lasse Sie wissen, was ich aus der Ferne über die Schwierigkeiten denke, die es zu überwinden gilt… Auf, werfen Sie die Netze aus, wenn Jesus mit Ihnen ist, fürchten Sie nichts, vor allem wenn Sie nichts vermögen und wenn Sie sich für ein Nichts halten und die Welt Sie für ein Nichts hält. Mit nichts bewirkt Gott alles.[28]

In den Freundschaften Pater Latastes können wir dieselbe Entwicklung feststellen wie in den Beziehungen zu seiner Familie. Seine Korrespondenz zeugt von einer Reife, die mehr und mehr Form gewinnt und dazu führt, dass die begeisterten Freundschaftsbekundungen der Jugendjahre schwinden. Während die Korrespondenz mit Pater Nespoulous zahlreiche Zeugnisse der Zuneigung enthält, Pater Latastes Freude darüber, dass er demselben Konvent assigniert ist wie sein Freund, zum Ausdruck bringt oder von Säumnissen im Schreiben und im Antworten spricht, sind die freundschaftlichen Beziehungen, die sich später entfalten, etwa die zu Pater Boulanger, von größerer Zurückhaltung und einer größeren gegenseitigen Freiheit geprägt. Pater Lataste bleibt empfänglich für die Unterstützung, die ihm einige seiner Freunde gewähren, aber er scheint ihre Abwesenheit gelassener zu ertragen. In den Tagen seiner letzten Erkrankung wird ihre Treue ein Trost für ihn sein, besonders der Besuch von Pater Mas in Frasnes vom 10. bis 12. Januar 1869.[29] Ende Januar ersucht Pater Lataste um den Besuch von Pater Boulanger,[30] dieser kann jedoch nicht nach Frasnes kommen, da er durch eine Predigtverpflichtung festgehalten wird; die beiden Freunde werden sich nicht wiedersehen. Der Kondolenzbrief, den Pater Boulanger schon zwei Tage nach Pater Latastes Tod schickt, gibt der Tiefe der Bindung, die sie einte, und der Verehrung, die der Verstorbene bereits weckt, beredten Ausdruck:

> Auch ich will mich im Geiste diesem Freund zu Füßen werfen, zu dem ich so innige Beziehungen gehabt habe. Ich habe niemanden sonst in der anderen Welt, mit dem ich hier auf Erden im Geiste Gottes enger verbunden gewesen wäre und dessen Zuneigung mich so viele Opfer gekostet hätte. Es war keine natürliche Sympathie, die mich zu dem Pater hinzog, nein, unsere Naturen waren sich nicht ähnlich; ich habe mich ihm zugewandt, zunächst aus Hingabe an sein Werk und später aus Liebe zu seiner Seele, deren Leitung er mir anvertraut hatte. Ich bedaure, dass ich bei seiner letzten Reise nicht habe bei ihm sein können, aber der Wille Gottes hat es nicht erlaubt.[31]

In seinem Bemühen, sich auf die Solidarität zu stützen, die seine Mitbrüder mit der Gründung von Bethanien bezeigen, hat Pater Lataste versucht, sie mit seinem Werk so eng wie möglich zu verbinden, indem er die Oberen bat, sie anlässlich von Einkleidungen oder Professen zum Predigen nach Frasnes zu schicken.[VIII] Pater Mas wie Pater Boulanger werden nach Pater Latastes Tod ihre Unterstützung für Bethanien deutlich zum Ausdruck bringen: Pater Mas, indem er treulich die Gründung der Gemeinschaft von La Sainte-Baume unterstützt, Pater Boulanger, indem er die Niederschrift der Konstitutionen vollendet.

## Die Observanz

In den Debatten, die sozusagen das Kennzeichen des Ordens im 19. Jahrhundert sind, ist die Haltung Pater Latastes bemerkenswert aufgrund ihrer Ausgewogenheit und des tiefen Verständnisses dessen, was den Endzweck des dominikanischen Lebens ausmacht. In den Jahren, die den hier dargestellten vorausgehen, lieferte der Bericht an das Provinzkapitel von 1865 eine Untersuchung zur Frage des Gehorsams, ausgehend von dem für das Leben der Dominikaner wesentlichen Kriterium: der Predigt, auf welche die Observanzen wie alles andere hingeordnet sein sollen. In den darauf folgenden Jahren lässt sich bei Pater Lataste beobachten, was man die praktische Umsetzung dieser Konzeption nennen könnte. Bei ihm finden sich gleichzeitig ein klares Festhalten am Leben im Geiste der Regel und eine Klugheit, die ihn veranlasst, die Strenge der Askese zu mäßigen, wenn die Predigttätigkeit

VIII Siehe zum Beispiel den Brief 439 k vom 4. Juli 1868 an Pater Souaillard, in dem Pater Lataste die Anwesenheit von Pater Mas erbittet, da Pater Boulanger vom Prior von Dijon keine Erlaubnis erhalten hatte.

es erfordert. So fragt er zum Beispiel seinen Provinzial, ob es möglich sei, die Rezitation des Offiziums zu erleichtern, wenn er auf Volksmission ist und mit Beichthören und Predigen übergenug zu tun hat.[32]

Zahlreiche verstreute Bemerkungen in seinen Briefen, insbesondere in seinem Briefwechsel mit Mutter Henri-Dominique, zeigen, wie sehr Pater Lataste danach verlangte, ein asketisches Leben zu führen. Er liebt es, auf einem Brett zu schlafen, und hofft, man werde ihm damit in Bethanien eine schöne Überraschung bereiten: «Mir scheint, dass es der Seele gut tut.»[33] In den letzten Wochen seines Lebens erlegt er sich ein sehr präzises Reglement auf und möchte nicht, dass man ihn auffordert, sich schlafen zu legen, wenn dies nicht zur vorgesehenen Stunde geschieht.[IX] Der Gebrauch eines silbernen Löffels zum Einnehmen bestimmter Medikamente erscheint ihm wie eine Übertretung des Armutsgelübdes.

Diese Sorge um die Askese und die Achtung vor der Regel verursachen bei Pater Lataste jedoch keinen engherzigen Legalismus. Das kann man an der Art beobachten, wie er Mutter Henri-Dominique anleitet: Sie möchte sich oft strengere Bußübungen auferlegen, aber er erinnert sie daran, dass Priorität ihre Standespflichten haben müssen. Es wäre schädlich für die Gründung, wenn die Gründerin sich aufgrund selbst gewählter Bußübungen in einem Zustand zu großer körperlicher Schwäche befände.[34]

---

[IX] Zu dieser Frage siehe das folgende Kapitel.

1 Mündliches Zeugnis von Monsieur M. Modeste Durget, 12. August 1936.
2 Brief von Monsieur Victor Jacquin, 17. September 1936.
3 Aufzeichnungen von Pater Sicard, in: Summ. Num. III, § 13, p. 75–78.
4 Register des Konventskonsilsrats von Flavigny, 25. Oktober 1866 (Orig. A. o.p., Paris).
5 Erhalten sind ein Entwurf (Predigt 214) und ein Einkehrtag für die Damen (Predigt 215), die allerdings nicht realisiert wurden.
6 Notizen unter dem Titel zu Predigt 276.
7 46 erhaltene Predigten (Predigten 229–274).
8 Neun erhaltene Predigten (Predigten 277–285). Der Seelsorger der Pfarrei Notre-Dame hatte ihn persönlich eingeladen (Brief 150, 15. März 1867, an Mutter Henri-Dominique).
9 Mehrere Fassungen: Predigten 267–269.
10 Brief 150, 9. April 1867, an Mutter Henri-Dominique.
11 Caritaspredigt zugunsten einer Einrichtung für verlassene Kinder; , Beaune, 16. Juni 1867. Mehrere Fassungen: Predigten 286–288. Predigt 292 für Mariä Himmelfahrt.
12 Predigten 289–290 für das Herz-Jesu-Fest im Kloster La Visitation in Dijon; Predigt 298 für das Kirchweihfest im Konvent von Dijon, 22. November 1867.
13 Einkehrtage für die Dominikanerinnen von Langres, September 1867. Predigt 293 über die Vereinigung mit Jesus Christus.
14 Fest der heiligen Maria Magdalena in Bethanien, Predigt 291. Predigt über den Rosenkranz in der Pfarrkirche von Frasnes, 6. Oktober 1867, mehrere Fassungen: Predigten 294–297.
15 Predigten 299–321.
16 Brief 193, 23. November 1867, an Mutter Henri-Dominique.
17 Brief 214 an Mutter Henri-Dominique, 29. Februar 1868.
18 Neben den Briefen an Mutter Henri-Dominique siehe auch Brief 310 vom 21. März 1868 an Madame Bontoux.
19 Auszug aus Brief 147 vom 1. März 1867 an Mutter Henri-Dominique; der Rest des Briefes ist der Präsentation mehrerer Kandidatinnen gewidmet.
20 Brief 439 j, 18. April 1868, an Pater Souaillard.
21 Brief 115, 11. Oktober 1866, an Mutter Henri-Dominique.
22 Brief 219, 23. März 1868, an Mutter Henri-Dominique.
23 Predigt 353, 25. März 1868, im «Refuge» von Nîmes.
24 Brief 434, 10. Oktober 1865, an Pater Nespoulous.
25 Brief 417 g, 11. Februar 1867, an Pater Jandel.
26 12.–21. September 1867.
27 Brief vom 1. Dezember 1866 an Pater Lévy.
28 Brief vom 11. Juli 1866 von Pater Lévy an Pater Lataste.
29 Chronik von Bethanien, 12. Januar 1869.
30 Ebd., 22. Januar 1869.
31 Brief von Pater Boulanger vom 12. März 1869 an Mutter Henri-Dominique.

32 Brief 439 i, 29. März 1868, an Pater Souaillard.
33 Brief 225, 5. Mai 1868, an Mutter Henri-Dominique.
34 Brief 150, 15. März 1867, an Mutter Henri-Dominique.

# 9

# PATER LATASTES KRANKHEIT UND TOD (1868–1869)

## Die Rückkehr der Krankheit

Nachdem Pater Lataste während eines Großteils seiner Studienzeit in die Infirmerie verbannt gewesen war, hatte er 1863 seine Hüftosteomyelitis endgültig überwunden. Mehrere Jahre lang hat er sich einer stabilen Gesundheit erfreut und das sehr aktive Leben eines Predigerbruders seiner Generation führen können. Im Februar 1868 erkrankt er erneut, und diesmal wird die Krankheit zum Tode führen. Als er in Frasnes-le-Château ist und sich darauf vorbereitet, die Fastenpredigt in der Kathedrale von Nîmes zu halten, bricht am 20. Februar eine Wundrose[I] aus und verursacht ihm schreckliche Schmerzen.[1] Pater Lataste schreibt an den Pater Provinzial Souaillard und bittet darum, seine Abreise nach Nîmes verschieben zu dürfen, da der Arzt der Auffassung ist, es sei unklug, die Reise in diesem Zustand anzutreten.[2] Die Antwort des Provinzials lässt nicht auf sich warten: Er glaubt nicht, dass Pater Latastes Gesundheitszustand ihn am Reisen hindert. Dieser Brief geht am 26. ein,[3] der Prediger macht sich trotz seines Zustands am 27. im heiligen Gehorsam auf den Weg. Während der Fastenpredigt tritt die Infektion in anderer Form erneut auf: Nachdem er in einer

I Eine häufig durch Streptokokken verursachte Hautinfektion.

feuchten Sakristei lange Beichte gehört hat, erleidet Pater Lataste, durch die Anstrengung erschöpft, eine Brustfellinfektion.[4]

In den folgenden Monaten finden wir keine Spur der Krankheit; Pater Lataste geht seinen gewohnten Tätigkeiten nach. Allerdings entwickelt er ein besonderes Empfinden für seine eigene Gebrechlichkeit und seine persönliche Unwürdigkeit; gleichzeitig ist er mehr und mehr davon überzeugt, dass Bethanien ohne eine spezielle übernatürliche Unterstützung nicht überleben kann. In diesem Klima legt er, zehn Monate vor seinem Tode, am 10. Mai 1868 ein ganz eigenes Gelübde ab. Er hat einen Weg gesucht, sein erstes Gelöbnis zum heiligen Josef vom 19. März 1866 einzulösen. Damals hatte er sich verpflichtet, darauf hinzuwirken, dass der Name des Heiligen in den Kanon der Messe eingeführt würde und die Kirche ihm eine eigene Messe widmen sollte, wenn die Gründung von Bethanien in den nächsten zwei Jahren zum Abschluss käme. Im Frühjahr 1868 muss er also gewissermaßen dem heiligen Schutzherrn seine Schulden abzahlen, denn dieser hat über die Gründung und insbesondere über ihr materielles Wohlergehen gewacht, sodass die Gemeinschaft nicht unter allzu drückendem Mangel an Geld oder Arbeit zu leiden hat. Am 10. Mai vertraut Pater Lataste Pater Jandel einen Brief an den Papst an, ohne ihm jedoch den Inhalt mitzuteilen. In diesem Schreiben bietet er sein Leben als Opfer an, um zu erreichen, dass Josef zum Patron der Weltkirche ernannt und sein Name in den Kanon der Messe aufgenommen wird, unter der Bedingung, dass der Heilige sich seines Werkes der Rehabilitierten annimmt und den menschlichen Beistand ersetzt, der diesem fehlt.[5] Ein solches Gelübde zeugt von einer großen Verehrung für den heiligen Josef, aber zugleich ist es auch ein Beweis von Pater Latastes tiefem Engagement für Bethanien: Gern gibt er sein Leben dafür, dass Bethanien bestehen bleibt. Spürt er die Krankheit schon, die in ihm arbeitet?[II] Beginnt er sich Sorgen zu machen, weil der Septembertermin 1868 herannaht, an dem der Provinzial ihn ja fortholen will, gleich was mit seinen Töchtern geschieht? Pater Lataste verlautet nichts über die Motive seines Opfers, das verborgen bleibt, bis Pater Jandel davon berichtet, wie der Papst jenen Brief geöffnet hat.

Beim Besuch von Pater Jandel in Bethanien sagte der Generalmagister beim Abendessen zu einem Priester und Mitglied des Drittens Ordens, der auch ein großer Freund des Werkes war,[III] im vertraulichen Gespräch: «Pater Lataste wird sterben.» – «Aber wie denn das! Er ist doch jung und kräftig, er kann diese Krankheit besiegen.» – «Er wird sterben», beharrte der General. «Hören Sie nur, was er getan hat. Eines Tages bekam ich einen Brief von ihm an die Adresse des Heiligen Vaters. Ich habe ihn dem Papst übergeben, er hat ihn vor mir gelesen, und beim Lesen entfuhr ihm der Ausruf: ‹Ach, ach! Der gute, heilige Ordensmann! Er wird bald erhört werden!› Und im Weiterlesen fuhr Pius IX. fort: ‹Ach, das wird schwierig!› – Ich wollte wissen, worum es ging, und der Papst sagte zu mir: ‹Dieser wackere Ordensmann bringt sein Leben als Opfer dafür dar, dass der heilige Josef zum Patron der Weltkirche ernannt und sein Name in den Messkanon eingeführt wird. Dieser letzte Punkt ist sehr schwierig; aber es wird nicht mehr lange dauern, bis die Kirche den heiligen Josef als Schutzpatron erhält. Darin wird Pater Lataste bald erhört werden. Als Bedingung setzt er, dass der heilige Josef sein Werk schützt und den menschlichen Beistand ersetzt, der ihm fehlt. Möge er auch darin erhört werden!› Bei diesen Worten lächelte Pius IX. Dann sagte Seine Heiligkeit noch: ‹Wir haben mehr

---

II Im Brief 439 m vom 21. August gesteht er ein, dass ihn schon in der Nacht des 20. Juni in Dijon Erstickungsanfälle heimgesucht haben. Es ist nicht unwahrscheinlich, dass sein Gesundheitszustand bereits im Mai nicht zufriedenstellend war. Die Fastenpredigtverpflichtung in Nîmes, die er in einem beklagenswerten Gesundheitszustand angetreten hatte, war eine schwere physische Kraftprobe gewesen.

III Es handelt sich um Abbé Claudon, der selbst von diesem Abendessen erzählt hat.

als fünfhundert Briefe bekommen, die Uns bitten, den heiligen Josef zum Patron der Kirche zu ernennen, aber nur Pater Lataste hat sein Leben dafür als Opfer angeboten.› – Ich habe also Grund», schloss Pater Jandel, «anzunehmen, dass Pater Lataste uns verlassen wird.»[6]

Am 21. Juli zeigt sich die Krankheit von neuem, nach einem Fußmarsch, den Pater Lataste bei großer Hitze hat machen müssen.[7] Nach einer schlimmen Nacht kann er zwei ersten Rehabilitierten, der kleinen Schwester Saint-Pierre und der kleinen Schwester Saint-Paul, den Habit verleihen. Am 3. August bekundet der Generalmagister, Pater Jandel, durch seinen Besuch in der kleinen Gemeinschaft von Frasnes öffentlich seine Unterstützung für Bethanien. Pater Lataste legt Wert drauf, ihn selbst willkommen zu heißen. Doch nach der ersten Umarmung schickt ihn Pater Jandel mit den Worten zurück ins Bett: «O weh, mein armer Junge! Wie haben Sie sich verändert! Schnell, legen Sie sich wieder hin!»[8] Pater Lataste muss mehrere Wochen lang das Bett hüten; es ist ihm unmöglich, die Messe zu lesen.[9] Erschöpft kann er am 15. August endlich zelebrieren,[10] aber wenige Tage später ist die Ermattung so total, dass er sogar seine Post diktieren muss.[11]
Der Kranke scheint, was seinen Zustand betrifft, optimistischer als die Ärzte. Diese nötigen ihn zu absoluter Ruhe bis Ende September. Am 2. Oktober assigniert ihn der Provinzial nach Abbeville; damit will er ihm zu verstehen geben, dass die vom Kapitel zugestandene Frist sich ihrem Ende zuneigt, er autorisiert ihn, ein Jahr lang mit Pater Éveillé-Lagrange in Frasnes zu wohnen, stellt aber keine zusätzliche Vergütungsforderung an Bethanien.[12] In der folgenden Woche geht es Pater Lataste immerhin so leidlich, dass er nach Dijon reisen, seine Sachen abholen und Abschied vom Konvent nehmen kann.[13] Die Reise erweist sich jedoch als zu beschwerlich: Pater Lataste ist erneut

erschöpft und leidet unter heftigen Schweißausbrüchen. Da er in Bethanien ohne allzu große Anstrengungen leben kann, kommt er wieder einigermaßen zu Kräften, aber im November berichtet er, dass er erneut kurzatmig ist, was ihn befürchten lässt, er werde keine Fastenpredigt halten können.[14] Am 27. November ereignet sich der fatale Rückfall. Die Situation ist so alarmierend, dass Pater Lataste Mutter Henri-Dominique beauftragt, selbst an Pater Souaillard zu schreiben.:

Nach einem halbstündigen Spaziergang bei feuchtem Wetter bekam unser Hochwürdiger Pater Lataste Schüttelfrost und ein 36 Stunden anhaltendes Fieber; er hoffte, dieser Rückfall habe nichts zu bedeuten, und nahm sich vor, Ihnen selbst zu schreiben; doch da die Krankheit nun schon vor vierzehn Tagen aufgetreten und obwohl sie zum Stillstand gekommen ist, kommt die Rekonvaleszenz nicht schnell voran, sie ist noch nicht einmal deutlich bemerkbar, und unser Hochwürdiger Pater, der überhaupt keinen Appetit hat, sieht sich infolge seiner extremen Schwäche genötigt, den ganzen Tag das Bett zu hüten; gleichfalls ist es ihm unmöglich, die heilige Messe zu feiern. Er hat nicht länger damit warten wollen, Sie über seinen Zustand in Kenntnis zu setzen, und mich beauftragt, Hochwürdiger Pater, sein Dolmetsch bei Ihnen zu sein. Ich weiß nicht, was die Zukunft uns bringt, aber der Arzt ist nicht sehr zuversichtlich.[15]

## Weihnachten 1868

Das Weihnachtsfest 1868 ist ein Tag voller Emotion in Bethanien: An diesem Tag feiert Pater Lataste in der Mitternachtsmesse zum letzten Mal die Eucharistie. Und zu Mutter Henri-Dominique sagte er: «Das ist das letzte Mal, dass ich das heilige Opfer feiere.»[16] Doch am Weihnachtstag selbst hat er die große Freude, Angélique Jourdain den Habit einer kleinen Schwester zu verleihen; sie ist, wie die Chronik sagt, «eine Seele, die er im Gefängnis von Cadillac gewonnen hat und für die er ein starkes Mitleiden empfand, da sie viel gelitten hat».[17] Das ganze Mühen seiner letzten Jahre findet hier seine Erfüllung. Das Rehabilitationswerk, das im Gefängnis von Cadillac im heiligen Gehorsam begann und trotz zahlloser Widerstände und Schwierigkeiten fortgesetzt wurde, erreicht in dieser Handlung seinen Gipfel. Die Frau, die Pater Lataste als inhaftierte, zum Selbstmord neigende, im Leiden eingesperrte kennengelernt hat, erlebt, wie sie in ein von allen geachtetes Ordensgewand gekleidet wird. Die letzte Vollendung seines Werkes wird Pater Lataste nicht erleben, da der Tod es ihm verwehrt zu sehen, wie eine von seinen Rehabilitierten ins Noviziat der Nonnen eintritt und so durch die Aufnahme in die Reihen von Frauen mit untadeliger Vergangenheit ihre letzte Rehabilitation erfährt. Dennoch ist es ihm vergönnt, am Abend seines Lebens noch einmal Wunder zu sehen, die Wunder, die die Barmherzigkeit Gottes in einer Seele wirken kann.

## Die letzten Augenblicke

Der Anfang des Jahres 1869 bringt Pater Lataste Tag für Tag dem Tode näher.[IV] Ganz allmählich verlassen ihn

---

IV In diesen letzten Wochen erhält er sehr herzliche Ermutigungsbriefe von Pater Jandel (12. Februar 1869 [Orig. A. o.p., Rom]). Dagegen betrübt es ihn, dass er keinerlei Antwort auf die Briefe bekommt, die er an den Pater Provinzial gerichtet hat, um ihn über die Entwicklung seiner Krankheit auf

seine Kräfte. Sein extrem geschwächter Zustand verlangt eigentlich eine Pflege, die die Schwestern nicht zu leisten vermögen; einer seiner ehemaligen Novizen, Frater Dominique Roland, dessen Schwester in Bethanien eingetreten ist, wird am 28. Februar von Flavigny aus geschickt, um ihm in seinen letzten Stunden beizustehen. Dieser junge Frater, der eine große Verehrung für Pater Lataste hegt, hat einen genauen Bericht über die Tage verfasst, die er am Lager des Sterbenden verbrachte.[18] Dieser Text sowie die Chronik von Bethanien[19] machen es möglich, zwei wichtige Dimensionen von Pater Latastes spiritueller Erfahrung angesichts des nahenden Todes wahrzunehmen.

Einerseits zeigt das Gottvertrauen, das ihn in seinem klösterlichen und apostolischen Leben immer getragen hat, hier seine ganze Größe. Er fordert seine Töchter zum Gottvertrauen auf und erinnert sie daran, dass, falls die Provinz von Frankreich sie fallen lässt, die Brüder der Provinz von Toulouse bereit sind, sie zu unterstützen.[20] Dieses Gottvertrauen bleibt aber nicht auf das Vertrauen auf die göttliche Vorsehung für Bethanien begrenzt, es erstreckt sich auch auf sein mystisches Leben. Beim Herannahen des Todes beginnt er nämlich zu entdecken, was eigentlich im Tiefsten seine Einung mit Gott in seinem Ordensleben bewirkt hat. Er bemerkt, dass seine Frömmigkeit sich allmählich Christus zugewandt hat und dass sie in diesem letzten, äußersten Augenblick in einen schlichten Akt der Anbetung und der tiefen Liebe zu Gott mündet.

dem Laufenden zu halten. Pater Souaillard schickt ihm nicht eine aufmunternde Zeile, obwohl Pater Éveillé-Lagrange ihn am 25. Februar 1869 dringend darum bittet (Orig. A. o.p., RomParis).

In mir hat sich eine ständige Anbetung Gottes in einem einfachen Akt meiner Seele entwickelt – in immer demselben und doch immer neuen Akt ohne Anfang, ohne Mitte und ohne Ende. Es ist wie ein Aufleuchten, ein Vorschein der Ewigkeit. Mir scheint, dass Gott selbst mich demütigt und vor ihm zunichte macht, um mich sodann zu erheben und mich in ihm selbst zu festigen durch ein unendliches Anhangen an ihm allein, das ganz Macht, ganz Licht, ganz Liebe ist, und durch eine absolute Loslösung von allem, was nicht er ist. Ich kann keinen genauen Gedanken mehr über ihn fassen, keine bestimmten, einzelnen Liebesakte wie einst mehr setzen; ich habe nur mehr einen einzigen Gedanken, der alles umgreift und alle Kräfte meiner Seele ausschöpft: Gott; nur mehr einen so intensiven und beständigen Liebesakt, dass ich ohne große Anstrengung weder seine Glut steigern noch ihn, um ihn neu zu beginnen, beenden kann. Es scheint mir, dass meine ganze Seele mit allem, was in ihr ist, in Gottes Schoß geworfen ist und dass in ihr nichts bleibt als Gott, der sie von allen Seiten durchdringt, belebt, entflammt und vergöttlicht.[21]

Andererseits ist an den verschiedenen Gesprächen, die Pater Lataste mit seinen geistlichen Töchtern ganz bewusst angesichts seines herannahenden Todes führt, bemerkenswert, wie er für das klösterliche Leben, das er im Orden hat kennenlernen dürfen, Dank sagt und wie er seine Verzeihung für diejenigen zum Ausdruck bringt, die sein Werk bekämpft haben:

Ich danke dem ganzen Orden des heiligen Dominikus dafür, dass er mir seinen Habit verliehen hat. Ich danke allen und segne im Sterben alle Menschen, die mir zugestimmt und mir mit ihren Gebeten, ihren Ratschlägen, ihrem Einfluss, ihren Gaben geholfen haben. Ich verzeihe all denen, die mir nicht zugestimmt, und selbst denen, die mir widersprochen und mich bekämpft haben. Ich bitte Gott, sie alle, alle zu segnen.[22]

Als der Tod naht, betet er für seine geistlichen Töchter, indem er für sie das hohepriesterliche Gebet Jesu (Joh 17)

spricht. Dieses Gebet ist das Zeichen, dass er in diesen Tagen das zehn Monate zuvor abgelegte Gelübde erfüllt: Er gibt sein Leben für Bethanien und vertraut dabei das zarte Pflänzchen der Gründung der göttlichen Vorsehung und dem heiligen Josef an.
Am 10. März 1869 legt Pater Lataste seine Seele in tiefem Frieden in die Hände seines Gottes zurück, nachdem er seine Freude darüber bekundet hat, dass er ihm endlich begegnen darf.

## Unmittelbare Reaktionen auf Pater Latastes Tod

Ungeachtet der Spannungen zwischen Pater Lataste und Pater Souaillard zeigen die Reaktionen auf den Tod des ersteren, dass er unter den Brüdern der Provinz auch Freunde hatte. Sein Tod in der Fastenzeit hinderte einige Brüder, zu seiner Beisetzung zu kommen, das gilt vor allem für Pater Boulanger, der durch die Fastenpredigten in Rennes festgehalten wurde. Der Konvent von Flavigny, wo der Verstorbene fast ein Jahr lang Magister der Professnovizen gewesen war, schickte eine Delegation von Brüdern; einer von ihnen, Frater Altmayer, hat in *L'Année dominicaine*, der Zeitschrift für die Terziaren,[23] eine Darstellung von der Zeremonie gegeben, deren ungewöhnliche Länge wohl die Wirkung beweist, den das erbauliche Sterben des jungen Apostels in der Provinz von Frankreich hatte. Es ist ein Zeichen für die allgemeine Lebensdauer jener Epoche, dass die anlässlich von Pater Latastes Tod veröffentlichten Texte häufig meinen, er sei zu früh für die Gründung gestorben, dass aber niemand auf die Idee kommt zu sagen, er sei zu jung verstorben.

Im Dorf äußert sich eine starke Gemütsbewegung. Die Einwohner von Frasnes stellen sich ein, um der sterblichen Hülle von Pater Lataste die letzte Ehre zu erweisen, und berühren ihn mit frommen Gegenständen.[24] Zum Requiem, das Pater Éveillé-Lagrange am 12. März in Gegenwart zahlreicher Priester aus der Umgebung zelebriert, strömt eine große Menschenmenge zusammen. Ein Jahr später verlässt die Gemeinschaft von Bethanien Frasnes, da das Anwesen zu klein geworden ist. Da Pater Lataste seinen Töchtern empfohlen hat, seine Gebeine mitzunehmen, wenn sie diesen Ort verlassen sollten, findet in Pater Boulangers Gegenwart eine Exhumierung statt.[25] Die Zeugen dieser Exhumierung sind überrascht, dass der Sarg ein Jahr nach der Bestattung noch keinerlei Zeichen des Zerfalls aufweist. Der Leichnam von Pater Lataste wird im Friedhof des neuen Klosters von Bethanien in Montferrand-le-Château beerdigt, wo er bis zu seiner Überführung in die Schwesternkapelle ruht, die mit der Eröffnung des Seligsprechungsprozesses im Jahr 1937 vollzogen wird.

Anmerkungen

1 Chronik von Bethanien, 20. Februar bis 3. März 1868.
2 Brief 439 g, 25. Februar 1868, an Pater Souaillard (A. o.p., Paris).
3 Chronik von Bethanien, 26. Februar 1868.
4 Brief 439 m, 21. August 1868, an Pater Souaillard (Orig. A. o.p., Paris).
5 H.-M. Cormier in: *Vie du Révérendissime Père A. V. Jandel*, Paris: Poussielgue, 2. Aufl. 1896, S. 458–460).
6 Ebd., S. 458–460.
7 Chronik von Bethanien, 21. Juli 1868.
8 H.-M. Cormier, *Vie du Révérendissime Père A. V. Jandel* ; siehe auch Chronik von Bethanien, 3. August 1868.
9 Brief 383, 10. August 1868, an Abbé Claudon.

10 Chronik von Bethanien, 15. August 1868.

11 Brief 65, 19. August 1868, an seinen Bruder Émile, nach Diktat von der Hand Mutter Henri-Dominiques geschrieben.

12 Brief von Pater Souaillard, 2. Oktober 1868, an Pater Lataste.

13 Chronik von Bethanien, 7. Oktober 1868; Konventschronik von Dijon.

14 Brief 68, 23. November 1868, an seinen Bruder Émile.

15 Brief von Mutter Henri-Dominique an Pater Souaillard (Orig. A. o.p., Paris).

16 Chronik von Bethanien, 25. Dezember 1868.

17 Chronik von Bethanien, 5. März 1869.

18 Bericht von Frater Dominique Roland; siehe in diesem Band S. ###.

19 Chronik von Bethanien, 1. bis 10. März 1869.

20 Ebd., 3. März 1869.

21 Bericht von Frater Dominique Roland.

22 Ebd.

23 Fr. Altmayer, o.p., «Une cérémonie funèbre à Béthanie», iIn: *L'Année dominicaine*, April April 1869, S. 157.

24 Chronik von Bethanien, 11. März 1869.

25 Bericht von Mademoiselle de Saint-Juan, in: *L'Année dominicaine*

# 10

# PATER LATASTES SPIRITUALITÄT

Es wäre illusorisch, wollten wir auf wenigen Seiten den Versuch machen, Pater Latastes persönliche Erfahrung und seine spirituelle Lehre zusammenzufassen, denn einerseits war er sehr zurückhaltend mit vertraulichen Mitteilungen über sein Gebet und seine Beziehung zu Gott, und andererseits hat er keine Abhandlungen über das geistliche Leben verfasst, die seine Lieblingsthematiken entfaltet hätten. In seiner Predigt ist er nicht immer originell, und oft begnügt er sich damit, zu predigen, was man eben in seinem Umfeld predigte; in seiner Korrespondenz geht er ständig von einem aufs andere Thema über und mischt spirituelle Ratschläge mit anderen, sehr praktischen Erörterungen. Wenn wir seine Spiritualität in ihrer Eigenart darstellen wollen, können wir also nicht auf ein leicht zu erschließendes Ensemble von Texten zurückgreifen. Hingegen ist es möglich, einige Themen zu beleuchten, die er häufig unter die Feder genommen hat und die die Landschaft seines geistlichen Lebens in ihren Grundzügen bestimmen. Zumeist findet man an jenen Orten, die ihm vertraut waren, wie eine Art Goldklumpen die überraschenden, kühnen Aussagen, die die ganze Eigenart seiner Spiritualität ausmachen.
Die Aufgabe wird zudem komplex, wenn man fragt, welches die Quellen sind, aus denen er schöpft, welches die spirituellen Autoren sind, die seine Lehrer waren. Pater Lataste geht gern mit Anspielungen vor, ausdrückliche Zitate bringt er nicht oft, und wenn er es tut, stammen sie oft aus Sekundärquellen, die sehr schwer zu verifizieren

sind. Es ist also ein ziemlich schwieriges Unterfangen, zu untersuchen, welche Einflüsse auf ihn wirkten, welche Autoren ihn geprägt und inspiriert haben. Wir werden uns oft genug mit Hypothesen begnügen müssen.

## Die Freundschaft mit Christus

In seinem ganzen Christenleben kann man feststellen, dass Pater Lataste Christus gern als einen Freund betrachtet hat. Genau hier muss unsere Untersuchung über sein geistliches Leben ansetzen, denn es ist einer jener Aspekte, durch die er sich auf ganz eigene Weise in die spirituelle Literatur einreiht. Seit Bernhard von Clairvaux und seinem Kommentar zum Hohenlied und auch seit Teresa von Ávila ist die am häufigsten zur Beschreibung des Verhältnisses zwischen der Seele und Gott verwendete Symbolik die von Braut und Bräutigam. Auch Pater Lataste verwendet sie oft; wäre es anders, so wäre das überraschend, denn die Braut-Bräutigam-Metapher ist damals gang und gäbe. Hingegen kommt es viel seltener vor, dass man, wie er es tut, Christus als einen Freund betrachtet, und zwar nicht anekdotisch, sondern indem die Freundschaft zu der menschlichen Beziehung erklärt wird, die sich am ehesten dazu eignet, das Unsagbare zu sagen, das Wesen der Beziehung zwischen dem Glaubenden und Christus auszudrücken. In der kleinen Zahl der spirituellen christlichen Autoren, die eine Mystik der Freundschaft entwickelt haben, nimmt Meister Eckhart einen hervorragenden Platz ein; er ist, auf die Weise des Paradoxons, sehr weit gegangen im sprachlichen Ausdruck einer Mystik des Einen, in der jede Differenz zwischen Geschöpf und Schöpfer zu schwinden scheint, und gleichzeitig nimmt er, vielleicht um dieser möglichen Vermischung entgegenzuwirken, sehr häufig Bezug auf die menschliche Freundschaft, um die Stellung des Menschen gegenüber Christus zu verdeutlichen.[1] Da er in derselben dominikanischen Tradition verwurzelt ist wie Meister Eckhart und wie dieser von der Lehre des Thomas von Aquin profitiert, der die Liebe als eine Art Freundschaft mit Gott definiert hat, steht Pater Lataste also ganz auf derselben Linie. Die Freundschaft ist ein Thema, aber nicht das einzige, das vermuten lässt, Eckhart habe über Mittlerpositionen, die noch näher zu bestimmen sind, einen Einfluss auf Pater Lataste ausgeübt.

## Im Herzen der Offenbarung: die Gottesfreundschaft

Die Griechen waren überzeugt, eine Freundschaft zwischen den Menschen und den Göttern sei unmöglich, denn sie sei ein Verhältnis, das darauf beruht, dass man gewisse Aspekte seines Lebens miteinander teilt, und solche Gemeinsamkeit gebe es nicht zwischen der Welt der Menschen und der der Götter. Es ist also überraschend, dass Thomas sich ausgerechnet auf die Philosophie des Aristoteles über die Freundschaft stützt, um seine Lehre über die Nächstenliebe zu entfalten. Hat er damit dem Denken des Philosophen Zwang angetan, es zu Zwecken benutzt, die ihm fremd sind? Die Antwort liegt eher im Theologischen: Der große Unterschied zwischen Aristoteles und Thomas von Aquin, das Ereignis, das sie trennt, ist Jesus Christus. Thomas stimmt dem Gedanken zu, dass Freundschaft zwischen Mensch und Gott normalerweise unmöglich ist, aber er setzt hinzu, dass Gott in Christus «uns an seiner Seligkeit teilhaben lässt». Seit der Inkarnation haben die Menschen etwas mit Gott gemeinsam. Und daher können sie sich in Christus als Freunde Gottes betrachten. Dieses theologische Fundament der christlichen Aussage über die Freundschaft mit Gott begründet auch einen tiefen sittlichen Anspruch.

*Die Gottesfreundschaft: ein Anspruch*

Man könnte nun annehmen, dass die Predigt über die Gottesfreundschaft ein gewiss tröstliches, aber auch etwas lockeres spirituelles Reden fördern würde: «Wir sind doch die Freunde Christi, der uns hilft und uns unter allen Bedingungen erhört.» Nichts davon bei Pater Lataste, im Gegenteil: die Gottesfreundschaft erweist sich bei ihm als die Quelle eines hohen Anspruchs.

Der Prediger stellt die Beziehung zu Christus gegenläufig zur üblichen Auffassung dar. Bei ihm ist es nicht so sehr der Mensch, der sich im Gebet in der Gegenwart seines Herrn aufhält, um ihm seine Bitten vorzutragen, es ist vielmehr Christus selbst, der sich dem Menschen als ein Bittsteller naht, der ihn bittet, ihm die Gunst liebender Aufnahme zu gewähren. So beschreibt er seinen Dienst in der ersten Predigt im Gefängnis von Cadillac:

> Wir sind die Diener eines Gottes, der euch trotz eurer Makel mit einer Liebe liebt, die hienieden ohnegleichen ist, eines Gottes, der euch unablässig mit seiner Liebe verfolgt, der, gerade jetzt, da ich zu euch spreche, unsichtbar an der Tür eures Herzens wartet und sich meiner Worte bedient, um an eure Tür zu klopfen und ganz leise zu euch zu sagen: «Liebes Kind, schenk mir dein Herz.»[2]

Die Herausforderung der Barmherzigkeit besteht darin, sich betreffen zu lassen, sich überraschen zu lassen durch diese Bitte Gottes an den Menschen. Das Zeichen der Liebe ist nicht in dem Geschenk oder den Geschenken zu finden, die man dem Geliebten machen mag, sondern darin, dass man etwas von ihm erwartet. Im Fall der Liebe Gottes zum Menschen ist eine solche Konzeption irritierend, denn man kann sich ja schwer vorstellen, dass der Mensch in den Augen Gottes so viel wert ist. Gott gibt sich ja nicht damit zufrieden, sich um ihn zu kümmern, ihm Gutes zu tun, wie man einem Armen ein Almosen gibt, ohne ihn wirklich anzuschauen. Gott nähert sich dem sündigen Menschen und bittet ihn um seine Liebe.

Begreift ihr, meine Brüder, wie viel Liebe ein Gott braucht, um allen seinen Geschöpfen, allen ohne Ausnahme, das Gebot zu geben, dass sie ihn lieben? Ihr gebt einem Bettler auf der Straße ein Almosen, ihr betet für einen Mörder, der sein Verbrechen sühnen wird. Warum? Es ist unbestritten, dass ihr beide auf irgendeine Weise liebt. Aber wollt ihr auch von ihnen geliebt werden? Werdet ihr um ihre Liebe werben? Nein, nicht wahr? Ihr denkt nicht einmal daran; und wenn euch ihre Freundschaft angeboten würde, würdet ihr sie vielleicht zurückweisen, so wie man eine Beleidigung oder eine Unreinlichkeit zurückweist. Ihr liebt sie eben nicht genug. Gott handelt uns gegenüber nicht so, und von den großen Seelen bis hin zu den kleinsten, von den Vornehmsten bis zu den Niedrigsten liebt er alle und erbittet und verlangt von uns allen, ihn zu lieben. Ja, wenn es hier solche erniedrigten Seelen gäbe, würde ich zu ihnen sagen: «Arme, besudelte Seele, meine Schwester, fasse Mut. Die Welt verachtet dich vielleicht, zumindest würde sie dich verachten, wenn sie deine Schande kennte, aber fasse Mut. Gott liebt dich trotz allem, und wenn du zu ihm zurückkehren willst, wird er dir von ganzem Herzen seine Liebe zuwenden und mit seiner Liebe dir Verzeihung gewähren und dir deine Unschuld zurückgeben.»[3]

Paradoxerweise beharrt Pater Lataste gern darauf, dass Gott uns im Rahmen dieser Freundschaft nicht nur *bittet*, sondern *befiehlt*, ihn zu lieben.

Es gibt Leute, die sich darüber wundern, dass Gott uns das Gebot gibt, ihn zu lieben. Ich meinerseits wundere mich darüber, dass sie sich wundern. Wissen diese Menschen denn nicht, was es heißt zu lieben? Gott ist unser Meister und Herr. Allein deshalb schon hat er das Recht, Ehrerbietung von uns zu verlangen. Es ist nur recht, dass der Diener seinem Herrn und der Untertan seinem König Zeichen des Respekts gibt, vor allem, wenn dieser Diener alles, was er besitzt, von seinem Herrn hat. Doch wenn Gott uns auffordert, ihn zu bitten, zu ihm zu beten, dann nicht so sehr, weil er unser Herr ist, sondern auch und vor allem, weil er uns liebt. Ich wundere mich, dass ihr das nicht versteht. Ihr seid vielleicht Familienväter, und wenn ihr es nicht seid, habt ihr dann noch nie im Leben Freunde gehabt? Wenn ihr Kinder oder Freunde gehabt habt, solltet ihr unschwer das Gebot des Gebets verstehen. […] Was kann schöner und freudiger sein, als sich liebend für seinen Freund aufzuopfern? Von einem Freund etwas zu bekommen, ist etwas Süßes, aber ihm etwas zu schenken, ist noch viel süßer, wenn man wirklich liebt. Kennt ihr aber die höchste Freude der Freundschaft? Sie besteht darin, dass wir sehen, dass unser Freund absolutes, unbegrenztes Vertrauen zu uns hat, uns sein Herz öffnet, uns alle seine Freuden anvertraut, um sie mit uns zu teilen, uns all seinen Kummer wissen lässt, um Trost von uns zu empfangen, alle seine Pläne und Hoffnungen dartut, um unseren Beistand und Rat zu erbitten. Wer mit wahrer Freundschaft liebt, wird mich verstehen und die Wahrheit meiner Worte bezeugen. Gott ist der zärtlichste und hingebungsvollste aller Freunde. Versteht ihr jetzt, warum Gott uns gebietet, zu beten? Gewiss nicht, weil er uns braucht, sondern weil er uns leidenschaftlich liebt.[4]

Die Liebeserfahrung ist nicht immer eine gegenseitige, während die Freundschaft immer auf Gegenseitigkeit beruht. Spricht man vom geistlichen Leben als von einer Freundschaft mit Gott, so hebt man darauf ab, dass es sich um eine wechselseitige Beziehung handelt, in der der Mensch sich nicht damit zufriedengibt, das Geschenk Gottes entgegenzunehmen oder seine eigenen Gefühle auf Gott zu projizieren, ohne dass er wirklich sicher sein kann, dass Gott ihnen Aufmerksamkeit schenkt. Für den Gläubigen heißt in der Freundschaft Gottes zu leben, zu entdecken, wie wertvoll er in Seinen Augen ist: Für Gott zählt er so viel, dass dieser sein Vertrauen wünscht, ohne es ihm aufzudrängen. Darin liegt eine sehr tiefe Offenbarung der menschlichen Würde. Da legt sich durchaus der Vergleich mit der Art und Weise nahe, wie wenige Jahre zuvor die «schöne Dame» in Lourdes Bernadette ganz bescheiden bittet: «Wollen Sie mir die Gunst erweisen, hierher zu kommen …?»

Diese Meditation über die Barmherzigkeit, die Gott dazu drängt, sich vor dem Menschen zum Bittsteller zu machen, weil Er in ihm die Fähigkeit erkennt, Ihm zu antworten, ist nicht rein spiritueller Natur. Sie enthält auch einen impliziten sittlichen Anspruch: Wenn wir derart durch Gottes Vertrauen ausgezeichnet werden, können wir einander ein gleiches Vertrauen nicht verweigern. Bei Pater Lataste ist die erfahrene Barmherzigkeit ein Aufruf zum Tun von Barmherzigkeit. Damit kommt ein Diskurs in Gang, der weit anspruchsvoller und bewegender ist als eine schlichte Reflexion über den Trost, den uns Gott gewähren kann, wenn wir in Nöten sind. Der Apostel der Gefängnisse kommt immer wieder auf diesen Gedanken zurück: Gott betrachtet uns als Freunde; wenn wir die anderen für unfähig halten, unsere Freunde, Brüder, Schwestern zu sein, lieben wir sie nicht genug, lieben wir sie nicht in Gott.

### *In der Inkarnation kommt Gott als Freund zu uns*

Die Gottesfreundschaft wird von Pater Lataste nicht nur wertgeschätzt, weil sich mit ihr das geistliche Leben beschreiben lässt und sie seinen Hörern helfen kann, ein klareres Bewusstsein von der anspruchsvollen Liebe Gottes zu ihnen zu erlangen. So von der Liebe Gottes zu sprechen heißt auch, die Inkarnation verständlich zu machen.

Die Liebe Gottes darf nicht nur als eine Liebe dargestellt werden, die den Sünder rettet und erhöht, denn der Mensch könnte durch eine solche Herablassung dessen, der absolut vollkommenen ist, geradezu zermalmt werden. In einer Einkehrpredigt über die Liebe Gottes stellt Pater Lataste die Verbindung zwischen Freundschaft und Inkarnation her:

Warum, denkt ihr wohl, ist Gott auf die Erde gekommen und Mensch geworden wie ihr? Etwa um seiner eigenen Ehre willen oder um sich einen Namen zu machen? Ach! Das wäre ein grobes Missverständnis. Er hatte ja bereits einen Namen über allen Namen der Erde, er nennt sich Gott. Und was ist der Titel Erlöser oder Menschensohn? Ein Gegenstand der Blasphemie, sehr oft eine Gelegenheit für die Lästerer, den Menschen in ihm zu erhöhen und damit den Gott zu leugnen oder möglichst zunichte zu machen. Warum, meint ihr wohl, ist er auf die Erde gekommen? Um uns zu erlösen, sagt ihr, um die Ursünde zu tilgen und uns den Himmel zu öffnen. Das beweist, dass er Mitleid mit uns hatte, aber beweist es, dass er Wert auf unsere Liebe legt? Was ist denn der Himmel? Habt ihr darüber nachgedacht? Was ist der Himmel, wenn nicht die Liebe Gottes in ihrer ganzen Fülle, die Anschauung Gottes von Angesicht zu Angesicht, von Herz zu Herzen, wie zwei Freunde einander anschauen, einander umarmen und einander lieben. Das ist der Himmel [...]! Unser Herr Jesus Christus liebt uns nicht aus reiner Gefälligkeit, sondern er liebt uns wirklich und wahrhaftig aus Freundschaft. Das hat er selbst erklärt: «Ihr seid nicht mehr meine Knechte», sagt er zu seinen Jüngern, «sondern meine Freunde.» Das Wohlwollen begnügt sich damit, Gutes zu wollen und zu tun. Die Freundschaft geht weiter. Sie liebt und will geliebt werden. Das ist ihr Recht, und darauf beharrt sie. Um wohlwollend zu sein, genügt es, gut und großzügig zu sein. Die Freundschaft setzt etwas anderes voraus. Sie setzt voraus, dass man den, den man liebt, achtet, dass man auf seine Liebe Wert legt und sie wünscht. So verhält sich der Erlöser gegen uns. Er hat uns ein unwiderlegbares Beispiel seiner Freundschaft gegeben: Er hat für uns gelitten und sein Leben hingegeben. Das ist die vollkommene Freundschaft: dass man sein Leben gibt für diejenigen, die man liebt.[5]

Gott neigt sich nicht aus reiner Gefälligkeit über das menschliche Elend, wie ein reicher Mann mit spitzen Fingern einem mehr oder weniger abstoßenden Vagabunden ein Almosen gibt. Er liebt und will von uns geliebt werden. Er gibt sein Leben und möchte, dass wir das unsere geben. So wie Pater Lataste hier das ewige Leben als Begegnung, als Intimität zweier Freunde beschreibt, so soll die Beziehung zu Christus schon hienieden, schon jetzt als eine Kameradschaft mit ihm im Vertrauen und in der Selbsthingabe betrachtet werden. Die Liebe Gottes ist eine Freundschaft: Wie die Freundschaft kann sie sich nur in der Gegenseitigkeit entwickeln.

## Das Sakrament der Freundschaft Christi

Für Pater Lataste ist die Eucharistie das Sakrament dieser Freundschaft Christi *par excellence*. Noch als junger Ordensmann schrieb er einem Freund:

Unser Herr in der heiligen Eucharistie ist kein Meister, der Anweisungen gibt, er ist kein König, der Befehle erteilt und dem wir uns nicht widersetzen können, ohne Strafen zu riskieren (die Osterkommunion ist verpflichtend, aber nur weil es dem Menschen nicht erlaubt ist, so lange gleichgültig gegenüber dem Ruf und der Freundschaft Gottes zu sein. Seine Osterpflicht zu versäumen heißt nicht schlicht und einfach, einem König ungehorsam zu sein, es heißt, einen Freund in dem zu verletzen, was sein Kostbarstes ist: seiner Freundschaft. Genau das ist es, was ich sagen will); er ist ein Freund, ein Freund, der uns seit Ewigkeiten leidenschaftlich liebt; ein Freund, der uns, seit wir auf der Welt sind, unermüdlich mit seiner Freundschaft verfolgt und uns zuruft: «Mein Sohn, mein Bruder, schenk mir dein Herz.» Er ist ein treuer Freund, der seit vielen Jahren die Arme nach uns ausstreckt und sich nicht abschrecken lässt durch unsere Gleichgültigkeit und Zurückweisung; ein Freund freilich, der nichts von uns zu erwarten hat, von dem wir alles haben, der uns noch immer zahllose Wohltaten erweist, bis er uns schließlich in sein Reich führt, uns Teil an seiner Herrlichkeit und Ewigkeit schenkt, uns an seiner Seite sitzen lässt, uns sein Herz öffnet und uns so eng mit ihm vereint, dass wir, nach seinem Wort, eins mit ihm werden, wie sein himmlischer Vater und er Eines sind. Nun stellen Sie sich vor oder vielmehr denken Sie, dass dem so ist, denn es ist die Realität, denken Sie, dass Sie einem Freund begegnen, der auf Erden nicht seinesgleichen hat und von dem Sie durch ihre Schuld an die vierzig Jahre lang getrennt waren; denken Sie daran, dass Sie ihm Unrecht getan haben, dass er alles vergessen hat, dass er darauf brennt, Sie in seine Arme zu schließen, Sie an sein Herz zu drücken, sich Ihnen hinzugeben und Sie mit ihm auf die engste in dieser Welt mögliche Weise zu vereinen und schließlich mit Ihnen die Beziehung einer herzlichen, ewigen Freundschaft zu erneuern.[6]

Dieser kraftvolle Text lässt uns die Verbindung, die Pater Lataste zwischen der Gottesfreundschaft und der Eucharistie herstellt, besser verstehen. Sie unterscheidet sich ganz deutlich von einem Eucharistieverständnis, das den Akzent auf die Pflicht legt – wenn es hier eine Verpflichtung gibt, dann nicht die, Anweisungen zu befolgen, sondern auf eine Einladung zu antworten, das Geschenk Gottes anzunehmen – oder auf die Würde abstellt, denn der Zugang zur Kommunion ist nicht an moralische oder rituelle Reinheit gebunden, vielmehr wird der Mensch in der Tiefe seines Elends von der Freundschaft Gottes aufgesucht.

### *Die Sünde, Verrat an der Freundschaft*

Eine solche Darstellung der Eucharistie als von Gott angebotene freundschaftliche Begegnung lässt auch deutlich werden, dass die Sünde, hier wie anderswo in Pater Latastes Predigt, vor allem als ein Undank und ein Verrat und nicht als Übertretung des Gesetzes verstanden ist. Betrachtet man das christliche Leben als eine Freundschaft mit Christus und somit als eine Beziehung, dann gewinnt auch die Reflexion über die Sünde neue Gestalt. Diese wird dann nicht in erster Linie in ihrem Bezug zu moralischen Normen gesehen, sondern als eine Untreue innerhalb einer Beziehung. Das hebt den möglichen Bezug zum moralischen Gesetz nicht auf, aber das Gesetz wird wie in der Bibel an seinen Platz gerückt, der gegenüber der Beziehung zu Gott sekundär ist. Die Rolle des Gesetzes ist es, die praktischen Modalitäten des Lebens mit Gott, die Konsequenzen seiner Freundschaft zu fassen und nicht die Zugangsbedingungen zu formulieren.

Die Gottesfreundschaft erscheint bei Pater Lataste häufig als einzige Stütze für das Ausharren in der Prüfung und im Kampf gegen die Versuchung. Immer wieder findet sich die folgende Wendung: «Was soll ich werden ohne die Freundschaft meines Gottes?» Auf die Rückseite eines Andachtsbildes, das Jesus zeigt, wie er am Vorabend vor seinem Leiden den Petrus anschaut, hat Pater Lataste geschrieben: «O gebenedeiter Blick meines Jesus, der du die härtesten Herzen erweichst und Wasser auch aus Felsen sprudeln lässt, wie oft hast du auf mir geruht, ich aber habe mein Angesicht von dir abgewendet, verzeih mir.»

Die Betrachtung der Liebe Gottes, der Begegnung mit Christus, als dem Bittenden, der vom Menschen eine Antwort erwartet, ist für Pater Lataste die Quelle der Reue. Im geistlichen Leben ist das Wesentliche nicht, dass man sein Leben mit einem mehr oder weniger unerreichbaren Vollkommenheitsideal vergleicht, sondern das Wagnis unternimmt, die Liebe Gottes anzunehmen und auf sie zu antworten. In seinen persönlichen Aufzeichnungen schreibt er:

Die Anerkennung und die Liebe wiegen bei mir weit mehr als das Gefühl meiner großen Unwürdigkeit, und außerdem ist Gott der beste unserer Freunde, und für einen Freund sind all die Tränen, alle *mea culpa*, alle möglichen Reuegefühle nicht so viel wert wie ein aufrichtiges «ich liebe dich».

Indirekt deutet er an, dass die Vergebung der Sünden nicht alles ist. Man kann um die Vergebung seiner Sünden bitten, das Sakrament der Buße empfangen und doch weit von Gott entfernt bleiben, in der Überzeugung, dass Gott noch immer von unserem Verhalten enttäuscht ist und uns kein Vertrauen mehr schenkt. Der Bezug zur Freundschaft ist hier ganz besonders stark. Es ist ja tatsächlich schwierig, eine Freundschaft, die verraten worden ist, wirklich neu zu knüpfen. Man kann versuchen, zu verzeihen, den Freund, der Verrat beging, nicht mit Rachsucht oder Enttäuschung zu verfolgen, aber wie selten schafft man es, über all das hinwegzusehen und von neuem volles Vertrauen zu schenken! Und doch tut Gott genau das. Er begnügt sich nicht damit, uns unseren Verrat nicht nachzutragen, nein, er bittet uns, ihn zu lieben, denn er glaubt, dass wir dazu fähig sind.

Wie oft haben wir nicht Gott beleidigt, wie oft haben wir nicht seine Gnadengaben missbraucht, wie oft haben wir nicht verdient, endgültig von ihm aufgegeben zu werden; wir haben zwar unsere Fehler bekannt und Verzeihung erlangt, aber in der Freundschaft ist es doch ein großer Unterschied, ob man schlicht und einfach seine Verzeihung erhält oder ob man vom Freund wieder voll und ganz in Gnaden aufgenommen wird; in seinem Herzen den Platz zurückzuerobern, den man freiwillig geräumt hat, ist keine leichte Sache. Genau hier entfaltet ganz allmählich die heilige Kommunion ihre Wirkung. Gott schaut uns an, und wenn er an all unsere vergangene Treulosigkeit denkt, ist er kurz davor, uns aus seinem Schoß zu verbannen und uns zu seinen Füßen zu lassen, auf Abstand, stehend, bestürzt, verwirrt, wortlos, wie ungezogene Kinder, denen ihr Vater verziehen hat, aber deren Reue er noch eine Zeitlang prüfen will. So stehen wir vor Gott, er aber schaut in das Antlitz seines Sohnes, das Antlitz Jesu Christi, und da er sieht, dass wir durch die heilige Kommunion mit ihm vereint und geeint sind, dass wir von seinem Leben leben, dass wir sein lebendiges Bild und die lebendigen Glieder seines Leibes geworden sind, da kann Gott in Anbetracht seines Sohnes nicht umhin, alles zu vergessen, uns alle seine Gnaden zu schenken, uns wenn möglich noch mehr zu lieben, als er uns zuvor geliebt hat. Er nimmt sozusagen nicht mehr uns wahr, er sieht in uns nur noch Jesus Christus, und indem er uns wie früher an sein Herz drückt, ruft er aus: «Dies ist mein vielgeliebter Sohn, an ihm habe ich mein Wohlgefallen.»[7]

### *Stärker als die Nichtswürdigkeit ist die Freundschaft*

Die Vertrautheit mit dem Herrn, die Pater Lataste in der Eucharistie erfuhr und die zu verkosten er andere einlud, ist das Anzeichen für die Spiritualisierung seines glühenden Wunsches, zu lieben und geliebt zu werden. Als er ins Ordensleben eintrat, fürchtete er, dieser affektive Durst könnte eine Behinderung für ihn darstellen. Der Ernst seines geistlichen Lebens, das schon vor seinem Eintritt ins Noviziat gefestigt war und das er in den ersten Jahren seines Klosterlebens im Schmelztiegel des Leidens und der Krankheit führte, erlaubte ihm, diese menschliche Liebessehnsucht mehr und mehr auf Christus auszurichten. Durch die Erfahrung der starken Freundschaften, die er im Orden erleben durfte, war es ihm möglich, die Höhe und Tiefe der Gottesliebe zu entdecken.

Ich empfinde für Sie *en miniature*, was ich seit einigen Jahren für unseren Herrn empfinde: Ihm bringen mich Nähe und Distanz, Freude und Traurigkeit immer näher, und die Bande, die mich mit ihm vereinen, werden immer enger und inniger. Doch ich will über diesen Punkt lieber schweigen und es Ihrem guten Engel überlassen, Ihnen zu sagen, und Ihrem Herzen, zu verstehen, was ich Ihnen nicht sage.[8]

Dieser schamhafte Mensch ließ nur selten durchscheinen, was den (Hinter-)Grund seines geistlichen und klösterlichen Lebens ausmachte. Solche Texte können verdeutlichen, dass die Frömmigkeitspraktiken, die bei ihm vor allem zu Beginn seines Ordenslebens einen wichtigen Platz einzunehmen schienen, gegenüber einer lebendigen und vitalen Beziehung zu Christus sekundär blieben. Oft empfand er Trauer darüber, dass er sich in Bezug auf Gott so lau vorkam, und suchte in einem regeltreuen Leben, in den Ratschlägen von Mitbrüdern, denen er vertraute,[9] die Anregung, die sein geistliches Leben brauchte. Oft brach er unter der Last der apostolischen Arbeit fast zusammen, da konnte er seinen Mangel an spirituellem Eifer beklagen und gleichzeitig bekennen, dass er jeden Tag sein Leben für Christus hinzugeben wünschte:

Wie schwach und feige ich bin, wenn ich allein bin! Und wir sind einsamer, als Sie aufgrund der verschiedenen Arbeiten, die auf uns allen lasten, vermuten können; und doch: was für ein Unterschied zu den Weltpriestern! Für kein Gold und keine Ehre dieser Welt würde ich mein Ordensgewand hergeben. O mein Jesus! Ich liebe dich doch noch mehr als früher. Ach, gib mir den Eifer meiner ersten vier Jahre zurück, als ich litt! Welch gutes Buch doch das Leiden ist, um rechte Frömmigkeit zu lernen. Aber wie weit fort ist das schon! Ich hoffe, dass Gott es mir noch vor dem Tod zurückgibt. Und (dies unter uns!) nie habe ich die heilige Messe gefeiert, ohne ihn bei der Kelchkommunion zu bitten, ich dürfte eines Tages mein Blut für ihn vergießen und es mit dem seinen vereinen. Doch ich fürchte, dass ich so nur mit den Lippen spreche.[10]

Die Kameradschaft mit dem Herrn, an der er hervorhob, dass die Liebe der einzige Zweck des christlichen und klösterlichen Lebens ist, erhielt ihre endgültige Prägung durch eine überraschende spirituelle Erfahrung: die Predigt im Gefängnis von Cadillac, die nicht einfach eine prägende apostolische Erfahrung war, sondern, wie die Texte zeigen, der Augenblick einer Begegnung mit Gott. Christus, den Pater Lataste trotz des lebhaften Empfindens seiner Grenzen als einen Freund zu betrachten wagte, war in seinen Augen der Freund der Armen und der Sünder. Er war der Freund der Frauen, die der Prediger als «seine lieben Schwestern» zu bezeichnen und anzusehen gewagt hatte. Nicht in der menschlichen Sympathie, im Gefühl oder im Mitleid sind ihm diese Frauen so lieb geworden, sondern in einer gemeinsamen Freundschaft mit Christus.

## Die Eucharistie

Pater Lataste hat zwar auf dem Sterbebett sagen können, die letzte Zeit seines Daseins sei von einem Akt tiefer und fast unaussprechlicher Liebe zu Gott gekennzeichnet gewesen, aber diese spirituelle Erfahrung hat sich erkennbar vorbereitet, nämlich durch die Art, wie er über die Eucharistie sprach und sie feierte. Nachdem wir die Bedeutung betrachtet haben, die sie in seinen Augen als Freundschaftsbegegnung mit Christus besaß, müssen wir nun noch genauer auf die besondere Ausformung eingehen, die die eucharistische Praxis in Pater Latastes Spiritualität annimmt: die Anbetung und die häufige Kommunion.

## Entdeckung der Anbetung in der Vinzenz-Konferenz

Alcide Lataste hat nicht gewartet, bis er im Ordensleben und im priesterlichen Dienst einen täglichen Vollzug der Eucharistie vorfand, um eine tiefe Verehrung für sie zu entwickeln. Schon in seinem Engagement in der Vinzenz-Konferenz hat er ein sehr ausgeprägtes Gefallen an einer Praxis verspürt, die dann für ihn und das Werk, dessen erste Schritte er begleitet, zentral wird: die eucharistische Anbetung.

### *Anbetung und Nächstenliebe*

Als Mitglied der Vinzenz-Konferenz hat Alcide Lataste die nächtliche Anbetung für sich entdeckt und regelmäßig an ihr teilgenommen.[1] Wichtig an Pater Latastes ersten Schritten in der Verehrung der Eucharistie ist die enge Verbindung, die er und seine Freunde zwischen der Anbetung und dem Dienst an den Armen sehen: Die Anbetung ist eine der Aktivitäten dieser Konferenz, deren Daseinsgrund die Ausübung der Nächstenliebe ist. Später, nach der Erfahrung mit der Anbetung bei den inhaftierten Frauen von Cadillac, wird er die Anbetung zu einer der spirituellen Hauptpraktiken der Schwestern von Bethanien machen. Er wollte sogar, dass vor dem ausgesetzten Allerheiligsten ständig eine Ordensfrau und eine Rehabilitierte anwesend sein sollten. So vollzogen diese beiden Schwestern in der Anbetung die Anwesenheit der im Leiden und in der Hoffnung unter dem Kreuz vereinten Frauen Maria und Maria Magdalena nach und folgten damit

---

[1] Über die Stellung der eucharistischen Anbetung in der Vinzenz-Konferenz siehe oben S. 46.

ihrer Berufung, in dieser Zeit des Gebets intensiver die Solidarität zu leben, die den ganzen Tag über das Ziel und der Zweck von Bethanien ist. Die geschwisterliche Liebe, die Frauen mit so unterschiedlicher Vergangenheit eint, gründet sich nicht auf Sympathie, sondern auf eine gemeinsame Freundschaft mit Christus. Wenn es darum geht, unaufhörlich zu verzeihen und ungeachtet zahlloser Rückfälle den Beweis von Geduld und Hoffnung zu erbringen, können sich die Dominikanerinnen von Bethanien nicht auf ihre eigenen Kräfte verlassen. Das wäre nicht zu leisten, und es wäre ein Irrtum. Denn die Barmherzigkeit, die in der Welt zu bekunden sie berufen sind, ist nicht die ihre, sondern jene, die sie von Christus lernen, die sie von Christus empfangen.

### *Das Gebet in der Stille*

Allerdings ist zu bedenken, dass das, was von Anfang an seine Neigung zur Anbetung anspricht, nicht der öffentliche Kult der Eucharistie ist, die großen Prozessionen oder die Andachten, sondern das nächtliche, schweigende Gebet, das *Tête-à-tête* mit dem Erlöser, das er zum Grundstein der Gründung von Bethanien macht.

In seinem Leben als Dominikaner bleibt er dieser Praxis der einsamen Anbetung treu. In seinem Tagesablauf hat er Zeiträume gefunden, in denen er auf diese Weise beten konnte, und gern lädt er seine Gesprächspartner zur Teilnahme ein. Die Zeugen im Seligsprechungsprozess weisen häufig auf seine Besuche beim Altarssakrament und auf die Intensität seines Gebets in diesen Augenblicken hin; auch seine Korrespondenz kommt oft darauf zu sprechen.

Ich trete niemals vor das Allerheiligste, ohne ein Gebet für jede von Ihnen und für Sie alle zu sprechen. Machen Sie es genauso![11]

Jeden Morgen denke ich am Altar an jede Einzelne von Ihnen, und jede Nacht nach der Matutin verweile ich noch ein paar Augenblicke in der Dunkelheit vor dem heiligen Sakrament, um zu beten und jede Einzelne von Ihnen unserem Herrn anzuempfehlen, während Sie schlafen.[12]

Bevor ich ankomme, soll man Pater Guérittot bitten, das hintere Bett zu nehmen. So kann ich am Abend vor das heilige Sakrament treten und später zurückkommen, ohne ihn zu wecken.[13]

Ohne Liturgie oder besondere Feierlichkeit nährt sich Pater Latastes Leben von diesen nächtlichen Besuchen am Tabernakel. Die Dominikanerklöster organisieren keine gemeinsame und auch keine nächtliche Anbetung des Altarssakraments; also reiht sich dieses nächtliche Gebet des Apostels der Gefängnisse nicht in einen Reigen von Anbetern während der ganzen Nacht ein, es ist viel informeller. Nach dem Nachtoffizium bleibt er noch einige Augenblicke und geht später zu Bett als die anderen, weil er in der Kirche zum Gebet verweilt. In diesem diskreten Tun darf man durchaus den Nachvollzug des nächtlichen Gebets erblicken, das eines der spezifischsten Charismen des heiligen Dominikus war.

Vor dem heiligen Sakrament im Gefängnis von Cadillac hat Pater Lataste den Plan zum Werk von Bethanien gefasst. Dass diese Anbetungspraxis bei ihm so alt ist, macht die Bedeutsamkeit dieses Details noch deutlicher. Er hatte die Anbetungsnächte mit seinen Gefährten von der Vinzenz-Konferenz, die im Kloster verbrachten Anbetungszeiten im Gedächtnis, und nun erlebte er diese Anbetung inmitten von straffälligen, von der Welt verworfenen Frauen. Die er «meine lieben Schwestern» genannt hatte, waren es wirklich, weil sie sich Seite an Seite vor demselben Herrn wiederfanden, dasselbe Gebet miteinander teilten und dieselbe Freundschaft genossen.

## Die häufige Kommunion

Pater Latastes eucharistische Frömmigkeit enthält noch einen zweiten Aspekt. Während die eucharistische Anbetung zur damaligen Zeit rasche und weite Verbreitung findet, trifft das für die häufige Kommunion nicht zu. In dieser Hinsicht ist man in Frankreich noch stark vom Jansenismus geprägt. Der Kommunionempfang ist die Ausnahme und wird es noch lange bleiben. So ist Pater Lataste bei den Fastenpredigten, die er in Nîmes hält, froh und überrascht, feststellen zu können, dass

«eine Menge Weltleute, ja selbst Menschen aus dem Volk, die nicht oft zur Kirche gehen können und die sich sonst damit begnügten, an den Hochfesten zu kommunizieren, hier jeden Tag zur Kommunion gehen; und das Ergebnis ist gut […]. War das in der Urkirche nicht tatsächlich der Brauch? Jeden Tag zu kommunizieren, außer bei schweren Gewissensproblemen oder wenn man nicht an der Messe teilnehmen konnte.»[14]

Pater Lataste pflegte seine Zuhörer zur häufigen Kommunion aufzufordern, und das tut er auch, wenn er im Gefängnis predigt.[15]

Für ihn muss die eucharistische Kommunion häufig sein, weil sie die Nahrung der Sünder ist, aber sie muss mit der Praxis der Anbetung zusammengehen. Dieser Zusammenhang ist besonders erwähnenswert, da die eucharistische Anbetung gerade deshalb einen großen Aufschwung nahm, weil die Kommunion Einschränkungen unterlag. Während für die meisten seiner Zeitgenossen die Anbetung ein liturgischer Ersatz für die Kommunion war, die man nicht empfangen konnte, resultieren bei Pater Lataste Anbetung und Kommunion aus derselben Vertrautheit mit der Eucharistie.

## Das Verlangen nach Heiligkeit und nach der Gemeinschaft der Heiligen

Die Freundschaft mit Christus und die Eucharistie bilden also die theologische Grundlage von Pater Latastes Spiritualität. Aber genauso ist der Stellenwert der Heiligkeit hervorzuheben: Sie ist für ihn ein Lebensideal, zu dem er auch die anderen hinziehen möchte; und bei den Heiligen ist sie ein Modell, das er gern betrachtet.

### «Lasst uns Heilige werden»

In Pater Latastes Schriften findet sich häufig der Ausdruck seines Verlangens nach Heiligkeit. Sein religiöses und klösterliches Leben richtet sich auf dieses Ziel aus, und in diesen Schwung sucht er auch seine Briefpartner oder seine Zuhörer mit hineinzuziehen. Wozu soll man zum Beispiel die Heiligen feiern, wenn nicht, um ihnen nachzueifern?[16] Soweit wir über den Inhalt seines Gebets etwas vermuten können, war es von diesem Ziel und Zweck bestimmt: «Mein Gott, mach aus mir einen stets treuen Priester, einen Ordensmann nach deinem Herzen, einen Heiligen!»[17]

Dieses Verlangen findet seinen Ausdruck auch sehr häufig in den Briefen an Mutter Henri-Dominique: «Lasst uns Heilige aus Gnade werden! Sonst werden wir nichts Gültiges zuwege bringen.»[II]

---

II Brief 129, 5. Dezember 1866. Als er die Gelegenheit hat, am Geburtsort Bernhards von Clairvaux (Fontaine-lès-Dijon) die Messe zu lesen, schreibt er an Mutter Henri-Dominique: «Ich habe ganz besonders für Bethanien gebetet und für uns, die wir so nötig Heilige werden müssen» (Brief 147, 1. März 1867).

Diese Suche nach Heiligkeit beschränkt sich freilich nicht auf ein persönliches Streben, noch weniger auf den Wunsch nach moralischer Vollkommenheit. Sie ist bei ihm ganz klar eine Form der Liebe zu Gott und zu den anderen. Er hat in der Tat eine sehr dominikanische Auffassung von Heiligkeit: Sie muss dem Heil der anderen dienen. So schreibt er etwa bei der Vorbereitung auf die Fastenpredigt:

> Beten Sie darum, dass ich ein Heiliger werden, dass ich nichts anderes erstrebe und dass ich als Heiliger Heilige mache![18]
> Wirklich, ich erschrecke nicht vor meiner Unfähigkeit, auch nicht vor meinem Mangel an Erfahrung mit wichtigen Kanzeln, sondern nur vor meiner Lauheit im Dienst Gottes, davor, dass ich so unwürdig bin, Kanal seiner Gnaden zu sein. Wenn ich ein Heiliger wäre, hätte ich, scheint mir, vor nichts Furcht. Ich ginge tapfer ins Feuer der großen Kanzeln, ohne mit der Wimper zu zucken, denn dann wäre ich sicher, dass ich wenn schon nicht gefallen, so doch wenigstens auf die Seelen einwirken könnte, und das ist alles![III]

Dieses Verlangen nach Heiligkeit ist die Suche nach Heiligkeit für die anderen, wie sie dieses Zitat im Zusammenhang mit der Predigttätigkeit ausdrückt. Aber es zeigt sich auch in seiner Fürsorge für Bethanien. Er stellt den Schwestern die Heiligkeit als Ziel vor, denn sie ist ihre einzige Chance, das menschlich gesehen unmögliche Projekt zum Erfolg zu führen. So schreibt er wegen Jeanne, die ihnen große Sorgen macht, an Mutter Henri-Dominique: «Ich bin sicher, wenn wir heiliger wären, würden wir, Sie und ich, die Festung im Sturm nehmen.»[19]

---

[III] Brief 215, 4. März 1868, an Mutter Henri-Dominique. Siehe auch den Brief 160 vom 9. Mai 1867 an dieselbe, in dem er anlässlich des Jahrestags seiner Profess schreibt: «Und müssten wir auch geschlossenen Auges, mitten in der Finsternis, ohne den Schimmer eines Lichts und ohne jede Erleichterung marschieren – wir müssen trotzdem auf den Himmel zugehen und möglichst viele Seelen hinter uns her ziehen.»

Die Heiligkeit ist für ihn also eine Form jener wirksamen Nächstenliebe, die Dominikus von Gott erbat.[20] Sie rührt an die Herzen und erlangt Wunder von Gott. Diese Liebe ist realistisch und konkret; unablässig regt sie dazu an, die konkretesten Einzelheiten des Lebens derer, für die sie auf die eine oder andere Weise Verantwortung trägt, in Betracht zu nehmen: des Lebens der Gefangenen, der Novizen in Flavigny, der Schwestern von Bethanien. Doch Pater Lataste weiß auch um die Risiken einer solchen Auffassung: Die Heiligkeit ist zwar eine wirksame Nächstenliebe, aber es geht nicht an, ihren Sinn ausschließlich in einer Steigerung der Wirksamkeit zu sehen! So erinnert er Mutter Henri-Dominique daran, dass der einzige Zweck ihres Ordenslebens darin bestehen soll, unseren Herrn um seiner selbst willen zu lieben und nicht wegen der Hilfen, die man von ihm erwarten kann.

Ich gestehe Ihnen, dass ich es nicht gern höre, wenn Sie sagen, sie wollten eine Heilige werden, damit Gott das Werk segnet und stärkt und wir so die Chance bekommen, viele Seelen zu retten und auch sie zu Heiligen zu machen […]. Statt für das Werk und für die Seelen und durch sie für Gott, für unseren Herrn zu arbeiten, sähe ich es lieber, wenn Sie direkt an Ihrer Heiligung arbeiteten, um unserem Herrn zu gefallen und um mit ihm in aktuellere, engere, innigere Einheit zu kommen. Das muss unser einziges Ziel sein. Der Rest, das Wohl des Werkes und der Seelen, ist ein notwendiger Ertrag: Es ist unmöglich, unseren Herrn zu lieben, wenn wir nicht mit allen Mitteln die Liebe zu ihm zu wecken und ihm zu gefallen suchen. Nun hat er uns aber recht deutlich gesagt: Was er von uns will und wodurch wir ihm am wohlgefälligsten sein werden und womit wir am meisten die Liebe zu ihm wecken, das ist, wenn wir uns mit Leib und Seele, auf Leben und Tod jenem geliebten Werk hingeben, das er selbst inspiriert und geschaffen hat und das er selbst lenkt und trägt. Zumindest aber ist Er es, den wir unmittelbar wollen, und das Werk und die Seelen wollen wir seinetwegen.[21]

Das Verlangen nach dem Heil der Seelen, das Mitleiden mit denjenigen, die in der Gefahr sind, sich zu verirren, darf sich nicht in einer rastlosen, von ihrer Wurzel abgeschnittenen Tätigkeit erschöpfen. Auch hier weht ein dominikanischer Wind: Das apostolische Leben, die Predigt in all ihren Formen, hat keinen anderen Motor als das kontemplative Leben, das heißt die Liebe zu Gott, den Wunsch, ihm zu gefallen und in Gemeinschaft mit ihm zu leben.

Dieses Verlangen nach Heiligkeit, das bei Pater Lataste so lebendig ist, ruht also auf zwei wichtigen Dimensionen auf, deren Verbindung das Gleichgewicht eines dominikanischen Lebens schafft: einerseits die eigentlich mystische Dimension, die Vereinigung mit Gott, und andererseits die apostolische Dimension, die die Sorge um das Heil der Seelen zur Herzmitte einer dominikanischen Berufung macht.

## Die Heiligen des Pater Lataste

Die Studie über Pater Latastes Spiritualität wäre nicht vollständig ohne den Blick auf seine Verehrung der Heiligen. In den langen Stunden, die er in der Zelle der Infirmerie von Saint-Maximin verbringen musste, hat Pater Lataste hagiographische Bücher lesen können, darunter *L'Année dominicaine*, ein Werk des 17. Jahrhunderts in zwölf Bänden, welches das Leben von Heiligen, Seligen und erbaulichen Persönlichkeiten des Predigerordens beschreibt. Er liebte es, Berichte über das Leben der Heiligen zu lesen, und schöpfte aus ihnen die *exempla* in seinen Predigten. Die Hauptheiligen seiner persönlichen Litanei sind die Jungfrau Maria, der heilige Josef und Maria Magdalena; man sieht sie immer gemeinsam auftreten, wenn er über die Freunde Christi spricht, wie er es hier, in der Abschlusspredigt der Einkehrtage von 1864 in Cadillac, tut, wo er sich mit den inhaftierten Frauen fürs Paradies verabredet:

> Welche Freude zum Beispiel, wenn wir die Gegenwart, den Anblick, die vertraulichen Gespräche und die Freundschaft von so vielen Heiligen genießen, für die wir auf Erden eine ganz besondere Vorliebe hatten; etwa für alle die, die dem Erlöser während seines irdischen Lebens nahe waren: Petrus, Johannes, Lazarus, Martha, Maria, vor allem Magdalena, Magdalena, die er so sehr liebte, Josef, der an ihm Vaterstatt vertrat, Maria die reine, unbefleckte Jungfrau, die große, schöne liebenswürdige, unter allen Frauen gebenedeite Frau, seine Mutter, Königin der Engel und Menschen, Königin des Himmels und der Erde! Welche Freude vor allem, künftig in der allerinnigsten Nähe zu Jesus leben zu dürfen![22]

### *Die Jungfrau Maria*

Die Bezugnahmen auf die Jungfrau Maria sind in der Korrespondenz und in der Predigt Pater Latastes sehr zahlreich.[23] Die Marienfrömmigkeit, entstanden in seiner Kindheit bei den Wallfahrten nach Verdelais, ist eine der Konstanten seines geistlichen Lebens. Als Priester hatte er nahezu in jedem Jahr im Marienmonat zu predigen; das gab ihm Gelegenheit, seine Verehrung für die Mutter Gottes breit zu entfalten, ausgehend von einem Kommentar zu den Geheimnissen des Rosenkranzes und zu den Marienlitaneien. Spuren dieser kindlichen Anhänglichkeit gegenüber Maria findet man in den Lebensregeln, die er seinen Töchtern vermittelt.[IV] In Bethanien führt er die

---

[IV] So deutet zum Beispiel die Chronik von Bethanien unter dem Datum vom 20. September 1866 an, dass Pater Lataste seine Post nie las, ohne zuvor das Gebet *Sub tuum praesidium – Unter deinen Schutz und Schirm* zur Jungfrau Maria zu sprechen. Den Schwestern von Bethanien trägt er auf, das Gleiche zu tun.

Andacht zur Wunderbaren Mutter[V] ein, eine Methode, die Jungfrau Maria zu betrachten, während man sich schlicht und einfach mit der Alltagsarbeit beschäftigt; sie zeigt, dass auch die bescheidenste Arbeit Teil des christlichen Lebens, des kontemplativen Lebens ist.

In dieser klassischen Marienfrömmigkeit gibt es einen Punkt, der besondere Erwähnung verdient, nämlich die häufige Parallelisierung von Maria und Maria Magdalena oder anderen Bekehrten. Es ist in der Tat verblüffend festzustellen, dass Pater Lataste gern die Heiligen vergleicht, ja geradezu in einer Rivalität sieht, und zwar einerseits diejenigen, die Gott von Anfang an geliebt haben – und unter denen die Jungfrau Maria den ersten Rang einnimmt –, und andererseits jene, die sich der Liebe Gottes mitten in der Sünde geöffnet haben: Maria Magdalena, Augustinus, Petrus… Gestützt auf diese Beispiele, lädt der Prediger seine Zuhörer ein, in denselben heiligen Wetteifer einzuschwingen; dabei macht er den «behüteten Seelen» klar, dass sie gar nicht sicher sein können, dass sie dem Herrn näherstehen, denn andere zeigen vielleicht infolge einer Bekehrungserfahrung eine tiefere Dankbarkeit und festere Bindung an Gott. Die Gegenwart der beiden Frauen Maria und Maria Magdalena unter dem Kreuz ist für Pater Lataste eine gute Illustration dieser beiden Wege, durch die Liebe zum Herzen Gottes zu gelangen. Hier ein Beispiel aus einer Predigt über Teresa von Ávila, die er den Karmelitinnen von Bordeaux gehalten hat:

---

[V] Anlässlich von Exerzitien, die er zusammen mit Pater Boulanger bei den Dominikanerinnen von Langres hält, hat er diese Art des Gebets zur Gottesmutter entdeckt, bei der man auch während der Handarbeit immer in Betrachtung ist (Briefe 186 bis 189 vom 10. bis 17. September 1867, an Mutter Henri-Dominique).

«Sie hat viel geliebt.» Das ist das ganze Lob, das unser Herr uns von der nach Maria berühmtesten, im Evangelium erwähnten Heiligen hinterlassen hat […]. Gott lässt oft zu, dass Seelen, die ihn nicht kennen, ihn beleidigen, und zwar schwer beleidigen, weil er beabsichtigt, sich eines Tages selbst ihrer Fehler und ihrer Makel zu bedienen, um sich ihnen zu erkennen zu geben und ihre Liebe zu gewinnen. Da mögen die Gerechten auch manchmal murren ob seiner Langmut und so vieler Fehler, die er ungeahndet lässt. Lasst es gut sein! Gott weiß schon, was er tut. Jene Seele, die euch so verächtlich erscheint und die ihr zu eurem Ärger unbestraft seht, ist vielleicht ein Augustinus! Nur Geduld, er wird lange Missbrauch mit seiner Jugend und mit den Gaben Gottes treiben, aber eines schönen Tages wird er umkehren und dann maßlos lieben, und in der Begeisterung seiner Liebe werden wir ihn ausrufen hören: «Ach, dass ich dich so spät erkannt und geliebt habe, o Liebe, du immer alte und immer neue Güte!», und er wird Apostel werden, Bischof, Lehrer, Vater einer unüberschaubaren Legion von Seelen, die sich dem Dienst und der Liebe Gottes weihen. Diese Seele, die ihr verachtet, diese kriminelle Seele, ist vielleicht eine Magdalena. Sie wird für den Erlöser Dinge tun, die ihr noch nie getan habt, die die reinsten Seelen noch nie für ihn getan haben, sie, die öffentliche Sünderin, sie wird dem Spott des Publikums trotzen und sich öffentlich auf die Knie werfen, die heiligen Füße Jesu mit ihren Spezereien, ihren Haaren, ihren Küssen und ihren Tränen bedecken, und sie wird jenes beispiellose Wort verdienen: Ihr sind viele Sünden vergeben, weil sie viel geliebt hat.[24]

## *Der heilige Josef*

Die Verehrung für den heiligen Josef verdient eine besondere Untersuchung, weil sie Pater Lataste dazu bewegt hat, das Opfer seines Lebens anzubieten. Schon in Saint-Maximin hat er ein umfangreiches Buch aus dem 16. Jahrhundert gelesen, *La Somme des dons de saint Joseph*.[25] Er staunt darüber, dass es in einer Zeit, in der die Verehrung für den heiligen Josef praktisch nicht existierte, dennoch möglich war, «den vollständigen Bestand all dessen, was an Frömmerem und Soliderem über den heiligen Josef zu sagen ist»,[26] darzubieten.

Wie viele verantwortliche Ordensleute seiner Zeit, die sich mit materiellen Problemen konfrontiert sahen, nimmt Pater Lataste «von Mann zu Mann» Kontakt mit dem Schutzherrn der Heiligen Familie auf. Die Verehrung für den heiligen Josef hat sich in der Kirche paradoxerweise ziemlich spät entwickelt, den Anstoß dazu hat insbesondere Johannes Gerson gegeben. Josef wird dabei weniger als der Gatte Marias verehrt denn als der Mann der praktischen Dinge, als derjenige, der sich um die materiellen Lebensbedingungen seiner Gattin und seines Sohnes kümmert; das stimmt ihn wohl verständnisvoll für jene, die mit solcherart Sorgen befasst sind.[27]
1866 schlägt der Gründer dem heiligen Josef einen Handel vor: Wenn dieser die Gründung von Bethanien zum Erfolg führt, verpflichtet sich Pater Lataste, alles zu unternehmen, damit der Name des Heiligen in den Kanon der Messe aufgenommen wird und er ein eigenes Messformular erhält.[28] Zwei Jahre später, im Frühjahr 1868, ist die Gründung verwirklicht. Pater Lataste macht sich Gedanken darüber, wie er sein Versprechen einlösen kann. Wie wir gesehen haben,[VI] lässt er dem Papst einen Brief zugehen, in dem er sein Leben dafür aufopfert, dass der heilige Josef zum Patron der Weltkirche ernannt und sein Name in den Kanon der Messe eingefügt wird, unter der Bedingung, dass der Heilige sein Werk beschützt und ersetzt, was ihm an menschlicher Hilfe mangelt.[29] Diese wiederholten Selbstverpflichtungen zugunsten des heiligen Josef sind ein Zeichen für das große Vertrauen, das Pater Lataste in ihn setzte, und sie lassen ahnen, dass er von der Schwäche seiner eigenen Kräfte überzeugt war

---

VI Siehe oben S. 187 und 267.

und dass ihn die Angriffe im Zusammenhang mit Bethanien doch schwerer trafen, als er je zugegeben hat.
An Josef spricht Pater Lataste vor allem die Gestalt eines einfachen, leicht zugänglichen Mannes an. Seine Fragen, sogar seine Zweifel erlauben dem Christen zu verstehen, dass es ganz normal ist, im nächtlichen Dunkel voranzuschreiten, nicht immer eine klare Vorstellung von dem zu haben, was Gott von ihm erwartet. Josef leidet angesichts des Mysteriums, aber er versucht nicht, die Geheimnisse Gottes zu ergründen. Er kann ein Vorbild für alle sein, gleich welchen Lebensstandes, ein Vorbild für die verheirateten Männer wie für die Priester, für die einfachen Leute wie für die Könige (um sie die Demut zu lehren), ja selbst für die Prälaten und den Papst (um sie zur Armut aufzufordern). Warum ist Josef ein großer Heiliger? Pater Latastes Antwort bringt ihn überraschend in die Nähe von Maria aus Magdala: weil er viel geliebt hat und von Gott viel geliebt worden ist. Nachahmenswert ist er aufgrund seiner innigen Liebe, die nichts Berechnendes hat, von sich selbst absieht und keinen anderen Willen kennt als den Gottes.

Was hat er denn geleistet? Er hat geliebt. Nichts als das, und das genügt zu seiner Glorie. Er hat Gott mit einer Liebe ohne Maß und ohne Erkalten geliebt und ist von ihm gleichermaßen geliebt worden. Er hat Gott ohne Maß geliebt: Das ist sein Verdienst, das ist sein Leben hienieden. Er ist ohne Maß geliebt worden: Das ist seine Glorie in Ewigkeit [...]. Geht also ohne Zögern zu ihm, meine Brüder. Er ist im Himmel allmächtig, ihr habt es soeben gehört; was seine Güte betrifft, so könnt ihr nicht zweifeln, wenn ihr bedenkt, dass er sein Leben in der innigen Eintracht mit den Herzen Jesu und Mariens verbracht hat, den liebendsten und süßesten Herzen, die jemals schlugen.[30]

Als Hüter Marias und Jesu ist er der Garant der Sicherheit, eine väterliche und männliche Gestalt, die sich der materiellen Probleme annimmt. Pater Lataste liebte es, über den heiligen Josef zu predigen, und verweilte dabei gern bei der Parallele zwischen dem Gemahl Marias und dem Patriarchen aus dem Alten Testament. Beide sind Zeichen der göttlichen Vorsehung, sie nehmen alle auf, die sich in der Not an sie wenden. In dem sehr weiblichen Abenteuer von Bethanien stützt sich Pater Lataste gern auf diese Gefährtenschaft «unter Männern» mit dem heiligen Josef, damit die materiellen Schwierigkeiten nicht zu schwer auf den Schwestern lasten und sie am Ende vom kontemplativen Leben abbringen, das sie doch gewählt haben.

Der heilige Josef war der Hüter Jesu und Marias, und natürlich war er auch der Begleiter der Seelen, die danach verlangten, sich ihnen zu nähern. Jede christliche Seele ist ein Tempel, in dem Gott wohnt, und zugleich ist sie auch ein Bild, eine Reproduktion des kleinen Interieurs von Nazaret, in dem Jesus und Maria wohnten.[31]

Hervorhebung verdient schließlich auch, dass Pater Latastes Verehrung für den heiligen Josef sich nach dem Muster eines Prozesses entwickelt, der in der Geschichte dieser Frömmigkeit konstant ist: Ausgehend von der Betrachtung Jesu und Marias, richtet sich sein Blick auf Josef. Die besondere Aufmerksamkeit für Josef rechtfertigt er mit zwei neueren Ereignissen in der Kirche. Das Dogma von der Unbefleckten Empfängnis ist 1854 verkündet worden, und das Herz-Jesu-Fest wurde am 15. August 1856 für den ersten Freitag nach dem Fronleichnamsfest (und Vortag des Festes vom Unbefleckten Herzen Mariä) eingeführt. Mehrfach rechtfertigt er seine Lehre über den heiligen Josef mit dem Hinweis, es sei ganz natürlich, dass nach einer Feier der Glorie Jesu und

Marias auch Josef ins Licht gerückt werde: Seine Glorie sei eine Folge der Verehrung für die Herzen Jesu und Marias und der Glorie Marias.

Die Verehrung des heiligen Josef ist ein relativer Kult; wir können in ihm lediglich den Gemahl Marias und den gesetzlichen und Adoptivvater Jesu verehren.[32]

### *Maria Magdalena*

Die Gestalt Maria Magdalenas, die er in Saint-Maximin entdeckt hat, ist für Pater Lataste sein Leben lang eine feste Bezugsgröße geblieben. Es ist ihm tatsächlich kaum denkbar, bei der Niederschrift seiner Predigten an die Liebe Gottes zu den Menschen zu erinnern oder von dem Ruf zur Bekehrung zu sprechen, den der Heilige Geist ihnen sendet, ohne dabei Bezug auf die Sünderin zu nehmen, die Zeugin der Auferstehung geworden ist.

Anlässlich der Gründung von Bethanien vertraut er die Suche nach einem geeigneten Ort Maria Magdalena an und erhält genau an ihrem Festtag die Nachricht von der Entdeckung des Anwesens in Frasnes. Er stellt die entstehende Kongregation unter ihren Schutz[VII] und organisiert jedes Jahr am 22. Juli große Feierlichkeiten in Bethanien; auf dieses Datum legt er auch gern die Einkleidung und die Ablegung der ersten Profess.

In der Geschichte von Maria Magdalena berührt ihn vor allem eines: dass ihr die Möglichkeit geschenkt wurde, die Wunder Gottes zu betrachten. Die göttliche Barmherzigkeit bewirkt in ihr, was Pater Lataste in Bethanien zu tun sucht: die am meisten Verachteten zu wählen und sie zu

---

VII Bei den Exerzitien, die er im Februar 1867 in Bethanien hält, trägt Pater Lataste jeden Morgen eine Meditation über das Leben Maria Magdalenas nach dem Evangelium vor (Chronik von Bethanien, 8. Februar 1867).

Zeugen der Auferstehung zu machen. Ungeachtet seiner Anhänglichkeit gegenüber dem Magdalenen-Heiligtum von Sainte-Baume scheint Pater Lataste der provençalischen Tradition, der zufolge Magdalena dreißig Jahre lang ihre Sünden beweint hat, wenig Beachtung zu schenken: Wie hätte sie auch immer noch weiter weinen können, nachdem sie zur Zeugin der Auferstehung erwählt worden war!

In die Nähe dieser Verehrung für Maria Magdalena können wir die offenkundige Sympathie rücken, die Pater Lataste für andere große, mit der Vergebung beschenkte Sünder zeigt: Petrus, von dem er ein Bild mit der Darstellung seines Verrats besitzt,[VIII] die Samariterin, Augustinus, dessen stürmische Vergangenheit er gern betont. Sie alle findet man aufgezählt in einer seiner ersten Predigten, nämlich für Karfreitag 1863:

Alle eure Verbrechen, so groß sie auch sein mögen, werden niemals das Ausmaß seiner unendlichen Liebe und Barmherzigkeit erreichen! Habt ihr nicht gesehen, dass er Maria von Magdala alle ihre Sünden vergeben, dass er die ehebrecherische Frau losgesprochen, dass er den Petrus angeschaut und ihm verziehen hat? Werdet ihr nicht gleich hören, wie er dem Schächer einen Platz in seinem Paradies verheißt? Ach, um Vergebung, meine Brüder, was ihr auch getan habt, was ihr auch tut, verzweifelt niemals an der Barmherzigkeit Gottes; deshalb aber dürft ihr euch nicht der Verzweiflung aussetzen durch einen starrsinnigen Widerstand gegen seine Gnade, die euch eben jetzt anspricht.[33]

---

VIII Ein Andachtsbild mit dem Titel «Zärtlichkeit des Herzens Jesu, Blick des Erbarmens auf Petrus, sanfte Vorwürfe an die undankbare Seele.» Auf die Rückseite schreibt Pater Lataste: « O gebenedeiter Blick meines Jesus, der du die härtesten Herzen erweichst und Wasser auch aus Felsen sprudeln lässt, wie oft hast du auf mir geruht, ich aber habe mein Angesicht von dir abgewendet, verzeih mir.»

## Das apostolische Leben als Ort einer Gotteserfahrung

Die Analyse von Pater Latastes Predigt während der zweiten Folge von Einkehrtagen im Gefängnis hat gezeigt, wie prägend diese Erfahrung nicht nur für sein apostolisches, sondern vor allem für sein spirituelles Leben war. Vor den vertraulichen Mitteilungen, die er auf seinem Sterbebett gemacht hat, gibt sein Ausruf: «Ich habe Wunder gesehen» am Ende von Exerzitien im Gefängnis am beredtesten Zeugnis von dem, was diese Erfahrung für ihn bedeutet hat.

Die bestimmende Gotteserfahrung war für Pater Marie-Jean-Joseph Lataste, wenn man seinen Schriften glaubt, nicht in erster Linie die des Gebets, sondern die der Predigt. Sein Gebet scheint, im Sinn des heiligen Dominikus, hauptsächlich durch die Fürbitte für das Heil der Welt gekennzeichnet. Aber als er feststellte, dass dieses Heil den Verachtetsten geschenkt ist, und sah, dass dieses Geschenk Wirkung in ihrem Leben zeitigt, ist er in gewisser Weise in Ekstase geraten und hat das Gefühl gehabt, er habe das Paradies gesehen und sei Gott begegnet.

Diese staunende Betrachtung des Handelns Gottes in den Seelen hat zwar während der Predigt im Gefängnis einen Augenblick besonderer Intensität erfahren, aber sie bleibt als tiefgreifende Einstellung von Pater Lataste bestehen, wenn er von seiner Predigt und ihren Wirkungen auf seine Zuhörerschaft spricht. So sind auch die Ergebnisse, die sich in der Frühzeit der Gründung einstellten, für den Gründer eine Überraschung gewesen. Niemals schreibt er sich das Verdienst an dem zu, was er in Bethanien feststellen darf, sondern dankt seinem Gott dafür:

Ich staune über alles, was ich in Bethanien sehe, so als hätte ich nie damit gerechnet. Unsere Kinder sind all das, wovon ich geträumt habe, und noch Besseres. Ich bewundere in ihnen all das, was Gott in ihnen nach ihrem Fall und ihrer Sühne für ihre Bekehrung getan hat und was seine Gnade hier an noch Wunderbarerem an ihnen wirkt, um sich (wenn ich so sagen darf) den Seelen einzuprägen, die ihm eines Tages geweiht sein sollen. Acht sind es augenblicklich.
Ebenso bewundere ich, welche Liebe zu ihnen die Gottesmutter unseren Schwestern verliehen hat, und zwar bis hin zu unseren jüngsten Postulantinnen. Ich habe eine unserer Novizinnen weinen sehen bei dem Gedanken, dass sie, da sie schon den Habit trägt, nicht das Glück hat, für eines unserer Kinder gehalten zu werden, und sich ihnen damit nicht auf eigene Kosten weihen kann, wie unser Herr es für uns getan hat.[34]

## Der Weg eines geistlichen Lebens

### Die Quellen von Pater Latastes Spiritualität

Im Rahmen der Darstellung seiner klösterlichen Formung haben wir angedeutet, dass das Studium von Frater Jean-Joseph Lataste infolge der Krankheit sehr unruhig verlief. Er hat lange Zeiten allein lesend in der Infirmerie verbracht, während seine Mitbrüder die Vorlesungen hörten. Seine theologische Bildung mag beschränkt sein – er wagt es ja nicht einmal, etwas anderes zu zitieren als die *Summa theologiae* des heiligen Thomas –, hingegen zeigt er eine breite Kenntnis der Geschichte der Heiligen. Mögliche Spuren seiner einsamen Lektürestunden sind Anekdoten aus dem Leben der Heiligen, die er in seiner Predigt und seiner Korrespondenz häufig anführt. Sehr gut kennt er die Heiligen und Seligen aus dem Predigerorden, deren Lebensberichte er in *L'Année dominicaine* hat lesen können, aber er erweitert das Feld seiner Lektüre und seiner Zitate über die Grenzen des Ordens hinaus.

Es wäre ein langwieriges Unterfangen, wollten wir seine eigene Allerheiligenlitanei beschreiben, doch müssen wir neben denen, die wir als von Pater Lataste besonders verehrte Gestalten bereits dargestellt haben, einem Heiligen einen speziellen Platz einräumen, nämlich Franz von Sales. Man kann zwar kaum davon sprechen, dass der Apostel der Gefängnisse den Bischof von Genf verehrt habe, aber neben Thomas von Aquin bildet er die Referenzgröße seiner Theologie und Spiritualität, auch jenseits der ausdrücklichen Zitate, die er ihm widmet. In der Schule von Thomas von Aquin und Franz von Sales hat Pater Lataste gelernt, das Mysterium der göttlichen Barmherzigkeit zu betrachten, aber ganz besonders im Hinhören auf den letzteren hat er jene ganz spezielle Fähigkeit erworben, von der Gottesliebe zu sprechen, sie in Gegenwart seiner Zuhörer zu betrachten, sie in die geduldige Praxis des Alltags zu übersetzen. Die sehr eigene Verbindung von Festigkeit und Sanftheit, die Pater Lataste in der Leitung der ersten Schwestern von Bethanien zu zeigen vermag, ist ganz salesianisch getönt.

## Die Spur der rheinischen Mystiker

Wenn man Pater Latastes Predigt kennt und die *Reden der Unterweisung* von Meister Eckhart (geschrieben um 1295) zur Hand nimmt, spürt man unweigerlich die Nähe nicht nur bestimmter Themen, sondern sogar bestimmter Ausdrücke. Diese Annäherung ist nicht ohne weiteres zu verstehen, da Pater Lataste das Deutsche nicht beherrschte und die ersten französischen Übersetzungen von Eckhart erst 1942 veröffentlicht wurden, das heißt fast 75 Jahre nach Pater Latastes Tod. Die Lösung findet sich in einem vermittelnden Text: Pater Lataste hatte zwar nicht direkt Zugang zu den Texten von Meister Eckhart, aber er konnte leicht die französische Übersetzung der Johannes Tauler zugeschriebenen *Göttlichen Lehren* [französischer Titel: *Institutions spirituelles de Tauler*] lesen, von denen 1855, zehn Jahre vor den Gefängnispredigten, eine Neuausgabe veranstaltet worden war. Darin eingeschlossen finden sich auch drei Viertel von Meister Eckharts *Reden der Unterweisung*, vermischt mit anderen Texten, manchmal entstellt, aber durchaus präsent. Mit einer erstaunlichen Intuition hat Pater Lataste das Radikalste und Befreiendste des Eckhartschen Diskurses herausgefunden, insbesondere über die unmittelbaren und radikalen Wirkungen der Buße, und diese Botschaft verstand er den inhaftierten Frauen weiterzugeben.

### *Die unmittelbare Wirkung der Reue*

Als Pater Lataste 1864 zum Predigen ins Gefängnis von Cadillac geschickt wird, versucht er, den Frauen dort, die alle von den Gerichten zur Zwangsarbeit verurteilt worden sind, zu verkünden, dass ihnen in der Einung mit Gott eine wirkliche Würde angeboten wird. Um das auszudrücken, setzt er sich deutlich von dem ab, was die Gefängnisprediger im 19. Jahrhundert zu tun pflegen. Statt Buße und Abtötung zu predigen und damit Hoffnung auf eine mögliche künftige Vergebung Gottes zu wecken, schlägt Pater Lataste seinen Zuhörerinnen vor, schon in der Gegenwart in die innige Gemeinschaft mit Gott einzutreten. Ohne die Straftaten zu leugnen, die sie vielleicht begangen und die sie an diesen Ort gebracht haben, lädt er sie dazu ein, in der Gegenwart zu leben, eine Beziehung zu akzeptieren, die Gott ihnen augenblicklich als mit ihm lebbar anbietet. Bei Eckhart hat er, vermittelt durch die *Institutions spirituelles de Tauler*, die Elemente dieser Predigt finden können. Die Nähe der Texte zueinander ist deutlich. Hier zum Beispiel das Kapitel XX der *Institutions*:

Die glorreiche Jungfrau Maria, die unbefleckte Mutter Gottes, die vor aller Sünde bewahrt worden ist, hatte einen höheren Grund, sich zu demütigen, als Maria Magdalena, die durch die göttliche Güte von ihren Sünden befreit worden, da Maria durch ebendiese Güte ja davor bewahrt worden war. Es ist ja eine größere Wohltat, jemanden vor jeder Verletzung zu bewahren, als die einst geschlagenen Wunden zu heilen. So steht es mit uns. Wir müssen Gott danken, nicht nur wegen unserer Sünden, die er uns in seiner Barmherzigkeit verziehen hat, sondern auch und vor allem wegen derer, in die wir hätten fallen können, wenn uns seine göttliche Güte nicht gehalten hätte. Wir sollen ihm danken, nicht nur für die empfangenen Wohltaten, sondern noch mehr für jene, die uns zu geben er bereit gewesen wäre, wenn unsere Bosheit ihn nicht daran gehindert hätte. Nun sind wir aber voll der Wohltaten Gottes, und umso mehr sind wir gehalten, ihm zu danken in tiefer Demut und tiefer Anbetung. So finden wir also, wenn wir nur einigermaßen darüber nachdenken, gerade in den Tugenden, die uns durch die göttliche Güte zugeteilt sind und uns vor beklagenswerten Fehltritten bewahrt haben, ein größeres und edleres Motiv für die Demut, als in den Abstürzen, von denen uns Gott aus Barmherzigkeit wieder emporgehoben hat. Doch daraus, dass uns so viele Sünden barmherzig vergeben worden sind, können wir die Überzeugung ableiten, dass Gott diese Abstürze niemals erlaubt hätte, wenn er nicht durch sie unser Heil wirksamer hätte fördern und aus dem Bösen das Gute hervorgehen lassen wollen, sofern wir nur dabei mitwirken wollen.

In dieser Passage lesen wir eine Meditation über die göttliche Barmherzigkeit, die bei den Sündern, denen sie die Vergebung bringt, ebenso am Werke ist wie bei den Heiligen, die sie vor dem Absturz bewahrt. Und wir finden dort eine positive Sicht auf die Erfahrung der Schuld, die beim Sünder die Quelle einer tiefen Dankbarkeit, der Ort der Erfahrung des Heils ist. Bei Pater Lataste in *Les Réhabilitées* liest sich das so:

Auf der einen Seite die rein geblieben Seelen; auf der anderen die rehabilitierten Seelen; unser Herr inmitten von beiden; er empfängt ihr Lob, ermutigt sie mit seinem Blick, trägt sie mit seiner Gnade und seiner Liebe. Welchen Dank sie ihm alle schulden! Denn die Hand, die die einen aufgerichtet, ist dieselbe, die die anderen vor dem Fall bewahrt hat! Bewegt von einem und demselben Dank, werden sie wetteifern, wer dem Gott, der sie alle gleichermaßen, wenn auch in unterschiedlicher Weise erlöst hat, besser dient und wer ihn mehr liebt.[35]

In den *Institutions* wiederum heißt es:

Jedes Mal, wenn ein Sünder sich aus seinen Lastern erhebt und sich vollständig vom Bösen abwendet, fasst er den Entschluss, immer Gott zu dienen und nur mehr ihm zu leben, und die unendliche und ewige Güte erzeigt sich ihm gegenüber so wohlwollend, als wenn er niemals gesündigt hätte. Gott vergibt ihm alle seine Fehltritte; niemals wird er sie ihm anrechnen, seien sie auch so zahlreich wie alle von allen Menschen begangenen zusammen; dies aber unter einer Bedingung: dass er sie aus Herzensgrunde einzig um der Ehre Gottes willen bereut und folglich Missfallen an seinen Sünden hat, weil er weiß, dass sie Gott missfallen haben. Diese glühende Liebe, aus der dieser Schmerz erwächst, lässt alle Rostflecken der Sünde verschwinden, vorausgesetzt sie ist groß genug und die Reue ergreift, wie es sich gehört, unser ganzes Sein. Doch mag auch diese Zerknirschung noch so schwach sein, wenn sie einzig im Blick auf Gott gefasst wird, ist sie gewiss Gott angenehmer als alle Schmerzen, die sämtliche Menschen zusammen ihrer selbst wegen gelitten haben mögen. Und schließlich kann Gott diesem bekehrten Sünder künftig seine ganze zärtliche Vertrautheit bekunden und ihm seine intimsten Geheimnisse offenbaren. Wenn er irgendwo ein wohl gerüstetes und aufnahmebereites Herz findet, schenkt er dem, was dieses Herz zuvor gewesen ist, keine große Beachtung. Gott ist der Seiende der Gegenwart. Er nimmt die Seelen so auf, wie er sie findet. Er schaut nicht auf das, was sie einst gewesen, sondern auf das, was sie jetzt sind.

Der Verfasser entwickelt hier die Idee von einer unmittelbaren Wirkung der Reue. Sobald das menschliche Herz sich von seinem Fehler und von der Erinnerung an seinen Fehler abwendet, um sich auf Gott auszurichten, schaut dieser nur mehr diese Bereitschaft an und erlegt dem Menschen keinerlei Bedingung, keinerlei Frist auf, bevor er sich ihm schenkt. Aus Pater Latastes Gefängnispredigt:

Man hält sie für schuldig. – Das trifft nicht zu. Sie waren es, ja, aber seit langer Zeit sind sie es nicht mehr; und wenn sie einst gefehlt haben, haben sie schon lange in den Tränen und in der Liebe zu Gott eine zweite Unschuld erlangt. Sie waren schuldig, das ist wahr! Aber welche Seele hätte sich niemals etwas vorzuwerfen gehabt, und welche von denen, die immer rein geblieben sind, hat nicht in einem bestimmten Augenblick gefühlt, dass sie, hätte nicht Gottes Hand sie festgehalten, untergegangen wäre? Wer steht, der sehe zu, dass er nicht falle, sagt der Apostel Paulus,[36] und der heilige Johannes fügt hinzu: Wenn wir sagen, dass wir keine Sünde haben, führen wir uns selbst in die Irre.[37] Ja, sie waren schuldig, aber Gott fragt uns nicht nach dem, was wir waren, ihn geht nur an, was wir sind. Es heißt gar nichts, rein und tugendhaft gewesen zu sein, wenn man es nicht mehr ist; es heißt rein gar nichts, schuldig gewesen zu sein, wenn man seine Tugend wiedererlangt hat.[38]

«Gott ist der Gott der Gegenwart, er nimmt die Seelen so auf, wie er sie findet.» Dieser Satz des deutschen Mystikers wurde den des Lesens unkundigen inhaftierten Frauen 1864 übersetzt: «Sie waren schuldig, aber Gott fragt uns nicht nach dem, was wir waren, ihn geht nur an, was wir sind.».

Ein letztes Beispiel, auch dieses aus dem Kapitel XX der *Institutions*:

Wer, frage ich euch, war jemals unserem Herrn Jesus Christus lieber, vertrauter als jene Gefäße der Erwählung, ich meine die Apostel, von denen einer freilich nicht treu blieb: Alle sind in Sünde gefallen, auch wenn die Schwere der Fehler nicht bei allen die gleiche war. Diese Fehltritte oder Stürze hat Gott im Alten wie im Neuen Testament oft von denen geduldet, die später seine treusten Freunde wurden. Ich gehe noch weiter: Es kommt nur sehr selten vor, dass einer zu großen Dingen erhoben wird, der nicht zuvor einen Sturz getan hat.

Zurück zur Idee von der möglichen Fruchtbarkeit der Erfahrung der Sünde, die das menschliche Herz auf die Aufnahme des Erlösers und auf das Verlangen nach Gott vorbereitet. Alle sind Sünder; es geht nicht darum, daran zu erinnern und auf die Verdammnis des Menschengeschlechts zu pochen, sondern anzuerkennen, dass dieser Absturz der Ausgangspunkt für eine echte Heiligkeit sein kann. Pater Lataste:

Glaubt ihr, Judas werde in der Höller weniger bestraft, weil er einst zu den Aposteln zählte? Meint ihr, Augustinus sei im Himmel weniger nahe bei Gott, weil er in seiner Jugend gesündigt hat, oder Maria Magdalena werde weniger geliebt, weil sie so viele Fehltritte begangen hat? Nein, nein, habe ich euch gesagt, und ich wiederhole es. Diejenigen, die dank der Gnade Gottes rein geblieben sind, mögen nicht nur zusehen, dass sie nicht fehltreten, sondern sogar, sage ich, dass sie nicht überholt werden, denn der Preis für den Lauf und die Palme des Sieges sind nicht für den, der nie gefallen, sondern für den, der am weitesten gelaufen ist.[39]
Es ist also wahr, die größten Sünder, die größten Sünderinnen haben das Zeug zu großen Heiligen in sich; wer weiß, ob sie es nicht eines Tages werden.[40]

### *Die Eucharistie, Sakrament der Gegenwart Gottes*

Ein weiteres Beispiel: Man findet diese Vorstellung von einem von der Last der Bußübungen befreiten geistlichen Leben in der Art und Weise, wie Pater Lataste zu den gefangenen Frauen von der Eucharistie spricht. Zu seiner Zeit war es so, dass man zwar die Inhaftierten, die sich als Katholiken bezeichneten, zur Teilnahme an der Messe verpflichtete, um sie zu «moralisieren», dass aber viele Leute davon abrieten, sie zur Kommunion zuzulassen. So veröffentlichte der Gefängnis- und Zuchthausprediger Abbé Laroque 1846 einen Artikel über die Frage, in dem er erklärte:

> Die Kommunion scheint uns etwas so Großes, so Heiliges, so Göttliches, so Erhabenes zu sein, dass wir die extreme Leichtfertigkeit nicht verstehen können, mit der manche Anstaltsgeistliche Zuchthäuslern und Zwangsarbeitern in großer Zahl den Zugang zu ihr gewähren, Leute, deren Leben nicht nur ein Leben der Sünde, sondern ein Leben der Verbrechen und Schandtaten war. Allein dadurch, dass sie verurteilt worden sind, vor allem aber infolge der Gründe, die dazu führten, sind der Zuchthäusler und der Zwangsarbeiter nicht nur zeitweilig von der bürgerlichen Kommunion, das heißt vom sozialen Leben, dessen Regeln sie verletzt haben, ausgeschlossen, sondern auch von der christlichen Kommunion, das heißt von der Gesellschaft der Gläubigen, deren sie sich unwürdig erwiesen haben.[41]

Zwanzig Jahre später haben sich die Vorstellungen in der Gesellschaft und in den Strafvollzugsorganen nicht grundlegend weiterentwickelt; Pater Lataste fordert seine Hörerinnen nicht nur auf, zur Kommunion zu gehen, sondern es häufig zu tun. Auch hier erlaubt der Vergleich mit den *Institutions*, die Quelle einer solchen Aussage auszumachen. Hier ein Auszug aus dem Kapitel XXXVIII der *Institutions*, der selbst wiederum den *Reden der Unterweisung* Meister Eckharts entnommen ist:

> In dem Maße, in dem die Kommunion wiederholt wird, wird man auch spüren müssen, wie innerlich die Ehrfurcht und Liebe gegenüber diesem anbetungswürdigen Sakrament wachsen, während sich zugleich

die kindliche Furcht stets erhält und in nichts vermindert. Wer in sich selbst diese Empfindungen spürt, kann zur Kommunion gehen. Je häufiger er es tut, desto besser ist es: Es wäre wahrhaft bedauerlich, sich unter einem unnützen Vorwand einer so großen Gnade zu berauben, denn schließlich «ist es die Wonne des allmächtigen Gottes, bei den Menschenkindern zu sein» (Spr 8,31). Selbst wenn er man sich kalt, faul, ohne Verlangen und ohne Andacht gegenüber dieser göttlichen Nahrung fühlt, ist dies kein Grund, sich zu enthalten, vorausgesetzt, das Gewissen ist nicht mit einer Sünde belastet. Genau dann bedarf er mehr dieser himmlischen Hilfe und dieses kostbaren Geschenks, in dem er im Übermaß alle Heiligkeit und alle Liebe und überhaupt alles findet, was er nötig hat. Er sollte nur, indem er sich nähert, ein lebhaftes Verlangen nach dem Verlangen spüren, sein Herz von allem frei und losgelöst machen, es Gott allein zuwenden und mit ihm vereinen, und so mag er zur Kommunion gehen.
Nein, nirgends findet man wahrhaft eine solche überfließende Gnade wie im Allerheiligsten Sakrament, hier werden alle zerstreuten Sinne, alle verschiedenen Fähigkeiten in der Kraft der leiblichen Gegenwart unseres Herrn Jesus Christus versammelt und geeint.

## Und Pater Lataste zum selben Thema:

Freut euch also, ihr, die ihr das Glück habt, euch an diesem Morgen zur Gasttafel des heiligen Lammes setzen zu können, freut euch, ihr habt eine Gunst ohnegleichen empfangen, freut euch und betet für diejenigen, die es nicht getan haben, die es in der Welt im Allgemeinen nicht tun. Was euch angeht, trennt euch niemals davon. Kommt so oft darauf zurück, wie es euch möglich ist, und bewahrt deshalb das reine Kleid der Tugend, das euch in diesen Tagen verliehen worden ist. Kommt häufig zum göttlichen Gastmahl: Dort werdet ihr das Mittel zur Tilgung der Schmutzflecken der Vergangenheit, die Kraft gegen die Versuchungen und die Traurigkeiten der Gegenwart, die Freude und Hoffnung einer besseren Zukunft finden, jener Zukunft, deren Größe ich euch gestern aufzuzeigen und nach der ich euren Hunger zu wecken versucht habe. O heiliges Gastmahl, in dem sich Jesus uns zur Speise gibt, ruft die Kirche mit dem heiligen Thomas aus. In ihm finden wir, um uns von dem vergangenen Bösen zu heilen, das Gedächtnis und die mystische Wiederholung seines schmerzlichen Leidens, für die gegenwärtigen Bedürfnisse finden wir in ihm die Gnade, für die Zukunft finden wir in ihm das Unterpfand der künftigen Herrlichkeit. Kommt also häufig herzu; vergesst von nun an, wie Magdalena, die Geschöpfe, wendet euch endgültig eurem Schöpfer und Gott zu. Ihr habt den Unterschied zwischen den Menschen und Gott gesehen... Die einen habt ihr gesucht, sie haben euch verloren, sie verachten euch und strafen euch, den anderen, Jesus, hattet ihr aufgegeben, und er verachtet euch nicht, er schätzt euch nicht gering, er kommt zu euch, er tröstet euch, er liebt euch. Also geht hin zu ihm.[42]

Es ist nicht verwunderlich, dass man bei Pater Lataste keine ganz exakten Zitate aus dem Text der *Institutions* findet. Seine Predigten wurden oft in aller Hast verfasst, und die Predigt im Gefängnis, der die hier zitierten Zeilen entnommen sind, ist an Ort und Stelle, im Lauf der Einkehrtage selbst, niedergeschrieben, denn der zuvor vorbereitete Text erwies sich als ungeeignet für eine Zuhörerschaft, deren tiefes geistliches Leben der Prediger entdeckte. Das Autograph zeigt ganz deutlich die verschiedenen Etappen der Niederschrift mit unterschiedlichen Tinten; die Schrift der an Ort und Stelle verfassten Passagen ist weniger sorgfältig und offensichtlich von Emotion geprägt. Pater Lataste hat die *Institutions* nicht vor Augen, aber es ist wahrscheinlich ebendieser Text, den er in Erinnerung hat, als er diese Zeilen über die Eucharistie oder über die Begegnung mit Gott in der Gegenwart schreibt.

Es gäbe auch aufregende Parallelen zwischen den letzten vertraulichen Mitteilungen Pater Latastes auf seinem Sterbebett über sein geistliches Leben und den mystischen Weg der Rheinländer: zunehmende Vereinfachung des geistlichen Lebens, Desinteresse gegenüber seinen konkreten Umständen, Konzentration der Aufmerksamkeit auf das Sein Gottes jenseits aller Worte.

Diese Konzeptionen der Buße oder der Eucharistie sind für die damalige Zeit sehr originell. Ansonsten zeigt Pater Lataste ja keine besonders große Originalität in seiner Sprache als Prediger oder in seinen theologischen Vorstellungen; daher ist es schwierig, die Abweichung seines Diskurses von der ihn umgebenden Kultur allein seinem persönlichen Charisma zuzuschreiben. Dass die Punkte, die seine Originalität ausmachen, den Hauptthemen der *Institutions* nahestehen, lädt eher dazu ein, in diesen die Quelle seiner Inspiration zu erblicken.

Was die radikale Originalität Pater Latastes außerdem ausmacht, ist, dass er es gewagt hat, in einem Gefängnis jene moralische und spirituelle Lehre vorzutragen, die zuerst von Eckhart für seine Novizen entwickelt worden war und danach den «Gottesfreunden» und anderen Frommen, den Kartäusern von Köln oder den Benediktinern eines Ludwig Blosius als geistliche Nahrung gedient hatte; sie alle hatten wohl weniger gravierende Fehltritte begangen als die Zuhörerinnen von Pater Lataste. Und schließlich hat er die einzigartige Kühnheit besessen, diese Konzeption von der Bekehrung und der göttlichen Barmherzigkeit in einer religiösen Institution zu verkörpern, was die rheinischen Mystiker nicht getan hatten. Zwei Jahre später gründete er die Gemeinschaft der Dominikanerinnen von Bethanien, deren Aufgabe es war, Frauen, die aus dem Gefängnis kamen, ebenso aufzunehmen wie Frauen aus einem behüteten Leben. Er war nämlich der Auffassung, dass, wenn diese Frauen eine Berufung zum Klosterleben besaßen und Gottes Vergebung für ihre Fehler erhalten hatten, es der Kirche oder der Gesellschaft nicht anstand, die Türen zu verschließen, die Gott wieder geöffnet hatte.

1 Siehe J.-M. Gueullette, «L'amitié a-t-elle sa place dans le discours mystique? Raymond Lulle et Maître Eckhart», in: *Revue des sciences religieuses* 78/4 (2004), S. 565–590.
2 Zitat aus dem Buch der Sprüche 23,26, in Predigt 90 vom 15. September 1864.
3 Predigt 453, undatiert, «Fragment sur l'amour de Dieu».
4 Predigt 23 über das Gebet, Cézac, wahrscheinlich 1863.
5 Predigt 65, 20. Mai 1864, in Plassac, Einkehrtag über die Liebe Gottes.
6 Brief 473, 17. April 1862, an einen Freund.
7 Predigt 392, undatiert, über die Eucharistie.
8 Brief 420, 20. Juni 1863, an Pater Nespoulous. Der Rest des Briefes enthält Einzelheiten über den Besuch von Pater Lataste bei der Familie von Pater Nespoulous und über den Arztbesuch, dem er sich in Montpellier unterziehen musste.
9 Pater Lataste hat Pater Boulanger gebeten, sein geistlicher Leiter zu sein. Siehe den Brief von Pater Boulanger vom 12. März 1869 an Mutter Henri-Dominique.
10 Brief 180, 10. August 1867, an Mutter Henri-Dominique. Dieser Text erinnert durch seinen Ton an das Gebet um den rechten Gebrauch der Krankheiten aus der Feder Pascals; ein ausdrückliches Zitat braucht es da nicht.
11 Brief 129, 5. Dezember 1866, an Mutter Henri-Dominique.
12 Brief 138, 8. Januar 1867, an Mutter Henri-Dominique.
13 Brief 170, 29. Juni 1867, an Mutter Henri-Dominique.
14 Brief 216, 9. März 1868, an Mutter Henri-Dominique.
15 Siehe insbesondere Predigt 237 über die Eucharistie, Cadillac, 1864.
16 Siehe seine Ausführungen über den heiligen Martin (Predigten 16 und 17 vom 11. November 1863) oder über den heiligen Saturninus (Predigt 19).
17 Aufzeichnung vom 10. Februar 1866.
18 Brief 326, 13. März 1868, an eine künftige Postulantin.
19 Brief 149, 13. März 1867.
20 Jordan von Sachsen, *Libellus de principiis ordinis OP* (dt.: *Von den Anfängen des Predigerordens* (Dominikanische Quellen und Zeugnisse, Bd. 3), Leipzig: Benno 2003), § 13.
21 Brief 150, 15. März 1867, an Mutter Henri-Dominique.
22 Predigt 97 über den Himmel, Cadillac, 18. September 1864.
23 52 Predigten von den 467 erhaltenen drehen sich um die Marienfrömmigkeit.
24 Predigt 382, vor den Karmelitinnen von Bordeaux, am Oktavtag der heiligen Teresa.
25 I. Isolani (1480–1528), *Summa de donis Sancti Joseph*, Pavia 1522, ins Französische übersetzt von einem Priester mit den Initialen «D. C.» und 1861 in Avignon publiziert.
26 Brief 258 vom 28. April 1862, dem Fest des heiligen Josef, des Patrons der Provinz von Frankreich, an Madame Piron.
27 Die jüngste Untersuchung zur Geschichte der Josefsverehrung ist die von

Paul Payan, *Joseph. Une image de la paternité dans l'Occident médiéval*, Paris: Aubier, 2006.

28 Chronik von Bethanien, Aufzeichnungen von Pater Lataste, 19. März 1866.

29 H.-M. Cormier, *Vie du Révérendissime Père A. V. Jandel*, S. 458–460.

30 Predigt 234 über den heiligen Josef, Fastenpredigten in Grenoble, 1867.

31 Predigt 350 über den heiligen Josef im Karmel von Nîmes, 1868.

32 Ebd.

33 Predigt 4 zu Karfreitag, 3. März 1863.

34 Brief 465, 15. Oktober 1867, an Monsieur Transon.

35 *Les Réhabilitées*, S. 63, in: Prêcheur de la miséricorde, S. 323.

36 1 Kor 10,12.

37 1 Joh 1,8.

38 Predigt 96, 18. September 1864, im Gefängnis von Cadillac, in: *Prêcheur de la miséricorde*, S. 147–148.

38 Ebd., S. 147–148.

40 Predigt 188, Sonntag, 23. Juli 1865, gehalten in Le Moulleau, in: *Prêcheur de la miséricorde*, S. 172.

41 Abbé Laroque, «Des missions et retraites dans les prisons et de leurs effets moraux sur les condamnés», in: *Revue pénitentiaire et des institutions préventives*, III (1846),S. 238–239.

42 Predigt 202, gehalten zum Abschluss der Einkehrtage im Gefängnis von Cadillac, am Sonntagabend, 17. September 1865, in: *Prêcheur de la miséricorde*, S. 239.

# Schluss

Pater Lataste hat es gewagt, die inhaftierten Frauen als Schwestern zu betrachten und es ihnen zu sagen, ohne ihre Vergangenheit zu beschönigen.[1] Er hat die von Gott geliebten Geschöpfe da gesehen, wo sich, menschlich betrachtet, nichts als Scheitern und Verderbnis zeigte. Doch es geht nicht einfach um eine persönliche Wandlung, eine spirituelle Etappe im Lauf einer Predigtreihe. Der Prediger war fähig, seiner Intuition bis zu Ende zu folgen. Als er diese Frauen als seine Schwestern in Adam und in Christus betrachtete, war er bereit, in sich eine in der Geschichte der Kirche einzigartige Idee entstehen zu lassen. Indem er sich auf die Vergebung berief, die Gott denen schenkt, die ihn darum bitten, hat er den gefangenen Frauen die Tür zur eucharistischen Kommunion geöffnet, was zu seiner Zeit schon originell war, und dann den kühnen Plan gefasst, diejenigen zum Klosterleben zuzulassen, die den Wunsch danach und die Berufung dazu zeigten. Warum hätte er es ablehnen sollen, diejenigen, die er als seine Schwestern im Menschsein und im Glauben betrachtete, auch als seine Schwestern im Ordensleben anzusehen? Wenn das Heil für alle dieselbe Quelle hat, wenn «die Hand, die die einen aufgerichtet, dieselbe ist, die die anderen vor dem Fall bewahrt hat»,[1] gab es keinen Grund, eine spezielle Gemeinschaft für Frauen außerhalb der Norm einzurichten, im Gegenteil: Es brauchte eine dominikanische Gemeinschaft, in der Frauen, die aus dem

1 Diese Ausführungen über die prophetische Geste werden in unserem Aufsatz «La compassion du Père Lataste, un acte de foi, un acte politique», in: *La Vie spirituelle* Nr. 728 (1998), S. 519–530, aufgegriffen.

Gefängnis kamen, in den Kreis anderer Schwestern integriert wurden, die eine weniger schwierige Vergangenheit hatten. Das Projekt dieser Gemeinschaft von Bethanien ist im Herzen Pater Latastes während einer Anbetung des Allerheiligsten im Gefängnis entstanden, als er inmitten der inhaftierten Frauen betete wie ein Bruder unter seinen Schwestern und von der Inbrunst erschüttert wurde, die die Kapelle erfüllte.

Auch hier hätte es dabei bleiben können. Es wäre ja schon bemerkenswert gewesen, wäre im Gefängnis eine solche kontemplative Gemeinschaft entstanden, die Frauen mit unterschiedlichster Vergangenheit aufzunehmen bereit gewesen wäre, ohne weitere Voraussetzungen als ihren guten Willen und ihren Wunsch nach einem klösterlichen Leben. Es wäre bemerkenswert gewesen, hätte ein Predigerbruder so viel Energie aufgewandt, um unter unglaublichen materiellen und institutionellen Schwierigkeiten eine Intuition zu konkretisieren, die ihm in einer Gebetsnacht gekommen war. Doch Pater Lataste ist bis zum Ende gegangen, er hat die weitestmöglichen Konsequenzen aus seiner Mitleidenschaft gezogen. Man kann sich nämlich sagen, und Pater Lataste hat es sich gesagt, dass die Gründung einer kontemplativen Ordensgemeinschaft, die imstande wäre, ehemalige Strafgefangene in ihre Reihen aufzunehmen, zwar ein bewundernswertes Vorhaben war, dass sie aber lediglich für eine winzige Zahl von Entlassenen eine Lösung bot. Damals wie heute war das Klosterleben für die meisten Strafgefangenen nicht unbedingt ein begeisterndes Projekt. Sollte man sich deshalb für die anderen nicht mehr interessieren und sie nicht ihrem traurigen Schicksal überlassen? Pater Lataste hat im Gefängnis das schreckliche Drama entdeckt, das zahlreiche als rückfällig eingestufte Gefangene durchlebten, die das

Misstrauen der Gesellschaft geradezu in die Kriminalität zurücktrieb. Wie kann es sein, dass der Herr Jesus sie als würdig genug betrachtet, um ihnen seine Verzeihung zu schenken und durch die Eucharistie in ihnen Wohnung zu nehmen, während die Gesellschaft sie als Frauen ansieht, die es nicht einmal wert sind, dass man sie als einfache Mägde beschäftigt? Warum sind diese Frauen fähig, ins Klosterleben einzutreten, während man sich weigert, ihnen eine Wohnung zu vermieten und ihnen die Mittel zu geben, damit sie ihr Leben anständig fristen können? Statt wie die große Mehrheit seiner Zeitgenossen das alte Lied vom «angeborenen Laster missratener Naturen», vom Müßiggang, der das Verbrechen erzeugt, usw. anzustimmen, stellt Pater Lataste fest, dass Frauen, die im Lauf ihres Gefängnisaufenthalts zum Wunsch nach einem anständigen Leben zurückgefunden haben, nach ihrer Entlassung keine Möglichkeit haben, diese Leben zu führen. Die Gründung von Bethanien gewinnt also das Aussehen und die Rolle einer prophetischen Geste. Die Veröffentlichung von *Les Réhabilitées* soll bei weitem nicht nur finanzielle Mittel für Bethanien beschaffen, sie wird vielmehr zu einer Provokation für die Öffentlichkeit und die politische Macht. Wenn das Klosterleben, das damals als Gipfel der Tugend und Ehrbarkeit gilt, seine Pforten für Frauen öffnet, die nach langen Jahren der Besserung aus den Zuchthäusern kommen, warum lehnen dann landwirtschaftliche Betriebe, Fabriken, Werkstätten sie ab? Es geht also wirklich um eine politische Aktion, als Pater Lataste seine Broschüre an alle Abgeordneten, an die Kaiserin und an zahlreiche laizistische Zeitungen verschickt, in der Hoffnung, etwas in der öffentlichen Meinung zu bewegen. Einer Gesellschaft, die damals wie heute den schuldig Gewordenen sagt: «Gib uns Beweise für deine

Reintegration in die Gesellschaft, dann werden wir dir vertrauen», versucht Pater Lataste zu sagen: «Schenkt ihnen Vertrauen, und so werdet ihr ihnen das einzige Mittel an die Hand geben, damit sie in die Gesellschaft zurückfinden.». Er stellt nicht die Existenz eines Strafvollzugssystems oder des Gefängnisses in Frage; er lehnt sich allein gegen den endlosen Charakter der Strafe und des Verdachts auf. Und angesichts dieses sozialen Prozesses setzt er ein Gegenbeispiel: Bethanien. Solange Bethanien existiert, kann man nicht mehr sagen, Rehabilitation sei unmöglich.

Bethanien wird im Herzen des Dominikanerordens gegründet, aber auch im Herzen der Kirche. Die Gemeinschaft von Bethanien steht in Beziehung zur christlichen Gemeinschaft, zu der sie durch das Beispiel ihrer prophetischen Liebe spricht, von der sie andererseits aber den Glauben, die Sakramente, die Unterscheidung der Geister empfängt. Wir haben mehrfach auf den Gehorsam Pater Latastes hingewiesen; er ist die Form seiner Bindung an die Kirche. Der Gründer hat immer enge Bande zur Institution knüpfen wollen, er war sehr darum bemüht, seinen Provinzial und den Erzbischof von Besançon auf dem Laufenden zu halten, in Sturm und Wellengang hat er seine Bereitschaft bewiesen, Anweisungen und Ratschläge anzunehmen. Das ist mehr als die diplomatische Sorge um gute Beziehungen. Genau hier unterscheiden sich der Prophet und Heilige vom Revoltierenden. Dieser letztere mag gute Ideen haben, was sich alles ändern muss, aber er ist der Auffassung, dass der Wandel nur durch Marginalisierung und Kampf gegen die Institution erfolgen kann. Der Heilige hat das Genie, den engen Weg zu finden, der es erlaubt, wahrhaft Prophet, wahrhaft Erneuerer zu sein und doch in tiefer Verbundenheit mit der christlichen Gemein-

schaft zu bleiben und das Charisma der Unterscheidung der Geister anzuerkennen, das denen gegeben ist, die in der Gemeinschaft die Verantwortung tragen.
Seine Geschichte ist nach seinem Tod immer aufs neue erzählt worden; hier wird sie zum ersten Mal wissenschaftlich dargestellt. Die immense seit 1937 im Rahmen des Seligsprechungsprozesses geleistete dokumentarische Arbeit hat es möglich gemacht, viele Aspekte seines Lebens genauer zu fassen und die Grundlagen dessen, was die mündliche Überlieferung recht und schlecht weitergab, zu verifizieren. Pater Latastes Geschichte ist keine schöne Geschichte wie andere auch. Sie birgt eine solche Botschaft von der Würde des Menschen, dass man bei ihrer Betrachtung nicht gleichgültig bleiben kann. Dieses Buch begann damit, dass es die Wirkung dieser Geschichte in einem amerikanischen Gefängnis schilderte; es schließt mit einer Episode aus einem französischen Gefängnis. In einer Strafanstalt für Frauen hatten die Schwestern von Bethanien eine Versammlung organisiert, die dem Verfasser dieses Buches Gelegenheit bot, Pater Latastes Geschichte zu erzählen. Die Atmosphäre war aufgeladen, das Publikum, offenkundig wenig aufnahmebereit, reagierte sehr heftig, als es um die Fragen von Verzeihung und Güte ging. Eine Frau kam verspätet, allem Anschein nach war sie tief traurig. Sie setzte sich abseits, und die Reaktionen der anderen wurden noch heftiger und aggressiver. Der Redner verstand nicht so recht, was vor ging, und beschränkte sich strikt auf den Bericht über Cadillac, ohne eine Nachfrage zu riskieren. Die Veranstaltung schien nicht gerade von Erfolg gekrönt. Die Frau, die die anderen geschnitten hatten, war wegen eines jener Verbrechen verurteilt worden, die im Gefängnis als unverzeihlich gelten, und wäre um eins Haar von ihren Mitge-

fangenen gelyncht worden. Zwei Tage später jedoch baten die Teilnehmerinnen des Treffens um einen weiteren Termin, um noch einmal über ihre Schwierigkeiten sprechen zu können; sie sagten: «Nach dem, was man uns am Samstag gesagt hat, können wir nicht einfach so weiterleben...» Hoffen wir, dass nach der Lektüre des Lebens des guten Paters Lataste jeder von uns sich diese Reaktion zu eigen machen kann und bereit ist, seinen Blick auf die Menschen im Abseits von Grund auf zu ändern.

ANMERKUNG

1 *Les Réhabilitées*, S. 63, in: *Prêcheur de la miséricorde*, S. 323.

# ANHANG

# Bericht von Frater Dominique Roland OP über den Tod von Pater Lataste

*Der folgende Text ist als ganzer noch nie veröffentlicht worden. Er wurde in den Tagen nach Pater Latastes Tod von Dominique Roland, einem studierenden Frater von Flavigny, der ihm in den letzten Tagen beigestanden ist und dessen Schwester Ordensfrau in Bethanien war, niedergeschrieben. Wie oft bei Berichten vom Sterben handelt es sich auch bei diesem Text nicht um eine Reportage, er enthält keine «Life-Notizen», vielmehr ist er die Frucht von Frater Rolands Meditation in den auf den Tod von Pater Lataste folgenden Wochen. Diese Interpretation der Ereignisse steht ganz in einer dominikanischen Tradition, die die fundamentale Bezugsgröße für Pater Lataste wie für den Verfasser des Textes ist. Es ist also nicht verwunderlich, dass als Referenzstruktur des Diskurses sehr schnell die Evangelienberichte von den letzten Stunden Jesu und die mittelalterlichen Traditionen vom Tod des heiligen Dominikus sichtbar werden. Diese religiösen Fundamente verbinden sich mit der Ausdrucksweise einer Epoche, die noch ziemlich romantisch ist. Jenseits der feststellbaren Elemente seiner literarischen Konstruktion sagt dieser Text viel über das Klima, das während der letzten Lebenstage Pater Latastes in Bethanien herrschte, und bietet wertvolle Kenntnisse über die Entwicklung seines geistlichen Lebens und über sein inneres Leben in seinen letzten Tagen.*

## Pater Latastes letzte Augenblicke

Am 10. März um fünf Uhr abends, im Haus Bethanien, verlor die Provinz von Frankreich einen ihrer besten Ordensleute. Nach einigen Monaten des Krankenlagers erlag Pater Marie-Jean-Joseph Lataste einer Lungenentzündung. Sein Tod war der eines Heiligen. Wir versuchen im Folgenden einige der Worte wiederzugeben, die seinen sterbenden Lippen entschwebten und die wir mit Hochachtung entgegengenommen haben. Mögen sie, ganz erwärmt und benetzt von den Tränen unserer Liebe, die Seele seiner Töchter durchdringen, zu deren Erbauung dieser Bericht unternommen wurde. Denen, die als unglückliches Strandgut ein heftiges Unwetter ganz zerschlagen ans nackte Ufer geworfen und denen seine Liebe, sobald der Sturm schwieg, einen ruhigen Hafen und ein väterliches Heim aufgetan hat, in der Hoffnung, dass die Religion und Gott sie in einen noch sichereren und heiligeren Hafen gelangen lassen – ihnen mögen sie ein Trost und eine Hoffnung sein. Und den Glücklicheren, die nach Bethanien gekommen sind, um einen edlen Weg zu suchen und dort den Heroismus ihrer Nächstenliebe sich ergießen zu lassen, mögen sie eine Quelle und eine Nahrung sein, die in ihnen die Regung der göttlichen Inbrunst verstärken und beschleunigen!

Am 22. Juli 1868 sollte in Bethanien ein großes Fest stattfinden. Dieser Tag, den die Kirche der Verehrung Magdalenas gewidmet hat, der ersten, die Christus rehabilitiert und von der er gesagt hat: «Wo immer dieses Evangelium in der ganzen Welt verkündet wird, wird auch das, was diese Frau tat, erzählt werden», ist der Festtag des Hauses. Doch in diesem Jahr musste man der Feierlichkeit einen ungewohnten Glanz verleihen. Zwei Rehabilitierte sollten an diesem Tag den Habit der kleinen Schwestern erhalten: Sie waren die ersten. Der Pater konnte sich einer heiligen Freude nicht enthalten: Es war das Siegel auf seinem Werk. Am 20. war er den ganzen Tag lang in der Umgebung unterwegs gewesen, um die Herren Pfarrer der Nachbargemeinden zur Teilnahme an dieser Zeremonie einzuladen. Er kehrte spät zurück, ganz zerschlagen von der Hitze, und beging die Unklugheit, sich an einem kühlen, feuchten Ort auszuruhen. Ihn fror. In der Nacht spürte er die ersten Anflüge einer Krankheit, die auf die Anstrengungen eines früheren Apostolats zurückging, die aber jetzt durch die Umstände plötzlich zum Ausbruch kam. Am 22. konnte er die heilige Messe nicht lesen; jedoch fand er noch die Kraft, seinen Kindern den Habit anzulegen. Ganz allmählich schien er sich zu erholen, doch die Krankheit setzte ihr todbringendes Wirken stillschweigend weiter fort. Die rechte Lunge wurde befallen. Ende November musste er sich wieder zu Bett legen. Darin blieb er bis zum Weihnachtsfest. An diesem Tag wollte er sich unbedingt erheben, um zur Mitternacht die heiligen Geheimnisse zu feiern. Er konnte sich kaum aufrecht halten, zu Beginn der Liturgie wurde er von einem Erstickungsanfall gepackt, der ihn zwang, den Altar zu verlassen; seine Hand zitterte, als er seinen Töchtern die heilige Hostie reichte. Es war das letzte Mal, dass er Gott das unblutige Opfer des Lammes darbrachte, es war aber nicht der letzte feierliche Akt seines Lebens. Dieser letzte Akt sollte am folgenden Tag die Einkleidung eines weiteren seiner Kinder als kleine Schwester sein. Von diesem Augenblick an verschlimmerte sich die Krankheit zusehends. Schon sagten die Fachleute, jede Hoffnung sei verloren.

In der Nacht des 22. Januar wäre er beinahe gestorben. «Es ist aus», rief er, «ich bin schon nicht mehr am Leben.» – «Aber Ihr Werk», sagte die Mutter Priorin, «was soll denn aus uns wWerden, wenn Sie uns allein lassen?» – «Mein Werk ist nicht meines», antwortete er, «es ist das Werk Gottes, er wird sich darum kümmern. Ihr werdet nicht allein sein, unser Herr wird mit euch sein, es bist ja sein Werk. Fürchtet euch nicht!» Es war nur eine vorübergehende Krise. Einer seiner leiblichen Brüder kam für einige Wochen zu ihm. Dieser Besuch war eine große Freude für ihn. Gott hatte ihm in diesem Bruder einen Freund geschenkt, der sein Denken verstanden und an seine Mission geglaubt hatte. Dieselben Ideen, dieselben Vorlieben, dieselben Bestrebungen vereinten ihre Seelen. Zusammen sprachen sie über das Werk, vor allem unterhielten sie sich zusammen über Gott. Eines Morgens sagte der Pater zu Mutter Priorin: «Oh, ich habe eine recht gute Nacht mit meinem Bruder verbracht, wir haben über den Himmel geplaudert. Es ist sehr tröstlich für mich, zu sehen, wie ein Weltmensch, den ich so sehr liebe, so einverstanden ist, sich auf den Gedanken des Todes und der Vergeltung einzulassen, die wir am Ende dieses Lebens der Prüfungen und Leiden erwarten, und dieser Unterredung eine ganze Nacht zu widmen.»
Aber die Stunde war noch nicht gekommen, und die Hand Gottes hatte sich noch nicht auf dieses so werte und kostbare Dasein gelegt, um es auszulöschen. Dennoch hatte man alle Hoffnung aufgegeben und versuchte die untröstlichen Kinder von Bethanien mit dem Gedanken des Sterbens und der Trennung vertraut zu machen. Doch er glaubte nicht daran. «Die Ärzte tun mich ab», sagte er ein wenig spöttisch zu einem jungen Ordensmann, den die Provinz geschickt hatte, um seinem kranken Körper die

notwendige Pflege angedeihen zu lassen, «die Ärzte geben mich auf, das macht mich lachen; es ist schon das dritte Mal; was meinen Sie dazu? Ich jedenfalls bin sicher, dass ich dieses Mal noch nicht sterbe.» Aber die Krankheit ging mit Riesenschritten voran, und der Augenblick war gekommen, da alle erwarteten, dass diese heilige Seele sich wie eine reife Frucht von dem Stamm, der sie trug, lösen und im Frieden Gottes in die ewigen Wohnstätten eingehen werde. Der Hausgeistliche spendete ihm die Letzte Ölung. «Es ist vielleicht nicht nötig», sagte der Pater, dennoch stimmte er im Geist des Gehorsams bereitwillig zu. Danach erbaute er uns durch die heiligen Worte, die seine Frömmigkeit und sein lebendiger Glaube ihm über dieses Sakrament der Sterbenden eingaben, das man nur einmal empfängt, und über die Gebete, die die Kirche ihm beigegeben hat und die alle darauf ausgerichtet sind, von Gott für den Kranken die Gesundheit der Seele und auch die Heilung des Körpers zu erlangen.[1]

Doch nun können wir, bevor wir fortfahren, uns einer bestimmten Befürchtung nicht ganz verschließen: Die Dinge, die wir zu berichten haben, harmonieren so wenig mit den Vorstellungen und Gefühlen der Welt! Und dabei

---

[1] «Während eines der täglichen Besuche, die ihm der ehrwürdige Pfarrer von Frasnes abstattete, bat der Pater, man möge ihm den Ablass für eine gute Todesstunde zuwenden. Der Herr Pfarrer zeigte sich glücklich, dem armen Pater selbst diese Tröstung und Gnade vermitteln zu können. Der Pater wollte auch vor seinem Tod noch einen letzten Segen des Herrn Erzbischofs Kardinal Mathieu erhalten, der sein Werk mit Wohlwollen in seine Diözese aufgenommen hatte. Man schickte eine mit dieser frommen Mission betraute Auxiliarschwester nach Besançon. Der hohe Herr empfing sie mit rührender Güte. Dann übergab er ihr jenen Schatz, um dessentwillen sie gekommen war, und in einer Aufwallung von Mitgefühl geruhte er, bevor er sie wieder nach Hause sandte, mit ihr ein Gebet zur heiligen Jungfrau für den armen Sterbenden zu sprechen. Als die Schwester zurück war, ließ sich der Pater von ihr alle Einzelheiten dieses Besuchs berichten und empfand große Freude» (Chronik von Bethanien, 4. März 1869).

sind sie so einfach und auch so einfach gesagt worden, dass wir nicht wissen, ob alle zu würdigen wissen, was sie wirklich sind. Aber schreiben wir nicht für die Kinder der Heiligen? Und warum sollten wir befürchten, dass Töchter die Stimme ihres Vaters nicht hören und verstehen? Was euch angeht, die ihr nicht seine Kinder seid, aber ihn geliebt habt, so erinnern wir euch an das Wort, als Gott sich dem Mose am Berg Horeb offenbarte. «Komm nicht näher heran! Leg deine Schuhe ab; denn der Ort, wo du stehst, ist heiliger Boden.» Wie Mose werden auch wir in der Wüste dieses Lebens einen Dornbusch finden, der vor unseren Augen brennt, ohne sich zu verzehren. Aus einem sterblichen Herzen werden wir die Flamme der Gottesliebe lodern sehen, die ein paar Augenblicke lang an unserem finsteren Aufenthaltsort aufleuchtet, bevor sie sich in dem makellosen und unzugänglichen Licht verliert, in dem der Allerhöchste wohnt. Gehen wir und betrachten wir diese erhabene Vision, aber treten wir nicht herzu, ohne unsere Seelen von der Finsternis des Fleisches und den drückenden Gedanken dieses Lebens zu befreien. Legen wir die Schuhe ab, denn der Ort, den wir betreten werden, ist heiliger Boden. Heben wir das Haupt über den engen Horizont, der unseren Blick begrenzt, und betrachten wir zumindest einen Augenblick lang mit dem Auge des Glaubens den ewigen Horizont Gottes, der sich auftut vor einer Seele, die uns teuer war und die uns im Vorübergehen mit ihrer Schwinge berühren und einen Strahl ihrer Helligkeit auf uns fallen lassen wird. Und vor allem: Erheben wir die Herzen, *sursum corda*! Und treten wir mit dieser Seele im Verlangen ein in jene Stadt, in der alle in der Fülle des Gottesgeistes, der ihr Leben ist, vereint sind! Und möge in uns die Glut der Liebe jenen flackernden Schein unserer Gedanken, der von dem Licht, das jeden

Menschen erleuchtet, der in diese Welt kommt,[1] in uns fällt, möge sie das zerbrechliche Gefäß unseres Leibes, das sie unseren irdischen Blicken verbirgt, entzünden, ohne es zu verbrennen. Dann werden wir hören und verstehen, wie gütig der Herr ist,[2] wie wunderbar in seinen Heiligen, und wie glücklich der, der an ihn glaubt und auf ihn hofft! Eines Abends, es war der 3. März, spürte der Kranke, dass er schwächer wurde. Ein Schweißausbruch überschwemmte seinen Körper, und seine Atmung ging immer schwerer. «Ach! Ich fühle es genau», sagte er plötzlich, «ich kann von einem Augenblick auf den anderen ersticken.» Und dieser Todesgedanke durchdrang seine Seele wie ein Lebensstrahl, und er sandte gleichsam einen Schrei eines lange angestauten Verlangens und einer lange zurückgehaltenen Erkenntnis zu Gott empor: «Endlich werde ich also sterben! Welches Glück!» Bis dahin hatte seine Seele einige wenige Töne der Liebe zum Himmel, die die Heiligen verzehrt, ein paar leuchtende Worte über unsere unsterbliche Hoffnung und den Ort der Herrlichkeit laut werden lassen, doch das waren immer nur Stoßseufzer und unzusammenhängende Worte gewesen. Bis dahin hatte seine Seele hin und wieder so erhabene Äußerungen getan wie diese: «Welch schöner Tag, der Tag des Todes doch ist!» Doch diese engelgleichen Bemerkungen waren selten und verstreut in den Äußerungen der Hoffnung auf Gesundung und des Wunsches nach Leben, die die Leute vom Fach Wahngebilde nannten und über die die Gnade noch nicht obsiegt hatte. Daher fanden sie in unseren Herzen einen eher schmerzlichen als heiteren und einen eher düsteren als freudigen Widerhall. Diese Seele hatte bis dahin die Worte der Heiligkeit gesprochen; sie hatte noch nicht gesungen. Aber plötzlich sang sie. Befreit von den Fesseln des Fleisches und durch die Liebe ihres kotbedeckten Mantels entledigt, schwang sie sich strahlend empor, um künftig nicht mehr herabzusinken und in unseren Herzen den staunenden Widerhall eines ganz neuen Gesangs zu wecken: des Gesangs der Seligkeit und der Liebe. «Wie liebenswert ist deine Wohnung, Herr der Heerscharen! Meine Seele verzehrt sich in Sehnsucht nach den (Tempel-)Vorhöfen des Herrn. Mein Herz und mein Leib jauchzen ihm zu, ihm, dem lebendigen Gott. Auch der Sperling findet ein Haus und die Schwalbe ein Nest für ihre Jungen – deine Altäre, Herr der Heerscharen, mein Gott und mein König. Wohl denen, die wohnen in deinem Haus, die dich allezeit loben. Wohl den Menschen, die Kraft finden in dir, wenn sie sich zur Wallfahrt rüsten. Ziehen sie durch das trostlose Tal, wird es für sie zum Quellgrund und Frühregen hüllt es in Segen. Sie schreiten dahin mit wachsender Kraft; dann schauen sie Gott auf dem Zion. Herr der Heerscharen, höre mein Beten, vernimm es, Gott Jakobs! Gott, sieh her auf unsern Schild, schau auf das Antlitz deines Gesalbten! Denn ein einziger Tag in den Vorhöfen deines Heiligtums ist besser als tausend andere. Lieber an der Schwelle stehen im Haus meines Gottes als wohnen in den Zelten der Frevler. Denn Gott der Herr ist Sonne und Schild. Er schenkt Gnade und Herrlichkeit; der Herr versagt denen, die rechtschaffen sind, keine Gabe. Herr der Heerscharen, wohl dem, der dir vertraut!»[3] Darauf wandte er sich an uns: «Helft mir doch, mich davon zu überzeugen, dass ich sterbe, helft mir, an mein Glück zu glauben! Es ist doch wahr! Nein, ich kann es nicht glauben! Manchmal durchzuckt die Illusion des Lebens noch meine Seele; betet zu unserem Herrn, dass er mich davon befreit. Es hindert mich, an ihn zu denken.» Mehrmals beharrte er auf diesem Verlangen nach Leben, an das sich seine Seele gegen seinen Willen noch immer klammerte, und er klagte sich dessen vor allen wie eines Fehlers an. «Bittet den guten Gott», sagte er, «alles, was noch an Menschlichem in mir ist, zu tilgen!» Und als seine Seele sich wieder aufschwang: «Er ist es, der alles in mir bereitet hat.»

Dann bat er um die Wegzehrung, die uns, wie Sankt Johannes sagt, vom Tod zum Leben führt. Man rief die Kommunität zusammen. Während wir die vorbereitende Allerheiligenlitanei beteten, sagte die Mutter Priorin zu ihm: «Pater, beten Sie für Ihr Werk.» «Mein Werk», antwortete er, «ist nicht mein Werk; Sie wissen doch genau, dass es nicht mein Werk ist. Es ist das Werk Gottes. Ich war nie damit einverstanden, dass man es mein Werk nannte, das wissen Sie doch!» Bald traten alle seine Kinder in Prozession ein, vorweg der Priester, der dem Sterbenden das heilige Mahl brachte. «Wenn ihr ein Haus betretet», sprach Christus zu seinen Jüngern, «so grüßt es mit den Worten: Der Friede sei mit diesem Haus.» Der Priester sprach beim Eintritt die Worte aus dem Evangelium und legte die heilige Opferspeise auf einem Altar nieder; sie sollte ihrem Diener zur Nahrung dienen und ihm das entweichende Leben ersetzen, wie eine Quelle von Wasser sprudelt, «um ewiges Leben zu spenden»[4]. Er sprach über den Kranken die Gebete der Kirche. Dann sprach die ganze Kommunität im Namen ihres Vaters, dem die Rührung noch mehr als die Krankheit die Lippen geschlossen hatte, das *Confiteor*. Der Priester trat herzu, in den Händen die heilige Hostie. Er zeigte sie dem Kranken mit den Worten: «Glauben Sie, dass dies Christus, der Erlöser der Welt, ist?» Der Kranke antwortete: «Ich glaube es.» Und der Priester legte das Lamm Gottes auf seine Lippen und sprach dabei: «Der Leib unseres Herrn Jesus Christus bewahre deine Seele zum ewigen Leben.» Und während ihr Vater sich in Christus sammelte, den er soeben in seiner Seele empfangen hatte, geleitete die Kommunität voll heiliger Ehrfurcht das Lamm Gottes zurück in den stillen Tabernakel, wo es Tag und Nacht demütig vor seinem göttlichen Vater verharrt und ihn für die ganze Welt bittet.

Und der Pater ließ seine Kinder rufen, um ihnen in einer letzten Rede das Testament seiner Liebe und das Versprechen der Gebete zu hinterlassen, die er bei seiner Ankunft in der himmlischen Stadt an Gott zu richten versprochen hatte. Alle waren niedergekniet: Keine Seufzer, kein Schluchzen, keine Tränen störten das heilige Schweigen, mit dem jeder die letzten Worte seines Vaters erwartete, um sie sodann andächtig zu sammeln und sie für immer im Gefäß des Dankes und der Liebe aufzubewahren. Er aber musterte mit den Augen die gesegnete Herde, ließ nacheinander auf jeder von ihnen den Blick ruhen und hielt so ihre Seele fest, als hätte er in ihr für die Ewigkeit, die sich auftat, bald das Bild jenes verlorenen Schäfleins, das der gute Hirt auf seinen Schultern nach Bethanien getragen hatte, bald das jenes makellosen Lammes festhalten wollen, dem Christus seine wiedergefundene Freundin anvertraut hatte, die der Tod nun zur Waise machen würde. Die Tränen aus seinen Augen hatten uns schon viel gesagt, noch bevor von seinen zitternden Lippen die Worte kamen. «Meine armen kleinen Kinder! Es ist wahrscheinlich das letzte Mal, dass ich euch sehe. Ich will euch nur noch drei Dinge sagen: Das erste ist: misstraut niemals der göttlichen Vorsehung. Habt Gottvertrauen.» Darauf stärkte er seine Töchter mit einigen Worten über die neuen, zahlreichen Beweise, die die Vorsehung seit der Erkrankung des Gründers von ihrer Fürsorge für das Werk gegeben hatte. «Ihr seht, die Vor-

sehung wird euch nicht allein lassen. Jetzt ist es an euch, das Eure zu tun, damit Gott euch segnet. Dazu bedarf es zweier Dinge: Erstens, bleibt fest mit eurer Mutter vereint. Einst hattet ihr zwei Häupter: Tröstet sie, unterstützt sie, helft ihr. Und dann, meine Kinder, liebt einander, liebt euch innig. Deshalb liebt unseren Herrn. Wenn ihr ihn wirklich liebt, wird alles leicht.
Ihr wisst, der Zweck dieses Hauses ist es, zu wetteifern in der Liebe zum Herrn wie Martha und Maria im Hause zu Bethanien. Mehr kann ich … euch … nicht sagen … lebt wohl …» Und sein Haupt sank hintenüber, und seine Augen schlossen sich, und das Licht seiner Seele schien sich in sich selbst zurückzuziehen, um einen Augenblick lang neue Kraft zu schöpfen im Licht Gottes, das sie in sich trug. Doch bald erweckt die Liebe dieses Herz, das erloschen schien, aufs neue: Der Christ hatte noch ein Wort der Verzeihung zu sagen, der Ordensmann einen letzten Akt der Demütigung zu vollziehen und der Priester ein letztes Versprechen abzulegen. Er hob also den Kopf und sagte: «Doch noch ein Wort: Ich verzeihe von ganzem Herzen all denen von euch, die mir vielleicht Schmerz bereitet haben, seit sie hier sind. Und genauso bitte ich, man möge mir den Schmerz verzeihen, den ich vielleicht jemandem wissentlich oder unwissentlich zugefügt habe … Verzeiht mir. Denkt an euren Vater … betet für mich … Ich sage zu euch wie unser Vater Dominikus zu seinen Kindern: Dort, wohin ich gehe, werde ich euch nützlicher sein, als ich es hier war … lebt wohl … lebt wohl … »
Da baten wir ihn, uns ein letztes Mal zu segnen. Er sammelte sich von neuem, dann schaute er lange zum Himmel. Wir lagen alle am Boden ausgestreckt und sahen, wie sein Arm sich hob, sich langsam über uns niedersenkte und in die Luft das Zeichen unserer Erlösung schrieb.

Seine Stimme wurde plötzlich kräftig, und er sprach in einem erhabenen Ton die Worte: «Der Segen Gottes, des Allmächtigen, des Vaters und des Sohnes und des Heiligen Geistes komme auf euch herab und bleibe allezeit bei euch!»
Als Jakob sich nach Mesopotamien begab, um dort die Frucht des dem Abraham und seinem Geschlechte verheißenen Segens zu ernten, vernahm er von Gott folgendes Wort: «Durch dich und deine Nachkommen werden alle Geschlechter der Erde Segen erlangen.»[5] Und am Morgen erhob er sich, nahm den Stein, auf dem sein Haupt geruht hatte, und richtete ihn als Denkmal auf, indem er heiliges Öl über ihn ausgoss. Der Arm unseres Vaters, der sich über uns erhob, erinnert uns an diese Säule, die Jakob zum Gedenken an Gottes Segen aufgerichtet hatte, und die Erinnerung an diese Szene ist in unserer Seele wach geblieben wie eine granitene Säule in der Wüste dieser Erde, die uns in jedem Augenblick an jenen höchsten Segen denken lässt, der von Gott herabgekommen ist und sich in den Worten ihres Vaters und Gründers wie ein himmlisches Öl auf die Kinder Bethaniens ergossen hat. Einige unzusammenhängende Worte ließen uns dann begreifen, dass der Segen von oben nicht nur auf uns herabstieg. Bevor Christus zu Gott zurückkehrte, sprach er zu seinem Vater: «Nicht für diese allein aber, sondern auch für die, welche durch ihr Wort an mich glauben, bitte ich.»[6] So hatte der Vater von Bethanien an seine künftigen Kinder gedacht, und sein Segen hat sich auch auf sie erstreckt. Und es ist uns allen eine tiefe Freude und eine hohe Würde, dass wir gerufen sind, den letzten Segen seines Gründers zu empfangen und ihn all denen weiterzureichen, die im Lauf der Zeit in dieses Haus kommen werden, um dort durch die Rehabilitation ihrer Seele oder die

heroische Hingabe ihrer Liebe das Tor zur Ewigkeit zu suchen.
Dann entließ der Vater seine Kinder. «Jetzt», sagte er, «will ich meine Danksagung vollziehen.» Bei ihm blieben nur der Hausgeistliche, der junge Ordensmann, der ihm an Sohnes statt diente, und die Mutter Priorin. Der Pater versank in tiefe Sammlung, aber von Zeit zu Zeit wandte er sich an uns und sagte: «Ich danke dem ganzen Orden des heiligen Dominikus dafür, dass er mir seinen Habit verliehen hat. Ich danke allen und segne im Sterben alle Menschen, die mir zugestimmt und mir mit ihren Gebeten, ihren Ratschlägen, ihrem Einfluss, ihren Gaben geholfen haben. Ich verzeihe all denen, die mir nicht zugestimmt, und selbst denen, die mir widersprochen und mich bekämpft haben. Ich bitte Gott, sie alle, alle zu segnen. Ich segne auch die Ordensleute im Noviziat, die mich eine Zeitlang zum Pater Magister hatten. Ich segne alle Mitglieder meiner Familie und insbesondere denjenigen meiner Brüder, der mich so sehr bei der Gründung des Hauses unterstützt hat.»
Und er schwieg. Dann rief er plötzlich aus: «Wann darf ich kommen und Gottes Antlitz schauen? Wie der Hirsch lechzt nach frischem Wasser, so lechzt meine Seele, Gott, nach dir. Meine Seele dürstet nach Gott, nach dem lebendigen Gott. Wann darf ich kommen und Gottes Antlitz schauen? Tränen waren mein Brot bei Tag und bei Nacht; denn man sagt zu mir den ganzen Tag: Wo ist nun dein Gott? Das Herz geht mir über, wenn ich daran denke: wie ich zum Haus Gottes zog in festlicher Schar, mit Jubel und Dank in feiernder Menge.»[7]
Nach einigen Augenblicken der Stille wandte er sich an die Mutter Priorin und sagte zu ihr: «Sie werden allein bleiben, arme Mutter! Haben Sie Ihr Opfer gebracht? Ich für

mich bin sicher, dass ich das Werk Gottes getan habe, und ich bin ganz ruhig. Sehen Sie, man braucht nur Gott zu loben in allem, was er tut. Erinnern Sie sich: Jedes Mal, wenn ich zu Ihnen kam, war ich nur Zuschauer bei dem, was Gott hier wirkte, und nichts anderes. Sie sehen, es ist alles sein Werk. Mutter, ich empfehle Ihnen die Liebe zu Ihren Töchtern, die Liebe zur Regel und über allem die Liebe zu Gott.» Nach einer neuen Pause setzte er hinzu: «Ich würde aus vielen Gründen gern noch leben, aber ich ziehe es vor zu sterben. Aber es geschehe der Wille Gottes und nicht der meine.»

Dann sprach er noch über den Ort für sein Begräbnis mit uns. Er hatte selbst im Park des Hauses eine abgelegene Stelle ausgesucht, wo er ruhen wollte. Er hatte diesen Ort gewählt wegen einiger hoch aufragender Tannen, die ihn umstanden. Nichts außer dem Anblick ihrer hohen Wipfel erinnert symbolisch an ein glühendes und beständiges Gebet. Und der Pater hatte in seinem Herzen gedacht, seine Kinder würden mehr als einmal kommen und auf sein Grab nicht die Tränen eines menschlichen Schmerzes und einer flüchtigen Trauer vergießen, sondern den himmlischen Duft des Gebets und den Balsam der Hoffnung auf die Dinge, die uns bei Gott erwarten. «Ist der Friedhof bereit?» – «Ja, Pater.» – «In die Mitten legen Sie ein großes Holzkreuz aus zwei nicht geglätteten Stämmen, gestützt auf einen Stein. Man soll Blumen daran ranken lassen. Und auch ringsum soll man Blumen säen. Nicht für mich bitte ich um das alles, sondern für meine Kinder. Ich möchte, dass, wenn sie dann rund um ihren Vater spazierengehen, der da ruht, der Anblick meines Grabes und dieser Blumen in ihnen den Gedanken an den Tod, der sie eines Tages treffen wird, aber auch gleichzeitig die Idee des Lebens weckt, das darauf folgt. Und wenn

Sie jemals diesen Ort verlassen, nehmen Sie meine Gebeine mit.» – «Ja, Pater, überall, wohin wir gehen, werden Sie uns folgen, und so werden Sie auch künftig über uns wachen: Ihre Überreste auf Erden und Ihre Seele im Himmel werden für uns beten.»

Am Tag darauf[8] versammelte sich die Kommunität von neuem, um ihrem Vater zum Festtag zu gratulieren. Er saß in seinem Sessel, konnte aber nicht sprechen. Für alle hatte er einen Blick, aber als er zu jenen armen Seelen kam, denen seine Nächstenliebe ein Asyl aufgetan hatte, als er zu denen kam, die man in Bethanien «unsere Kinder» nennt, da weinte er, und durch den Mund des Hausgeistlichen sagte er zu ihnen: «Meine Kinder, seid treu! Vom Himmel aus werde ich sehen, ob ihr die Versprechen haltet, die ihr mir gegeben habt.» Dann segnete er die kleinen Holzkreuze, die seine Töchter von dem Segenstag an, an dem Gott ihre Gelübde entgegennehmen würde, zu tragen hofften, und als letztes Zeugnis seiner Liebe fügte er ihnen den Ablass für eine gute Todesstunde bei. Einmal hatte er zu einer von ihnen gesagt: «Es ist eine große Gnade, dass Gott mich hat wissen lassen, dass mein Tod nahe ist und dass er mich diesen feierlichen Augenblick ohne Furcht erwarten lässt. Ich bitte Gott, diese Gnade allen meinen Töchtern zu erweisen.» Und Gott wird es tun, ganz gewiss wird er es tun. Alle werden, wenn der Zeitpunkt gekommen ist, den Tod annehmen, so wie ihr Vater sie zu tun gelehrt hat. Alle werden wie er in dieser schmerzlichen Geburt zur Welt des Lichtes und des Lebens in Gott eine Befreiung und ein Glück sehen. Und wenn sie auf ihrer Brust das verehrte Zeichen Jesu Christi sehen, der gestorben ist, um aufzuerstehen, werden sie sich an den Segen und an die Gunst erinnern, die ihr sterbender Vater daran geheftet hat, und dieser immer wieder

erneuerte Gedanke wird ihnen helfen, nachdem sie im Leben seine Töchter gewesen, es auch noch im Tode zu sein.
Aber der Augenblick war noch nicht gekommen. Am 5. März, morgens[9] sagte uns der Pater so erhabene und hohe Dinge über die Gottesliebe, dass sie zweifellos nur von Seelen verstanden werden, die Gott bereits mit seiner Liebe berührt und in sein Licht getaucht hat. Wir werden sie hier berichten, soweit Gott sie uns hat verstehen lassen, aber mit religiöser Ehrfurcht und in der heimlichen Sorge, wir könnten ihre Schönheit beeinträchtigen. «Früher hatte ich eine ganz kindliche Verehrung für die Allerseligste Jungfrau. Ich legte in ihre Hände alle Verdienste, die die Gnade Gottes, meine Akte der Frömmigkeit und mein religiöses Leben in Gehorsam und Nächstenliebe mich vielleicht erwerben ließen, auf dass sie sie gemäß ihrer Weisheit und ihrer Vorlieben verwende. Ganz allmählich wurde diese Verehrung durch eine andere, leuchtendere und fruchtbarere verdrängt. Während meines ganzen Noviziats und während eines Teils der Jahre im Priesteramt, die mir Gott geschenkt, hat die Liebe zu unserem Herrn meine Seele genährt und erfüllt. Jetzt erlischt alles vor einem einzigen Gedanken, der meine Seele beherrscht und sich ihr aufdrängt, dem Gedanken an Gott, an Gott allein. Ich sehe ihn, ich spüre ihn in meiner Seele, auf unklare und ein wenig unbewusste Weise zwar, aber ich sehe ihn und spüre ihn mit einer unerschütterlichen und brennenden Gewissheit. Daher wendet sich ihm meine Seele in einem fortgesetzten Akt der Liebe zu, der zwar ein wenig unklar und matt, aber größer als ich selbst ist. In mir entsteht eine ständige Anbetung Gottes in einem einfachen Akt meiner Seele – in immer demselben und doch immer neuen Akt ohne

Anfang, ohne Mitte und ohne Ende. Es ist wie ein Aufleuchten, ein Vorschein der Ewigkeit. Mir scheint, dass Gott selbst mich demütigt und vor ihm zunichte macht, um mich sodann zu erheben und mich in ihm selbst zu festigen durch ein unendliches Anhangen an ihm allein, das ganz Macht, ganz Licht, ganz Liebe ist, und durch eine absolute Loslösung von allem, das nicht er ist. Ich kann keinen genauen Gedanken mehr über ihn fassen, keine bestimmten, einzelnen Liebesakte wie einst mehr setzen; ich habe nur mehr einen einzigen Gedanken, der alles umgreift und alle Kräfte meiner Seele ausschöpft: Gott; nur mehr einen so intensiven und beständigen Liebesakt, dass ich ohne große Anstrengung weder seine Glut steigern noch ihn, um ihn neu zu beginnen, beenden kann. Es scheint mir, dass meine ganze Seele mit allem, was in ihr ist, in Gottes Schoß geworfen ist und dass in ihr nichts bleibt als Gott, der sie von allen Seiten durchdringt, belebt, entflammt und vergöttlicht.»
Da trat der Hausgeistliche ein und sprach die Worte aus der Heiligen Schrift: «Lobe den Herrn, meine Seele, und vergiss nicht, was er dir Gutes getan hat: der dir all deine Schuld vergibt und all deine Gebrechen heilt, der dein Leben vor dem Untergang rettet und dich mit Huld und Erbarmen krönt, der dich dein Leben lang mit seinen Gaben sättigt; wie dem Adler wird die Jugend dir neu.»[10] – «Ja, genau das wird er tun«, antwortete der Pater, «das wird er tun. Er wird mich in sein Leben tauchen und mir das Auge des Adlers schenken, und ich werde die Sonne seiner Gottheit schauen. Mein Herz ist bereit, o Gott, mein Herz ist bereit, ich will dir singen und spielen. Wach auf, meine Seele! Wacht auf, Harfe und Saitenspiel! Ich will mich erheben, die Morgenröte ist da.»[11] Und er wiederholte das Wort des heiligen Paulus, dieses Wort der Liebe *par excellence*:

«Ich sehne mich danach, aufzubrechen und bei Christus zu sein.» Dieses Wort, das so wunderbar jenen großartigen Satz der heiligen Teresa wiedergibt: Ich sterbe, weil ich nicht sterben kann. Dann wandte er sich an den Hausgeistlichen: «Ist es denn möglich?» fragte er. «Bald Jesus Christus von Angesicht zu Angesicht zu sehen, und dazu den heiligen Dominikus, alle unsere Heiligen und all die großen Seelen des Himmels, all die großen Seelen, bei ihnen zu sein, sie zu sehen, mit ihnen zu sprechen, sie zu hören! Ich kann nicht ohne tiefe Bewegung daran denken!» Und er bat um die gewohnte Lektüre. Jeden Tag, jeden Morgen und jeden Abend hörte der Pater, wenn sein Gesundheitszustand es zuließ, einige Seiten aus der *Nachfolge Christi* und häufig noch ein paar aus der Heiligen Schrift. Als seine Seele sich ein wenig benetzt hatte an jener «Quelle der Weisheit, die das Wort Gottes in der Höhe ist»,[12] dankte er dem Vorleser mit einem wahren Herzenserguss. An diesem Tag las man ihm das 11. Kapitel aus dem Brief des heiligen Paulus an die Hebräer vor. Und als der Pater hörte, wie der Apostel die ganze lange Reihe der Patriarchen aufzählt, die Paulus ehrfürchtig «die Alten» nennt, die alle erlöst wurden, weil sie geglaubt und gehofft haben, hob sich sein Haupt und seine Augen leuchteten. Auch er hatte den Glauben! Wie sie glaubte auch er, wie sie hoffte er, und die Kunde von ihrem Glauben entflammte den seinen. Und als man zu den Worten kam: «Aufgrund des Glaubens hielt sich Abraham als Fremder im verheißenen Land wie in einem fremden Land auf und wohnte mit Isaak und Jakob, den Miterben derselben Verheißung, in Zelten», da sprach er weiter: «Ja, ja, denn er erwartete die Stadt mit den festen Grundmauern, die Gott selbst geplant und gebaut hat. Voll Glauben sind diese alle gestorben, ohne das Verheißene erlangt zu haben; nur von

fern haben sie es geschaut und gegrüßt und haben bekannt, dass sie Fremde und Gäste auf Erden sind. Mit diesen Worten geben sie zu erkennen, dass sie eine Heimat suchen. Hätten sie dabei an die Heimat gedacht, aus der sie weggezogen waren, so wäre ihnen Zeit geblieben zurückzukehren; nun aber streben sie nach einer besseren Heimat, nämlich der himmlischen. Darum schämt sich Gott ihrer nicht, er schämt sich nicht, ihr Gott genannt zu werden; denn er hat für sie eine Stadt vorbereitet. Aufgrund des Glaubens segnete Isaak Jakob und Esau im Hinblick auf das Kommende. Aufgrund des Glaubens dachte Josef vor seinem Tod an den Auszug der Israeliten und traf Anordnungen wegen seiner Gebeine. Im Glauben haben sie alle Jesus erwartet, den Urheber und Vollender des Glaubens, in dem Glauben, in dem ihn meine Kinder wie sie erwarten werden, da sie im Glauben die Kraft finden, deren es bedarf, um heilig zu leben und zu sterben …»
Der Abend war schlechter: Die Krankheit verschlimmerte sich. Gegen Ende der Nacht sagte der Pater: «Mir scheint, heute Nacht ist es so weit.» Und er bat uns, nichts auszulassen von den Gebeten und Zeremonien, die unser Orden festgelegt hat, um mit ihnen auf die Brüder in ihrer letzten Stunde die Hilfe von oben herabzurufen und ihre sterbliche Hülle zu ehren. Er fühlte sich sehr schwach, und plötzlich rief er aus: «Mein Gott, mein Gott, in deine Hände empfehle ich meine Seele.» Er beichtete und bat uns, das Sterbegebet zu beginnen. Er nahm das Kruzifix in die Hände, und in einem Ausbruch, der uns die Tränen in die Augen trieb, bedeckte er es mit Küssen … Nach einer halben Stunde fühlte er sich besser, bat uns um Verzeihung, weil er uns unnötige Arbeit verursacht habe, und in leicht ungeduldigem Ton fügte er hinzu: «Es wird also doch nicht heute Nacht sein.» Und schlief ein.

Drei oder vier Tage ging es etwas besser: die Flamme des Lebens schien sich zu beleben, und diese Seele warf noch durch ihre irdische Hülle einige matte Strahlen. Aber weder die leichte Erholung noch das verlängerte und mit Ungeduld ertragene Warten konnten den Schwung der Liebe verlangsamen, der ihn zu Gott trug. Und wenn man einige Saiten dieser Harfe anschlug, die Gott lobsang, entlockte man ihr seraphische Akkorde. Um dieses von Gott erfüllte Herz, das ja kaum schlummerte, und dieses Gefäß des Segens und der Liebe zum Überfließen zu bringen, bedurfte es nur eines Wortes aus der Bibel, das vom künftigen Glück des Himmels sprach. Eines Morgen las man ihm die letzten Kapitel der Apokalypse vor, in denen der letzte Seher die heilige Stadt, das neue Jerusalem, beschreibt, das vom Himmel herabkommt, geschmückt wie eine Braut für ihren Bräutigam. Und als er hörte: «Wer durstig ist, der komme. Wer will, empfange umsonst das Wasser des Lebens»,[13] öffnete er den Mund, und wie es bei dem Propheten heißt, «atmete er den Geist Gottes ein». Und als er den heiligen Johannes in seiner Begeisterung wiederholen hörte, er habe die heilige Stadt gesehen, erfüllt von der Herrlichkeit Gottes, ohne Tempel, weil Gott der Allmächtige ihr Tempel ist, er und das Lamm, ohne Sonne und Mond, weil das Licht Gottes sie erleuchtet und ihre Leuchte das Lamm ist, dass ein Strom des Lebens vom Thron Gottes und des Lammes ausgeht und dass alle, die trinken, das Angesicht Gottes und des Lammes sehen werden und seinen Namen auf der Stirn geschrieben tragen, dass es keine Nacht mehr geben wird, dass Gott sie mit seinem Licht erleuchtet und dass sie mit ihm in Ewigkeit herrschen werden, dass die Zeit nahe ist, dass Christus bald kommen wird und der Lohn mit ihm, dass seine Stimme bereits ertönt ist und er gesagt hat: Ich

komme bald!, dass der Geist und die Braut antworten: Komm! und dass, wer durstig ist, ebenfalls sagen soll: Komm! – da wiederholte der Pater in einem heiligen Überschwang jenes Wort, das die Geheime Offenbarung beschließt und besiegelt: «Komm, Herr Jesus!»
Ein andermal übernahm der Pater jenes ganze göttliche Gebet, das Christus vor der Rückkehr zu seinem Vater für die Seinen an Gott richtete, und bat Gott mit einer unaussprechlichen Liebe für seine Töchter: «Vater, die Stunde ist da. Verherrliche deinen Sohn, damit der Sohn dich verherrlicht. Denn du hast ihm Macht über alle Menschen gegeben, damit er allen, die du ihm gegeben hast, ewiges Leben schenkt. Das ist das ewige Leben: dich, den einzigen wahren Gott, zu erkennen und Jesus Christus, den du gesandt hast. Ich habe dich auf der Erde verherrlicht und das Werk zu Ende geführt, das du mir aufgetragen hast. Vater, verherrliche du mich jetzt bei dir mit der Herrlichkeit, die ich bei dir hatte, bevor die Welt war. Ich habe deinen Namen den Töchtern offenbart, die du mir aus der Welt gegeben hast. Sie gehörten dir und du hast sie mir gegeben, und sie haben an deinem Wort festgehalten. Sie haben jetzt erkannt, dass alles, was du mir gegeben hast, von dir ist. Denn die Worte, die du mir gegeben hast, gab ich ihnen, und sie haben sie angenommen. Sie haben wirklich erkannt, dass ich in deinem Namen gekommen bin, und sie sind zu dem Glauben gekommen, dass du mich gesandt hast. Für sie bitte ich, die du mir gegeben hast; denn sie gehören dir, und in ihnen bin ich verherrlicht. Ich bin bald nicht mehr in der Welt, aber sie sind in der Welt, und ich gehe zu dir. Heiliger Vater, bewahre die in deinem Namen, die du mir gegeben hast, damit sie eins sind, wie ich mit dir vereint sein werde. Denn jetzt gehe ich zu dir. Doch dies rede ich noch in der Welt, damit sie deine Freu-

de in Fülle im Herzen haben. Ich habe ihnen dein Wort gegeben, und die Welt hat sie gehasst, weil sie nicht von der Welt sind, wie auch ich nicht von der Welt bin. Ich bitte nicht, dass du sie aus der Welt nimmst, sondern dass du sie vor dem Bösen bewahrst. Sie sind nicht von der Welt, wie auch ich nicht mehr von der Welt bin. Heilige sie in der Wahrheit; dein Wort ist Wahrheit. Wie du mich in die Welt gesandt hast, um dein Wort zu verkünden, so sende sie, um in Bethanien durch ihr Gebet und das Beispiel ihrer Tugend zu verkündigen. Und ich heilige mich für sie, damit auch sie in ihrem Apostolat geheiligt sind. Aber ich bitte nicht nur für diese hier, sondern auch für alle, die nach ihnen deinem Ruf folgen und der Regel gehorchen werden, die ich ihnen hinterlassen habe. Alle sollen eins sein wie du, Vater, mit deinem Sohn und dein Sohn mit dir; so sollen auch sie in dir sein. Ich bitte dich für sie, dass sie teilhaben an der Herrlichkeit, die du deinem Christus vorbehalten hast, damit sie eins seien, wir ihr eins seid, und damit du in ihnen bist und sie in dir sind und wir alle in die Einheit aufgenommen werden, damit die Welt erkennt, dass du deinen Sohn gesandt hast und dass du uns alle liebst, wie du ihn geliebt hast. Vater, ich will, dass alle, die du mir gegeben hast, dort bei mir sind, wo ich bin. Gerechter Vater, die Welt hat dich nicht erkannt, ich aber habe dich erkannt, und sie haben deinen Sohn erkannt und an ihn geglaubt, weil du ihnen deinen Namen bekannt gemacht hast und ihn ihnen weiter bekannt machen wirst, damit die Liebe, mit der du deinen Sohn geliebt hast, in ihnen ist und damit er in ihnen ist.»[14]

So fand das Wort Gottes, das den Menschen in der Heiligen Schrift offenbart ist, in dieser Seele ein heiliges Echo, das Leiden aber, das sie traf, weckte in ihr einen nicht weniger süßen und reinen Ton. Und zuweilen kamen über seine Lippen Worte, deren Schönheit uns staunen machte, und diese Dinge sagte er so schlicht, dass man oft erst einen Augenblick darüber nachdenken musste, um zu begreifen, von welch tiefer Schönheit sie waren. Es sei uns erlaubt, bevor wir unseren Bericht schließen, wenigstens einige von ihnen zu sammeln und sie hier ohne weitere Untersuchung und einfach so, wie sie aus seinem Mund kamen, niederzulegen. Mögen ihr Duft und ihre sanft leuchtende Reinheit unseren Bericht einhüllen und dem Leser, der bis hierher dem steinigen Weg unserer Erzählung gefolgt ist, zur Erholung gereichen. Mehrmals hat uns der Pater gesagt, er bedaure, an einer Krankheit mit einem so gemächlichen und so wenig schmerzhaften Verlauf zu sterben, und diejenigen, die mehr litten, seien selig zu preisen. In einem Augenblick, als er sehr unter einem Ausbruch kalten Schweißes litt, der seinen Körper schon seit mehreren Stunden überzog, sagte man zu ihm: «So hat unser Herr gelitten.» – «Unser Herr liebt mich sehr, wenn er mich so lange warten und leiden lässt; deshalb liebe ich ihn von ganzem Herzen wieder. – Ich umarme unseren Herrn in meinem Herzen, damit er mir hilft zu leiden.» Seit mehr als einer halben Stunde suchte er ängstlich eine Position, die es ihm erlaubte, ein wenig zu Atem zu kommen, denn es ging ihm so schlecht, dass wir jeden Augen blick fürchteten, ihn ersticken zu sehen. Als er sie schließlich nicht fand, rief er aus. «Nun ja, mein Vater im Himmel, ja, wie du willst, so wird es immer sein.» Etwas später, als es ihm noch schlechter ging, sagten wir zu ihm: «Bitten Sie doch unseren Herrn um ein bisschen mehr Ruhe und Frieden!» Er antwortete: «Sein Wille vor allem anderen, mein Kind.» Jesu Ruf in Gethsemani – Vater, dein Wille geschehe, nicht der meine! – kam immer wieder über seine Lippen; ich könnte sagen: mit jedem Atemzug, denn fast unaufhörlich sahen wir, wie sich seine Lippen bewegten und heilige Worte murmelten, von denen wir nur die Hälfte verstanden und deren Sinn oft genug nur Gott verständlich war, an den sie sich richteten.

Dame Armut, um ein Wort des heiligen Franziskus, des Ritters der Armut, zu gebrauchen, Dame Armut war seine Lieblingsdame. Ihre Schärpe trug er bis zum Schluss, und mit ihr starb er. Eines Morgen reichte man ihm eine Brühe, in die man ein wenig Wein mischen wollte. «Nein», sagte er, »keinen Wein, das wäre Vergeudung.» – «Der Verlust wird nicht sehr groß sein.» – «Der Verlust ist immer sehr groß, wenn man gegen die Armut verstößt.» Man musste den Wein wieder wegbringen. Am Tag vorher aß er Artischocken. Wir wollten einige äußere Blätter, die vom Herdfeuer angesengt waren, entfernen; er widersetzte sich mit den Worten: «Das wäre gegen die Armut.» Die Ärzte hatten einige Säfte verordnet, die mit Silberlöffeln eingenommen werden sollten. Jedes Mal, wenn man sie ihm reichte, überwand er nur mit Mühe einen gewissen Widerwillen und Skrupel: Silberzeug für einen Ordensmann! sagte er. Er verbot, der Korrespondenz des Hauses eine Todesanzeige beizulegen. «Meine Töchter werden die Trauer um mich in ihrem Herzen tragen; wenn das mein Gedächtnis vor den Menschen weniger ehrt, wird es bei Gott umso mehr wert sein.»

Aber nichts sprach in ihm so vernehmlich und lieblich wie Barmherzigkeit und Güte. Hat aber nicht allein sein Werk sie schon zur Genüge bewiesen? «Ich habe nie jemanden verurteilt oder verdammt; ich habe nie einen Groll gegen jemanden gehegt, und ich hoffe, dass Gott es mit mir genauso hält. Sagt nicht die Schrift: Wohl dem, der sich des Schwachen annimmt; zur Zeit des Unheils wird der Herr ihn retten. Ihn wird der Herr behüten und am Leben erhalten.[15] Nun, dieses Wort gilt für mich: Ich habe den Tisch bereitet und eine Zuflucht geöffnet denen, die nichts hatten. Aber trotzdem habe ich kaum ein Verdienst daran: Es ist das Werk Gottes, sein Werk allein.» Und als wir ihm sagten, er sei doch wenigstens das Werkzeug gewesen, dessen sich Gott bedient habe, erwiderte er: «Ich habe mich bewegt, das kann sein, aber Gott hat alles gelenkt. Ich habe nichts getan als zuzuschauen.» Er war so gut, dass man für ihn, wenn man ihn kannte, etwas von dem empfand, was diejenigen für Gott empfinden, die ihn lieben. «Wenn man aber Gott liebt», sagte er, «dann betrachtet man ihn als guten Vater, der uns zur gegenwärtigen Stunde gleichsam an der Hand führt, und man findet seine Ruhe in dem demütigen und festen Vertrauen auf seine väterliche Güte.»

Doch es ist Zeit, mit diesem Bericht an ein Ende zu kommen. Wir wissen zwar, dass die Augen, für die er geschrieben ist, für den, der ihr Gegenstand ist, so viel Liebe und Verehrung haben, dass sie uns noch länger folgen würden. Aber nun wir nichts fortgelassen haben, was unsere Sohnesliebe von unserem Vater zusammentragen konnte, ist unsere Aufgabe erledigt. Um den Kelch der Tröstung bis zum Rande zu füllen, müssen wir nur noch ein Wort über die Heiterkeit sagen, mit der dieses viel geliebte Leben vor unseren Augen erlosch.

Am 10. März morgens schien der Pater, ohne dass er viel kränker auf uns gewirkt hätte, von einer unheilvollen Starre und Unbeweglichkeit erfasst. Da er einen ausgeprägten Sinn für Ordnung und Genauigkeit besaß, wollte er sich zur gewohnten Stunde erheben. Er schlummert fast ständig in seinem Sessel. Man brachte ihm Frühstück, aber der arme Pater besaß nicht mehr die Kraft, Hunger zu verspüren. Dennoch aß er: Es war eben die Zeit für sein

Frühstück. Sein Gesicht war in Schweiß gebadet, man musste ihn jede Minute abtrocknen; er aber zeigte eine bewundernswerte Geduld. Er konnte nicht bis zum Mittag warten, wo er sich gewöhnlich zur Ruhe legte; wir brachten ihn ein bisschen früher zu Bett – zum letzten Mal. Seine Augenlider waren schwer, ganz allmählich senkte sich sein Haupt: Der ewige Schlummer griff nach ihm. Die Mutter Priorin war in diesem Moment allein mit ihm, sie betrachtete ihn, die Augen voll Tränen. Von Zeit zu Zeit sprach sie ihm von Jesus Christus, weil sie seine Seele wach halten wollte, damit der, der kommt wie ein Dieb, um den Schatz zu holen, dessen Geheimnis er kennt, ihn wach und betend fände. «Pater, vereinen Sie Ihre Seele mit unserem Herrn, halten Sie seine Gegenwart fest; ich sehe, dass es Ihnen schlechter geht; ich glaube, der Moment ist nahe, Sie werden die Seelen wieder sehen, die Sie lieben, sie werden vor Sie hintreten.» – «Meine Tochter, ich glaube es. Und auch ich werde vor Sie hintreten, wenn Sie einst sterben, um Sie zu Gott zu geleiten. Und ich werde vor all meine Töchter hintreten, damit es nur eine Familie von Bethanien gibt.» Da trat der Hausgeistliche ein. Er fand ihn in der Agonie. «Pater», rief er, «die Stunde ist da!» Und der Pater beichtete ein letztes Mal. Sein Haupt und seine Seele neigten sich tief unter der Absolution des Priesters. Dann sagte der Hausgeistliche: «Pater, Sie werden Jesus Christus sehen. Sie stehen vor der Pforte des Himmels. Ihr Leben wird erneuert werden im Leben Christi.» Darauf sagte der Pater: «Sprechen Sie lauter, ich verstehe nicht.» Der Hausgeistliche fragte mit erhobener Stimme: «Verstehen Sie jetzt?» «Ja», antwortete der Pater. Das war sein letztes Wort. Man verständigte die Kommunität. Alle ließen ihre Arbeit liegen und begaben sich, die Seele in Aufruhr, aber gemessenen Schrittes, das Symbol unseres Glaubens auf den Lippen, zum Zimmer ihres Vaters. Man nahm Aufstellung um sein Bett und kniete nieder. Der Hausgeistliche intonierte langsam das *Salve Regina*, diese süße, vertraute Melodie, die schon so viele unserer Brüder auf ihrem Weg zum Himmel begleitet hat. Alle unsere Schwestern fielen ein. Man sang halblaut. In diesem Gesang lag etwas Unsagbares: Es war von der Erde, es war auch aus dem Himmel. Irgendetwas Feierliches und Geheimnisvolles erfüllte unsere Seelen. Wir sangen das Abschiedslied, aber wir fühlten dabei die unsichtbare Gegenwart der Engel, die mit uns den englischen Gruß an Maria sangen, an die Königin des Himmels, der sich öffnete. Als er das hörte, richtete der Pater noch einmal den Blick auf uns. Er schien uns zu danken und uns zu segnen. Er hatte sich so sehr gewünscht, vor dem Einschlafen noch diesen heiligen Gesang zu hören, mit dem die Dominikanerfrömmigkeit ihre Kinder in Schlummer wiegt, wenn die Stunde gekommen ist. Sein Mund war halb geöffnet, seine Zunge bewegte sich: Er schien mit uns zu singen. Nach den Worten *Mater misericordiae* stand seine Zunge für immer still, bei den Worten *Eia ergo* verlor sich sein Blick im Unendlichen. Man legte ihm das Kruzifix auf die Lippen, sie stülpten sich ein wenig vor: Er umfasste es ein letztes Mal. Man kreuzte ihm die Hände über der Brust und schob ihm das Kruzifix zwischen die Finger. Er atmete noch, aber in unregelmäßigen Abständen. Er war still: Seine Züge waren gar nicht angespannt. Am Ende des Liedes neigte sich der Hausgeistliche zu seinem Ohr und sagte: «Pater, jetzt verrichten wir die Gebete.» Vielleicht hörte er gar nicht mehr. Wir begannen die Allerheiligenlitanei. Niemand weinte: Die Seelen waren zu sehr mit dem Gebet beschäftigt. Als die Litanei zu Ende war, lebte der Pater immer noch. Alle zwei oder drei Minuten hob und senkte sich seine Brust ganz sacht. Da sagte der Hausgeistliche: «Scheide, christliche Seele, aus dieser Welt. Im Namen Gottes, des allmächtigen Vaters, der uns geschaffen, im Namen Jesu Christi, des Sohnes des lebendigen Gottes, der für uns gelitten, im Namen des Heiligen Geistes, der auf dich ausgegossen ward, im Namen der Engel und Erzengel, im Namen der Throne und Herrschaften, im Namen der Mächte und Gewalten, im Namen der Cherubim und Seraphim, im Namen der Patriarchen und Propheten, im Namen der heiligen Apostel und Evangelisten, im Namen der heiligen Mönche und Eremiten, im Namen der heiligen Jungfrauen und aller Heiligen Gottes. Heute noch sei dir im Frieden deine Stätte bereitet, deine Wohnung im heiligen Sion. Durch Christus, unsern Herrn.» Und die Schwestern respondierten: «Amen, so sei es.» Der Hausgeistliche fuhr fort: «Lieber Bruder, ich empfehle dich dem allmächtigen Gott. Ihm, dessen Geschöpf du bist, vertraue ich dich an. Wenn du im Sterben die Schuld der Menschennatur bezahlt hast, kehre heim zu deinem Schöpfer, der dich aus dem Staub der Erde gebildet hat. Wenn also deine Seele den Leib verlässt, soll der strahlende Chor der Engel ihr entgegeneilen, der richtende Rat der Apostel soll dir nahen, das triumphierende Heer der weißgewandeten Märtyrer dir entgegenkommen, die liliengleiche Schar der lichten Bekenner dich umgeben, der jubelnden Jungfrauen Reigen dich empfangen, und die Umarmung seligen Friedens soll dich umschließen in der Patriarchen Schoß. Der mildreiche Beistand der Sterbenden, der heilige Josef, richte dich auf in großer Hoffnung, und die heilige Jungfrau und Gottesmutter Maria wende gütig ihre Augen zu dir. Mild und festlich erstrahle dir das Antlitz Jesu Christi, und sein Spruch gewähre dir, allezeit unter denen zu weilen, die ihn umgeben. Vor der ewigen Pein bewahre dich Christus, der für dich die Pein des Kreuzes erlitten hat. Vor dem ewigen Tode bewahre dich Christus, der für dich den Tod erduldet hat. Wohnrecht gebe dir Christus, der Sohn des lebendigen Gottes, auf den allzeit grünenden Auen seines Paradieses, und zu seinen Schafen rechne dich der wahre Hirt. Er spreche dich los von all deinen Sünden, und zu seiner Rechten in seiner Erwählten Schar gebe sein Spruch dir deinen Platz. Deinen Erlöser sollst du sehen von Angesicht zu Angesicht, und allezeit stehend vor ihm, sollst du mit seligen Augen die Wahrheit unverhüllt schauen. Ja, in die Scharen der Seligen aufgenommen, sollst du der süßen Anschauung Gottes teilhaft sein von Ewigkeit zu Ewigkeit.» Und die Schwestern respondierten: «Amen, so sei es!» Der Pater atmete noch. Dann rezitierten wir jenen Psalm, der mit den hoffnungsvollen Worten beginnt: «Danket dem Herrn, denn er ist gütig, und seine Huld währt ewig»,[16] und wo es später heißt: «Ich werde nicht sterben, sondern leben, um die Taten des Herrn zu verkünden. Der Herr hat mich hart gezüchtigt, doch er hat mich nicht dem Tod übergeben. Öffnet mir die Tore zur Gerechtigkeit, damit ich eintrete, um dem Herrn zu danken. Dies ist der Tag, den der Herr gemacht hat; wir wollen jubeln und uns an ihm freuen.» Danach begannen wir jenen anderen Psalm, den die Söhne Israels sangen, wenn sie sich an den Festtagen zum Tempel in Jerusalem begaben: «Wohl denen, deren Weg ohne Tadel ist, die leben nach der Weisung des Herrn.»[17] Der Hausgeistliche unterbrach uns mit den Worten: «Meine Schwestern, euer Vater ist nicht mehr auf Erden.»[18] Er war im Tempel angekommen, der im Himmel ist, seine Töchter zogen sich mit ihm dorthin zurück. Wir kleideten ihren Vater an, indem wir dem Ordensmann seine Kapuze wie für eine Reise anzogen und dem Priester die Stola wie für eine Verrichtung seines Amtes anlegten. Dann trugen wir ihn alle zusammen singend in den Chor. Ich weiß nicht mehr, ob es eine traurige Zeremonie oder ein Fest war. Er blieb dort ab Mittwoch, sechs Uhr abends, bis zum folgenden Freitag. – Die Hand eines Bruders, eines anderen seiner Söhne, hat bereits erzählt, wie unsere Frömmigkeit seine sterblichen Überreste mit Tränen und Gebeten eingehüllt hat und welche Ehrungen sie erfuhren.[19] Acht Tage lang sangen wir unserem Vater ein Trauerlied, aber dieses Lied hatte nichts Trauriges, auch nicht der Anblick seines Grabes, das sich zu unseren Füßen erstreckte. Niemals ist ein Grab mit so vielen Blumen geschmückt, nie ist eines häufiger besucht worden. Oft haben wir, wenn wir ein Wort des Abschieds oder der Hoffnung herzutrugen, Papierchen aufgesammelt, die der Wind davonwehte. Es waren Epitaphe des Dankes und der kindlichen Verehrung, sie waren rührender und häuften mehr Ehren auf dieses Fleckchen Erde als die gravierten goldenen Lettern, mit denen die vergessenen Denkmäler der Großen dieser Erde oft bis zur Entstellung überladen sind.

Im Haus hat sich nichts geändert. Ein wenig mehr Stillschweigen und Sammlung vielleicht, ein wenig mehr Innigkeit in der Liebe dieser verwaisten Herzen, das ist alles. Weder Kummer noch Mutlosigkeit folgten dem großen, schmerzlichen Verlust; die Heiterkeit ihrer Herzen ist kaum beeinträchtigt worden. Ihr Vater hat sie gelehrt, stark im Glauben zu sein. Sie glauben, dass sein Geist, der in Gott ist, über ihnen schwebt und sie von Zeit zu Zeit streift. Wir aber denken, es ist der Geist Gottes selbst, der über diesem Haus weht. Und wenn wir uns nacheinander alle Umstände dieses wunderbaren Sterbens, das wir erzählt haben, in Erinnerung rufen, fasst dieser Gedanke immer mehr in unserer Seele Fuß. Dann bietet sich uns eine große Erinnerung: die an die unbeschreibliche Szene aus dem Evangelium, in der Johannes vom Abschied Christi von seinen Jüngern und von dem Trost erzählt, den er ihnen spendet. Das große Werk der christlichen Religion war noch nicht begründet. Vielmehr erhob sich von allen Seiten ungeheurer Widerspruch. Man hatte den Stifter verworfen, die Apostel drohten allein zu bleiben, und sie waren so ängstlich und wenig gläubig! Und doch war es der Stifter, der als erster von selbst fortging und dabei alles in die Hände seines Vaters legte; es war der Stifter, der als erster starb und die Seinen mit seinem Tode ermutigte und tröstete! Er wusste, dass er sein Werk mit seinem Tode festigte; daher benetzte er es mit seinem Blut und pflanzte, um es gegen die Angriffe der Welt und des Teufels zu schützen, jenes Kreuz aus Holz auf, das heute vom ganzen Erdkreis angebetet wird! So hat auch dieses arme, bescheidene Haus Bethanien erlebt, dass sein Gründer als erster fortging und dennoch die Seinen ermutigt und getröstet hat. Sicherlich hat Gott ihn ahnen lassen, dass auch er in seinem Tod sein Werk festigen würde und dass es gut für die Seinen war, dass er fortging, weil er, wie einst Christus, Gott bitten würde, ihnen den Tröstergeist zu senden, der weht, wo er will, und alles lebendig macht, was er berührt; und Bethanien als die Religion Christi, Bethanien, das die Religion der verlorenen Schafe ist, die Christus auf seine Schultern nahm, um sie in die Hürde zu bringen, Bethanien, das das Barmherzigste und Sanfteste in der Religion Christi ist, Bethanien wird zunehmen an gottgefälliger Größe, weil es an seiner Basis ein Kreuz mit einem Toten hat, der in seinem Schutz ruhig schläft, weil er an es geglaubt hat, und im Himmel einen Vater, der ihm dort droben nützlicher sein wird, als er es hienieden war.

*Geschrieben für seine Töchter am Rand seines Grabes.*
*Vorgelesen seinen Töchtern am 11. April 1869 von ihrem Bruder*

*Frater Dominique Roland OP,*
*aus dem Predigerorden*

ANMERKUNGEN

1 Joh 1,9.
2 Ps 34,9.
3 Ps 84.
4 Joh 4,14.
5 Gen 28,14.
6 Joh 17,20.
7 Ps 42, 1–5.
8 Chronik von Bethanien, 9. März 1869.
9 Ebd.
10 Ps 103, 2–5.
11 Ps 108, 2 f.
12 Jes Sir 1,5.
13 Offb 22,17.
14 Nach Joh 17.
15 Ps 41,2 f.
16 Ps 118,1.
17 Ps 119,1.
18 Chronik von Bethanien, 10. März 1869.
19 Gemeint ist wahrscheinlich der Aufsatz von Frater Altmayer, «Une cérémonie funèbre à Béthanie», in: L'Année dominicaine, April 1869, S. 157 f.

# QUELLEN UND LITERATUR

## Übersicht über die Dokumente

### Autographen von Pater Lataste

Es sind zahlreiche Autographen von Pater Lataste erhalten. Der wichtigste Bestand ist der im Archiv der Kongregation der Dominikanerinnen von Bethanien. Er umfasst:
– 80 Briefe von Pater Lataste an seine Familie;
– 116 Briefe an Mutter Henri-Dominique;
– 237 Briefe an verschiedene Empfänger (433 Briefe, nummeriert von 1 bis 433);
– 52 Predigten von 1862 bis April 1864;
– 64 Predigten von Mai bis Dezember 1864;
– 52 Predigten von Januar bis Mai 1865;
– 60 Predigten von Mai bis Dezember 1865;
– 93 Predigten, gehalten 1867;
– 59 Predigten, gehalten 1868;
– 85 nicht datierte Predigten
(insgesamt also 465 Predigten, nummeriert von 1 bis 465);
– verschiedene Dokumente: Geistliche Aufzeichnungen, Gedichte, Rezensionen von Büchern, Studienaufzeichnungen aus dem Professnoviziat, Berichte an seine Oberen, Schriften über Bethanien.

Die Echtheit dieser Dokumente wirft keine Fragen auf, da Pater Latastes Handschrift im Lauf seines kurzen Lebens unverändert blieb und leicht lesbar ist. Die Dokumente wurden in ihrer großen Mehrheit bald nach Pater Latastes Tod im Archiv von Bethanien gesammelt. Alle Texte wurden zur Eröffnung des Seligsprechungsprozesses unter Aufsicht des Sekretärs der Causa maschinenschriftlich erfasst. Das einzige historische Problem, auf das man andernorts schon mehrfach hingewiesen hat, ist das der Datierung dieser Texte, da Pater Lataste in seiner Korrespondenz häufig Datierungsfehler gemacht hat.

Zu diesem Bestand sind noch die im Archiv der Dominikanerprovinz von Frankreich in Paris aufbewahrten Autographen hinzuzufügen: 21 Briefe Pater Latastes an seine Oberen sowie 55 Briefe über Pater Lataste und Bethanien, die zu Lebzeiten von Pater Lataste oder kurz nach seinem Tode an den Provinzial gerichtet wurden.

Einige Texte von Pater Lataste werden im Diözesanarchiv von Besançon (Briefe an Kardinal Mathieu) und im Archiv des Generalats des Predigerordens in Rom (Briefe an Pater Jandel) aufbewahrt.

Die Gesamtheit der Schriften Pater Latastes und ein Großteil der zusätzlichen Dokumente sind zur Eröffnung des Seligsprechungsprozesses im Jahre 1937 maschinenschriftlich erfasst und in Bänden gebunden worden, die in den Konventen von Bethanien aufbewahrt werden. Da dies die Konsultation der Archive erheblich erleichtert, haben wir bei den Erwähnungen in Anmerkung das Sammelwerk genannt, in dem das entsprechende Dokument wiedergegeben ist: Geistliche Aufzeichnungen (1 Bd.), Briefe (3 Bde.), Literarische Versuche und Studienaufzeichnungen (2 Bde.), Predigten (7 Bde.), Schriften über Bethanien (1 Bd.).

## Passive Korrespondenz von Pater Lataste

Die Briefe, die Pater Lataste bekommen hat und die erhalten sind, werden im Archiv von Bethanien aufbewahrt. Der größte Bestand umfasst die Briefe von Mutter Henri-Dominique.

## Externe Dokumentation über Pater Lataste und sein Werk

Paradoxerweise kontrastiert die reichhaltige von Pater Lataste ausgehende aktive oder passive Dokumentation mit der Kargheit der externen Dokumentation. Es fällt schwer, Texte aus der Zeit von Pater Lataste zu finden, die von ihm und seiner Tätigkeit handeln. Neben den Artikeln, die die Zeitungen der Veröffentlichung von *Les Réhabilitées* gewidmet haben, wird Pater Lataste zu seinen Lebzeiten nur selten in dominikanischen Texten, Klosterchroniken oder Aufsätzen in *L'Année dominicaine* erwähnt. Durch dieses Schweigen werden die Publikationen, die nach seinem Tode über ihn erschienen, und die Darstellungen von Jean-Joseph Lataste und Bethanien, die sich seit 130 Jahren in der dominikanischen Literatur finden, umso wichtiger. Auf den folgenden Seiten werden nur die ausschließlich diesen Themen gewidmeten Veröffentlichungen aufgeführt, die erfasst werden konnten; eine lückenlose Auflistung der Texte, die auf Pater Lataste Bezug nehmen, ist nicht möglich.
Um die Umstände von Pater Latastes klösterlicher Formung zu studieren, mussten auch die Biographien der bekanntesten seiner Zeitgenossen und die in *L'Année dominicaine* regelmäßig veröffentlichten nekrologischen Vermeldungen herangezogen werden.

# Quellen und Literatur

## Pater Lataste

*Veröffentlichte Schriften von Pater Lataste*


*Le Rosaire perpétuel*, Paris: Poussielgue, 1866.

*La Bienheureuse Imelda Lambertini*, Paris: Poussielgue, 1866, fünf Ausgaben von 1866 bis 1875.

*Les Réhabilitées*, Paris: Poussielgue, 1866.

*Les Réhabilitées. Quelques détails sur la Maison de Béthanie*, Tours: Imp. J. Bousery, o. J.

*Compte-rendu à nos bienfaiteurs. 1866*, Dijon: Imp. Peutet-Pommery, 1866.

*Compte-rendu à nos bienfaiteurs. 1867*, Dijon: Imp. Peutet-Pommery, 1867.

*Compte-rendu à nos bienfaiteurs. 1868*, Dijon: Imp. Peutet-Pommery, 1868.

*Dialogo in un carcere*, Rom 1970 (ital. Übersetzung der Predigten 91 bis 97 und 202 durch T. Picari).

J. Oliver, *The Heart of Père Lataste. Selected Writings and Commentary*, Shawnee/Kansas: Slg. «Expressions», 1990, 242 S.

J.-M. Gueullette o.p. (Hrsg.), *Prêcheur de la miséricorde*, Paris: Éd. du Cerf, 1992; die erste kritische Edition der Gefängnispredigten von Pater Lataste und der Texte, mit denen er die französische Öffentlichkeit aufzurütteln suchte, mit Anmerkungen, Einführungen und Ikonographie.

*Predicatore della misericordia*, Bologna: Dehoniane, 1995 (ital. Übersetzungs. des Vorigen).

Mercier (Abbé), *Vie du R. P. Lataste, fondateur de l'œuvre des Réhabilitées*, Paris: Année dominicaine, 1890. Dieses Werk wird in den Kapiteln über die Kindheit und Jugend von Pater Lataste mehrfach zitiert; zahlreiche Seiten daraus sind im *Summarium Additionale* wiedergegeben, S. 577–658. Trotz ihres stark hagiographischen Stils ist die Biographie aus zwei Gründen eine unersetzliche Quelle: Deren wichtigster ist, dass der Autor zur Abfassung seines Buches die Briefe von Pater Lataste an seinen Bruder Honoré zur Hand hatte, mit dem Alcide Lataste ein besonders vertrautes Verhältnis pflegte. Diese Briefe hat der Verfasser an die Familie zurückgegeben, ohne dass sie zuvor vollständig abgeschrieben wurden; sie sind einige Jahre später bei einem Umzug vernichtet worden.[1] Die Zitate, die Kanonikus Mercier aus diesen Briefen zieht, sind also die einzige Spur dieser Korrespondenz, in der Pater Lataste näher auf seine persönlichen Empfindungen und Jugenderinnerungen einging. Andererseits war Kanonikus Mercier Hausgeistlicher in Bethanien, als er diesen Text verfasste; er konnte also ohne weiteres Mutter Henri-Dominique und die älteren Schwestern über Ereignisse befragen, die noch recht frisch waren, da Pater Latastes Tod erst zwanzig Jahre zurücklag.

[Anonymus,] *Le Père Lataste, fondateur des Dominicaines de Béthanie*, Paris: Saint-Paul, 1937.

R. und C. Evers, *Le Père Lataste apôtre des prisons*, préface de

[1] Zeugnis von Madame Angèle Leymarie Lataste, Summ. Num. XIX, S. 415, § 35.

B. Lavaud, Porrentruy (Suisse): La Maison de la Bonne Presse, 1944. Dies ist die erste Veröffentlichung von Texten aus der Feder Pater Latastes; seine Biographie ist hier ausschließlich auf der Grundlage von mehr oder weniger langen Zitaten aus seiner Korrespondenz und seinen Predigten erstellt.

Dies., *L'Apostolo delle prigioni, G. G. M. Lataste*, Vorwort von C. Petino, Turin: LICE Berruti, 1948 (ital. Übersetzung des Vorigen).

Dies., *Apostel der Gefängnisse, Pater Lataste*, Vorwort von J.-B. Montini, Substitut im Staatssekretariat, 1948 (dt. Übersetzung des Vorigen).

Dies., *Le Père Lataste apôtre des prisons*, 2., gekürzte Auflage, Vorwort von P. Claudel, Le Havre: Imp. de la Presse, 1954.

*Aufsätze und Buchkapitel über Pater Lataste*

H. Altmayer, «Une cérémonie funèbre à Béthanie», in: *L'Année dominicaine*, April 1869, S. 157 s.

P. M. Etcheverry, *Le Très Révérend Père Joseph Louis Mas, des frères prêcheurs*, Paris: Lethielleux, 1917, S. 332–340.

M.-M. Barriere, «Le R. P. Lataste», in: *Le Glaneur de Musson-ville*, bulletin trimestriel de l'Association amicale des anciens élèves du petit séminaire de Bordeaux, Nr. 23, 1, Januar 1933, S. 18–30.

P. Liekens, «Ontgraving en herkenning der overblijfsels van Pater Maria Joannes Joseph Lataste», in: *Militia Christi* (Gent), Nr. 7, Juli 1937, S. 106-110.

A. Evers, «Le père Lataste, fondateur de Béthanie», in: *Notre rosaire*, Nr. 6/11, August 1937, S. 171-173.

[Anonymus], «Sous le signe de la Vierge. Le père Marie Jean Joseph Lataste, fondateur de Béthanie», in: *La*

*Couronne de Marie*, April 1938, S. 86-90.
Eine Dominikanerin von Bethanien, «Un serviteur de Marie… qui n'oublia pas Joseph. Saint Joseph et le père Lataste», in: *Notre Rosaire*, Nr. 7/8, Mai 1938, S. 127–131.
A. M., «La vraie dévotion à la Sainte Vierge dans la vie du père Lataste», in: *Le Règne de Jésus par Marie*, Nr. 39/5, Juni/Juli 1938, S. 149-153, et 39/6, Juli/August 1938, S. 180–184.
Dies., «La dévotion du père Lataste au Sacré Cœur», in: *Notre rosaire*, Nr. 7/9, Juli 1938, S. 153–156.
Dies., «Le père Lataste, fondateur de Béthanie», in: *La Vie dominicaine*, August 1938, S. 267–270.
[Anonymus,] «Een Predikheer», in: *De Rozenkrans aan den Haard* (Antwerpen), Nr. 64/7, Juli 1938, S. 155–158. Ebenfalls in: *Militia Christi* (Gent), Nr. 3, März 1938, S. 42–45.
[Anonymus,] «L'histoire d'une vocation», in: *Notre rosaire*, Nr. 7/12, September 1938, S. 181–183.
A. M., «Un ami des bleus», in: *Notre rosaire*, Nr. 8/1, Oktober 1938, S. 7–15.
[Anonymus,] «Saint Joseph et le père Lataste», in: *La Couronne de Marie*, März 1939, S. 81–85.
A. M., «Le père Lataste, une page de sa jeunesse. Le confrère de Saint-Vincent-de-Paul», in: *La Couronne de Marie*, Mai 1939, S. 131–139.
G. de Grave, «Le père Lataste», in: *Revue dominicaine* (Québec), Nr. LXIII/I, Juni 1957, S. 284–293.
Ders., «Le père Lataste et la réhabilitation des prisonnières», in: *Revue dominicaine* (Québec), Nr. LXIII/II, Juli/August 1957, S. 23–34.
E. Fernandez, «El gran siervo de San José : P. Maria José Lataste», in: *Vida Sobrenatural*, Nr. 62, 1961, S. 134–142.

B. de J. [Bernadette de Jésus], «Apôtre des prisons, le père Lataste», in: *Prisons et prisonniers*, Nr. 50, 2. Quartal 1961, S. 532–538.

M. Revol, «Béthanie. Le père Lataste o.p., apôtre des prisons», in: *La Revue du rosaire*, Nr. 6, Juni 1963, S. 164–185.

M. G. Miraller, «Bétania del P. Lataste», in: Teologia espirituale, Nr. 10, 1966, S. 121–128.

[Anonymus,] «Le père Lataste, ministre de la réconciliation», in: *Misericordia*, 1974/3, Nr. 130, S. 9–17.

Kollektiv, Sondernummer «Cadillac», in: *Misericordia*, 1976/3, Nr. 138.

P. Lécrivain, «Les religieuses et les problèmes de la sexualité au XIXe siècle», in: *New Theological Studies*, 1979, S. 150–155.

J.-M. Gueullette, «Le père Lataste, prêcheur de la miséricorde», in: *La Revue du rosaire*, Nr. 31, November 1991, S. 20–23.

Ders., «Le père Lataste et mère Henri-Dominique. Audace et obéissance chez les fondateurs de Béthanie», in: *Mémoire dominicaine*, Nr. 1, 1992, S. 63–75.

Ders., «‹L'apostolat est l'essence du frère prêcheur.› Le rapport du père Lataste sur les observances pour le chapitre provincial de 1865», in: *Mémoire dominicaine*, Nr. 13, 1998, S. 85–102.

### Die Dominikanerinnen von Bethanien

*Bücher über das Werk von Bethanien*

[Anonymus,] «Noces d'or de la T. R. mère Henri-Dominique», in: *L'Année dominicaine*, März 1894, S. 134 bis 136.

M. V. van Caloen, *Les Religieuses dominicaines de Béthanie et l'Œuvre des Réhabilitées*, Louvain: Imp. E. Charpentier, 1897.

Monseigneur F. Petit, *La Maison de Béthanie. Lettre et sermon de charité*, Besançon: Imp. P. Jacquin, 1902.

A.-M. Viel, *La Maison de Béthanie*, Saint-Maximin: Librairie Saint-Thomas, 1922.

R. P. de Boissieu, *Béthanie. Les Madeleines réhabilitées*, Paris: Grasset, 1931. Nach dem bereits genannten Buch von Kanonikus Mercier ist dies die zweite Darstellung des Werkes von Pater Lataste. Dessen Biographie kommt nur in dieser Perspektive zur Sprache.

M.-H. Lelong, *Une visite à Béthanie*, Besançon: Imp. Catholique de l'Est, 1934.

F.-M. Stratmann, *Bethanien predigt*, Luzern: Verlag Räber, 1946.

M.-H. Lelong, *Les Dominicaines des prisons*, Paris: Éditions. du Cerf, o. J. Dieses umfangreiche Werk ist im Wesentlichen eine Darstellung des Lebens und des Apostolats der Dominikanerinnen von Bethanien. Der Verfasser ist im Informativprozess befragt worden (Test. 41).

Ders., *Les Dominicaines des prisons*, Paris: Alsatia, 1950, neue, illustrierte Ausgabe.

A. Feid und F. Flohr, *Frohe Botschaft für die Gefangenen*, Mainz: Matthias-Grünewald-Verlag, 1978.

R. Godden, *Five for Sorrow, Ten for Joy, a Novel*, New York: The Viking Press, 1979.

Emmanuelle-Marie, *Tutti contro, meno Dio*, Turin: Gruppo Abele, 1984. Romanhafte Darstellung des Lebens von Pater Lataste und des Charismas der Schwestern von Bethanien durch eine von ihnen; ein großer Verkaufserfolg beim breiten Publikum in italienischer, französischer und englischer Sprache.

Dies., *Marie-Madeleine a encore quelque chose à dire. L'utopie de Béthanie*, Paris: Nouvelle Cité, 1986 (Übersetzung und Adaptation des Vorigen).

Dies., *Hope Beyond Hope. The Story of the Dominican Sisters of Bethany*, New York: New City Press, 1988 (Übersetzung und Adaptation des Vorigen).

*Aufsätze über das Werk von Bethanien*

R. Boulanger, «Œuvre des Réhabilitées, discours pour l'inauguration de la Maison de Béthanie», in: *Annales franc-comtoises*, Nr. VI, 12, 31. Dezember 1866, S. 410–414.

C. de Vaulchier, «Chronique», in: *Annales franc-comtoises*, Nr. XI, 5, 31. Mai 1869.

C. Q., «Une journée à Béthanie. Cérémonie de vêture et de profession, centenaire de la naissance du père Lataste», in: *Semaine religieuse de Besançon*, Nr. 57/44, 27. Oktober 1932, S. 812–814.

Eine Dominikanerin von Bethanien, «Notre-Dame de la Rédemption», in: *Notre rosaire*, Nr. 7/7, April 1938, S. 110–116.

J.-M. Gueullette, «La miséricorde», in: *Fêtes et saisons*, Februar 1995.

## Der Kontext

*Publikationen zum religiösen Kontext*

Eine wichtige Informationsquelle bilden die in der Zeitschrift *L'Année dominicaine* erschienenen Aufsätze, die hauptsächlich für die Laienterziaren im Dominikanerorden bestimmt sind. Die nekrologischen Notizen der

Dominikaner der Provinz von Frankreich waren Gegenstand einer besonders gründlichen Prüfung. Die vollständige Sammlung dieser Zeitschrift befindet sich in der Bibliothek von Le Saulchoir in Paris. Sie wurde von 1859, ihrem Entstehungsjahr, bis 1920 durchgesehen.

R. P. Chocarne, *Le Père Lacordaire, sa vie intime et religieuse*, Paris: Poussielgue, 1873, 2 Bde.

H.-D. Lacordaire, *Œuvres complètes*, Paris: Poussielgue, 1873.

*Bienheureuse Imelda, vierge de l'Ordre de saint Dominique*, Prouille, 1896.

H.-M. Cormier, *Vie du révérendissime père A.-V. Jandel*, Paris: Poussielgue, 2. Aufl. 1896.

R. P. Body, *Le R. P. Potton*, Paris: Téqui, 1901.

H. Jouin, *Le R. P. Jouin*, Paris: Lethielleux, 1909 (2 Bde.).

P.-M. Etcheverry, *Le Très Révérend Père Joseph-Louis Mas*, Paris: Lethielleux, 1916.

R. Zeller, *Imelda Lambertini, vierge dominicaine*, Paris: À l'art catholique, 1921.

A. de Pitteurs, *Un grand prêcheur, le R. P. Vallée*, Paris: Éd. du Cerf, 1934.

B. Bonvin, *Lacordaire – Jandel*, Paris: Éd. du Cerf, 1989.

G. Bedouelle (Hrsg.), *Lacordaire, son pays, ses amis, et la liberté des ordres religieux en France*, Paris: Éd. du Cerf, 1991.

A. Arvin-Berod, *Les Enfants d'Olympie*, Paris: Éd. du Cerf, 1996.

*Publikationen zum strafrechtlichen Kontext*

*Code des prisons ou Recueil des lois, ordonnances, arrêtés concernant le régime intérieur, économique et disciplinaire des maisons d'arrêt, maisons de justice, maisons de correction, maisons de force…*, I, 1670–1845; II, 1846 bis

1856; III, 1856–1862; IV, 1862–1869; V, 1870–1873; VI (I. Teil) 1/1/1874–30/6/1875; (II. Teil) 1/7/1875–31/12/1875; VII, 1876–1878, etc. Bd. I-III ediert und mit Anm. versehen von L.-M. Moreau-Christophe; ab 1876 *Code pénitentiaire: recueil des actes et documents offi ciels intéressant les services et les établissements pénitentiaires*.

L.-M. Moreau-Christophe, *Des prisons et de leur réforme en France*, Paris: Mme Huzard, 1837, Nr. XL VIII.

J.-B. Laroque (Abbé), *Considérations sur l'influence de la religion dans les Maisons centrales de force et de correction*, Paris: A. Vaton, 1843.

J. Mallet, *Les Femmes en prison. Causes de leurs chutes, moyens de les relever*, Moulins, 1843.

J.-B. Laroque (Abbé), *Le Bagne et les Maisons centrales de force et de correction ou Compte-rendu des essais de moralisation durant trois années de prédications*, Paris: A. Sirou & Desquers, 1846.

L.-M. Moreau-Christophe, «Des missions et retraites dans les prisons et de leurs effets moraux sur les condamnés», in: *RPIP*, III, 1846, S. 227-242.

Ministère de l'Intérieur, *Statistique des prisons et des établissements pénitentiaires, à partir de l'année 1852; Statistique pénitentiaire après 1880*, Paris: Imp. adminis. Paul Dupont, 1854 f.

M. Foucault, *Surveiller et punir*, Paris: Gallimard, 1975.

Ders., *Überwachen und Strafen. Die Geburt des Gefängnisses*, Frankfurt a. M.: Suhrkamp, 1976 (Übersetzung. des Vorigen).

P. O'Brien, *Correction ou châtiment*, Paris: PUF, 1988.

J.-G. Petit, «L'amendement ou l'entreprise de réforme morale des prisonniers au XIXe siècle», in: *Déviance et société*, 1982, Nr. 6, 4, S. 331–351.

Ders., «La récidive, une obsession créatrice au XIXe siècle», in: *Le Récidivisme*, Paris: PUF, 1983, S. 25–64.
Ders., *Ces peines obscures*, Paris: Fayard, 1990.
Ders. (Hrsg.), *Histoire des galères, bagnes et prisons*, Toulouse: Privat, 1991.
Ders., «Punition et amendement dans la réforme pénitentiaire, XVIIIe-XXe siècle», in: *Revue d'éthique et de théologie morale, Le Supplément*, Nr. 197, Juni 1996, S. 5–26.
F. Saint-Pierre, «La réhabilitation, clef de voûte du système pénal», ebd., S. 37–46.
J.-M. Gueullette, «La réhabilitation, couronnement ou préalable à la réinsertion ?», ebd., S. 27-36.
Ders., «La réhabilitation, une notion pénale et théologique», ebd., S. 47–56.

# Das Charisma von Pater Lataste lebt weiter …

## Dominikanerinnen von Bethanien Montferand

Die Kongregation, die Pater Lataste gemeinsam mit Mutter Henrica Dominica im Jahre 1866 gründete, verfügt heute über Niederlassungen in Frankreich, der Schweiz und Italien. Das Grab von Pater Lataste befindet sich in Montferrand le Château in der Nähe von Besançon/ Frankreich. Nähere Informationen finden Sie unter
www.kloster-bethanien.ch für die Schweiz und
www. dominicainesbethanie.com für Frankreich.

Gastfreundschaft in Gästehäusern und Seelsorge in Frauengefängnissen bilden neben einem Leben des Gebetes und der Kontemplation den Schwerpunkt des Lebens dieser Kongregation.

## Dominikanerinnen von Bethanien Venlo

Die ursprüngliche Kongregation blieb jedoch nicht die einzige Gemeinschaft, die sich dem Charisma von Pater Lataste verpflichtet weiß.
Im Jahre 1914 wurden die deutschen Schwestern, die in Bethanien in Frankreich eingetreten waren, im Zuge des Ersten Weltkrieges ausgewiesen und kamen nach einer abenteuerlichen Flucht nach Venlo. Es erwies sich als unmöglich, den Kontakt zum Mutterhaus in Frankreich aufrechtzuerhalten, dass so es zur Gründung einer neuen Kongregation, der Dominikanerinnen von Bethanien von Venlo, kam.
Die Dominikanerinnen von Bethanien von Venlo leben

heute in Deutschland, den Niederlanden, Lettland und Italien. Nach dem Zweiten Weltkrieg wurden die Schwestern vom Bischof von Roermond gebeten, die Sorge für die Kinder von Kollaborateuren, die in einer Kaserne untergebracht waren, zu übernehmen. Daraus entwickelten sich die Bethanien Kinder- und Jugenddörfer, die sich auch heute noch in der Trägerschaft der Dominikanerinnen von Bethanien befinden. Neben der Kinderdorfarbeit und der Tätigkeit in Gefängnissen liegt ein weiterer Schwerpunkt auf der Verkündigung und der Seelsorge im umfassenden Sinn.
Nähere Informationen finden Sie unter
www.dominikanerinnen-von-bethanien.de
www.dominicanessenvanbethanie.nl
www.bethanien-kinderdoerfer.de

## Our Lady of Mercy Chapter in Norfolk/USA

Diese erste dominikanische Laiengemeinschaft in einem Gefängnis wurde am 21. Februar 2005 offiziell als Teil der dominikanischen Provinz «St. Joseph» errichtet.
Nähere Informationen hierzu finden Sie unter
www.bethanyhouseministry.com

# „WÄRE ICH DOCH IN BETHANIEN GELANDET!“ EIN NACHWORT

«Wäre ich doch in Bethanien gelandet!», schluchzt eine Frau nach einem Vortrag über Bethanien. Sie hatte in ihrer Kindheit schlimme Dinge erlebt und es gab damals niemanden, der sie an einen sicheren Ort gebracht hätte. Niemand, der ihr den Wert zugesprochen hätte, den sie vor Gott hat. Sie musste lange daran arbeiten, wieder den Kopf erheben zu können. Und so ganz fertig werde sie damit wohl nie, sagte sie mir. Bethanien ist ein Ort, wo ich als Person sein darf und geschützt werde, wo ich wieder An-Sehen habe und wo durch diese mir entgegengebrachte Haltung Heilung geschehen kann, in Freundschaft mit Gott. Das hatte die Frau verstanden. Dieser Geist wehte ihr entgegen aus den Erzählungen über Pater Lataste und das, was aus seiner Idee geworden ist. An diesem lebendigen «bethanischen Geist» hat sich in all den vielen Jahren nach dem Tod von Jean-Joseph Lataste nichts geändert – Gott sei Dank!

Die Idee von Bethanien lebt und wirkt. Bis heute. In meinen Mitschwestern, den Dominikanerinnen von Bethanien von Venlo und von Montferrand, in der Gemeinschaft der Strafgefangenen in Norfolk und in vielen Menschen, die sich von der Person Latastes oder seiner Idee haben ansprechen, sogar entzünden lassen, beispielsweise in den Mitarbeiterinnen und Mitarbeitern in unseren Bethanien-Kinderdörfern.

Ich selbst habe mich vor über 16 Jahren ebenfalls davon anstecken lassen, habe die «Dominikokken und Bethanellen» bekommen, wie wir manchmal sagen. Und es lebt

sich sehr gut damit! Während meiner Ordensausbildung, dem Noviziat und Juniorat, war ich an einigen der Orte, die in diesem Buch beschrieben werden. Das waren besondere Momente! Weil dort die Geschichte lebendig wurde und ich sie nachspüren konnte. Die Orte haben für mich eine deutliche Sprache über Bethanien und über Pater Lataste gesprochen. Das Schloss von Caddillac mit seinem Gewölbekeller zum Beispiel, der immer noch die gleiche Akustik aufweist wie zur Zeit des Frauengefängnisses, und in dem ich, in der einen Ecke stehend, mit meiner Mitschwester auf der anderen Seite des Raumes flüsterte. Oder die schweren Gittertüren auf dem Speicher, die noch das Gefühl von Gefangensein vermitteln. Und ich spürte dort die Schwere, die ein Mensch empfinden muss, wenn er auf der anderen Seite des Gitters steht und die Schlüssel nicht in der Hand hat. Ohne die Hoffnung, gleich wieder im Sonnenschein stehen zu können und vergnügt mit lieben Menschen zu sprechen.
Auf dem Boden sitzend haben wir im großen Saal des Schlosses, der zur Zeit des Frauengefängnisses die Kapelle war, die Worte gehört, die Pater Lataste den Frauen zugesprochen hat: «meine lieben Schwestern …». Gänsehaut war das, Eintauchen in die Liebe Gottes. Angenommen sein. Gewollt. Auch wenn ich diese Worte als freier Mensch gehört habe: sie haben sicher ähnliche Gefühle ausgelöst wie bei den Frauen damals. Nicht so stark, weil ich nachher den Raum und das Schloss verlassen konnte, dennoch tief und eindrücklich.
Schwester, Tochter, Geliebte Gottes sein. Gleichwertig! Das ist der Gedanke, der mich durch alle Begegnungen mit den Gedanken von Bethanien und dem Gründer Jean-Joseph Lataste getragen hat. Auf Menschen zu treffen, die mir den Wert zusprechen, den ich von Gott aus habe –

egal wie mein Leben verlaufen ist. Die mich jetzt sehen und in mir die Zukunft entdecken und nicht an der Vergangenheit kleben – ja, sie sogar vergessen. Menschen, die in mir mit untrüglicher Sicherheit den Keim der Sehnsucht und die Fähigkeit zu lieben entdecken, und die mir zusprechen, diese Sehnsucht und Liebe zu leben.
Danach hat sich meine Seele gesehnt, als ich das erste Mal bei den Dominikanerinnen von Bethanien über die Schwelle trat. Ich habe sofort gespürt, hier darfst du sein, hier kannst du frei atmen und die Menschen hier begegnen dir auf Augenhöhe. Das hat mich am Anfang begeistert und später zum Bleiben veranlasst. Die Biografie von Pater Lataste hat für mich etwas tief Dominikanisches. Er selbst als Person war eher wie ein Streichholz – so wie der heilige Dominikus gerne als Hund mit einer Fackel im Maul symbolisiert wird. Beide wollten eine Idee Gottes verwirklichen, nicht sich selbst. Beide haben mit dieser Idee große Flächen in Brand gesetzt.
Streichholz Gottes ... Lataste war keine herausragende Persönlichkeit. Keiner, von dem man schon als Kind nur Wundergeschichten zu erzählen wusste oder der mit besonderen Gaben ausgestattet war. Seine größte Fähigkeit war m.E., dass er auf sein Herz hören konnte. Er konnte von festgefahrenen Meinungen oder Vorurteilen Abstand nehmen, die Handeln unmöglich machen. In einem Haufen von strafgefangenen Frauen die Geliebten Gottes und in den Widrigkeiten eines Gefängnisses die Chance auf erfülltes Leben zu entdecken, das kam direkt aus der Mitte des Herzens, da wo Gott spricht.
Streichholz auch deswegen, weil er Bethanien, «Gottes Werk», wie er es immer nannte, nicht selber führen konnte, Er konnte als Mann kein Frauenkloster leiten und musste eine Frau, Mutter Henri-Dominique, einsetzen

dies zu tun. Auch musste er die Kongregation quasi nebenbei gründen und betreuen, da er noch andere Aufgaben innerhalb des Dominikanerordens zu erfüllen hatte. Durch seinen frühen Tod hat er nur anstoßen können. Er hat kaum mehr an der Ausbreitung und Verwirklichung von Bethanien arbeiten, kaum seine Blüte genießen können. Ein Streichholz. Aber gerade das mag ich an ihm und an meinen Mitschwestern. Da geht es eben nicht um Personenkult, sondern um die Idee. Das gefällt mir. Die Person Lataste verschwindet hinter der Idee Bethanien. Sie verschwindet zu Gunsten all der Personen, die mit ihrem ganzen Sein im Mittelpunkt stehen. Den Menschen, denen wir jetzt begegnen und mit denen wir Gemeinschaft bilden. Den Menschen, in denen wir das sehen, was sie von Gott aus sind: geliebt und befähigt zum vollen Leben. Das habe ich selber immer wieder erfahren dürfen.

In den Konstitutionen der Dominikanerinnen von Bethanien von Venlo heißt es: «Der eigene Charakter der schwesterlichen Gemeinschaft in Bethanien, der getragen wird durch Christi Gnade und Liebe, besteht darin, jede Entfernung zu überwinden und jeden Unterschied aufzuheben. Ihre bewegende Kraft ist die Barmherzigkeit, die wir uns gegenseitig erweisen, in der wir einander ohne Vorbehalt annehmen und in der jede Schwester die Last der anderen trägt, vor allem in der Verwirklichung unseres speziellen Auftrages: in der eigenen Gemeinschaft jeder die Chance zu ermöglichen, die Gott ihr gibt.»

Diese Sicht auf den Menschen als gleichwertige Person ist, damals wie heute, hoch aktuell und dringend notwendig.

Im Kontext der damaligen Zeit gesehen, war die Idee, Frauen aus dem Gefängnis ein Klosterleben ermöglichen, ohne dass sie äußerlich zu unterscheiden sind, ein No-Go.

Das war ein Affront gegen die bestehenden Klöster. Das stellte die ganze kirchliche und gesellschaftliche Ordnung auf den Kopf. Das war im wahrsten Sinne des Wortes anstößig. Einen Anstoß, den wir auch heute noch in der Gesellschaft und Kirche brauchen. Heute sind es vielleicht nicht mehr primär die Strafgefangenen, sondern all diejenigen, die in sich selbst, in Systemen wie sozialer Schichtzugehörigkeit und mangelnder Bildung, körperlicher Gebrechlichkeit, Andersartigkeit und gescheiterten Beziehungen gefangen sind. Sie erleben oftmals Ausgrenzung und Verurteilung – gesellschaftlich wie kirchlich. Diesen Menschen zu sagen: «Du bist in Gottes Augen wertvoll – besonders – und ich mache keinen Unterschied zwischen dir und mir», das ist der bethanische Geist (ich nenne ihn so, natürlich ist es der Geist Gottes), wie er auch heute dringend notwendig ist. Unsere Mitarbeiterinnen und Mitarbeiter haben einmal versucht diesen Geist zu umschreiben, wie sie ihn erleben: «angenommen sein – egal wo du arbeitest», «beachtet werden und dass man meine Arbeit schätzt», «auch mal krumme Wege mitgehen», «Kraft durch Mut und Glauben».

Ich wünsche mir, dass dieser Geist nicht nur in unseren eigenen Konventen und Apostolatswerken erfahrbar wird, sondern überall da, wo Menschen zusammen leben. So wie Jean-Joseph Lataste die Gesellschaft, nicht zuletzt die kirchliche, durch seine Idee verunsichert, in Frage gestellt und angestoßen hat, so wollen wir auch in der heutigen Gesellschaft bethanische Impulse setzen. Denn wo bethanische Orte der Freundschaft und der Begegnung auf Augenhöhe entstehen, da ist Verständigung und Akzeptanz. Und Leben, wirkliches und erfülltes Leben!

*Jordana Schmidt OP*

## Dank der Reihenherausgeber

Allen, die am Zustandekommen dieses Buches beteiligt waren, gilt unser herzlicher Dank. An erster Stelle ist natürlich der Autor zu nennen: Jean-Marie Gueullette OP (Éveux). Ohne ihn gäbe es das Buch nicht. Herrn Michael Lauble (Düsseldorf) sei – wie schon so oft – für seine bewundernswerte Übersetzertätigkeit gedankt. Ohne ihn gäbe es keine deutsche Fassung dieser Lataste-Biographie. Sara Böhmer OP (Thorn), Generalpriorin der Dominikanerinnen von Bethanien von Venlo, hat das Buchprojekt nicht nur angestoßen, sondern sich auch um viele Details und – last but not least – um die Finanzierung gesorgt. Dafür sei ihr Dank gesagt. Jordana Schmidt OP (Schwalmtal) danken wir für ihr Nachwort, das einmal mehr deutlich macht, wie die bethanische Idee auch heute noch lebt und anstecken kann. Im Alter von 93 Jahren hat Anne van der Putte OP (Teteringen) das Lataste-Portrait gezeichnet, das nun den Umschlag des Buches schmückt. Für die Zurverfügungstellung sei ihr ein herzliches Dankeschön gesagt.
Frau Agnes Wiedemeier (Münster) und Herrn Sören Scherg (Göttingen) gilt unser Dank für ihre gewissenhafte Korrekturarbeit. Den Verantwortlichen von Les Éditions du Cerf – Nicolas-Jean Séd OP (Paris) und Eric de Clermont-Tonnerre OP (Paris) – sei für die freundliche Überlassung der Übersetzungsrechte gedankt. Schlussendlich bedanken wir uns beim St. Benno-Verlag in Person seines Geschäftsführers, Herrn Michael Birkner (Leipzig), für die gewohnt unkomplizierte und gute Zusammenarbeit.

*Berlin, am 5. September 2010,*
*zur 178. Wiederkehr des Geburtstages*
*von Jean-Joseph Lataste OP*

*Thomas Eggensperger OP, Ulrich Engel OP*
*Institut M.-Dominique Chenu*

# Verzeichnis der Mitarbeiterinnen und Mitarbeiter

*Jean-Marie Gueullette OP,* Dr. theol., Dr. med., geb. 1960, Vice-Postulator für die Seligsprechung Latastes, Direktor des Interdisziplinären Zentrums für Ethik (CIE) an der Université catholique de Lyon, lebt in Eveux / Frankreich.

*Michael Lauble,* Dr. theol., geb. 1945, Übersetzer, lebt in Düsseldorf.

*Sara Böhmer OP,* Dipl. theol., Dipl. Soz.arb., geb. 1959, Generalpriorin der Dominikanerinnen von Bethanien von Venlo, lebt in Thorn / Niederlande.

*Jordana Schmidt OP,* Dipl. heilpäd., geb. 1969, Kinderkrankenschwester, System- und Familientherapeutin (DGSF), Erziehungsleiterin im Bethanien Kinder- und Jugenddorf Schwalmtal-Waldniel, 2006-2009 „Wort zum Sonntag"-Sprecherin, lebt in Schwalmtal.

*Thomas Eggensperger OP,* Dr. theol., M.A., geb. 1963, Geschäftsführender Direktor des Institut M.-Dominique Chenu, lebt in Berlin.

*Ulrich Engel OP,* Dr. theol. habil., geb. 1961, Direktor des Institut M.-Dominique Chenu, lebt in Berlin.